上海政法学院上海市高原学科法学环境资源法建设项目

土地利用与
城市高质量发展

TUDI LIYONG YU
CHENGSHI GAOZHILIANG FAZHAN

卢为民 ◎ 等著

知识产权出版社
全国百佳图书出版单位

图书在版编目（CIP）数据

土地利用与城市高质量发展／卢为民等著．—北京：知识产权出版社，2019.8
ISBN 978-7-5130-6389-0

Ⅰ.①土… Ⅱ.①卢… Ⅲ.①城市土地—土地利用—研究 Ⅳ.①F293.22

中国版本图书馆 CIP 数据核字（2019）第 169105 号

责任编辑：彭小华　　　　　　　　　责任校对：谷　洋
封面设计：韩建文　　　　　　　　　责任印制：孙婷婷

土地利用与城市高质量发展

卢为民　等著

出版发行：**知识产权出版社**有限责任公司	网　　址：http：//www.ipph.cn
社　　址：北京市海淀区气象路 50 号院	邮　　编：100081
责编电话：010-82000860 转 8115	责编邮箱：huapxh@sina.com
发行电话：010-82000860 转 8101/8102	发行传真：010-82000893/82005070/82000270
印　　刷：北京建宏印刷有限公司	经　　销：各大网上书店、新华书店及相关专业书店
开　　本：720mm×1000mm　1/16	印　　张：21.25
版　　次：2019 年 8 月第 1 版	印　　次：2019 年 8 月第 1 次印刷
字　　数：380 千字	定　　价：88.00 元
ISBN 978-7-5130-6389-0	

前　　言

　　土地是人类最基本的生产资料，也是人类赖以生存的基础。经济学家威廉·配第说，"土地是财富之母"。马克思也说，"土地是一切生产和一切存在的源泉"。孙中山指出，"土地，为人类所依附而存者也，故无土地无人类。"。也就是说，土地既是重要的资源，还是重要的资产，也是人类活动和城市发展的空间载体。在现代社会里，随着土地资源的日益紧缺，以及经济社会和城市建设的不断发展，如何优化土地利用，提高土地资源配置效率，促进高质量发展，显得日益重要。

　　我在攻读硕士期间就参与土地利用和区域发展研究，其后又在高校从事过房地产方面的教学和研究工作。攻读博士期间对大都市郊区房地产开发问题进行了系统学习和研究。到上海工作后，继续对土地、房地产以及城市发展等问题进行跟踪研究，先后在《城市发展研究》、《上海经济研究》、《浙江学刊》、《城市问题》、《环境保护》、《中国土地》、《教育发展研究》、《改革与战略》等核心期刊上发表60余篇相关论文。本书收录了其中有关"土地利用和城市高质量发展"方面的46篇论文，既是对近年来研究成果的总结和检视，也希望对当前以及今后一段时期的相关工作有所裨益。

　　从内容上看，这些论文主要涉及四个方面：

　　1. 土地利用与产业高质量发展。包括：土地供给侧结构性改革、旧工业区改造、产业集群发展，以及文化、旅游、养老等新产业新业态发展中的土地利用问题等。其中，在国内首次系统论述了供给侧结构性改革背景下土地制度创新的路径和方向；结合工业园区转型，首次系统研究了土地政策促进产业转型升级的机理和调控体系；以创新发展为目标，系统研究了土地政策促进教育、旅游、文化、创意等新兴产业发展的着力点和实施路径等。

1

2. **土地政策与房地产市场健康发展**。包括土地市场的运行和发展规律、土地储备、土地出让、土地转让、土地登记、土地市场监测和调控、土地需求规模预测等内容。其中，首次系统提出"土地景气指数"的内涵、特点和建立方法，并构建了土地市场监测指标体系以及信号监测系统；首次系统论述了土地一二级市场联动发展理论，以及二级市场的改革发展路径；首次提出了基于土地利用综合效益提升的土地交易方式创新方向和路径。

3. **土地利用与宜居城市建设**。主要包括多规合一、城中村改造、城市绿色发展、宜居城市建设、住宅规划设计等内容。其中，在国内首次从供给、需求和国际对比三个角度，运用 7 种方法，构建了城市住宅用地预测的新模型。以绿色发展为目标，从生态环境建设的角度研究提出了城中村改造、工业用地转型利用的路径和方法。以协调发展为目标，研究提出了郊区住区的空间组织、住宅用地混居、以及"以人为本"的住宅规划设计路径和方法。以集约发展和宜居城市建设为目标，研究提出了如何在集约用地背景下优化居住环境的新路径。

4. **土地利用与城市空间治理**。以促进供给侧结构性改革，提高土地利用效率和效益为目标，首次系统研究提出了城市土地用途管制制度的演变规律与趋势。从提升城市空间治理水平入手，研究提出了城市更新治理的路径和方法，以及未来城市管理的体制机制和模式等。

从写作背景看，所选论文基本体现了不同时期的时代要求和本人的学术关注点。大致可分为五个阶段：第一阶段是 2001～2003 年在住宅发展部门工作时期。这一阶段正是房地产开发的高峰期，同时也出现了住宅开发扩张过快、土地资源浪费比较严重，城市"摊大饼"比较突出等问题。重点关注和研究了大城市郊区住宅的开发及用地问题。相关成果主要体现第三、四部分。第二阶段是 2003～2008 年在房屋土地资源管理部门工作时期。这一阶段正是房地产投资偏热，房价快速上涨的时期，同时也是中央提出加强土地调控的时期。主要关注如何更好发挥土地调控作用，促进房地产市场平稳健康发展。相关成果主要体现第二部分。第三阶段是 2008～2012 年在规划和国土资源部门工作期间。这一阶段正是面临国际金融危机压力，以及加速产业转型升级时期。重点关注如何通过加强土地利用规划的引导和调控，以及土地制度和政策的创新，促进经济持续健康发展和产业转型升级。相关成果主要体现在第三、四部分。第四阶段是2013～2017年在土地交易部门工作期间。这一阶段，不少城市发展进入到城市更新的关键时期，也是中央提出加强供给侧结构性改革的时期。这一时期主要围绕土地市场管理和调控、城市更新、节约集约用地、生态文明和宜居城市建设等问题进行了研究。相关成果主要体现在第一、二部分。第五阶段是2018－2019年在国家部委工作期间。这一时期围绕中央关于高质量发展、生态文明建设和乡村振兴等重大战略，重点对土地转让、出租、抵押二级市场、农村土地制度改革、节约集约用地等问题开展了研究，相关成果主要体现在第一、二部分。

当前，我国经济已由高速增长阶段转向高质量发展阶段。高质量发展阶段将更加关注产业转型升级，更加关注土地集约高效利用，更加关注房地产市场平稳健康发展和宜居城市建设，更加关注城市治理能力现代化。本次所选论文基本上涵盖了上述几个方面，相信对从事上述工作和研究的相关人员有一定的参考价值。

本书出版之际，感谢国家自然资源部、上海市规划和自然资源局以及上海土地交易中心等单位的相关领导和专家长期以来的关心、支持和厚爱！感谢我的家人长期以来的鼎力支持和关心照顾！感谢所有关心和支持我的老师、同事及朋友！感谢知识产权出版社彭小华老师为本书出版所做的大量工作！需要说明的是，本书所收录的部分论文是我和我的合作者共同研究的成果，参与这些论文研究和撰写的合作者有：刘君德、黄鹂、马祖琦、于晓峰、庄幼绯、姚文江、毛鹰翔、蒋琦珺、刘扬、王思、唐扬辉、张琳薇、李毅、张天风等。在此一并向他们表示由衷的感谢！

需要强调的是，本书收录的论文在研究过程中参考和引用了大量相关学者的研究成果，在此，谨向这些作者表示最衷心的谢忱。

由于时间和水平有限，凡有错漏之处，敬请广大读者批评指正。我的电子邮箱是：weimin2005@126.com，欢迎来函交流指导。

卢为民

2019 年 8 月

Contents 目 录

1

第三部分 土地利用与宜居城市建设

第四部分　土地利用与城市治理

第一部分

土地利用与产业高质量发展

土地政策促进产业结构调整的路径分析[*]

推进产业结构的优化调整，是我国实现经济跨越式发展的重要步骤。《国务院关于发布实施〈促进产业结构调整暂行规定〉的决定》（国发〔2005〕40号）提出了具体要求，即"加快制定和修订财税、信贷、土地、进出口等相关政策，切实加强与产业政策的协调配合，进一步完善促进产业结构调整的政策体系"。但是如何发挥土地政策在产业结构调整中的作用，特别是土地政策促进产业结构调整的机制，以及在实践中如何应用，都亟待研究解决。

一、土地政策促进产业结构调整的作用机制

（一）土地政策促进产业结构调整的机制和优劣势分析

运用土地政策推进产业结构调整，虽然国外曾经有过实践，但是作为一项正式的调控策略，却是在我国首先提出来的。关于土地政策促进产业结构调整的理论依据，可以用机会成本来解释。机会成本是指从事某一种业务而损失别的业务的代价。一种行为的机会成本是次优选择的价值。任何资源（土地、劳动力、资本、原材料）的机会成本是其在次优用途中所获收益。土地政策对产业结构的引导主要表现在对产业用地的约束方面。为了最大限度地提高土地的利用效益，关键是要不断优化用地结构，即不断淘汰单位土地上效益低的、落后的产业，而更换为效益高的、先进的产业，尽量减少机会成本的损失。

首先，从促进产业结构调整的土地政策工具看，总体上分为鼓励类政策和限制类政策两大类，其中每一类政策中又包括直接干预型和间接干预型两类政策工具。直接干预型政策工具有土地规划、土地计划、供地政策、土地整理等，间接干预型政策工具主要是土地税收、土地抵押、土地价格等（见表1－1）。

---

* 该文原载于《上海经济研究》2008 年第 3 期。

 土地利用与城市高质量发展

表 1-1　土地、财政和金融政策对产业结构调整的作用机制比较

主要政策	鼓励类		限制和淘汰类	
	直接干预型	间接干预型	直接干预型	间接干预型
土地政策工具	土地规划、土地计划、供地政策、土地整理等方面的支持	土地税收、土地抵押、土地价格等方面优惠	土地规划、土地计划、供地政策、土地整理等方面的限制	土地税收、土地抵押、土地价格等方面的限制
财政政策工具	财政投资、补贴	低税率；减税、免税；加速折旧；投资抵免；再投资退税、出口退税，减免关税，设置关税、非关税壁垒	限制财政投资、解决失业保险	高税率、征收附加税；进出口高关税
货币政策工具	政策性优惠贷款、产业投资基金，风险投资基金、商业性贷款的政策性担保	优惠利率政策、再贴现、再贷款、债券和股票发行，上市的产业范围	信贷限制	提高利率

　　其次，土地政策在引导产业结构调整中的优劣势分析。与财政货币政策相比，土地政策的优势主要表现在：一是对于新建项目来说，土地政策可以同时实现促进资源高效利用和产业结构调整的双重目的，有利于推进经济增长方式的转变。土地供应政策通过行政手段，按照集约用地的标准设置用地条件，按照产业结构调整的要求选择所要的项目，效率高，效果明显。二是对于已建项目来说，可以通过土地整理等手段，实现项目的集中布局，淘汰劣势企业，支持优势产业发展。通过土地税收、土地抵押等政策，可以支持或限制相关产业的发展。同时与财政金融政策相比，土地政策在促进产业结构调整中也有自身的不足。推进产业结构调整的一个重要步骤就是推进科技创新和生产工艺的更新换代，在这方面，土地政策的作用比不上财政和金融政策（见表 1-2）。

表1-2　土地、财政和金融政策在产业结构调整中的优劣势分析

相关政策	优势	劣势
土地政策	对于新建项目，通过严格的供地审批，按照产业结构调整目标引进产业项目，对于已建项目，通过土地整理等，淘汰落后产业项目；另外，通过对供地标准的限制，提高土地的利用效率，转变经济增长方式	在推进科技创新，特别是自主创新方面，力量显得不足
财政政策	通过财政补贴、税收优惠等政策，推进鼓励类产业的发展，在产业结构调整方面比金融政策更有利	由于处罚的税收政策难以执行等原因，在限制和淘汰某些产业时，作用有限
金融政策	通过政策性信贷支持，在推进鼓励类产业发展，特别是新技术开发等方面，优势明显	由于实施差别化政策的难度大，在限制和淘汰某些产业时，作用有限

（二）土地政策在促进产业结构调整中的应用策略

产业政策是通过鼓励、限制或禁止某些产业、产品和技术的发展，合理配置、利用资源，优化经济结构的经济政策；土地政策、财政政策、金融政策是实现产业政策的重要手段和途径。鉴于土地、金融、财政等政策在产业结构调整中各有优劣势，在促进产业结构调整方面，需要根据产业发展情况和宏观调控需要，必须加强土地政策与其他产业政策之间的分工合作，适时、适度地进行调整，逐步完善动态协调配合机制，更好地发挥综合调控作用。一是做到长短结合、优势互补，作用方向一致，减少政策之间的矛盾和摩擦。例如，对于鼓励性的项目，制定严格的土地政策把好项目的进口关，力争选择最好的项目。项目引进来后，财政和金融政策要全力支持，特别是在科技创新方面要加大联合支持力度。对于限制和淘汰类项目，土地政策也要严格把关，严格制止新的此类项目进来；对于已建的这类项目，税收和信贷要联合行动，加大处罚和限制力度。二是实现直接性干预手段和间接性干预手段的有机结合。除了在引进新项目，以及间接手段效果明显较弱时，要加强直接性干预手段的运用，其他情况下尽可能发挥间接性干预作用。三是加强土地政策和税收政策的紧密合作，尽可能同时实现节约集约用地和产业结构调整双重目标。四是尽量降低产业结构调控成本。加强对调控方案比选和论证，全面比较权衡各种方案实施的成本和效果情况，力求做到以较小的投入取得最大的效果。

二、我国产业结构调整的目标和重点

近年来，在我国产业结构总体上向合理方向发展的同时，依然存在结构局部失衡和扭曲现象。一是三次产业结构仍不合理，层次比较低。农业基础地位需进一步加强，第二产业比重偏高，服务业发展滞后的格局没有根本改变。二是工业中传统产业、低技术含量和低附加值的产业仍占主导地位，产业结构升级的内在动力不足；我国科技进步对经济增长的贡献率仅为30%，而发达国家高达60%～70%。三是服务业内部结构不合理，传统服务业比重仍然偏大，现代服务业发展缓慢，特别是金融、保险、咨询、物流等现代服务业或生产型服务业发展较慢。2005年我国服务行业占全国GDP的41%，而发达国家的服务业占其国内GDP的比重大都在60%以上，美国已达到80%以上。

关于我国产业结构调整的目标和重点，《国务院关于发布实施〈促进产业结构调整暂行规定〉的决定》（国发〔2005〕40号）作了详细的规定。提出了"推进产业结构优化升级，促进一、二、三产业健康协调发展，逐步形成以农业为基础、高新技术产业为先导、基础产业和制造业为支撑、服务业全面发展的产业格局，坚持节约发展、清洁发展、安全发展，实现可持续发展"的产业结构调整目标。制定了《产业结构调整指导目录》，将整个产业分为鼓励、限制、淘汰和允许四大类。鼓励类主要是对经济社会发展有重要促进作用，有利于节约资源、保护环境、产业结构优化升级，需要采取政策措施予以鼓励和支持的关键技术、装备及产品。限制类主要是工艺技术落后，不符合行业准入条件和有关规定，不利于产业结构优化升级，需要督促改造和禁止新建的生产能力、工艺技术、装备及产品。淘汰类主要是不符合有关法律法规规定，严重浪费资源、污染环境、不具备安全生产条件，需要淘汰的落后工艺技术、装备及产品。其他为允许类产业。

三、完善土地政策，促进我国产业结构优化调整的对策措施

土地政策作为一项新的调控手段，为了更好地发挥在产业结构调整中的引导作用，建议重点从以下两个方面加以完善。

（一）对于新建项目，土地政策要把好准入关，提高引进项目的档次，促进产业结构优化升级

首先，按照促进产业结构优化升级的要求，完善供地政策。根据"有保有压、区别对待"的原则，充分运用土地审批（农转用审批和征地审批）和土地权籍管理等政策工具，严格新增建设用地的审查报批。一方面，要注重推进产

业结构的高级化。按照国家产业政策的要求，优先保障国家重点项目建设用地需求，支持有利于结构调整的项目用地。对列入限制供地的项目，要通过提高供地的门槛，促使地方政府和企业投资者加快产业结构优化步伐，督促各地淘汰落后工艺，引进新技术，推进产品升级换代，走节约集约、高效利用资源的发展道路。对不符合国家产业政策、发展规划和市场准入标准的项目，坚决不予供地。对于那些高耗能、高污染项目以及生产工艺落后、浪费资源严重的项目，要严格控制，甚至禁止投资。特别是对于产能过剩的行业，更要严格把关，适当控制用地的规模和速度。为了更好地把好供地关，建议对属于限制类和淘汰类产业的项目用地，将有关管理机构出具的证明材料作为土地登记审查和规定产权限制的要件，对新建项目不受理设定登记的申请；对已登记的这两类土地，规定在调整限期内不得处分产权，不得设定抵押权或租赁权；超限期不进行调整的，可强制注销土地使用权；其毗邻土地的产权人可以依法向属地的行政机关和法院诉求该两类产业用地权利人进行损害赔偿。在供地过程中，要加强与投资、规划、外资、环保等行政管理部门的协调配合，共同把好准入关，切实推进高新技术产业、先进制造业、现代服务业和重要基础产业项目的引进工作。另一方面，又要注重产业结构的合理化。由于各地区产业结构的差别，以及各开发区或工业园区产业定位的不同，因此要在国家大的产业政策精神指导下，制定符合本地区特点的产业发展目录，特别是按照产业链发展的要求，确定引进项目的类型和数量，推进该地区产业项目的聚集效益和规模效益的发挥，在推进地区产业结构高度化的同时，促进地区产业结构的合理化。

其次，充分发挥经济手段，并配合财政金融政策对投资方向的引导作用。对鼓励发展的高新技术产业和第三产业，设置一定的准入门槛，采取多供地、低地价、减免地价和提供有利区位的政策；对不鼓励或者限制发展的产业，采取高地价和不供地的政策或运用城市地段级差效益进行用地调整。同时配合财政金融政策共同推进。从财政政策来看，应当重新启用投资方向调节税。固定资产投资方向调节税普遍涉及不同行业的固定资产投资行为，征收与否和税率高低，直接影响到不同行业固定资产投资的成本，对于投资增长的周期性波动可以起到一定调节作用，尤其是有利于引导投资方向，促进投资结构优化，减少因投资结构失调而引起的经济大起大落的风险。因此，可以根据未来宏观经济形势的变化选择恢复征收与暂停征收。从金融政策来看，应当根据不同行业的特点适当调整项目资本金的比例。

最后，加强土地供求信息的发布和政策指导。一些企业由于对市场信息了解得不是很充分，对需求缺乏足够的分析，因此仍然选择一些产能过剩，甚至落后的项目上马。因此，土地管理部门要会同有关部门建立有效的协调机制和信息反馈机制，对产业实行定期调查和评估，依此可及时掌握鼓励类、限制类、淘汰类、允许类四种产业类型用地的动态变化，并为政府采取调控措施提供科学决策的基础信息。密切跟踪、分析经济运行和产业发展过程中出现的新变化、新情况、新问题，及时做出准确、适度的超前导向，同时及时发布相关信息，加强信息服务，引导社会投资结构和方向，提高经济结构对经济增长速度的承受能力，调整经济运行态势。引导企业和投资商根据用地目录选择和调整投资方向。

（二）对于已建项目，重点要加强对落后产业项目的淘汰，努力实现土地利用结构和产业结构调整的良性互动

首先，运用土地整理等政策工具，在推进产业用地集中的同时，淘汰落后的工艺和项目。我国工业用地开发的主要形式是各式各样的开发区，包括经济技术开发区、工业开发区、高科技园区、出口加工区和保税区等形式。2003 年国家开始对开发区进行清理整顿。清理核减的开发区，多数是产业层次低、项目工艺落后的开发区，撤并这类开发区，通过土地整理、归并成新的开发区，不仅对淘汰落后产业项目十分有利，而且还有利于整个产业结构的升级。

其次，发挥土地的资产价值功能，并配合税收、信贷等政策的运用，加速落后产业项目的淘汰。为了淘汰已建的落后项目，可通过建立"推拉"机制，加速淘汰过程。一方面，对那些淘汰企业在税收上提高税率，在信贷上给予贷款限制，加速其破产过程。另一方面，积极做好对淘汰企业的援助问题。在结构调整中，有一部分企业无法通过存量调整进入其他行业，只能采取破产、关闭等方式退出原有产业，或者在调整过程中需要大幅度减员。如果结构调整中有相当一部分企业需要采用这种方式，而且比较集中地分布在某些地区，对职工生活和社会稳定的影响很大。在当前的产业结构调整中，之所以有大量淘汰企业无法正常破产，一个主要原因就是缺乏完善的社会保障制度。完善社会保障制度对产业结构的调整具有重要的意义。为此，一方面要加大财政对社会保障资金的转移支付投入，另一方面，也可以发挥土地资产价值的作用，特别是国有企业关闭时通过土地资产处置，可以获得一部分保障资金。

最后，通过土地置换手段，推进产业结构调整。从我国城市土地利用结构看，工业用地比例偏高，道路广场、公共绿地用地比例偏低。按照国外城市中心区的用地比例，工业用地一般不超过城市面积的 10%。而我国的城市普遍超过了 20%。我国很长一段时间一直是实行土地行政划拨制，将经济活动空间安排的决策权高度集中，不给土地使用者丝毫的选择余地。不同城市的土地以及城市内不同等级土地的效用和稀缺程度，不通过价格、地租的差异及其变动来

反映，引起区位成本信号失真。土地没有按照竞租函数原理与相应效益的产业结合，城市中心区的土地被工业、仓储、军事、学校、机关等用地效益不高的单位占据。所以，在进行产业结构调整时，应发挥遵循市场规律的客观要求，运用地价杠杆以及对不同区位的土地征用不同的土地使用税来引导土地使用者合理的选址行为。充分利用城市中心区有利的区位优势，第三产业向市中心集聚，第二产业向外围扩散并在郊区集聚，在城郊发展生态观光型农业，有利于产业之间的协调推进，满足市民回归自然的精神需求。从而在土地置换的过程中，推进产业结构的优化升级。

推动供给侧结构性改革的
土地制度创新路径*

　　为了更好地适应和引领经济发展新常态，中央提出，要大力推进供给侧结构性改革，促进经济转型升级。土地作为经济发展的空间载体和基本的生产要素，对供给侧结构性改革有着重要影响。《中共中央关于制定国民经济和社会发展第十三个五年规划的建议》明确提出，要优化土地等要素配置，推进供给侧结构性改革①。但是，在新的形势下，如何通过土地制度与政策创新，优化土地要素配置，推进供给侧结构性改革，已成为摆在我们面前一项亟待研究解决的重大课题。本文通过对供给侧结构性改革与土地制度的关系分析，以及现行土地制度中存在的问题剖析，试图提出供给侧结构性改革背景下土地制度创新的基本框架和实施路径。

　　从土地要素与供给侧结构性改革关系的研究情况看，目前还比较薄弱。已有的研究主要集中在以下几个方面：一是关于土地参与宏观调控的理论与机制研究。比如，卢为民[1]从我国土地的基本理论出发，研究提出了土地政策参与宏观调控（主要是供给侧）的思路和方法等。二是关于土地供应制度改革与产业转型升级的关系研究。比如，刘军民[2]、李智强[3]分析了我国土地供应制度的弊端，提出了创新土地供应方式与完善招拍挂出让方式的路径。三是关于土地供应政策与房地产市场调控的关系研究。比如，吴其伦[4]认为，现行土地供应政策在一定程度上推高了房价，并据此提出了土地供应政策变革的路径。四是国土资源部等部门近年来围绕促进产业升级，进行了一系列土地

　　* 该文原载于《城市发展研究》2016年第6期。

　　〔1〕 卢为民. 土地政策与宏观调控 [M]. 北京：经济科学出版社，2005.
　　〔2〕 刘军民. 积极探索土地年租制，创新土地供应模式 [J]. 经济纵横，2013 (7)：67–70.
　　〔3〕 李智强，吴诗嫚，邹啸. 浅析"招拍挂"土地出让方式的完善和调整 [J]. 价格理论与实践，2010 (4)：50–51.
　　〔4〕 吴其伦. 土地供应制度改革迫在眉睫 [J]. 安家，2013 (5)：54.

政策创新试点和探索，唐健[1]对此进行了总结。但总体来看，相关的研究还比较零散，也不够深入，尤其在土地制度与供给侧结构性改革的内在联系，以及如何运用土地制度推进供给侧结构性改革等方面，还缺乏系统的、有针对性的研究。

一、我国供给侧结构性改革的任务及其对土地制度的要求

（一）供给侧结构性改革的主要任务

中央明确指出，供给侧结构性改革，重点是解放和发展社会生产力，用改革的办法推进结构调整，减少无效和低端供给，扩大有效和中高端供给，增强供给结构对需求变化的适应性和灵活性，提高全要素生产率。同时强调，供给侧结构性改革要从生产端入手，通过对土地等要素的优化配置，调整生产结构，降低企业成本，提高供给体系质量和效率，进而推动经济增长和产业优化升级。主要体现在四个方面：第一，清理无效和低效供给，减少对资源环境的占用和破坏。重点是加快淘汰"僵尸企业"，化解过剩产能和库存，及时清理相关企业占用的土地资源。第二，增加有效供给，提升供给对需求的适应性和灵活性。重点是根据需求结构的变化，及时调整供给结构，提高供给品质和类型，使之更好地适应市场需求。第三，增加创新性产品供给，提升供给对需求的引领作用，促进产业向高端化发展。重点是鼓励企业创新，增加创新性产品供给，以新供给创造新需求。第四，降低企业成本，提升服务质量，激发企业活力。重点是降低企业的生产成本和交易成本，提高政府服务质量和效率，为企业提供良好的发展条件和环境。

（二）与供给侧结构性改革紧密相关的土地制度

土地不仅是一种重要的资源，而且还是重要的资产和资本。土地利用制度和政策，往往直接影响到企业的生产经营，进而影响到产品的供给结构。土地制度的种类很多，与供给结构紧密相关的有以下几种：

（1）土地供应制度。包括土地的供应方式、供应结构和供应节奏等。其中供应方式有划拨、出让和租赁等类型，出让又包括协议、招拍挂等方式。不同的供应方式将直接影响到企业能否取得土地，以及取得土地的成本。土地供应结构，是指对不同行业或企业供应的土地数量。土地供应结构的变化，会直接影响到不同产业和企业的发展，进而影响到产业结构。土地供应制度，对增量

---

〔1〕唐健."供给侧改革"，土地政策已发力〔N〕.中国国土资源报，2015-12-4（5）.

用地的使用和增量项目的供应影响更大。

（2）土地用途管制制度。即政府对土地用途变更的管理制度。土地用途的调整，直接影响到产业类型的调整以及各产业之间比重的变化。土地用途管制，主要是通过规划管控，防止企业擅自改变土地用途类型，因此对存量土地的使用方面影响更大。

（3）土地收储制度。即由政府直接或委托相关机构，对城市土地进行统一收购储备，再统一供应的制度。对于存量建设用地来说，政府收储量和土地转让量是此消彼长的关系，政府收储量越多，就意味着市场上可以自由流动的土地越少。土地收储制度，会影响到企业对土地的自由支配能力，以及土地在不同行业和企业之间的配置情况。

（4）土地收益分配制度（土地税费制度）。土地收益分配制度主要体现在土地收益在土地所有者、使用者和经营者之间的分配，以及在各级政府之间的分配。同时还体现在土地收益在流通和保有等不同环节之间的分配情况。土地收益分配制度合理与否，往往会直接影响到土地所有者、使用者和经营者的负担成本，进而影响到企业发展和产业调整。

（三）供给侧结构性改革对土地要素及其管理制度的要求

（1）去除无效供给和低效供给，需要减少相关产业和项目用地。通过完善土地税费制度和用途变更制度，建立低效用地或过剩产业用地的退出机制，对清理无效供给和低效供给将大有裨益。

（2）增加有效供给，需要增加相关产业或项目用地。增加有效供给，关键是要根据市场的需求情况，增加相关产业项目。比如，完善土地供应制度，增加土地供应量，尤其是增加符合市场导向的用地量。同时，由于需求不断变化，再加上增量用地十分有限，还要完善土地收储制度，发挥市场对土地资源配置的决定性作用，增强供给对需求变化的适应性和灵活性。

（3）增加创新性供给，需要低成本的土地供给和政策激励。按照产业成长的一般规律，创新型企业更需要资金和土地等方面的支持。因为创新型中小型企业一般利润少，财力有限，通过招拍挂方式取得土地的难度较大，因此，非常需要相关政策的支持。

总体来说，土地要素对供给侧结构性改革的影响，主要是体现在企业能否获取土地、获取土地的成本、使用土地的成本、改变用途的成本以及退出土地的难易等方面。而影响土地要素配置的制度主要有土地供应制度、土地收储制度、土地用途管制制度以及土地收益分配制度（或税费制度）等。其影响机制见图 1－1。

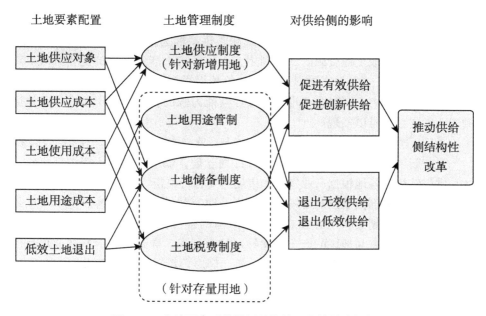

土地要素配置　　　　土地管理制度　　　对供给侧的影响

图 1-1　土地要素对供给侧结构性改革的影响机制

二、现行土地制度与供给侧结构性改革不相适应的地方

从我国供给侧结构性改革的任务要求看，现行土地制度和政策还有许多不相适应的地方。主要表现在以下方面。

（一）现行的土地供应制度不利于无效供给的去除和有效供给的进入

首先，工业用地出让年限过长，容易造成闲置土地或低效用地退出难。按照《城镇国有土地使用权出让和转让暂行条例》第 12 条规定："土地使用权出让最高年限按下列用途确定：工业用地 50 年，教育、科技、文化、卫生、体育用地 50 年，商业、旅游、娱乐用地 40 年，综合或者其他用地 50 年。"但实际上，各地在土地出让时，大都按照最高年限出让，由此导致出让年限过长，超过了企业的生命周期[②]。其结果是，企业一下子拿 40～50 年的土地，不仅造成拿地的成本较高，而且也容易导致工业用地的低效利用和闲置浪费。

其次，过分依赖"挂牌"方式出让，可能会造成一些符合产业导向的优质项目进不来。对于工业用地来说，自 2007 年国家要求工业用地必须采用招标拍卖挂牌方式出让以来，不少地方都采取"挂牌"方式出让工业用地。挂牌方式的实质是"价高者得"。与拍卖方式相比，"挂牌"由于竞价时间长，竞争更为激烈。"挂牌"方式虽然操作简单，政府土地收益高，但由于在"价高者得"

的制度规则下，可能导致一些符合产业导向并且有创新能力的企业因财力不足拿不到土地，而一些不符合产业导向或缺乏创新能力的企业反而拿到了土地，由此不仅容易造成土地资源的低效利用，而且影响了产业结构的优化升级。对于商服用地来说，"挂牌"方式往往使地价抬得很高，提高了企业的商务成本，影响了城市竞争力，同时由于难以确保经营能力强的企业拿到土地，导致地区的产业发展目标难以实现。

最后，现行的土地供应计划安排，未能与产业结构优化调整目标有机结合起来。

目前新增建设用地的供应实行国家计划管理，供应量由国土资源部每年下达，供应结构由各地根据产业发展和市场需要自行决定。但是，由于种种原因，不少地方的土地部门难以对市场需求做出及时有效的预测，很容易造成一些地方在土地供应计划安排上存在着与产业结构调整目标不相适应的地方。比如，土地供应计划没有与地区的产业发展导向结合起来，导致低端的制造业项目供地偏多，而物流仓储、研发、文化、旅游、健康等新兴产业用地供应偏少。

上述问题，表面上看是土地供应方式和供应结构的问题，实际上与管理体制和目标导向有很大关系。目前我国实行的是产业管理和土地管理相分离的管理体制，而且两个部门的目标取向不尽相同。产业管理部门关心的重点是如何引进好的项目，促进经济增长和产业升级；而土地管理部门关心的重点是如何保护和利用好土地资源，确保国有资产不流失。在这种管理体制下，难免会出现土地供应与产业发展目标相脱节的现象。

（二）现行的城市土地用途管制制度制约了供给对需求变化的适应性和灵活性

土地用途管制制度出现于19世纪末的德国，是世界上大多数国家和地区广泛采用的土地管理制度，旨在通过土地用途分区、用途变更许可等手段，加强规划管控，以减少工业污染对居住、商业办公等方面的影响，维护良好的市场秩序和城市环境。

我国近年来一直实行严格的城市土地用途管制制度，对城市土地用途变更进行严格管理和控制。虽然按照《城市房地产管理法》和《城乡规划法》，允许土地使用者在一定条件下可以变更用途，但在实际操作中存在着审批环节多、程序复杂、周期比较长等问题。按照《城市房地产管理法》第18条规定："土地使用者需要改变土地使用权出让合同约定土地用途的，必须取得出让方和市、县人民政府城市规划行政主管部门的同意，签订土地使用权出让合同变更协议或者重新签订土地使用权出让合同，相应调整土地使用权出让金。"《城乡规划法》第43条规定："建设单位应当按照规划条件进行建设；确需变更的，必须向城市、县人民政府城乡规划主管部门提出申请。变更内容不符合控制性详细规划的，城乡规划主管部门不得批准。"也就是说，土地用途变更必须经规划和国土两个部门同意方可。其中，规划部门的同意还有一个前提，就是必须符合控制性详细规划；如果不符合控制性详细规划，还需要调整规划。而调整规划，则需要较长的程序和时间。规划部门同意后，还要到国土部门补办出让合同，补交出让金，才能变更。

在当前信息技术和互联网经济快速发展，产业融合化趋势日益加快的背景下，过于刚性的土地用途管制制度，其弊端日益显现。一方面，随着时间的推移，原有的控制性详细规划中，地块的业态配比和用途设置，难以适应市场变化的需要。如果不能及时加以调整，则会影响到存量用地的盘活利用和产业的转型升级。另一方面，按照正常的变更程序，土地用途变更难度大、周期长，在一定程度上影响了企业通过转变土地用途，进行产业转型升级的进程。另外，过于刚性的土地用途管制制度，还容易诱发擅自变更土地用途等违规违法现象。例如，部分企业考虑到通过正常途径变更用途难度大，受利益的驱使，就擅自改变土地用途使用，这不仅扰乱土地市场秩序，造成土地取得的不公平和国有土地资产流失，而且还会造成大量违法用地现象发生，损害法律的权威。

（三）现行的土地收储制度不仅容易造成供需失配，而且容易提高企业的用地成本和降低供地效率

自1996年我国实行土地收购储备制度以来，该政策对加强国有土地资产管理，规范土地市场秩序，增强政府宏观调控能力等发挥了积极作用。但是随着市场经济的深入发展，其问题也日益显现。

首先，现行的土地收储制度，容易造成土地的供需错配。在现有土地储备和供应制度下，供地的时间、规模、价格等完全控制在政府手中。与市场机制相比，政府对市场的需求变化不够敏感，如果主要依靠政府供地，很容易造成土地的供需失配。同时，中小企业由于实力有限，在土地竞拍中往往不占优势，难以及时拿到发展用地。

其次，现行的土地收储制度，容易提高土地价格和企业的拿地成本。近年来，随着房价的不断上涨，被拆迁房屋的市场价值也水涨船高，动迁安置成本随之上升，由此造成土地收储的成本不断提高，最后招拍挂出让时有可能再一次提高土地价格。过高的土地成本，势必影响企业的商务成本和竞争能力。

最后，现行的土地收储制度，影响了供地效率。一块存量用地从收储到招拍挂出让，少则一年，多则几年，在一定程度上影响了供地效率。

上述问题的根源在于，土地收储制度本质上是政府垄断土地的行为，是由政府直接对土地资源的再配置，而不是充分发挥市场对土地资源的再配置。其结果不仅造成土地资源在市场中不能自由流动，影响产业的转型升级，而且与

15

中央对"发挥市场在资源配置中的决定性作用"的要求也不相适应。

此外，现行的土地税费制度不合理，在一定程度上影响了低效用地的退出和过剩产能的清理。比如，土地的保有成本偏低、流转成本偏高，客观上影响了企业主动退出低效用地的积极性。

三、推动供给侧结构性改革的土地制度创新路径

总的思路是：按照"发挥市场在资源配置中的决定性作用和更好发挥政府作用"的总体要求，结合供给侧结构性改革的目标任务，根据未来需求变化，创新土地制度和政策，优化土地供应结构。具体路径是：以创新土地供应制度为重点，优化新增建设用地的供应结构；以创新土地用途管制制度、土地收储制度和土地税费制度为重点，优化存量用地的供应结构；以降低企业拿地成本和用地成本为重点，激发企业创新活力。在此基础上，提高土地资源配置效率，促进供给侧结构性改革，保障经济持续健康发展和产业转型升级，详见图1-2。

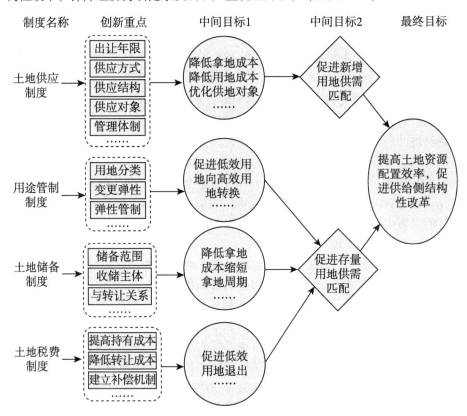

图1-2 供给侧结构性改革背景下土地制度的创新路径

（一）处理好供与需的关系，创新土地供应制度，促进土地供应与产业发展目标有机结合

由于土地供应方式和供应结构与产业发展和结构调整具有紧密的内在联系。因此，必须改变以前的土地供应和产业项目引进"两张皮"现象，强化二者的密切配合，真正发挥土地供应在项目引进和产业发展中的调控作用。

1. 土地出让年限的确定要与企业生命周期紧密结合

按照企业生命周期确定土地出让年限，实行工业用地出让弹性年期制或租赁制，既有利于降低企业拿地成本，也有利于工业用地的及时退出和产业更新换代，同时增强产业园区对土地利用的掌控能力。根据国际上大多数企业生命周期为 10～20 年的规律，建议将一般产业项目用地出让年期设为 20 年。待首期出让年限届满后，经对合同履约情况进行评估，再采取有偿续期或收回土地使用权的办法。同时，借鉴英国、新加坡等地做法，积极探索以租赁的方式供地，既可以是土地租赁，也可以是工业厂房租赁。

2. 土地供应方式要与产业发展目标紧密结合，支持符合产业导向的项目落地

在新增用地方面，对新产业、新业态的用地指标予以重点保障，实行用地指标单列。在供地方式上，可对一些急需引进的高新技术产业项目实施"带项目出让"[3]或定向挂牌的方式。在存量用地方面，为了支持新兴产业发展，可采取协议方式供地，并且不改变土地权利人。比如，在符合规划、不改变土地用途的前提下，土地权利人可以利用现有房产发展文化、信息等新兴产业；对原土地使用者利用已取得的非经营性用地兴办文化、信息等新兴产业的，可以协议出让、作价出资、租赁等方式供地。

3. 土地供应结构要与产业结构调整目标相结合

在新增用地方面，严格禁止向不符合产业发展导向的项目或产能过剩的项目供地；在存量用地方面，严禁利用存量用地或存量房产发展不符合产业发展导向的项目或产能过剩的项目。

4. 加大对创新创业企业的用地支持力度，降低企业的拿地门槛和成本

比如，在研发用地方面，对依托国家实验室等现有科研设施构建创新平台的，允许其继续保持土地原用途和权利类型不变；对于科研院所企业化改革，允许其按国有企业改制政策进行土地资产处置。同时，为了降低企业拿地的门槛和成本，可探索推行先租后让、租让结合等方式，并根据实际情况允许分期缴纳土地出让金。

5. 推进工业用地由分割管理向混合管理转变

借鉴新加坡经验，探索实行产业用地的混合管理体制。新加坡的工业用地

管理体制是，先由土地管理部门将土地出让给产业管理部门（比如，园区管委会），再由产业管理部门（园区管委会）根据产业发展要求出让给企业[1]。这种混合型管理体制既有利于国家对土地的集中统一管理，避免国有土地资产流失，又有利于产业部门按照产业发展规律供地，提高土地利用效率。为此建议，我国的工业用地管理也可采取类似的管理体制。即在统一土地出让规则和交易平台基础上，先由国土资源部门将工业用地分批次出让给产业部门（或园区管委会），然后再由产业部门（或园区管委会）按照产业发展要求逐个引进项目。

（二）处理好变与不变的关系，创新土地用途管制制度，增强供给的弹性和适应性

从美国、英国、日本、德国、新加坡和我国台湾地区的城市土地用途管制制度发展轨迹看，大都经历了零星管制、严格管制和局部弹性管制三个阶段[2]。为此建议，在新的形势下，特别是随着互联网经济的快速发展，产业融合度的不断加深，产业边界的日益模糊，必须创新土地用途管制制度，在维持刚性控制总体不变的前提下，适度增加土地用途管制的弹性变化，实现刚性与弹性、变与不变的有机统一，更好地适应产业发展的新要求和新趋势。

1. 为了减少规划调整的麻烦以及更好地适应产业融合的新趋势，在规划编制时增加混合用地或"白地"的比重

新加坡在编制用地规划时，专门预留有"白色地带"④和"商务地带"⑤，在该地带，企业可以自由变更土地用途。为此建议，城乡规划部门在符合控制性详细规划的前提下，按照用途相近、功能兼容、互不干扰、基础设施共享的原则，根据当地实际，研究制定有助于新产业、新业态发展的兼容性地类和相关控制指标。例如，科教用地可兼容研发与中试、科技服务设施及生活性服务设施。对于暂时未考虑发展方向的区域，可以"留白"。在土地供应上，要适当增加混合用地和"白地"比重。

2. 在特定区域范围内，或符合相关条件的，增加土地用途变更弹性

首先，增加产业园区内不同类型土地的用途变更弹性。对于政府划定的特定地块区域，允许商业、办公、居住、工业等项目在该地块内混合发展，发展商也可以改变混合的比例以适应市场的需要。通过设置不同用途比例区间，增

〔1〕田伯平. 新加坡开发裕廊工业区的经验与借鉴 [J]. 世界经济与政治论坛, 1994 (6): 1-4.

〔2〕卢为民, 张琳薇. 国际城市土地用途管制制度的演变特征与趋势 [EB/OL]. http://house. people. com. cn/n/2015/0921/c164220-27614551.html, 2015-9-21.

设综合用途用地进行管理。其次，结合城市更新，允许部分商服用地改变用途，以消化过剩的存量商服用地。对于一些经营较差的商服项目，允许其改变用地性质，发展其他业态。最后，对于自由贸易区内的土地，探索实行负面清单式的土地用途管制模式。即对于自由贸易区内的特定区域，由规划部门确定土地用途的负面清单，市场主体可决定负面清单以外的任意土地用途使用形式。

3. 为了防止擅自变更用途造成的混乱，还要明确自由变更的幅度

例如，我国台湾地区"工业区用地变更规划办法"规定，对工业区内的土地用途变更，生产事业用地所占面积不得低于全区土地总面积扣除公共设施用地后的50%；社区用地不得超过全区土地总面积的10%；公共设施用地不得低于全区土地总面积的30%；相关产业用地不得超过全区土地总面积扣除前二款公共设施用地及社区用地面积后的50%[1]。新加坡明确规定，整个工业区内的工厂生产面积必须达到60%以上，办公及其他辅助面积为40%以下，以确保工业发展[2]。为此建议，在放松用途管制的同时，要明确相关规则，规定各类用途土地面积的调整上限或下限。

4. 建立土地用途变更的快速审批机制

如前所述，按照现行用途变更管理规定，规划调整要经过规划、国土、产业等多个部门的协调、履行多项审批手续、经历多个审批环节，一些项目调整用途需要1~2年时间，甚至更长，严重影响了产业的转型升级。为此，建议加强规划、国土和产业等部门之间的协调，优化审批流程，简化审批环节，提高审批效率。对于因产业发展需求、确需变更土地用途的地块，采取并联审批等方式，建立用途变更的快速调整机制。这样，既有利于促进产业的转型升级，也有助于防止因规划调整滞后可能导致的违法用地发生。

（三）处理好收与放的关系，创新土地收储制度，形成多元化、灵活性的土地供应格局，降低用地成本

按照中共十八届三中全会提出的"紧紧围绕使市场在资源配置中起决定性作用深化经济体制改革"的要求，处理好政府与市场在土地供应中尤其是存量用地供应中的分工。重点是通过减少政府的收储比重，增加市场自由转让的比重，促进土地要素的自由流动，让土地从低效率领域转移到高效率领域，从过剩领域转移到更有效率的领域，促进产业的转型升级。

---

〔1〕 工业区用地变更规划办法 [EB/OL]. http：//www. 3gstar. com. tw/工业区相关法规/7 - 3. htm，2016 - 3 - 5.

〔2〕 卢为民. 用地政策引领产业转型——新加坡节约集约用地启示 [J]. 资源导刊，2012 (7)：42 - 43.

1. 压缩政府收储的范围和规模

按照 2007 年国土资源部等部门颁发的《土地储备管理办法》，政府收储范围包括：依法收回的国有土地；收购的土地；行使优先购买权取得的土地；已办理农用地转用、土地征收批准手续的土地；其他依法取得的土地。由此可见，在政府收储的土地中，既包括存量土地，也包括增量土地；既包括公益性用地，也包括经营性用地。特别是对于"收购的土地"，由于没有明确边界，不少地方将所有城市存量土地都纳入土地收储范围。但从荷兰、瑞典、美国、新加坡、法国等发达国家和地区的经验看，在房地产市场发展到一定阶段和相对稳定时，土地储备的首要目标是确保保障性住房和公共（公益）设施建设的用地需要[1]。考虑到我国许多大城市的土地供应已由增量用地为主向存量用地为主转变，建议我国政府收储的主要目标是，弥补市场的不足，提供一些市场不愿做的公共产品，比如，保障房建设、公益性设施建设等非营利性项目的土地。同时，凡是在法律许可的范围内，依靠市场机制能做的项目，原则上都由市场来做，不建议纳入政府收购的范围。

2. 推进土地储备主体和供应主体的多元化

打破由城市政府垄断土地储备的现行格局，形成在统一交易平台的基础上，多元主体平等储备和供地的局面。重点推进三方面探索：（1）集体经济组织可以实施土地储备，直接供应土地。赋予农村集体建设用地与国有建设用地同等权能，可以在统一的土地交易市场实施土地供应和交易活动。（2）对于从事经营性开发的存量土地，允许土地权利人自行开发。对于部分旧城区改造、城中村改造、旧厂房改造等项目，可以不纳入政府收储范围，允许由土地权利人自行改造或联合开发。（3）对于一些土地权利人自己无条件或无能力进行再开发的地块，通过降低转让税费以及允许分割转让等方式，调动土地权利人的积极性，及时将土地转让给第三方进行开发。

3. 近期采取政府收储和企业自由转让并重的发展策略，远期实行以企业自由转让为主、政府收储为辅的发展模式

由于目前我国土地二级市场的运行机制还不够完善，建议近期可推进政府和企业联合储备，建立合资入股、共同开发的收储机制。即通过建立股份合作方式，由原土地使用权人与地方政府的资产经营公司以一定的股份进行联合储备和开发，并且由政府的资产经营公司控股。这种方式通过让原土地使用权人参与储备和开发，调动国企、上市公司等存量持有主体参与主动开发的积极性，但是对地方政府资产经营公司的资金实力要求比较高。同时，待土地二级市场

〔1〕 王家庭，张换兆．土地储备制度的国际考察及其启示［J］．城市，2005（6）：23-26.

逐步完善后，建立以企业自由转让为主、政府收储为辅的运作模式。

（四）处理好进与退的关系，创新土地税费制度，构建良好的低效用地退出机制

1. 增加持有环节税费，提高土地保有成本，实行差别化的税收征管政策，引导低效用地及时退出

在现行税制背景下，重点是提高城镇土地使用税和房产税征收标准，提高土地持有成本。同时，对不同产业项目实施差别化的税收政策。对于符合产业导向的项目，降低税收标准，反之，则提高税收标准。例如，浙江省平湖市建立以亩产税收和节约集约用地为导向的评价机制，将企业分为激励类、提升类、一般类和低效类四大类。通过实施差别化的减免政策，对亩产税收达到制造业亩产税收平均值200%以上、100%～200%、50%～100%和50%以下的，分别按激励类、提升类、一般类和低效类四大类企业，实行城镇土地使用税和房产税分类分档的差别化减免政策。同时，针对现行城镇土地使用税的标准较低，即使按照最高标准征收，土地保有成本仍然偏低的问题，建议修改《中华人民共和国城镇土地使用税暂行条例》，进一步提高征收标准的上限。

2. 减少土地转让成本，降低企业退出门槛

据有关部门测算，目前土地转让需缴纳30%～60%的土地增值税，3%～5%的土地交易契税等，过高的转让税费影响了土地转让的积极性，一些企业宁可让土地闲置，也不愿意转让。为此建议，降低转让成本，比如，适当合并流转税种、降低税率等，并适当降低土地的转让投资限制，促进土地的流动，实现土地资产在流动中增值增效。

3. 探索建立低效用地退出的利益补偿机制

低效工业用地不愿退出的主要原因在于利益。为此，除了实行差别化的税收政策和行政执法手段，进行"逼迫"以外，还要建立相应的激励机制，引导企业主动退出低效用地。即对于部分低效用地，探索实行有偿回收的方式进行收储。例如，苏州市2011年制定了《苏州工业园区企业用地回购实施办法》，明确了产业用地有偿退出的标准和流程等，并于当年启动了首批24家企业的用地回购程序，有效提高了各园区节约集约用地水平[1]。

---

〔1〕 苏州工业园区管理委员会.关于印发《苏州工业园区企业用地回购实施办法（修订版）》的通知〔EB/OL〕. http：//public. sipac. gov. cn/gkml/gbm/gwgwh/201401/t20140122 - 252860. htm, 2016 - 3 - 5.

四、结语

在我国土地资源日益短缺以及加快供给侧结构性改革的背景下，如何创新土地制度，优化土地要素配置，推进供给侧结构性改革，对业界和学术界来说都是一项新的重大课题，相关的研究成果还很薄弱。为此，本文对此进行了探索。首先，从理论上分析了土地制度对供给侧结构性改革的影响机制和路线图。其次，结合我国实际，分析了现行土地制度供给中与供给侧结构性改革不相适应的地方，尤其是一些深层次的矛盾和问题。最后，从优化土地要素配置，促进供给侧结构性改革的角度，提出了土地供应制度、用途管制制度、收储制度、税费制度的创新方向和路径。

【注释】

① 中共中央十八届五中全会通过的《中共中央关于制定国民经济和社会发展第十三个五年规划的建议》提出，"优化劳动力、资本、土地、技术、管理等要素配置，激发创新创业活力，推动大众创业、万众创新，释放新需求，创造新供给，推动新技术、新产业、新业态蓬勃发展，加快实现发展动力转换。"

② 国家工商总局的一项研究表明，我国近五成企业生存时间不足 5 年，2008～2012 年，传统服务业企业平均寿命 6.32 年；即使是美国世界 500 强企业，平均寿命为 40 年左右，一般跨国公司平均寿命为 10～12 年。

③ 所谓"带项目出让"，是指工业用地出让时，附带特定产业项目具体建设条件及生产要求的出让方式。这样，不仅降低了招商项目落地的难度，而且缩短了审批时限，加快了项目开工速度。

④ "白色地带"计划规定，在政府划定的特定地块，允许包括商业、居住、旅馆业或其他无污染用途的项目在该地带内混合发展，发展商也可以改变混合的比例以适应市场的需要，在项目周期内改变用途时，无须交纳额外费用。

⑤ "商务地带"计划是"以影响为基础"的规划方式，允许商务落户于不同用途的建筑内，改变用途不需再重新申请，并且同一栋建筑内也允许具有不同的用途，以增加土地用途变更的灵活性。

以土地供给侧改革助推经济转型升级[*]

——上海的经验与做法

合理的土地制度安排对于激励生产要素和公共产品供给，释放供给活力，促进经济增长和经济发展方式转变，发挥着重要的微观管理和宏观调控功能。近年来，上海在以土地利用方式转变促进经济转型升级的道路上积极探索，闯出了一条有特色的新路。

一、以土地转型利用促进经济转型升级

土地作为基本的生产要素，如何因地制宜优化配置，是上海近年来一直着力探索解决的问题。

上海市土地面积6340平方公里，仅为北京市的三分之一左右。至2014年年底，其现状建设用地规模已突破3100平方公里，达到陆域面积的45%，其开发强度远高于大伦敦、大巴黎、东京圈等国际大都市的水平。其中，工业用地比重高达28%，是国外大都市的3~10倍。

"土地资源紧约束已成为上海城市发展的新常态"。上海市规划和国土资源管理局局长庄少勤告诉记者。

上海提出"创新驱动发展、经济转型升级"主战略，通过结构调整，最终建立起以现代服务业为主、战略性新兴产业引领、先进制造业支撑的新型产业体系。

在调整产业结构、构建新的产业体系过程中，势必需要大量的土地资源做支撑。经过深入研究和实践探索，上海最终将目标锁定在加强土地供给侧改革、转变土地利用方式、优化土地利用结构上。

庄少勤用四句话概括了上海的具体做法：以"五量调控"为抓手，以优化供给结构为重点，以全生命周期管理为保障，以提高土地供给质量和效率为目标。

---

[*] 原载于《中国国土资源报》，转载于《资源导刊》2016年第6期。

"五量调控"即总量锁定、增量递减、存量优化、流量增效、质量提高——锁定建设用地的供应总量，切实保护城市生态环境；逐年减少新增建设用地，控制土地利用的外延式扩张；优化存量土地利用结构，减少无效和低效供给，增加有效供给；加快土地流转速度，使土地供应更好地适应需求变化；通过优化土地供给方式，提升土地利用的质量和效益。

二、着力提高土地供给的质量和效率

"五量调控"土地利用策略，目标是着力提高上海土地供给的质量和效率。自 2014 年以来，上海围绕"五量调控"出台了一系列政策文件，从多方面探索提高土地供给质量和效率。

——实施低效用地减量化，促进落后和低效产能退出。即通过减少低效工业用地，促使落后和低效产能退出。"目前上海市规划建设区外的 198 区域[1]工业用地占全市工业用地比重接近 1/4，但工业总产值占比不到 10%，这些企业布局分散、能源消耗大、环保问题和外来低端就业问题突出。因此，对于这些项目，必须通过建设用地的减量化，及时进行淘汰"。上海市规划和国土资源管理局副局长岑福康说。

针对 198 区域的低效工业用地，上海市以增减挂钩为抓手，以郊野单元规划为载体，以土地综合整治为平台，加强制度创新，综合运用经济、行政、法律等手段，积极推进减量化工程，着力淘汰落后和低端产能。

同济大学石忆邵教授告诉记者："上海在推进减量化过程中建立的新增建设用地计划与现状建设用地减量化的关联机制、挂钩结余指标有偿交易流转机制、市级减量化专项扶持资金制度、集体经济组织和农民长效增收机制等，操作性强、成效明显。"

——增加有效供地，促进中高端产业发展。在总量锁定、增量递减的情况下，要满足产业发展和转型升级的需要，最关键的就是盘活存量用地，增加有效供给。两年多来，上海在盘活存量上新招频出：

其一，强化规划引导，明确区域转型和土地利用的总体方向。对 104 个规划工业区块，通过结构调整和能级提升，推动发展高端制造业、战略性新兴产业和生产性服务业；对于规划工业区块外、集中建设区内的"198 区域"，通过转型利用，推动发展现代服务业。其二，结合城市更新，创新存量工业用地转型的实施途径。如通过土地收储再出让、区域整体转型、有条件零星转型三种模式，推进土地再开发，满足产业转型升级需要。其三，结合自贸区建设，探

---

〔1〕 198 区域，即位于规划产业区和规划集中建设区外，面积约 198 平方公里的现状工业用地。

索提出了综合用地政策，鼓励土地复合利用，促进产业融合发展。

"上海的存量优化，不是单个地块的再开发，而是将土地的转型利用与城市功能提升和产业转型升级等多重目标有机结合起来，实现土地利用综合效益的最大化，在全国都具有一定的示范意义。"上海市土地学会副会长袁华宝表示。

——降低土地成本，促进企业创新发展。2013年，上海增设研发总部类用地，放宽其在容积率、建筑高度等方面的限制；2014年，将新增一般产业项目类工业用地的出让年限从50年调整至20年，降低了拿地成本；2015年，明确存量工业用地、研发总部类用地按照规划提高建筑容积率补缴土地出让价款，经集体决策后，可以按照分期方式缴纳地价款，或在项目竣工后房地产登记前缴纳；2016年，上海再出新规，明确研发总部产业项目类用地的市场评估地价不低于相同地段工业用途基准地价的150%，存量产业项目类工业用地和产业项目类研发总部用地按规划提高容积率的，可减免土地出让价款……这一系列举措让企业得到了实惠，大大提升了科创企业"进军上海，安营扎寨"的热情。

——增加产业配套用地，优化居住环境，吸引人才集聚。就此，上海作了两方面改革：一是增加中小套型住房和公共租赁住房的比重，使青年人才能够买得起房，或租得起房。如规定在土地供应时，明确要求中心城区新建商品住房中小套型不低于70%，郊区不低于60%。同时，商品住房项目配建不少于5%的保障性住房，外环以内配建房源一律作为公租房使用。二是在降低城市工业用地比重的同时，提高生态用地和公共服务用地比重，优化居住环境。

——土地全生命周期管理，确保土地供给侧改革措施落到实处。上海提出土地全生命周期管理，基于土地用途管制和市场化管理要求，以土地出让合同作为管理平台，将土地用途、规划建设条件以及相关产业类型、功能要求、运营管理、利用绩效和土地使用权退出机制等纳入合同约定，在土地出让期限内实施全过程、全要素管理，确保各项土地供给侧改革措施落到实处。

岑福康告诉记者，在全生命周期管理中，上海非常注重开发企业对项目的持有，要求一般地区商业物业的持有比例不低于80%、办公物业不低于40%，且持有年限不低于10年。加强持有管理，有利于促使开发企业由开发销售商向城市运营商、服务商角色转型，从源头上遏制土地投机炒作，提升土地供给的质量和效率。

三、用地更集约、结构更优化、供给更有效

自"五量调控"实施两年多来，上海市用地更加集约、结构更加优化、供

给更加有效，有力释放了供给活力。

首先，低效用地减量化成效明显，结构进一步优化。截至 2015 年年底，上海已累计验收减量化成果近 9 平方公里，淘汰了一大批有污染、高能耗、低效益的企业。在供地结构中，市政公用、经营性、工矿仓储用地比例从 2011 年的 2∶5∶3 调整为 2015 年的 7∶2∶1。

其次，用地更加集约，土地供给更加有效。一大批存量工业用地得到转型利用。截至 2015 年年底，长宁虹桥机场东片区、杨浦杨树浦电厂等整体转型项目，以及普陀"红子鸡"等零星转型项目已签订出让合同或已完成转型前期工作。截至 2016 年 3 月底，上海已有 66 个项目列入 2016 年存量工业用地转型计划中，涉及土地面积约 460 公顷。另外，在新增建设用地中，上海加强高新技术产业和研发总部用地供给，2015 年供应的研发总部用地占出让工业用地比重较 2013 年翻了两番，为科创企业发展提供了有力支撑。

土地利用政策创新与产业集群发展[*]

当前我国工业园区正处于转型升级的关键时期，产业集群因其具有空间集聚性和企业关联性等特点，可以有效降低成本、刺激创新、提高效率、提升区域竞争力，而被不少地区选为发展方向和重点，大力加以推进。但是目前我国真正呈集群式发展的工业园区并不多，不少园区的企业还是呈孤立、分散式的发展状态，相互之间缺乏有机联系，也缺乏创新发展的空间环境，严重制约了产业能级的提升。从影响产业集群发展的因素看，既有财税、金融等政策因素，也有技术、文化、人才等其他因素。值得关注的是，土地利用已成为影响我国产业集群发展新的因素，并且正在发挥着越来越重要的作用。从现行土地利用政策看，还存在着种种不适应产业集群发展的地方，需要加快研究解决。

一、土地利用政策对产业集群发展的影响机制

产业集群既是一个经济学概念，又是一个地理学概念。按照目前学术界公认的解释，产业集群是指在特定区域中，具有竞争与合作关系，且在地理上集中，有交互关联性的企业、专业化供应商、服务供应商、金融机构、相关产业的厂商及其他相关机构等组成的群体。产业集群最显著的特点是空间的聚集性和企业的关联性。发展产业集群，有利于降低企业的制度成本（包括生产成本、交换成本等），提高规模经济效益和范围经济效益，进而增强产业和企业的市场竞争力。由于我国城市土地的国有属性，以及政府控制一级土地市场供应等特点，使得土地在我国不仅是重要的生产要素，还是有力的调控手段。土地利用政策主要从以下几方面影响或引导着产业集群的发展。

（一）土地利用结构和布局对产业集群的影响

土地利用结构是一定区域内不同类型用地的比例结构。按照我国开发区规划管理办法，工业园区内既有工业用地，也有商服用地、居住用地和其他公建配套设施等配套用地。而不同类型用地之间的比例结构配置，可以影响到园区

---

* 原载于《中国土地》2014 年第 12 期。

产业结构的调整，进而影响到产业集群的发展。土地利用布局是指一定区域内不同类型用地的空间分布。土地利用结构和布局是工业园区在总体规划阶段必须考虑的基本内容，反映着对工业园区产业发展的总体空间安排。产业集群作为一个产业群落，有其内在的空间集聚规律和内在联系规律，需要生产、服务、研发企业、科研院所、公共交流平台等在空间上的有机组合和配置。正如日本经济产业省的一份报告中指出："产业集群不是简单的企业扎堆，而是通过具有一定水准的企业间协作以及官产学的协作网络，灵活运用各机构间的经营资源，形成企业孵化环境，促进新企业、新业务的不断产生，从而形成优势产业，并以此为核心形成产业的聚集。"因此，为了营造产业集群发展的空间环境，必须构建科学合理的土地利用结构和布局。特别是要结合产业集群的地域集聚性以及企业关联性的特点，合理地选择园区的区位、科学划分内部的功能分区等。例如，日本编制的《振兴区域经济的产业集群规划》以及《通过地域牵引形成产业集群据点的新一轮国土资源开发》等，明确了产业集群的空间布局规划和功能分区。美国、英国等也都依托大学或科研机构规划一些科技园区。同时，在不同发展阶段，产业集群内部的结构也会不断调整，例如由传统型产业集群向创新型产业集群转变等。在此过程中，也需要对原有的功能区进行调整，对空间布局进行优化，以促进产业集群的优化升级。

（二）土地利用性质和开发强度对产业集群的影响

如果说，土地利用结构和布局是从总体规划层面或者区域层面影响产业集群发展的话，土地利用性质和开发强度则是从详细规划层面或者从具体地块层面影响产业集群的发展。土地利用性质是指城市规划管理部门根据规划的需要，对某宗具体地块作出的用途规定。按照《城市规划法》，规划区内的土地必须严格实施用途管制制度。改变土地的使用性质，必须经过严格的审批程序，并补交相应的土地出让金。土地开发强度也是城市规划中一项重要内容，包括建筑密度、建筑高度、容积率等。在编制工业园区控制性详细规划时，对各地块的土地利用性质和开发强度进行确定，或者进行调整时，只有充分考虑到产业链的发展要求，考虑到企业之间的关联性需要，才能有效促进产业集群的发展。否则，脱离产业发展实际，过分追求物质规划或形态规划，或过分强调规划调整程序等，必然阻碍产业集群的发展。

（三）土地供应方式对产业集群发展的影响

如果说规划主要是从空间聚集或者空间环境的营造角度促进产业集群发展的话，土地供应方式则主要是通过对入驻企业的选择，增强园区企业之间的关联性促进产业集群的发展。我国现行的土地一级市场中，政府作为土地出让人，可以依据特定的偏好配置土地资源。土地供应只有适应产业集群发展的内在规律和要求，才能促进其发展。产业集群本身讲求产业链的延长、价值链的提高，企业之间的共生等，实际上，就是将有内在联系的企业在一个特定的地域空间集聚起来。实现这种集聚，如果单靠市场机制，自发地进行组织，可能需要很长时间；如果在招商引资过程中，特别是在土地供应时，有目的地"招商选资"，可以更加快速地实现企业有秩序的集聚，促进企业之间共生，有效延长价值链和产业链，达到推动产业集群发展的目的。

（四）土地税费政策对产业集群发展的影响

目前我国的土地税包括土地使用权取得环节、保有环节和转让环节三部分。其中在取得环节有耕地占用税；保有环节有城镇土地使用税、房产税；流转环节有土地增值税、契税、印花税、营业税、企业所得税、个人所得税。土地税费政策实际上是一个利益调节机制，可以通过税费优惠政策，吸引相关企业入驻，调动企业创新的积极性，引导产业发展方向，促进中小企业发展等，促进产业集群发展。例如，在英国、日本等国家，政府对工业园区内中小企业的扶持和对企业创新的激励，通常以财政补贴、税收减免、低息贷款、贷款担保等方式，来达到其目的。

二、我国工业园区产业集群发展中面临的土地利用问题

近年来，国家高度重视工业园区产业集群发展。国家发展改革委、国家科学技术部等先后出台相关文件，鼓励园区发展产业集群，特别是创新型产业集群的发展，并在一些省市开展试点探索，目前已取得积极成效。与此同时，产业集群的发展环境还需要优化，相关的配套政策也没有跟上，特别是现有的土地利用政策已不能形成产业集群发展需要，甚至成为产业集群发展的阻力，值得引起高度重视。主要表现在：

（1）现有的用地分类标准，不利于新兴产业的发展。功能混合发展是现代城市以及现代产业园区发展的趋势。特别是随着产业集群的发展，产业链的延长，一些新的产业，比如研发、设计、创意、总部、物流等所谓的生产性服务业即2.5产业相继出现，发展的势头也越来越猛，同时也成为产业转型升级的重要引擎。而按照国家现行的《城市用地分类与规划建设标准（2011年修订版）》，有关工业仓储用地中也只分了"工业用地和物流仓储用地"两类，从而给土地转性、土地出让等带来了困难。按照现行政策规定，服务业用地属于经营性用地，工业园区内不能利用工业用地发展生产性服务业；如果对土地性质转性，其程序又比较复杂，同时转性后还需要补地价等，这必然会削弱企业发

展生产性服务业的积极性。因此，根据产业集群的发展趋势和新兴产业的发展要求，研究制定新的用地分类标准，已经迫在眉睫。

（2）现有的规划理念和用地结构，不利于创新空间的营造。一是在规划理念上，现行的工业园区规划偏重于形态规划，对产业集群的发展规律和内在要求考虑不够。产业集群特别是创新集群的发展，需要"产学研"一体化的运作。但是我国许多高科技园区未能成功地将城市的智力资源引入园区。以上海紫竹科学园区为例，上海交通大学和华东师范大学都在园区内设立分部，用地面积占到整个园区的近20%，但进入园区的这两所高校仅将园区土地作为新入学本科生的教学和居住基地，绝大多数老师都不在该地居住，高校的重点科研项目、研究生教学和生产实践过程均与园区脱钩。高科技产业是一个以研发为核心的产业链，由于这个产业链无法得到上游的持续补给，因此不利于高科技产业的持续健康发展。

二是工业园区用地结构不合理，不适应产业集群发展要求。首先，园区道路用地比例过大。由于园区规模大，城市主干道和快速路不可避免地穿园区而过，从而使园区增加了不少不为自身所用的道路面积。绝大部分园区的道路用地比例普遍为16%左右。例如，上海张江高科技园区中区达到20.6%。其次，园区内部尺度过大。园区的大尺度使地块面积普遍较大，道路密度较低。其结果是为了满足园区的交通量（其中相当部分是过境交通），不得不加宽道路。最后，公共设施配置过多。由于园区尺度大，内部人员数量多，且离城市中心较远，因此不得不在园区内部配置大量公共设施，如车站、商店、餐厅、邮局等，有的甚至要配置居住区。以张江集电产业区为例，各类公共设施占到总用地的近30%。道路面积、服务设施面积过大，不仅增加了大量用于简单加工的工业用地面积，使园区宝贵的土地得不到充分利用，同时也使得整个用地结构不利于营造研发创新的环境，比如，科教研发用地达不到相关要求，缺乏尺度宜人的公共绿地等。

（3）现行的土地供应方式，不利于产业链的形成和延长。一是工业用地挂牌出让和招商引资之间的矛盾。按照国家规定，我国的工业用地一律实施招拍挂出让制度。但是经过近几年的实践，工业用地招拍挂制度逐渐暴露出一些问题，在一定程度上阻碍了产业的转型升级[1]。一方面，工业用地公开挂牌出让方式虽然增加了信息透明度，但是按照"价高者得"原则取得土地的企业，未必与园区的产业战略导向相吻合，不利于产业链的形成和延长。另一方面，与房地产用地不同，工业用地的开发承载了特定的产业发展功能，蕴含着相关管

---

〔1〕 邓浩强. 浅谈当前上海产业发展中遇到的用地问题 [J]. 上海开发区，2008（3）：27-28.

理主体的行政调节，需要体现相应的产业战略开发意图。单纯通过市场机制筛选出来的产业并不一定符合园区的产业发展导向。

二是工业用地批租年限与企业生命周期之间的矛盾。据有关方面研究，中国企业平均寿命为 7 ~ 8 年，民营企业的平均寿命仅为 3.7 年，而发达国家企业平均寿命为 12 年，世界 500 强企业平均寿命为 40 年。因此将土地一次性作价出让 50 年给企业，不利于产业结构调整和升级，也不利于企业退出机制的建立和政府对土地后续利用的调节。

三是企业扩建用地与挂牌出让方式之间的矛盾。鼓励企业增资扩建，是提升产业能级，促进土地节约集约利用的重要途径。按照现行土地出让政策，对于企业扩建项目用地，也必须纳入招拍挂出让范围，但是由于企业无法确定能否竞得成功，以及竞得成本很难估计，从而在很大程度上抑制了企业扩建的积极性。

三、促进工业园区产业集群发展的土地利用政策创新举措

按照我国目前正在加快推进工业区转型，实现以传统的生产制造为主，向服务型、复合型、多功能型转型，大力推进创新型产业集群发展的总体要求，针对当前产业集群发展中遇到的土地利用问题，建议重点从土地分类标准、规划编制和调整、土地供应政策以及土地管理体制等方面，进行创新突破，建立促进产业集群发展的土地利用政策体系。

（一）创新土地分类标准，支持新兴产业发展

土地分类是土地利用规划的依据和前提。土地的分类标准直接影响到工业园区的土地利用结构和功能分区，进而影响到产业集群的发展。因此，促进产业集群发展，首先要创新现有的土地分类标准。从我国目前情况看，在城市规划和工业园区规划时，使用的是住房和城乡建设部 2011 年颁布的《城乡用地分类与规划建设用地标准》；在土地供应时，使用的是 2007 年国土资源部颁布的《全国土地利用现状分类标准》。由于这两个分类标准中都没有研发、总部等生产性服务业用地以及物流用地等新兴产业用地类别，给园区规划和土地供应带来一定困难。为此，建议借鉴中国香港等地做法，尽快建立新的城市用地分类标准。主要包括，在园区规划时，增加两类用地：一是在"工业用地"类别中增加"工业研发用地"小类。工业研发用地是为各类产品及其技术的研发、中试等用地。在土地出让时，按照工业用地性质对待。二是在"物流仓储用地"类别中增加"物流用地"小类，以适应物流业快速发展的需要。新增的物流用地，包括货物运输、商贸类的物流中心、货物分包、配载市场等用地。在土

供应时，在"工业用地"类别中增加"生产性服务业用地"，在土地出让和管理时按照工业用地对待。

（二）创新工业园区规划理念和编制办法，优化用地结构和布局

在规划理念上，推进两个转变：由过分注重形态规划，向形态规划和经济规划结合转变。在编制工业园区规划时，建议要有经济专家参加，将产业发展的相关要求融入工业园区规划中；由终极蓝图式规划，向综合性引导预控式规划转变。借鉴英国做法，即在编制工业园区的控制性详细规划时，合理控制规划编制深度，既要保证规划的刚性约束，又要适当增加规划的弹性，以便调动企业的积极性，引导新兴产业发展。

在土地利用规划上，要根据产业集群发展的需要，优化用地结构和布局。一是适当增加新兴产业发展区。新兴产业发展区要以专业特色领域为载体，合理引导相关上下游企业逐步集聚，最大限度地形成产业增长极和辐射源。例如，上海漕河泾开发区根据开发区转型发展的需要，专门规划了"科技绿洲"，作为新型产业发展基地。二是适当建立创业中心和高科技成果孵化器，鼓励各类高科技人才在园区内部进行创业，鼓励高校将各类实验室、研究中心、学术机构以及研究生的学习、研究和生产实践过程安排在园区内。三是适当增加公共开放空间。通过公共开放空间，增进园区内部的人际交流机会，公共开放空间应深入地块内部，营造宜人的工作环境。尺度不宜过大，应随研发用地的公布而展开，公共开放空间可结合一些员工餐饮中心、活动中心等设置，方便园区内部人员使用。四是预留一定比例的备用地。借鉴新加坡的"白地"做法，针对中近期尚未明确的规划用地，或认为难以确定用途的，设置为备用地，为后续开发利用或新产业发展预留空间。五是倡导混合用地，增加用地的兼容性。混合用地是指一个地块中有两类或两类以上使用性质的建筑，每类性质地上建筑面积占地上总建筑面积的比例均超过 10% 的用地。混合用地具有一定的灵活性和及时性，有利于实现土地使用的价值最大化和空间最优化，德国、新加坡等地都十分注重这类用地的规划。

（三）完善土地供应方式，实行产业链招商

主要是通过完善现有的工业用地供应方式，确保选择到最理想的企业，促进产业集群的形成和发展。为此，建议从两方面入手：

一是改变目前工业用地单纯以"价高者得"为原则的供地方式，探索实施"综合评估、价格优先"的方式出让。通过"综合评估、价格优先"的挂牌出让方式，确定工业地块受让人，有利于发挥园区招商引资的主动性，综合考虑项目的综合效益和土地价格来确定受让人。同时，建议在园区内推行工业用地

租赁制度，赋予园区土地租赁权利，园区代表国家将土地租赁给符合园区产业规划的企业使用，租期根据产业类型及企业规模等要素进行协商约定，租金实行年付制，每年可根据市场情况调整租金大小，租期期满后园区代表政府无偿收回土地进行后续开发，这样既可以减少企业用地成本，也可以提高开发公司对土地的调控力度，提高产业用地流转效率，减少闲置用地发生，更好地保障产业规划的实施[1]。

二是在土地供应时，严格实施"招商选资"，把好入驻企业关。一方面，严格审核入驻企业项目本身的投资建设情况。在土地供应时，根据园区的功能定位及产业发展方向，设置投资强度、单位面积产出、技术含量、就业带动性、企业自主创新等方面的指标。另一方面，考察入驻企业与园区已有企业以及园区定位的匹配性。重点看引进的企业，能否与园区已有企业之间形成产业链和产业集群等。

（四）创新规划和土地管理体制，为产业集群发展提供保障

产业集群，特别是创新型产业集群的发展过程中，会不断有新的产业出现、新的企业引进，以及老的企业淘汰和退出等，这给规划的审批和调整，以及土地供应等提出了新的要求。目前我国绝大部分工业园区的规划和土地审批权还集中在城市政府手中，但是政府的规划和土地管理部门侧重于行业管理，很难根据工业园区产业转型升级和产业集群发展的形势要求，对相关地块的规划和土地供应做出调整，在一定程度上影响了产业集群的发展。为此，借鉴新加坡等地的做法，建议改革工业园区的规划和土地管理体制。具体为城市政府在提高土地一级市场宏观调控水平和效率的同时，适当放宽工业区内部的自主运营和项目审批权限，简化各种审批程序并落实到具体的"一条龙"或"一站式"服务，实施扁平高效的规划土地管理体制。经城市政府授权，工业园区可以在城市规划部门的指导下，根据产业发展需要，自主编制和调整控制性详细规划，自主确定供地方式和供应土地，为产业集群发展提供及时有效的保障。

---

〔1〕　邓浩强［·］．浅谈当前上海产业发展中遇到的用地问题［J］上海开发区，2008（3）：27－28.

开发区借地发展中面临的问题及对策[*]

土地资源是开发区发展的重要载体。随着土地资源的日益紧张，借地发展已成为一些开发区实现空间拓展的新途径。所谓借地发展，是指土地资源紧张的开发区，在发展过程中，跟土地资源相对丰富的地区或开发区进行联合开发，以期达到拓展空间、实现优势互补、产业升级、共赢发展的目的。从本质上看，借地发展是对土地资源的空间重组，是实现跨区域土地资源统筹利用、开发区联动发展的模式。因此，借地发展，又称联动发展。2008 年 9 月，国务院出台的《进一步推进长江三角洲地区改革开放和经济社会发展的指导意见》（国发〔2008〕30 号）中，首次明确提出"有序推动异地联合兴办开发区"的要求，为开发区借地发展提供了政策依据。但是，借地发展由于往往涉及跨行政区域以及空间分离等问题，受现行土地政策、财政政策等因素的制约，在推进过程中还面临不少问题，急需研究解决。

一、借地发展是实现土地资源整合优化利用，推动开发区转型升级的有效途径

借地发展不论在国际还是国内都有不少成功的案例。在当前形势下，有针对性地实施借地发展，对解决开发区发展过程中土地资源不足问题，推动开发区转型升级，以及统筹区域发展等方面具有重要意义。

一方面，借地发展有利于解决开发区新增用地不足的问题，推动土地资源空间整合和优化利用。当前我国大城市普遍存在土地资源严重不足、供需矛盾日益突出的问题。这种现象在东部沿海地区表现得尤为明显。在当前转型发展的背景下，国家对新增建设用地的控制也越来越严格。2014 年年初，国土资源部部长姜大明在全国国土资源工作会议上明确提出，中央要求东部三大城市群发展要以盘活土地存量为主，今后将逐步调减东部地区新增建设用地供应。按照实现"创新驱动发展，经济转型升级"的总体部署，2014 年 2 月，上海市政

* 原载于《改革与战略》2014 年第 10 期。

府下发了《关于进一步提高本市土地节约集约利用水平的若干意见》（沪府发〔2014〕14号），提出了"总量锁定、增量递减、存量优化、流量增效、质量提高"的土地管理思路。其中重要的一条就是，到2020年努力实现建设用地总规模的"零增长"。在工业用地方面，设定了"产业区块控制线"，将严格控制新增工业用地的边界。可以说，未来一段时间，开发区的空间拓展将受到严格限制。值得注意的是，目前上海不同的开发区，土地产出水平差距还是比较大的。据有关部门统计[1]，2010年，上海的国家级开发区单位土地产值最高，达到115.29亿元/平方公里，是市级开发区的两倍多；产业基地单位土地产值与市级开发区相当，为55.11亿元/平方公里；城镇产业区块最低，为25.20亿元/平方公里。从税收来看，2010年国家开发区单位土地税收产出最高，为17.22亿元/平方公里，是上海市开发区税收的主要力量；市级开发区次之，为2.04亿元/平方公里和0.96亿元/平方公里。从开发容积率看，不同开发区的差异也非常明显。漕河泾经济技术开发区的容积率最高，达1.41；上海化学开发区的容积率最低，仅为0.37。从土地资源情况看，部分发展水平较高的开发区土地开发已基本完成，而一些开发区土地利用仍有较大空间。例如，金山、奉贤、南汇、崇明等远郊的市级开发区效益明显偏低，甚至远低于苏州市的部分省级开发区。浦东、闵行、松江等近郊的开发区效益明显比奉贤、崇明等远郊的好。因此，对开发区来说，如何在提高现有存量用地利用效率的基础上，与土地资源相对丰富但利用效率较低的开发区加强联动发展，实现土地资源的整合优化利用，应该说是一个不错的选择。

另一方面，借地发展有利于推动产业空间转移和转型升级，实现区域协调发展。目前，在世界产业转移过程中出现了以构建全球新兴产业链为目标，以跨国公司为主体，以优秀大型开发区为载体，对研究、生产和服务等产业链的主要环节进行联动转移的方式。从产业布局看，自20世纪70年代末期、80年代初期开始，由于资本主义生产方式及与此相对应的技术、体制的转变，西方产业布局理论的思维定势发生了由"点空间"向"关系空间"的转换。就布局而言，更加注重相互联系的产业空间组织、企业与企业（包括机构）之间的联系及产业组织的网络形式和相关体制问题，而不是单个企业或产业的布局；就地域组织形式而言，摒弃了以往计划体制的"地域生产综合体"理论模式，而更加注重相同和不同产业的竞争、联系与合作、产业内部的纵向分离、国际联系通道和信息的灵敏程度及相对集中的空间接近性问题。两者交互作用的直接

[1] 上海市经济和信息化委员会.2011上海产业和信息化发展报告——开发区[R].上海：上海科学技术文献出版社，2011：23-25.

结果是促进新体制背景条件的产业集聚和产业群落（或集群）的形成。新时期上海产业布局规划，要跳出以往"点空间"与"地域生产综合体"模式的理论框架，运用"关系空间"和产业群落（或集群）新思维，按照产业空间组织和产业群落（或集群）的发展规律和特点，立足于整个市域、长江三角洲乃至更大区域范围内产业活动的国际化、信息化和空间组织的最优化。同时，上海应发挥特大城市的综合服务功能与技术和人才资源等优势，积极开展与长三角和国内其他地区在产业链上的纵向、横向分工与联动合作，从而构筑新的产业布局空间结构新体系，对各类开发区实行差别化的区域调控政策，实现市域乃至更大范围内的产业分布的有效整合与合理重组，尤其是有利于开发区之间的错位发展，以适应上海产业布局优化升级的需要。另外，建立上海全市开发区联动发展机制，允许土地集约利用度高、管理高效的园区，通过输出品牌和管理，对低效的工业园区进行兼并、合并，或联动发展，不仅可为绩效高的工业园区进一步发展提供空间，而且更重要的是可全面提高低效工业园区的土地集约利用水平，提升整体产业发展层级。通过优势互补，推动不同区域之间的协调发展。例如，经济发达地区的开发区与落后地区的开发区联动发展，可以将好的管理经验、招商资源输送给落后地区，带动落后地区快速发展。

二、上海开发区借地发展的现状及面临的问题

目前，上海各开发区土地资源不平衡的现象比较严重。据有关部门统计[1]，上海各开发区的可用工业用地分布十分不均，主要集中在少数几个市级开发区，国家级开发区可供应的工业用地仅剩 9.67 平方公里，市级开发区还剩 105.24 平方公里。尤其是张江（本部）、金桥（本部）、闵行（本部）、漕河泾（本部）、市北等园区已基本上没有剩余的可供应批租的工业用地。从开发区的招商情况看，差别也比较大。有些园区尽管土地资源开发已接近饱和，但外来投资仍源源不断；而有些园区虽然土地资源仍有许多剩余，但仍难以吸引到外来投资项目。

从目前的借地地域范围看，主要有两大类。一类是在上海市域范围内的借地发展。随着中心城区和近郊土地资源的日益紧张，以及产业的不断升级，这些地区的开发区在本地拓展已不可能，势必向远郊地区拓展。如上海化工区与奉贤分区、金山分区联动发展，临港产业区积极推进临港产业区奉贤园区建设，上海综合保税区整合外高桥保税区、洋山保税港区和浦东机场综合区，实现

---

〔1〕 上海市经济和信息化委员会.2010 上海产业和信息化发展报告——开发区〔R〕. 上海：上海科学技术文献出版社，2010：20 - 22.

"三区"联动，金桥出口加工区管委会统筹管理金桥出口加工区、南汇工业园区和空港工业园区开发和建设。张江高新技术开发区加快联动步伐，张江高科技园区管委会的辖区范围由25平方公里扩大到张江东区、银行卡产业园、孙桥现代农业园、南汇国际医学园区和康桥工业园区，形成"1+5"的崭新发展格局。漕河泾开发区以自身品牌、招商管理等优势和产业链延伸与松江区合作成立漕河泾松江开发区松江园区，与康桥合力打造漕河泾科技绿洲，将科技绿洲品牌效应拓展到浦东。另一类是跨省市的区域合作。例如，漕河泾与嘉兴海宁合作建设漕河泾开发区海宁分区、嘉定开发区与盐城建湖县合作建设上海嘉定开发区建湖科技工业园等。再如，上海市开发区与外地开发区园区共建，漕河泾与嘉兴海宁合作建设漕河泾开发区海宁分区[1]、嘉定开发区与盐城建湖县合作建设上海嘉定开发区建湖科技工业园等。

从借地发展的开发模式看，主要有两类。（1）单纯借地开发模式。经国家或市政府批准，品牌开发区另外选择一块区域进行"飞地开发"，由当地政府负责拆迁，开发区负责"七通一平"建设、招商引资和企业服务。漕河泾开发区在闵行建设浦江高科技园、闵行开发区在南汇临港进行扩区即属此类模式。漕河泾浦江高科技园原为闵行浦江镇工业园区，当时园区内主要是粗放经营的乡镇企业，由于缺乏龙头企业和主导企业，土地利用效率较低，该园区改由漕河泾开发区"飞地开发"后，相继引进了英业达、尚德太阳能等项目，目前产出率达到100亿元/平方公里，基本实现了"腾笼换鸟"和产业结构的转型升级。该模式虽然有利于扩展开发区的用地面积，推动借地开发区的产业拓展，但是不能充分带动出借者的产业发展。（2）联动开发模式。根据联系的密切程度，又可分为两种。一种是统一品牌开发。张江高科技园区与浦东合庆镇合作建设张江东区也是一个典型的例子。随着一批创新创业型企业在张江高科技园区的发展壮大，部分企业急需拓展新的发展空间；同时，邻近张江高科技园区的浦东合庆开发区是一家区级开发区，为提高合庆工业园区的开发水平，2004年在浦东新区政府牵头下，成立以张江高科技园区为核心的张江功能区管委会，将合庆镇纳入功能区，由张江高科技园区对原开发区进行统一招商、统一管理。目前，实行此类联合开发模式的还有漕河泾开发区与松江合作建设光仪电产业园，上海化工区在奉贤、金山区建设化工分区，外高桥保税区与江苏启东合作建设外高桥集团（启东）产业园等。另一种是协议合作开发。通过签订相关协议，园区之间建立战略合作和友好园区关系，在招商信息、园区管理、人才培

---

[1] 陈子君."走出去"拓展开发版图产业转移实现共舞共赢"漕河泾开发区海宁分区"横空出世 [J].上海开发区，2009 (6)：20–22.

训等方面开展交流合作。这种模式的合作关系较为松散，彼此之间没有硬性约束。如漕河泾与市内外 10 多家园区建立了合作关系，嘉定、青浦、松江等工业园区也与外省市相关园区建立了合作关系。目前，上海市开发区与外省市开发区的合作主要以此种类型居多，漕河泾开发区海宁分区就是一个典型例子[1]。

从近年的实践看，开发区在借地发展过程中也面临一些需要关注的问题。

（1）借地双方在产业布局上的统筹规划问题。开发区的借地发展，不仅是空间的拓展，更不是简单地将落后项目转移出去，而是要在更大范围内实现产业的优化布局和统筹发展，真正实现双方的互补共赢。目前长三角产业园区的地域分工不明确。一是传统重点产业发展与国内特别是长三角产业发展同构性同能级的现象日趋严重，竞争优势和发展动力不足。二是产业布局以横向叠加调整为主，产业链集聚尚处起步阶段。三是各区县产业门类呈趋同化发展趋势，并集中在几个主要行业，工业布局也呈现分散化趋势。要进行产业链的空间重组，需要错位发展，进行联动开发，在更大范围构建产业集群，既要有利于推动借地者的产业转移和升级，又要带动出借者的地区发展。

（2）借地双方在用地政策上的统筹安排问题。开发区联动发展的初始动机在于对土地资源的需要。考虑到目前我国土地资源十分紧张，尤其是长三角地区土地资源更为紧缺的状况，如何加强更大范围内的土地管理，统筹好联动发展双方的土地资源，包括统筹安排两地的土地利用总体规划，统筹安排两地的用地指标等，目前还缺乏相应的政策支持。

（3）借地双方积极性的调动问题。从借地双方的合作动机看，主要表现为："借地者"主要是为了获得更多的土地资源以及由此获得土地收益；而"出借者"主要是通过合作开发，获得管理经验、技术转移以及相关税收等。如何让双方各得其所，充分调动双方的积极性，使借地发展不仅成为"借地者"的获利手段，而且成为统筹区域发展的重要途径，也是需要研究解决的重要问题。

（4）"借地者"开发区内企业的转移问题。开发区在联动发展过程中，除了将借地开发区的管理经验输出外，还有一个重要途径就是引导借地开发区内的企业（或企业的若干产业链环节）进行跨区域转移。而要实现这一点，就必须建立相应的利益调节机制，以及产业链的关联关系，让这些企业认识到，如果将企业的部分生产环节转移出去，不仅有利于节约土地成本，有利可图，而且还有利于其他环节的发展，形成不同环节之间相互支撑的局面。如何建立针

〔1〕漕河泾海宁分区举行分区成立一周年工作汇报会［EB/OL］. http：//www.chj-hn.com/park-dynic-Info. php？id=45. htm，2011-8-22.

对转移企业的利益引导机制，也是亟待解决的问题。

三、创新政策机制，提升借地发展的总体质量和效益

针对开发区在借地发展中面临的问题，建议上海在推动开发区联动发展过程中要按照"政府引导、市场运作、优势互补、互利共赢"方针，加强引导和调控，进一步推动开发区之间的联动发展，推动产业结构的优化升级和土地资源的优化配置，提升借地发展的质量和效益。

（一）加强统筹规划，构筑分工合作的联动发展格局

一是科学选择联动开发合作伙伴。作为"借地者"的开发区，在选择联动对象时，应主要考虑以下因素：（1）土地资源的丰富程度；（2）土地价格的高低；（3）考虑"出借者"与"借地者"交通联系情况；（4）"借地者"的产业配套情况以及劳动力情况。只有这样，才能为以后的联动发展提供基础。这也是"借地者"开发区内的企业是否愿意前往投资的主要考虑因素。二是规划好"借地者"与"出借者"之间的产业分工。在确定"出借者"的产业定位时，既要考虑当地的产业基础和资源条件，更要考虑与"借地者"的关系。最理想的产业定位是，"借地者"与"出借者"之间是一种产业链的上下游关系，彼此相互依托、相互支撑。例如，"借地者"可将原来的生产加工基地调整为总部、研发、设计、销售等产业链的高端部分；"出借者"可将"借地者"由原来的生产加工部分承接过来，同时也可发展一些相关的配套产业。这样，就可以在更大的空间范围，将两个联动开发区之间构筑一个或多个产业集群，既有利于"借地者"开发区的产业升级，又有利于带动"出借者"的产业和区域发展。

（二）创新土地政策和财政政策，为借地发展提供有力支撑

一是在土地利用总体规划上，上级国土部门在统筹安排两地土地资源利用的基础上，充分考虑两地开发区的联动发展，合理确定两地的基本农田保护面积和规划建设用地指标。允许产业转出、承接地按照依法、平等、自愿、有偿的原则，对口调剂使用农用地转用计划指标和补充耕地指标，允许"承接地"对口开发补充耕地。二是对于"承接地"的开发区，在用地指标和土地税费方面给予大力支持。单列产业转移园区用地计划指标。对产业转移园建设用地实行倾斜政策。每年在下达的新增建设用地计划指标中，按一定比例划出一块实行计划单列，专项用于安排产业转移项目。对投资超过一定数额的产业转移项目用地优先安排用地计划指标。对于新建工业用地，新增建设用地有偿使用费节省集中部分的一定比例返还给园区，按规定用途使用。新建产业转移项目所

缴纳的土地使用权出让金地方留成部分以及返还地方的国有土地有偿使用费和新增建设用地有偿使用费，全部安排用于园区土地开发。

（三）建立利益调节机制，激发开发区内企业转移的积极性

一方面，降低"出借者"开发区的经营成本。政府有关部门在用地、用电和公共基础设施建设等方面要积极向"出借者"倾斜，减免对"出借者"的税费征收，除国家规定统一征收的税费外，尽可能减免对入园企业征收任何地方性收费。推动落实产业转移奖励资金。推行"一站式"服务，进一步提高办事效率。另一方面，加大财政信贷支持力度。由市政府建立推进产业转移专项资金，引导社会资金的投入，加快园区基础设施建设。鼓励创新投融资模式，采取贷款贴息、注入资本金等形式，鼓励金融机构加大对产业承接园开发建设的信贷支持，鼓励民间投资主体参与园区开发建设，鼓励成立产业承接园开发投资公司并发行企业债券，加快园区基础设施建设和重点项目建设。

（四）完善运作机制，提升联动发展水平

一是建立股份合作制运作模式，分工合作，激发参与各方的积极性。借鉴漕河泾松江园区、江阴靖江工业园区的做法，建立"政府招园区，园区招企业"的运作模式。这里的"园区"，是由"借地者"、承接地政府、承接地农民以股权的形式共同投资成立的合资公司。在日常管理上，把社会事务和经济开发分开管理，投资公司的主要功能是搞业务开发，当地政府发挥社会管理的功能优势，着重推进土地动迁、农民安置、水电气配套以及道路交通等基础设施的工作，积极营造良好的外部环境。园区开发公司具体负责招商和日常管理。这样，园区开发公司通过加快开发，获取利润；当地政府在园区加快开发中，通过股权投资取得利润分红，通过园区持有房产的增值使集体资产保值增值，通过入驻企业税收使镇财政持续增收，从而有财力、有能力补偿动迁农民，有动力、有积极性改善园区周边的配套设施和环境，进而推进城市化进程。农户则较其他类型的动迁取得更多补偿，同时集体资产在园区的保值增值，充分调动其积极性。二是建立考核机制，督促政府推进开发区的联动发展。开发区的联动发展，不仅关系到开发区自身的经济利益，而且还关系到土地资源的可持续利用、产业的优化升级、区域的协调发展等问题，因此，政府有责任、有义务推动这项工作。为此，借鉴广东等地经验，专门出台相关政策，建立考核机制，加大支持力度。开展年度产业转移目标责任考核评价工作，将考核结果作为地方政府政绩考核的重要内容。

我国台湾地区土地利用政策与
产业转型升级路径研究[*]

　　土地资源是人类生存和社会生产活动的基础和载体。土地资源的特殊属性，使得土地政策成为产业转型升级的重要调控手段。20 世纪八九十年代以来，我国台湾地区积极运用土地政策，有力推动了产业的转型升级，其中一些做法值得总结和借鉴。

一、我国台湾地区产业转型升级的发展历程

（一）20 世纪 50 年代——进口替代工业化时期

　　20 世纪 50 年代，为了迅速恢复我国台湾地区岛内经济，台湾当局实施进口替代战略，提出"以农业培养工业，以工业发展农业"的产业政策[1]。随着该项政策的实施，1951 年到 1960 年，农业的比重从 32.2% 下降至 28.2%，工业比重则从 21.1% 相应上升到 26.4%。

（二）20 世纪 60 年代——出口导向工业化时期

　　当我国台湾地区岛内工业生产能力超过岛内物资需求时，谋求出口，扩大外销，也就成为一个必然的选择。随着轻工业的高度发展，工业用地规划逐渐受到重视。1960 年 9 月我国台湾地区施行"奖励投资条例"，成为工业区开发的首个规定。同时成立我国台湾地区岛内第一个工业区——六堵工业区。在1965 年至 1968 年的第四期经建计划中，开发工业区成为工业部门的五项计划之一。

（三）20 世纪 70 年代——第二次进口替代及出口扩张时期

　　为应对世界性石油危机、劳动成本提高等因素，台湾当局调整了发展战略，

---

　　[*]　原载于《浙江学刊》2011 年第 6 期。马祖琦也参与了该文的相关研究。
　　[1]　石忆邵．产业用地的国际国内比较分析 [M]．北京：中国建筑工业出版社，2010：第109 - 110.

以"调整经济结构，促进产业升级"为重点，积极发展资本密集及技术密集型工业。这一时期大量编制工业用地开发规划，并配合经济建设计划发展特定工业区。同时，为鼓励农村工业发展，还设立了一般综合性工业区。该阶段所设立的工业区不仅数量多，而且工业区的开发类型多样，主要包括专业性工业区、加工出口区以及一般综合型工业区等。

（四）20世纪80年代——策略性工业发展时期

为提高产业竞争力，该阶段产业发展以高科技工业为主，重点发展技术层次高、附加值大及耗用能源的策略性工业。台湾地区为吸引高科技产业投资，促进产业升级，设立了新竹科学工业园区，大力发展高科技产业。同时鼓励企业加强研究发展，提高产业科技含量，增进产品的国际竞争力。

（五）20世纪90年代以来——技术及产业转型时期

受到工资上涨、劳动力不足以及环保运动等影响，大批传统工业迁出我国台湾地区。为了进一步提升产业能级，避免产业空洞化，台湾地区施行"促进产业升级条例"及"台湾建设六年计划"，通过加速兴建公共设施、加强研发、人才培育、自动化生产、防治污染及科技事业的辅导与奖励，在改善传统工业竞争力的同时，还努力营造新兴工业的发展环境，促进新兴产业升级。在产业转型的同时，为配合我国台湾地区成为亚太营运中心，还设立了七种类型的智能型工业园区来发展当地的高科技产业。

经过一系列产业政策的实施，1991年到2005年，我国台湾地区第一产业产值占三次产业总产值的比重由32.2%下降到1.7%，第二产业的比重由21.1%变为25.0%，第三产业的比重由46.7%上升至73.3%[1]。

总体来看，自20世纪50年代开始，我国台湾地区先后通过设立工业区、调整工业区目标、优化工业用地政策等，加快产业从进口替代向出口扩张以及高科技产业的转型升级，提升产业的国际竞争力，经过三四十年的发展，造就了我国台湾地区的经济起飞。

二、我国台湾地区以土地利用政策推进产业转型升级的主要经验

（一）加强工业区布局规划，引导产业簇状集聚

早期我国台湾地区的工厂大多沿主要公路呈带状或零星分布，土地与环境未能有效利用和控制。20世纪60年代工业区设立之后，工业发展及土地利用规划管制政策开始发挥作用。为便于投资者取得设厂需用土地，我国台湾地区

〔1〕 石忆邵. 产业用地的国际国内比较分析［M］. 北京：中国建筑工业出版社，2010：110.

分别于 1960 年及 1991 年制定了"奖励投资条例"及"促进产业升级条例"，协助台湾当局与民间从事工业区编制、土地取得、规划、开发及管理。至 2007 年 3 月底止，编制的工业区共计 175 处，面积 36978 公顷，有 11596 家企业入驻，创造了 50 万个制造业就业机会，有力带动了地方发展及促进我国台湾地区制造业的成长。工业区类型主要分为加工出口区、科学工业园区、工业区（由台湾当局工业主管部门管理）、工商综合区、环保科技区等。

（二）优化调整规划理念，与产业形成良性互动

通过不断优化、创新工业区规划编制理念，以适应产业转型升级的需要。据我国台湾地区有关学者研究，从工业区的职能及其与居住区之间的关系来看，我国台湾地区工业区发展先后经历了五个阶段：（1）住工混合阶段。在该阶段，工厂与住宅区混杂，与城市其他功能并存，属于"客厅即工厂"的住工混合形态。由于工厂规模化程度不高，工业区尚未形成。（2）工厂与居住的分离阶段。此阶段出现了大规模标准化的生产工厂，由于自身存在噪声、煤烟等问题，再加上高地价的影响，迫使工厂逐渐迁往郊区，与都市功能相对隔离。（3）工业区建立阶段。通过积极地规划与开发，工厂的聚集效益开始显现，工业区开始发育。（4）工业区机能的复合化、专业化、多样化阶段。由于郊区工业区过度隔离而无法提供相应的都市功能，建设复合化工业区的设想被提到日程。工业区除了提供工业生产用地，还包括大学、研发与商业等非制造业产业活动，形成研究园区及软件工业园区等多样化的"产业区"。（5）工业区功能的高度化阶段。工业区从单纯的生产制造功能，逐渐朝向商业功能与文化功能发展，实现了产业区与都市功能的互补，形成了更富有活力的产业空间。

（三）加强园区的内部规划，大力培育产业集群

在工业区内部规划方面，以产业集群建设为目标，优化土地利用结构，完善相关配套设施。推进产业集群形成是促进产业转型升级的主要途径。集群是指在某一特殊领域中，相互联系的公司和研究机构在地理上的集聚形式。所谓产业集群，是指在特定区域中，具有竞争与合作关系，且在地理上集中，有交互关联性的企业、专业化供应商、服务供应商、金融机构、相关产业的厂商及其他相关机构等组成的群体[1]。我国台湾地区早期编制的工业区没有明确的产业指向性，主要是提供多数厂商一个投资设厂环境。而在产业转型升级的背景下，更重视具有专业特色的产业发展带或园区的规划。其中以新竹科学工业园区的 IC 产业集群发展最为成功。新竹科学工业园区的笔记本电脑、网卡、扫描

---

〔1〕　http://baike.baidu.com/view/30918.htm.

仪、集线器等产品产量均居世界第一，晶圆代工也占世界第一（占有 64.6% 的市场份额），集成电路设计居世界第二位，集成电路产业规模居全球第四位。

新竹科学工业园区之所以取得如此大的成功，科学合理的规划是其中的重要因素。在园区的功能定位上，新竹科学工业园在成立之初就确定了高科技化、学院化、社区化、国际化的建区方针，选定了极具战略意义和发展前景的集成电路（IC）、电脑及外围设备、通信、光电、精密机械、生物技术六大高科技作为支柱产业。在空间结构和布局上，在规划伊始就着眼于建设一个自给自足的小型社区，包括工业区、住宅区以及休闲娱乐区。除了地方政府兴建的标准厂房、厂商出资的自建厂房外，另外设有银行、邮局、诊所、储运、报关等事业单位，还配置了餐厅、书店、人工湖、购物中心、运动休闲等生活服务设施。而且，园区周边还拥有台湾清华大学、交通大学、中华工学院、工业技术研究院等众多高校和科研机构。由于生产与生活环境完善，吸引了大量企业在此设厂，园区内上下游厂商的关系也越来越密切。

（四）经济和行政手段并用，促进土地二次开发

我国台湾地区工业区自 1960 年开发以来，既面临设施老旧、厂房不堪使用等问题，同时也面临着产业转型升级的压力。在土地使用上，存在不少闲置土地或不当使用的土地。在土地使用结构上，早期开发的工业区，以生产为导向，缺乏与生活产业及关联性设施结合。为了兼顾外在环境变迁及内部需求调整，以促进工业区再生，向多元化方向发展，政府先后拟订了工业区更新或再发展策略、用地变更规划政策等，以适应产业发展的需要。从工业区再生的类型看，主要包括产业再生、用地再生、公共设施再生等。

具体通过经济和行政两种途径，来促进工业区再生利用。

1. 强化激励机制，提高企业参与产业升级和用地再生的积极性

由于我国台湾地区的土地大数是私有土地，为了让私有土地进行环境再造及产业转型，台湾当局更多的是采用激励和引导的手段。比如，管理部门协助老旧工业区内企业办理产业升级或厂房更新、改善园区公共设施的功能及增加园区内生活服务功能，鼓励厂商提出再生计划申请补助。补助方式包括：技术辅导、研发补助、容积率移转、融资协助及公共设施改善补助款等，具体由工业管理部门根据再生计划的内容以及企业实际需求给予适当补助。

2. 完善规划变更机制，加大对土地转型利用的支持力度

为了适应产业转型升级的要求，台湾当局制定了"工业区用地变更规划办法"。该"办法"的核心是增加土地使用的弹性和规划调整的及时性。工业区用地变更规划可与工业区再生策略结合，因政策或产业发展的需要，在不违反

用地种类及规定比例的前提下，应给予变更使用的机制及赋予调整用地比例的弹性。例如，"工业区用地变更规划办法"规定，工业区内原生产事业用地，可根据需要，变更为相关产业用地，允许作批发零售、运输仓储、餐饮、通信、工商服务、社会与个人服务、金融、保险，以及不动产业使用，使工业区土地使用更具弹性。允许生产事业用地、相关产业用地、社区用地、公共设施用地或其他经工业主管机关核定之用地相互间的比例关系在一定幅度内进行调整。

与此同时，也规定了各类用地调整的上限或下限，加强对用地性质变更的管理。例如，生产事业用地所占面积不得低于全区土地总面积扣除公共设施用地及小区用地后的50%。社区用地不得超过全区土地总面积10%；公共设施用地不得低于全区土地总面积30%；相关产业用地不得超过全区土地总面积扣除前二款公共设施用地及社区用地面积后的50%。工业区原规划的公共设施用地面积未达全区土地总面积30%者，不得以变更规划减少其比率；其依前项第三款计算相关产业用地面积比率上限时，所应扣除的公共设施用地面积以全区土地总面积30%计算。

（五）创新土地供应政策，推动产业转型与升级

为了便于企业取得土地，降低企业初期建厂的成本压力，推进管理部门导向性产业的及时落地，我国台湾地区工业区不断创新土地供应政策，取得了良好效果。

1. 弹性的土地供应方式[1]

土地供应政策由先前的以出售为主，改为出租和出售并行。在租期设定方面，依工业区土地或各种建筑物租售办法规定办理，原则上租期至少为6年，不超过20年为限，期满可以续租。

2. 优惠的土地租金政策

为了吸引投资，提高我国台湾地区的产业及厂商竞争力，工业区实行了一系列土地优惠政策，以降低厂商设厂初期的负担。例如，台湾地区决定于2001年1月实施"6688"优惠出租措施，即承租厂商前两年的租金六折，第三、四年租金八折，并自第五年起恢复原定租金。2002年5月进一步将该政策调整为"工业土地租金优惠调整措施"（"006688"优惠出租方案）。所谓"006688"优惠出租方案，是指在工业土地的前六年租期中，前两年免租金，第三、四年租金六折，第五、六年租金八折，并自第七年恢复原定租金；若承租厂商转承购，原缴租金抵缴承购价款。该政策取得了良好的效果。截至2009年3月31

---

〔1〕张璠. 台湾各类型工业园区整合利用之可行性研究［EB/OL］. http：//www. my. gov. cn/MYGOV/150658420427456512/20050823/46305. html，2011－6－8.

日，我国台湾地区已有 909 家厂商核准承租，承租面积达 701 公顷，投资金额达 4109 亿元，对于产业发展及有效利用土地做出了巨大贡献[1]。

3. 严格的土地租赁制度

要求在承租期间，承租人不得将承租土地全部或部分出借、转租或以其他方式供他人使用。承租人不得将兴建的建筑物及设施全部或部分出借、出租或以其他方式供他人使用。为避免承租人任意将厂房转售，造成后续管理上的困扰，规定承租人未经工业管理部门同意不得转租及设定。

三、结论与建议

（一）借鉴我国台湾地区的经验做法，探索符合地方特点的产业转型路径

综上所述，借鉴我国台湾地区的经验做法，主要有以下几点启示：一是加强产业园区的布局规划，通过实现产城融合等手段，促进产业集中和集聚，优化产业发展外生空间；二是加强产业园区的内部规划，通过调整内部土地结构，引导产业集群形成，优化产业发展的内生空间；三是建立激励和约束机制，促进园区企业的二次开发；四是建立快速的规划调整变更机制，及时转化园区土地的利用性质；五是完善土地供应政策和租税政策，增强土地对产业结构的调控能力。

当前，我国大陆地区正处于"转型发展"的关键时期。鉴于我国大陆地区和台湾地区在土地资源状况、产业转型升级要求等方面具有较多的相似性，建议在研究制订促进产业转型升级的工业区规划土地政策时，可借鉴我国台湾地区在工业区规划理念、土地租赁政策以及"二次开发"的支持政策等方面的经验做法，加快推进我国大陆地区的转型发展。

（二）土地政策与规划政策联动，引导产业聚集，实现产业转型升级

如果说城市规划政策是从空间层面配置相关经济社会活动的布局，那么土地政策则是实现这一目标的必要前提，土地作为经济社会活动的空间载体，倘若没有土地政策的支持，规划政策的目标设想就难以落地。为此，要充分认识土地政策与规划政策之间的紧密关联，既要发挥土地政策对社会经济活动的宏观调控作用，也要通过相应的城市规划政策，引导产业聚集与合理布局，实现

---

　　〔1〕　提供土地优惠营造优良投资环境——006688 措施第三期蓄势待发〔EB/OL〕. http://www. taiwantrade. com. tw/CH/query. do? Method = showPage&name = cetraNewsDetail&id = 909882&table_class = N，2011 - 6 - 8.

产业的转型与升级。

（三）适时调整规划理念，使之满足产业发展的阶段性与动态性需求

通过回顾我国台湾地区工业区发展及其与布局规划理念之间的演变历程，可以发现，我国台湾地区的工业区规划从无到有，工业区与城市的关系从相对隔离到有机融合，其间无一不渗透着城市规划理念的调整。我国台湾地区的经验表明，通过制定适宜的规划政策与土地调控政策，及时纠正运行偏差，是能够有效引导工业区科学发展的重要保障（见表2-1）。在工业区布局规划方面，要根据产业发展的服务化、高端化、融合化、生态化等趋势，不断优化调整工业区规划理念，促进产业规划与城市规划的有机融合。

表2-1 台湾地区工业区布局规划理念的演变

阶段	变迁概况	重要特征	规划理念与观点	工业区发展历程
阶段1	工厂位于市内；家庭工业的生产方式	工厂的出现	无具体规划方法	—
阶段2	工厂移至郊外；逐渐规模化	工厂的成长	以隔离的方法为主；重视都市环境的保护	酝酿期
阶段3	工业区大规模化；设置工业区	工业区的出现	集体隔离的方法；大规模工业区形成	初生期→成长期
阶段4	产业结构软件化；工业区机能变化	产业区性质多样化；研究园区的设置	分区管制的改善	成长期→成熟期
阶段5	需求高度化；大规模产业用地不足	复合式产业区出现；老旧工业区的更新	与都市机能融合；都市机能的重现	成熟期→衰退期

资料来源：林建元：《工业区开发整体规划之研究》。

（四）为产业发展营造良好配套服务环境，实现产城融合与功能混合

工业园区开发与城镇发展之间存在密切的关联，工业区开发是城镇展现其经济实力的重要平台，而城镇是工业区开发所依托的重要腹地。处理好两者之间的关系，有助于实现产城融合。

一般来看，工业区以产业培育为主，而较少涉及其他功能。但是，如果单纯局限于经济开发功能，而相对忽略社会服务与管理功能，就会带来一系

列问题。世界上许多卫星城镇和新城发展的历程充分显示了这一点[1]。例如，由于产业活动离不开相当数量劳动力的参与，如果不能为其提供适宜的居住与生活场所，不能够为其提供完善的基础设施和高品质的配套生活服务设施，那么就不能够吸引相关产业及其就业人口入驻，会导致当地人气与活力的衰退，进而形成居住地与工作地的隔离，不仅会造成工业区就业人口的空心化现象，还会带来极大的通勤压力。再如，产业活动在布局时，也要考虑与当地经济发展的关联，那些关联度大、带动能力强的产业能够更好地融入所在城镇的经济发展之中。另外，有学者对我国大陆地区 221 个城市和 53 个高新技术开发区的生产效率进行了定量测试，结果发现设置工业园区对城市的影响低于预期水平，而且 53 个高新技术开发区与所在城市生产效率的关联性也不高，即使在北京、上海、西安等一些特大城市，也呈现类似特征，这些现象为我们敲响了警钟[2]。

如上表所示，我国台湾地区工业区与城镇的关系从早期的相对疏离到后来的相对融合，是在相应规划指出和土地政策调控之下实现的，其间经历了一个较为漫长的过程。为避免产业与城镇发展的失衡与疏离，需要借鉴、吸取各地新城建设的经验与教训，借助规划政策与土地政策，合理布局产业活动，科学组织生产与生活，有助于增强人气与活力，防止空心化现象，从而由功能单一走向功能混合，实现由"园"到"城"的转变。

（五）创新管理体制与运行机制，着力打造区域联动发展的互动平台

近年来，上海市杨浦区开始了校区、社区与园区"三区融合、联动发展"的探索，希望在三者之间寻求良性的互动。校区、社区与园区"三区联动"的构想可以说正是针对当前知识创新与产业培育和社会发展相对疏离的局面，而对各自角色进行重新定位。

应当指出，在"校区""园区"与"社区"之间，各自的内涵与属性有所不同。从属性来看，校区主要由教师、科研人员和学生组成，教育功能较强，注重人才培养和知识的生产与创新；园区由企业组成，产业开发功能较强，注重技术的引进和商业化；而社区由居民组成，社会管理和公共服务的需求较强。如果说，空间的邻近性为"三区联动"创造了良好的区域合作基础，那么特色的互补性则使它们构成"区域利益共同体"，形成了一个三区联动天然的互动

---

〔1〕 张捷，赵民. 新城规划的理论与实践——田园城市思想的世纪演绎［M］. 北京：中国建筑工业出版社，2005.

〔2〕 许坚. 土地开发利用与区域经济增长——2007 年海峡两岸土地学术研讨会综述［J］. 中国土地科学，2007（5）.

平台。但这并非意味着三者能够自动融合，三区的联动更需要理顺管理体制、创新管理模式。

如何在不同利益主体之间达成协调，更为合理地配置各自的优势资源，是一个较为棘手的问题。其中，地方政府作为整个区域的行政管理主体，需要发挥其引导、调控作用，通过一系列区域发展政策（包括经济政策、教育政策、产业开发政策、城市规划政策、鼓励创新政策等）以及管理体制创新，来推动各主体之间的合作，实现区域的协调发展与融合[1]。

---

〔1〕　马祖琦，孙晋芳. 国外高校与区域的联动发展〔J〕. 城市问题，2009（1）。

新加坡土地利用政策
与产业转型升级研究[*]

新加坡是世界上人口密度最高的国家之一。在土地资源十分紧张的情况下，新加坡政府高度重视土地节约集约利用，以土地利用方式的转变推动产业转型升级，造就了经济奇迹。新加坡建国以来，先后实现了 5 次转型，平均每 10 年一次，从最初的劳动密集型，到经济密集型、资本密集型、科技密集型，再到今天的知识密集型，不断升级。在新加坡产业结构调整中，土地利用政策发挥了重要的推动作用。

一、先进而富有创意的园区规划理念，引领了产业转型升级

注重工业区与周边地区的统一规划，推动产业融合发展；注重各园区之间的统筹规划，推动工业区的错位发展；注重工业区功能分区的不断完善，推动产业集群发展；注重土地立体开发利用，推动工业区集约发展。

新加坡的产业园区主要集中在裕廊岛上，目前裕廊岛已集聚了 38 个工业园区、7000 多公顷工业用地、400 万平方米厂房，其工业产值占新加坡国内总产值的 30%，被认为是世界上最成功的工业区之一。其中，按照产业融合发展、错位发展、集群发展和集约发展的要求，不断创新规划理念，是重要的推动因素。

新加坡在工业区规划时，一方面充分考虑工业区与周边城镇的有机衔接，完善相关配套设施；另一方面，十分重视园区的环境建设，着力实现生产、生活、生态的有机融合。例如，在规划裕廊工业区时，将靠近城区的东北区片规划为新兴工业和无污染工业区，重点发展电子、电器及技术密集型产业；沿海的西南区片规划为港口和重工业区；中部区片规划为轻工业和一般工业区；而沿裕廊河两岸地区则规划为住宅区和各种生活设施，兴建了学校、科学馆、商场、体育馆等，使裕廊工业园成为生产和生活的综合体，促进了产城融合。同

---

* 原载于《资源导刊》2012 年第 7 期。

时，在工业区规划中还充分考虑环境问题。

为了避免各园区之间的盲目竞争，新加坡十分注重对各工业园区的统筹规划。在目前的 40 多个产业园区中，实施了多样化的功能定位，既有传统的工业园、石油化学工业园、生物医药园，也包括商业园、技术园、后勤园、知识城、科技城等新概念的园区。正因为实现了错位发展，不仅避免了园区之间的盲目竞争，而且还互为支撑，相互合作，形成产业链，促进了产业转型升级。

按照用途最佳、效率最高、效益最大的原则，统筹安排工业区内各类建设用地，不断优化园区的土地利用结构和布局，形成比较科学合理的功能分区，建立了生产建设、产品项目、公用工程、物流传输、生活娱乐一体化的空间布局体系。同时，发挥土地供应在项目引进中的选择作用，为产业集群的形成和发展奠定了重要基础。

新加坡注重土地立体开发利用，基本思路是：把物流、制造等不同相关工业集中在一处，进行立体式开发，既提高土地利用效率，又降低物流成本，缩短运输货物的时间。具体做法是，在工业区采用类似乐高积木的 Plugand – Play 建筑设计，把厂房、货仓、工人宿舍、物流支援等设施综合在一起，打造"一站式"工业大厦。把仓库和物流建在大厦中央，然后在这个"骨干"上增建停车场、工人宿舍等设施，之后再兴建标准厂房。据说，这样的工业建筑设计可减少 35% 的用地。目前新加坡工业建筑的容积率从 2 到 2.5 不等，在未来一两年内，准备将容积率提高到 4。

二、灵活而审慎的规划变更政策，促进了产业转型升级

实施"白色地带"计划，增加用地的兼容性；实施"仓库附带零售计划"和"商务地带"计划，增加土地用途改变的灵活性。

新加坡政府认识到，在产业结构优化升级过程中，产业之间的界限越来越模糊，产业分工越来越细。为此，必须提高规划的灵活性和适应性。总体思路是，完善用地分类标准，增加用地的兼容性和规划变更的灵活性，促进产业结构转型升级。

1995 年，新加坡在城市规划中引入了"白色地带"概念。所谓"白色地带"，是指政府划定特定地块，允许包括商业、居住、旅馆业或其他无污染用途的项目在该地带内混合发展，发展商也可以改变混合的比例以适应市场的需要。同时，在项目周期内改变用途时，无须交纳额外费用。这种灵活性使发展商能够对不断变化的市场迅速作出反应，无须局限在原定用途，从而最大限度地减少了原计划与市场需求不匹配的风险，使得特定地块的开发更富弹性。目前，相当数量的"白色地带"已成功开发。关于"白色地带"的比例，不同的

产业园区有不同的规定。

2004 年 5 月，新加坡提出实施"仓库附带零售计划"。所谓"仓库附带零售计划"是指允许仓库或工业建筑以合理的比例附带一些零售功能，通过将总部、后勤、零售功能共设于相对集中的地点而获得可观的利润和生产效益。这是新加坡历史上第一次允许零售活动设于仓库或工业带内。该计划有利于促进一种具有创新意义的工业区零售商业模式的形成，例如仓储式零售和大型零售商得以发展。这种总部和旗舰店相结合的模式为公司增强区域竞争力，建立更强大的流通网络和各种商业运作系统提供了重要条件。

新加坡还实施"商务地带"计划。所谓"商务地带"，是指将园区中原工业、电信和市政设施用途重新规划为新的商务地带。在"商务地带"内，改变用途（在规定的变动范围内）不需再重新申请，同一栋建筑内也允许具有不同的用途（在规定的变动范围内）。

需要指出的是，新加坡在放松工业用地规划变更管制的同时，为了规范市场行为，防止投机行为的发生，提出了严格的管控措施。例如，新加坡明确规定，工业区内的工厂生产面积必须达到 60% 以上，办公及其他辅助面积为 40%以下，从而防止土地使用性质的变相转换。

三、弹性而规范的土地供应政策，推动了产业转型升级

通过实施灵活、严格的土地供应政策，牢牢控制了土地循环利用的主动权；加强土地绩效评估和合同管理，建立退出机制，确保土地集约高效利用。

从土地性质看，新加坡的土地分为国有和私人两类，其中国有的约占 72%，私人的约占 28%。在土地供应方面，新加坡实施类似于英联邦国家的土地批租制度。除少数历史遗留的私人永业权以外，没有私人永业土地，城市土地的开发利用基本上是由政府控制。在工业用地的供应方面，国家首先以市场价格将工业用地卖给裕廊镇管理局，然后再由裕廊镇工业管理局具体负责经营开发。为了推动土地的集约高效利用和产业转型升级，裕廊镇工业管理局采取了许多创新性的土地供应和管理政策。

在土地供应方式上，主要有两种：一种是土地租赁。裕廊镇管理局通过租赁方式将工业用地供应给企业（一般不直接出售），租期为 30 年或 30 + 30 年。所谓 30 + 30，即租期 30 年，30 年后可以再续约，也可以不续。另一种是厂房租赁。除了土地租赁外，裕廊镇管理局还开发了大量单层或多层的标准厂房供出租或出售，租期和售价根据机械设备的投资额来决定。用于出售的，按售价不同，投资者可使用 30 至 60 年不等，到期后，厂房仍无偿归裕廊镇管理局所有；用于出租的，租期以 3 年为一期。同时还规定，工业区内的厂房，使用一

定年限后必须拆除重建，以适应产业升级的需要。

在对入驻企业的选择上，建立了一套严格的审核制度和标准。重点考察两方面内容：一是考察入驻项目本身的投资建设情况。根据园区的功能定位及产业发展方向，设置了投资强度、单位面积产出、技术含量、就业带动性、企业自主创新等方面的指标。二是考察入驻企业与园区已有企业以及园区定位的匹配性。重点看引进的企业能否与园区已有企业之间形成产业链和产业集群等。例如，裕廊化工园在引进外资时，走产业链招商、产业集聚之路，形成了石化、修造船等产业集群，汇集了大批化工产业巨头，成为世界石化产业的中枢。

新加坡十分注重土地利用的绩效评估，在此基础上严格土地租赁合同管理，建立淘汰机制。对入驻工业园区的企业满 3 年进行一次是否符合入园承诺指标的全面评估考核，有以下一些考量因素：土地容积率占 20% 、投资占 45% 、增加值占 30% 、企业运营业绩占 5% 。新加坡还以调节租金和租期为手段，建立低效用地的退出机制。例如，裕廊镇管理局在土地出租时，按照最低投资额及容积率指标批准土地租赁年限，并规定可从事的工业生产活动。未经批准不可转让。土地出租后，租金每 5 年调整一次，调整幅度不得超过 50% ，或每年调整一次，幅度不超过 7.6% 。对鼓励类产业项目，实行较低的租金；对限制类产业项目，收取较高的租金。通过调高租金、到期不再续租等手段，引导一些不符合本国产业政策的工业项目从新加坡转移出去。近年来，裕廊镇管理局通过直接掌控配置土地及厂房这一战略资源，有效地促进了产业转型升级。过去10 年间，平均每年约有 60 家企业被"腾笼换鸟"。

四、统一而又高效的管理体制，加速了产业转型升级

新加坡产业园区的快速发展，还有赖于高效的管理体制和运作机制，实行统一的管理体制和单层管理模式，实施一站式服务和集中审批。

目前，新加坡所有的 45 个工业园和特殊工业园，均由裕廊镇管理局统一管理。裕廊镇管理局为新加坡国会通过的法定机构，是 1968 年 6 月成立的隶属贸工部的自负盈亏的法定机构（相当于我国的事业单位），无政府补贴。

裕廊镇管理局采取的是公司制的运作模式，负责新加坡工业园区的规划、建设、租赁和管理工作。其实是一个房地产开发商，重点是投资于土地和设施，并通过其产品和服务的销售来获得收入。同时，裕廊镇管理局也行使一定的政府职能，拥有一定的审批权，包括土地供应、项目审核、日常管理和服务等。裕廊镇管理局不仅负责供应土地，而且可以批准项目、发放居民暂住证、城市规划与建设设计许可、管理贸易和市场、征税、发放商业许可证等，还提供警察、税收、海关、社会保障、教育、全民体育运动，以及社区发展、劳工等多

项公共服务。这种集政府管理与开发运作于一体的管理模式，大大提高了管理效率。

　　裕廊镇管理局在审批上实施一站式服务，大大降低了交易成本，提高了审批效率。例如，在新加坡，投资一个股份制企业的所有手续只需要 3 个小时即可办结；对于厂房设计方案和建设项目的批准，只需要 45 分钟；对于建筑规划图的审批，程序简化后只需不到 30 分钟的时间；转租审批，简化后 80% 的转租只需自我申报，即使复杂的转租也只需 7 天。对于工业用地的申请，简化后只需 6 个星期。

产城融合发展中的治理困境与突破*

——以上海为例

当前，上海在推进新型城镇化，推动工业化、城镇化深度融合，促进城乡统筹协调发展的过程中，仍然面临着土地资源严重短缺、产业能级不高等问题，而破解这一难题的关键，就是要加快实现产城融合，即实现产业区与城镇的融合发展。国内外的实践证明，推进产城融合，有利于提高土地的利用效率，节约集约用地；有利于促进二、三产业融合发展，推动产业转型升级；有利于城乡统筹发展，增强经济发展后劲。但是，受土地、财政等政策的影响，目前在推进产城融合过程中，仍面临着不少问题，这些问题对政府部门的治理提出了挑战，需要加快研究解决。

一、上海产城融合的发展轨迹及当前面临的困境

中华人民共和国成立以来，上海的产城融合先后经历了四个阶段。其中，既有成功的经验，也有一些值得吸取的教训。

第一阶段：1958 年之前，产业与居住的混杂时期。"一五"时期，上海首先出现了独立的工业基地，沿黄浦江、苏州河发展的态势较为明显。在原先形成的沪西、沪东和沪南三个工业基地的基础上继续沿江河发展形成三大工业区：杨浦工业区、普陀工业区和沪南工业区。从 1951 年开始，紧靠当时的沪西、沪东、沪南三个工业基地，启动建设 9 个工人新村，以解决住房问题。随着工业的快速发展，拥挤的中心城市显然无法容纳这些新的工厂。上海的工业建设开始大规模地整顿原来混乱的城市用地形式，在郊区建立基本上以行业为中心的近郊工业基地。至改革开放前形成了高桥、五角场、彭浦、北新泾、漕河泾、长桥、周家渡、庆宁寺等 13 个近郊工业基地，其中有四个需要利用水运的工业区沿黄浦江布局，从而在原有沿江工业布局的基础上，形成上海南北向的港口工业轴线。随着上海产业结构从轻工业逐渐向重工业转移，以及工人新村的快

---

* 原载于《浙江学刊》2015 年第 2 期。

速建设，使得以前建立的近郊工业基地很快与扩展的市区连成一体，产业与居住等功能混杂的问题重新变得突出。

第二阶段：1958～1978年，结合工业布局调整推进卫星城建设。《上海市1956～1957年近期规划草图》中提出了建立近郊工业备用地和开辟卫星城的规划构想。1958年，江苏省所辖的宝山、嘉定、川沙、松江等10个县划归上海市，为卫星城的建设提供有力保证。结合"卫星城"的发展理念，上海进行了工业布局的调整，由此形成了闵行、松江、嘉定、吴泾和安亭5个"卫星城"的格局。20世纪70年代初又配合金山石化和宝山钢铁两大传统工业基地的上马，建设了金山卫、宝山两个卫星城，至此当代上海工业基地的总体布局基本形成。这一时期的产业空间布局突破原先沿江沿河集中布局的发展模式，扩展产业发展空间腹地，建立近郊工业备用地和开辟卫星城，形成了与传统城市工业用地截然不同的布局模式，进一步强化了郊区工业基地和城市中心区的圈层布局模式，有效协调城市人口疏解，促进城市空间结构优化，缓解了原先用地紧张、交通不便、与居住过于集中等矛盾，促进了产业的快速发展。同时，由于受到当时历史条件和认识水平的限制，规划和建设中"重生产、轻生活"的倾向始终存在，一定程度上导致了卫星城的住宅和生活服务设施建设滞后。同时，卫星城还普遍存在产业结构不够合理，教育设施不理想，与市区的交通不够便捷等问题，制约了卫星城的进一步发展。

第三阶段：1979～2007年，城镇发展滞后于工业区建设。这一阶段，上海现代工业园区布局基本形成。截至1997年，上海形成了7个国家级工业区、11个市级工业区、12个传统工业基地（部分已经被撤销了）和174个分布在郊区乡镇的一般规模工业园区。上海的工业已经开始向郊区大规模地扩散。而从这一时期的城镇发展政策看，2001年5月，国务院正式批复同意《上海市城市总体规划（1999～2020）》，正式批准了上海"中心城—新城—中心镇——般镇"的四级城镇体系，该体系包括一个中心城、11个新城、22个中心镇和88个一般镇，并从这11个新城、22个中心镇中选择"一城九镇"作为重点，即松江新城和安亭、浦江、高桥、朱家角、奉城、罗店、枫泾、周浦、堡镇9个镇，规划总人口102.5万人。2006年，上海"十一五"规划中提出"1966"四级城镇体系框架，即"1"，即1个中心城；"9"，即在上海市外环线以内的600平方公里左右区域内建设9个新城，包括宝山、嘉定、青浦、松江、闵行、奉贤南桥、金山、临港新城、崇明城桥，规划总人口540万左右。重点发展松江、临港、嘉定—安亭新城，每个新城人口规模按照80万至100万人规划；第一个"6"，即在郊区建设60个新市镇；第二个"6"，即在郊区建设600个中心村。从目前建设情况看，除了临港新城在市政府的主导下进展较快，松江、嘉定相对比较成熟，有一定规模外，其他新城普遍存在开发缓慢、人气不足的现象。不少新城或新市镇已建楼盘入住率较低，不到60%。总地来看，这一时期的城镇建设不仅滞后于工业区发展，而且二者在空间上也并没有有机结合，大多处于分离状态。由于城镇定位以居住为主，产业发展没有跟上，快速交通连接、公共服务配套等跟不上，"一城九镇"发展并不理想，普遍有新镇变"空镇"的现象，实际吸纳的来自中心城区的居住人口非常有限。2007年，松江新城、安亭新镇、新浦江城实际入住人口均不到规划人口的20%。

第四阶段：2008年至今，推进新一轮产城融合时期。这一时期，市委、市政府高度重视产城融合。《上海市国民经济和社会发展第十二个五年规划纲要（2011—2015年）》中明确提出，"强化产城融合。统筹工业园区、产业基地、大型居住区与新城建设，加强产业发展与新城建设互动融合，创造有竞争力和吸引力的投资、工作、生活环境，引导本地就业、本地居住。集聚符合功能导向和就业容量大的产业项目，完善新城内外交通网络，提高教育、医疗、生活服务、文化娱乐等配套水平，培育城市个性和特色风貌，优化居住环境"。2008年年底，上海将城市规划和土地管理两个部门进行职能整合，成立了规划和国土资源管理局，并按照"产城融合"的思路，推进土地利用总体规划和城市总体规划"两规合一"。重新编制了产业布局规划，确定下一步重点建设104个产业区块。

尽管近年来上海在推进产城融合方面采取了一系列措施，做了很多工作，但受到历史条件及相关政策的制约，当前在产城融合方面仍存在一些治理困境：一是产城分离现象仍比较严重。由于远离城镇和生活区，不少工业区交通不便，空旷寂寞，人气不足，与工业相配套的生产性服务业很难发展起来，客观上阻碍了产业的转型升级。同时，由于一些城镇远离产业区，远离就业中心，成为单纯的"卧城"，不仅因"钟摆式"的上下班给道路交通造成巨大压力，而且因为远离就业中心，相关的配套设施也建设不起来，造成城镇的衰落，甚至"空城"现象。二是产城融合缺乏相应的动力机制和保障措施。虽然目前社会各界都高度关注产城融合发展，由于产城融合涉及多方面的政策，针对目前的产城分离现象，特别还缺乏切实有效的机制、政策和措施，推进产城融合还需要漫长的过程。三是部分地区产城分离现象有进一步扩大的趋势。2010年以来随着部分地区大型居住区和大型动迁安置房的建设，使得原本就显得萧条的城镇变得更加萧条，造成大量的房屋空置。在上海规划的104个工业区块中，部分距离城镇还比较远，难以实现资源共享和空间融合，仍然呈现"孤岛"状态。

土地利用与城市高质量发展

二、导致产城分离的根源探究

造成目前产城分离的原因是多方面的，既有客观原因，也有主观原因；既有理论上的误判，也有实践上偏差。总地来看，可归纳为以下三个方面：

（一）规划理念上的偏差，是造成产城分离的理论源头

现代城市规划大纲《雅典宪章》（1933 年）最早提出了城市功能分区的理念，该《宪章》指出，在城市规划中要处理好居住、工作、游憩和交通的功能关系，实行各功能区的分隔布局。其好处在于，分隔布局，一方面有利于相同、相近的用地便于联系和协作，另一方面也可避免功能不同的用地相互干扰以及土地使用的混乱，缓解了工业生产污染带来的城市环境质量下降的问题。这种传统的功能分区的规划理念对于传统工业来说，是必要的。但是随着城市产业的退二进三，产业区和其他城市化地区之间的空间关系将从相互干扰，变为相互衔接，产业区的发展也面临空间布局上的转型。在科技迅猛发展的今天，一些高新技术产业、生产性服务业等产业完全可以融合在居住区内，从而使传统居住区中居住与城市其他职能的土地混合利用程度加大，工作与居住环境的联系更为密切。城市原有单一功能分区被突破，出现了生产—办公—商业—生活等综合空间，空间功能高度综合化并重叠，产业的融合度在提高，如果还是沿用原来的"功能分区"理论，必将制约产业的转型升级。在这种理念的支配下，居住基地选址与城镇体系错位，一定程度上延缓产城融合的进程。例如，早在 21 世纪之初，上海就在郊区规划建设了若干以解决中心城旧区改造动迁安置的配套商品房为主的大型居住基地，对改善居民居住条件、提高城市居住水平起到重要作用。但是，由于规划选址与城镇体系结合不紧密、交通不够便捷、规划功能单一、社会设施配置滞后等原因，基地建设仍处于较低水平，甚至曾经由于政策原因一度停滞[1]。

（二）建设策略上的不恰当，是导致产城分离的直接原因

主要表现在：一是部分地区为了获得更多的新增建设用地指标，人为地将产业园区与新城剥离开来建设，将毗邻新城的工业园区单独规划和管理，单独计算用地指标。这样，不仅为未来区域整体协调发展和产城联动留下先天隐患，而且助长了土地的粗放利用。二是在公共设施的建设过程中，往往存在着经济收益较大的商业、商务办公设施建设速度较快，公益性设施建设较为缓慢，以及重"商业"轻"公益"情况等现象较为突出。如高等教育未成规模、基础教

〔1〕 熊健. 上海大型居住社区规划的实践和思考 [J]. 上海城市规划, 2011 (3).

育数量过大，规模过小，布局零乱；缺乏地区级体育中心；综合医院布局不合理，专科医院不成体系，社区医疗设施不全；养老机构缺乏等。就上海来看，郊区三甲医院，不足全市甲级医院总数的 10%；而上海的示范性学校，郊区占比不到三分之一。部分开发区基础设施投入不足，投资环境较差。近几年上海开发区基础设施投资连年下降，市级开发区还不到国家级开发区的一半，特别是原区级配套区，由于开发晚，资金缺乏，基础设施停留在"三通一平"，环保设施不配套，影响了开发区的投资环境。三是由于不少购房者仅将郊区新城的置业作为一种保值、增值的手段，导致房屋被大量空置；人气不旺，又在一定程度上加剧了当地公共服务设施滞后的局面，由此形成恶性循环，最终造成了"有城无市"的局面。另外，不少产业园区往往用厚厚的围墙圈围，这种明显的空间界限，也往往造成与城市空间之间功能联系上的断裂。

（三）治理体制上的不衔接，加剧了产城的分离

目前上海的开发区治理体制主要以准政府的管委会体制和以企业为主体的开发区体制为主。管委会与所在的城镇政府一般是平级，甚至在级别上高于所在地的城镇政府。在规划管理方面，开发区的规划是由开发区管委会会同上级规划部门共同编制的，往往与所在的城镇规划相分离。在新城规划中，产业园区往往不划入新城范围内，从而造成产业园区和新城两套规划体系并行实施的局面。在实际治理中，园区管委会和新城建设主体分别对园区和新城实施治理，交集较少。在土地管理方面，开发区的土地管理往往是由上级部门直接管理，而与开发区管委会没有直接关系。在这种治理体制下，开发区往往只注重经济职能而不具有完整的社会职能，在开发区的发展思路中重视工业区的建设而缺乏完整的社会功能配套。在这种政府治理模式和发展思路引导下形成的高比例的工业用地和通勤人口，往往给开发区带来一系列的城市发展和社会问题，制约了产城融合的有序推进。

三、突破产城融合治理困境的路径思考

促进产城融合，是推动上海产业转型升级和新型城镇化发展的必由之路。"产城融合"，包括两个层面：

一是"外部融合"，即工业区与新城、新市镇等实现联动发展，通过完善工业区的配套设施和交通条件，促进工业区、居住区、商业区、休闲娱乐区等相关功能区块之间的有机融合，打造有利于工业区发展的外部环境，同时通过工业区的快速发展带动周边区域、城镇的整体发展；二是"内部融合"，即实现工业区内部"居住、工作、生活"等功能的融合，促进科技创新、高端制造

和生产性服务业等新兴产业的发展。产城融合的核心是实现生产、生活、生态的融合，形成集聚效应，推动服务业和高端产业的发展。促进产城融合是一项长期的系统性工程，需要土地、财政、金融、人才等方方面面的政策配合和支持，因此，必须加大改革创新力度。

（一）创新规划理念，由单纯的"产业区"规划转向"产业新城"规划

一是在规划理念上，不能就开发区论开发区，而要将开发区置于整个区域背景，从游离于中心城市发展体系之外的"产业孤岛"向具有相对完备的生活服务设施与配套的第三产业的新城转型。在此基础上，注重规划的融合。加强开发区与周边城镇的统一规划，尤其要做好开发区周边地区的结构性规划，指导地区的综合开发。并根据产业发展需要，及时调整产业布局并制定与之相适应的空间整合策略，在园区与周边地区（包括城镇地区）之间以及园区内部各组团之间实现规划上的衔接。二是注重实现"职住平衡"和各种功能的协调。在指导思想上，可借鉴美国的"新城市主义"思想[1]完善现有规划。例如，在一些无污染的产业园区内可适当吸引人口入住，增加一些住宅开发；业态以小户型、人才公寓为主。在道路系统上，可适度加密路网，核心区采取小街坊开发，强调功能混合。在开发强度上，可适度提升核心区的土地开发强度。三是推进功能融合。产业园区除了做到产业集中外，还要积极追求复合功能，逐步将城市功能有机融入，使生产区、生活区、公共游憩区、配套服务区融合，这样，既可提高土地的集约利用，也有利于保持优良的生态环境。

（二）创新治理机制和政策，加快公建配套设施建设

一是加强财政转移支付力度。特别是市级财政要向郊区转移的力度。加大对新城、新市镇在好的医院、学校、交通设施等方面的建设力度。二是探索建立税收返还机制。目前上海不少开发区都是由管委会下属的开发集团公司在运作，有些开发区，比如，漕河泾开发区、紫竹工业园区是由国有公司或民营公司直接管理的，实际上是靠工业地产来运作的。但是随着新增土地的减少，特别是工业用地实施招拍挂制度后，单靠出售或出租房屋土地已经难以维持。因此，为了激发这些开发公司加大公建基础设施建设，建议给予一定的税后返还或土地出让金返还政策。三是探索建立"捆绑式"的土地出让机制。所谓"捆绑式"出让机制，就是政府在土地出让时，附加一定的条件，并将这些附加条款写入土地出让合同，要求开发商在房地产开发时，也要完成附加条款的任务。

---

〔1〕 Principles of Smart Growth，http：//www. smartgrowth. org/about/principles/default. asp，2007 - 3 - 14.

例如，在土地经营性用地出让时，要求开发商搭建一定比例的公益设施或公共租赁房、人才公寓的建设任务。再如，为了节约土地，以及更好地集聚人气，在土地出让时要求开发商围绕轨道交通站点进行立体式综合开发。该模式倡导对公共交通站点地区进行紧凑的多用途土地开发，紧邻交通主干道设置办公、商业等用地，然后在外围地带布局住宅用地，并且通过公共交通线路将两者进行高效连接，从而建成集购物、餐饮以及娱乐为一体的综合设施，形成地区级商业中心，繁荣当地市场。

（三）完善治理体制，以治理整合推动产城融合

在实施治理整合方面，建议根据各开发区实际情况，探索推进两种模式：一是开发区和所在城镇政府实现兼职或交叉任职，共同治理。例如，目前上海临港新城为了促进产城融合发展，采取了这种模式，取得了比较好的效果。二是建立开发区和所在城镇政府协调治理运作机制，分工负责，共同推进。开发区主要负责经济功能，社会功能则由当地政府负责。深圳南山区近年来采用这种模式，有力地促进了二者的融合发展。

我国养老用地供应政策评析[*]

按国际通行标准，中国已进入老龄化社会[1]。随着养老问题的日益凸显以及国家房地产宏观调控政策的逐渐深入，一些房地产开发商开始转向包括养老地产在内的新兴地产，随之养老用地的供应受到了广泛的关注。在此背景下，需要因地制宜地制定和实施更有针对性的养老用地政策，以推动我国养老事业和产业的发展。

一、我国的养老用地政策

（一）纳入供应计划，单列用地指标

国土资源部发布的《养老服务设施用地指导意见》（以下简称《意见》）指出，养老服务设施用地供应当纳入国有建设用地供应计划；新建养老机构服务设施用地，应根据城乡规划布局要求，统筹考虑，分期分阶段纳入国有建设用地供应计划。

根据该《意见》，北京市已于2013年首次在年度土地供应计划中单列了养老设施用地指标。近期，浙江省也出台了类似规定，明确将养老设施用地单列用地指标，并纳入年度供地计划。

江苏省在最近出台的《关于加快发展养老服务业完善养老服务体系的实施意见》中提出，要按照到2015年、2020年养老床位占老年人口总数30‰～40‰的目标，预留养老服务设施建设用地；各地在制定城市总体规划、控制性详细规划时，必须按照人均用地不少于0.2平方米的标准，分区分级规划设置养老服务设施。

（二）统筹计划，优先供地

深圳市规定，市民政部门可结合深圳市养老设施规划布局，统筹考虑财政投

---

* 原载于《城市问题》2014年第12期。刘扬也参与了该文的研究。

[1] 张敬岳. 我国养老地产发展的问题与建议 [J]. 华中师范大学研究生院学报，2013（3）：141-145.

资及社会投资养老设施用地的布点，每年申报一定数量的社会投资养老设施用地，规划国土委将优先考虑纳入深圳市近期建设与土地利用规划年度实施计划。

江苏省规定，对社会力量举办的床位数在 200 张、500 张、1000 张以上的养老服务机构，其投资项目可分别列入县、设区市和省级服务业重点项目，优先给予用地保障。

（三）利用闲置土地兴办养老服务设施

该《意见》指出，对闲置土地依法处置后由政府收回的，且规划用途符合要求的，可优先用于养老服务设施用地，一并纳入国有建设用地供应计划。

（四）利用空闲厂房、学校、社区用房等兴办养老服务设施

国土部和一些省市均提出，对于企事业单位、个人对城镇现有空闲的厂房、学校、社区用房等进行改造和利用，兴办养老服务机构的，将给予一定程度的政策支持和用地优惠。其具体内容如下。

（1）允许临时改变建筑使用功能从事非营利性养老服务并免征土地收益金。

该《意见》指出，经规划批准临时改变建筑使用功能从事非营利性养老服务且连续经营一年以上的，五年内可免征土地年租金或土地收益差价，土地使用性质也可暂不作变更。

杭州市规定，企事业单位、个人对城镇现有闲置的厂房、学校、社区用房等加以改造和利用，兴办养老服务机构，经规划批准临时改变建筑使用功能从事非营利性养老服务的，暂不征收年租金或土地收益差价。

（2）对于改变土地使用条件用作养老机构建设项目的，可享受土地出让优惠价。成都市对企事业单位、社会组织、个人和其他社会力量利用符合城市规划的自有土地、房产，兴建开办养老机构，因城市规划改变土地使用条件（含增加容积率）用作养老机构建设项目的，收取的土地出让收入按改变前后土地使用条件评估价差额的 60% 收取。

（五）利用集体建设用地兴办养老服务设施

该《意见》规定，农村集体经济组织可依法使用集体所有土地，为集体经济组织内部成员兴办非营利性养老服务设施。民间资本举办的非营利性养老机构与政府举办的养老机构可依法使用农民集体所有的土地。

二、我国养老用地的供应方式

目前，我国养老用地的供应方式主要包括划拨、出让和租赁三种。非营利性的养老设施用地以划拨供应为主，营利性的养老设施用地以出让和租赁供应为主。

（一）划拨方式

国土资源部发布的《划拨用地目录》规定，对非营利性的老年人社会福利设施用地，由建设单位提出申请，经批准可以采用划拨方式供地。北京、重庆、厦门、杭州等地对非营利性老年人社会福利设施用地基本采取此类政策，即划拨供地。

（二）租赁方式

该《意见》指出，为降低营利性养老服务机构的建设成本，对养老服务设施用地，各地可制订以出租或先租后让的土地供应政策。市县国土资源管理部门依据所制订的政策与用地者应当签订养老服务设施用地租赁合同，约定租赁国有建设用地的出租人和承租人、地块的位置、用途、面积、空间范围、容积率、租期、租金标准及调整时间和方式、到期处置与续期或出让等内容。

深圳市在《深圳市养老设施专项规划（2011－2020）》中规定，养老设施社会投资者可以通过租赁方式利用政府提供的养老设施用地和地上建筑物，但民政部门必须与养老设施社会投资者签订租赁合同，并进行后续监管。

（三）出让方式

从目前相关省市看，养老用地在出让时主要有三种方式。

（1）免地价出让。深圳市在《深圳市养老设施专项规划（2011－2020）》中提出，鉴于养老设施建设属民生项目，建议参照深圳对社会投资教育用地的供应方式，即由民政部门和养老设施社会投资者协调并共同申请，深圳市规划国土委参照政府财政投资的养老设施用地报市政府批准后实行免地价出让，土地使用权受让人为市、区政府，实际使用单位为市、区民政部门。

（2）"招拍挂"出让。该《意见》指出，土地出让（租赁）计划公布后，同一宗养老服务设施用地有两个或者两个以上意向用地者的，应当以招标、拍卖或挂牌方式供地。

北京、重庆、浙江、杭州、南京等地规定，对于非政府投资，利用国有建设用地建设的营利性社会办养老设施建设项目用地，采用"招拍挂"出让；厦门和广东规定，同一宗养老服务设施用地有两个或者两个以上意向用地者的，应当以"招拍挂"方式供地。

（3）协议出让。北京市出台的《关于加快推进养老服务业发展的意见》提出，对于企业利用自有用地，在取得项目、规划条件等相关批准文件后，明确为养老设施的，经市政府批准，可协议出让[1]。

---

〔1〕 廖永林、雷爱先、黄清、周霆、养老用地政策研究［J］. 中国土地，2013（3）：8－12.

厦门市在《关于社会福利机构社会化涉及土地问题的意见的通知》中规定,社会民间资金投资的社会福利机构,在城市规划区内兴办的,供地方式根据拟出让地块公布后接受申请的情况确定,同一宗地块只有一个用地意向者的,采取协议方式。

广东省规定,新办营利性养老服务机构建设用地,实行有偿使用,依法以协议方式出让,出让价格不低于国家和本省规定的协议出让最低价标准。

三、我国养老用地供地标准和养老设施建设标准

（一）我国养老用地供地标准

（1）配建养老服务设施的供地标准。该《意见》规定,新建城区和居住（小）区按规定配建养老服务设施,依据规划用途可以划分为不同宗地的,应当先行分割成不同宗地,再按宗供应;不能分宗的,应当明确养老服务设施用地、社区其他用途土地的面积比例和供应方式。

（2）新建养老服务设施用地单独供地的标准。该《意见》规定,新建养老服务设施用地依据规划单独办理供地手续的,其宗地面积原则上控制在3公顷以下;对市级养老产业主管部门认定的重大社会化养老机构建设项目用地,在符合城市规划的前提下,所需的生活服务设施用地面积不得超过项目总用地面积的20%。

（二）养老设施建设标准

该《意见》规定,养老服务设施用地内建设的老年公寓、宿舍等居住用房,可参照公共租赁住房套型建筑面积标准,限定在40平方米以内。

江苏省规定,新建住宅小区按每百户20~30平方米配套建设社区居家养老服务用房;已建成的住宅区要按每百户15~20平方米的标准调剂解决。

成都市规定,社区配套型养老机构可与其他公共服务配套设施合建或叠建,其建设规模应不低于10张床位;基本保障型和大型综合型养老机构的建设规模应不低于30张床位,每张床位综合建筑面积为30~40平方米。

四、我国养老用地的供后监管

国家和各级地方政府对于养老服务设施用地的供后监管,主要涉及土地用途的改变和转租转让、停止使用等方面。

（一）关于养老用地改变用途方面的监管

该《意见》规定,养老用地不得改变规划确定的土地用途,改变养老土地用途用于住宅、商业等房地产开发的,由市、县国土资源管理部门依法收回养

老土地用地使用权。

北京市在《关于加快推进养老服务业发展的意见》中指出，在出让合同、划拨决定书中明确项目用地仅作为建设养老设施使用的，不得擅自改变规划和土地用途。

厦门市在《关于社会福利机构社会化涉及土地问题的意见的通知》中规定，社会福利机构应严格按照市人民政府批准的用途使用土地，严禁改变土地用途从事商业性或其他经营性活动。

（二）关于养老用地转让和转租方面的监管

该《意见》规定，建设用地使用权可以整体转让和转租，不得分割转让和转租。

北京市在《关于加快推进养老服务业发展的意见》中指出，在出让合同、划拨决定书中明确项目用地仅作为养老设施使用的，未经批准不得转让、销售。

（三）关于养老用地停止使用和退出方面的监管

杭州市在《关于加快推进养老服务事业发展的意见》和《关于加快推进养老服务事业发展的实施细则》中规定，养老服务机构因注销登记、终止、迁移等原因停止使用土地的，或因债务纠纷须处置养老机构土地资产的，通过划拨方式取得土地的，由政府收回土地使用权，收回的土地优先用于养老服务事业的建设；以"招拍挂"取得土地的，按照"招拍挂"文件或出让合同的规定和约定处理。

五、我国养老用地供应政策中存在的问题

（一）缺乏科学、合理的用地规划指引

一方面，对于单独供地的养老服务设施用地，由于城市中心区域土地资源稀缺，价格相对较高，导致一些养老服务设施用地在供应选址时，往往选在缺乏基础设施的郊外地区[1]。在此背景下，尽管许多服务机构冠以养老公寓的名义，但却很难保证老年人得到有质量的养老服务。

另一方面，对于新建城区和居住（小）区按规定配建养老服务设施的养老用地，其各部分的比例，例如建筑物、医疗设施、健身娱乐设施等尚无明确标准。如果上述指标没有明确界定，就可能存在有些养老服务设施用地改为商业性房地产开发项目的风险。

---

〔1〕 徐瑜阳. 我国养老地产开发中存在的问题与对策〔J〕. 黑龙江对外经贸, 2011（6）: 93-94.

（二）供地来源缺乏明确规范的制度保障

（1）用地性质不明确使得增量用地难以真正实现"计划单列"。尽管国土资源部和一些省市均明确提出了养老用地要纳入供应计划、单列用地指标，但目前养老用地并没有专门的用地类别，在国土资源部及国家标准化管理委员会出台的多个土地分类法规中，均未有"养老用地"的专门用地分类。

国土资源部在现行《土地利用现状分类》（GB/T21010-2007）中未设有"养老服务设施用地"的类别，只在一级分类"公共管理与公共服务用地"下设有"医卫慈善用地"和"公共设施用地"的二级分类。根据国土资源部最新出台的《养老服务设施用地指导意见》，规划为公共管理用地、公共服务用地中的"医卫慈善用地"，可布局和安排养老服务设施用地，其他用地只能配套建设养老服务设施用房并分摊相应的土地面积。而对于公共管理与公共服务用地中的"医卫慈善用地"，基本上只能用于非营利性老年服务设施的用地，一般都是通过划拨方式取得的。

显然，现有土地分类中用于养老设施的规定不能满足营利性养老服务设施的用地需求。由于没有明确的用地类别，在各地方的具体实践中，营利性养老用地基本上是作为居住用地中的服务设施用地，以居住用地的配套设施的形式进行出让的，往往难以单独用来建设大型的营利性养老服务设施。

因上述因素导致的供地计划中分配给养老项目的土地的不足，已经成为发展养老产业的瓶颈。以北京市为例，虽然养老综合用地于2013年首次出现在北京市的土地"招拍挂"市场，已将养老设施用地纳入该市年度国有建设用地供应计划，但养老设施用地的供地数量非常少，大头儿还是供应住宅用地（约70%为居住用地，近30%为商业金融用地，余下的为养老医疗设施用地）。而且上述这种"养老用地搭配住宅用地出让"的做法是否应该被推广，目前还存在很多争议。

（2）存量建设用地进入养老产业在操作层面上尚存在一些实际的困难与阻力。虽然国土资源部和一些地方省市均提出，对于企事业单位、个人对城镇现有空闲的厂房、学校、社区用房等进行改造和利用，兴办养老服务机构的，将给予一定程度的政策支持和用地优惠，但用地性质的不易转换却制约着我国养老产业的发展。首先，缺乏明确的养老用地分类使得存量建设用地性质的转换几乎无从谈起；其次，国家层面虽提出了关于养老用地的原则性扶持政策，但却缺少可操作的实施细则，使得存量建设用地性质的转换举步维艰；最后，针对存量建设用地进入养老产业的相关支持和优惠的工商、税务等方面的配套政策目前还很不完善。

以上海市为例，2011年12月12日，上海三毛企业（集团）股份有限公司就该公司拟开发的养老产业园项目发布公告称，受目前国家土地政策限制，上海三毛持有的祁连山路380号地块土地性质转变问题，一直未能与当地政府达成一致意见。公告称，按照上海市政府的有关规定，养老项目立项建设，土地性质必须是医疗卫生用地或公益性用地，该养老项目启动的前提需将土地性质由工业用地转为公共福利用地，之后才能立项建设。但是，将工业用地转换为养老用地，不但实际操作困难重重，而且由于工业用地转性成本很高，也不利于公司的成本控制，因此，上海三毛企业（集团）股份有限公司决定停止谋划了逾两年的该养老产业园项目。

显而易见，诸如上海等一线城市，土地资源稀缺，各区的财政收入中，土地收入占比较高（主要来自于商业和住宅用地的出让），在尚无明确的养老产业用地分类的前提下，区县政府肯定缺乏布局养老产业的动力。因此，明确土地性质及其供地政策是养老地产发展得以进入快车道的基础。虽然一些在养老地产领域跃跃欲试的企业或地方政府也想出了配建、改建等办法暂时规避现行《土地利用现状分类》中"尚无养老用地"类别的窘境，但养老地产的真正兴旺，仍有赖于"养老用地"的名正言顺。

（3）供地方式仍需进一步优化完善。根据营利性、非营利性的性质差异，我国目前的养老服务设施用地分别采取租赁、出让等有偿方式和划拨方式供地，但目前这两类供地方式均存在以下一些问题。

第一，非营利性养老用地以划拨为主的供应方式，很大程度上限制了社会资金的进入。根据现行的养老用地供应政策，为降低非营利性养老产业的建设成本，对非营利性的老年人社会福利设施用地，由建设单位提出申请，经批准，可以划拨方式供地，即政府机关及其事业单位为主体、政府出资的公办养老服务设施以划拨方式取得土地，无需向政府缴纳土地出让金。但是社会资金、企业法人就很难拿到这类土地。

以上海市为例，按照我国现行的《划拨用地目录》和《上海市养老机构管理办法》，能够无偿取得土地的对象被限定为"非营利性"组织。而我国法律界普遍认知和经济活动中一般认为企业法人、公司的设立系以营利为目的[1]，故其基本上是不可能享受到划拨供地这种"政策扶持"而进入非营利性养老产业的。可以说，对于社会资金进入非营利性养老产业的隐形制度性门槛很大程度上限制了我国养老产业的快速起步和发展。

---

〔1〕 张旻. 从土地利用管理角度鼓励社会企业参与养老事业的几点设想 [J]. 上海土地，2014（2）：24-28.

第二，现行营利性养老用地以挂牌为主的供应方式，对养老产业发展的促进作用十分有限。从目前的情况看，无论是从国土资源部发布的相关指导意见，还是国内各省市的一些具体实践，营利性养老产业用地"招拍挂"出让已是大势所趋。而由于近些年地价的大幅上涨，致使企业为投资营利性养老服务设施项目而取得土地时，不但要面临着土地供应不足的现实，更要面对拿地成本过高的风险。特别是目前以拍卖或挂牌方式出让国有土地使用权时一般均遵循"价高者得"的原则，不仅会推高土地价格，增加企业拿地成本，而且最终会使企业失去投资营利性养老服务设施项目的动力。而且，在这样的土地出让政策下，养老产业只能被视为一个普通的商业项目，其部分的社会公益性已然被忽略不计，投资者往往只能去关注所谓"高端市场"的投资空间。从这个意义上说，营利性养老产业用地的"招拍挂"出让不但不利于充分利用社会资金、有效降低营利性养老服务机构的建设成本，更有碍于营利性养老产业市场的全面、均衡发展。而且，社会资金投资养老领域，其主要的投资方向为开发和建设营利性养老服务设施，而"招拍挂"为主的出让模式和"价高者得"的原则，对养老产业这样一个新兴的带有明显社会公益性的幼稚产业的扶持和培育显然是不利的。

六、关于完善我国养老用地供应政策的相关建议

（一）进一步明确养老用地的性质，以此为基础制定专门的养老用地规划，确保养老用地有稳定的来源

鉴于社会与市场对养老服务设施用地存在长期、持续、大量的需求，未来可以考虑将养老服务设施用地确定为一种独立的土地用地类型。事实上，最新修订的《老年人权益保障法》已经提出了"养老服务设施用地"的概念。未来土地用途分类体系的修改，应根据《老年人权利保障法》的规定，将"养老服务设施用地"作为一种新的用地类型纳入土地用途分类体系。

同时，养老产业若要进入一个良性循环的发展状态还取决于相应的政策环境。政府应在城市建设和土地规划方面，将养老产业项目的养老用地放在整个城市大的服务体系中去考虑[1]。以新加坡为例，其养老规划就预期了未来四五十年的发展，并确定了大致的土地利用分类规划，留出了足够的专业用地，这样的规划值得我国借鉴。

---

[1] 于宁. 我国养老地产发展研究：世博效应及启示 [J]. 上海经济研究，2010（12）：105－108.

（二）探索差别化养老用地供应模式，建立精细化、差别化的养老用地供应管理体系

为适应多层次、多样化的养老需求，保障各类养老设施用地供应，养老土地的供应需要根据开发定位和客户群体的不同，加以区别对待，在符合国家相关法律法规的前提下，探索公益性、营利性养老设施用地的差别化供应方式。

第一，对非营利性的特别是面向特定群体的中低档养老地产（福利养老院），政府应当降低纳入规划中的养老地产的准入门槛，提供低价土地并给予一定的政策优惠。在坚持现行划拨供地的方式下，为了吸引社会资金进入养老领域，可以考虑通过"租赁＋补贴"的方式，即一方面鼓励各类存量建设用地以租赁的方式转作养老用地，同时，为了保证投资方有一定利润空间，政府对此类项目应给予相应的补贴。这样既可以有效降低养老服务设施建设成本，同时也能盘活城市存量建设用地，为养老用地提供更多的供地来源。

第二，对于一般性的营利性养老设施项目，考虑到营利性养老服务设施的部分公益性质以及体现养老功能所需要的综合规划要求，养老服务设施用地的供应宜采用招标或带方案出让的方式。招标文件或出让方案应至少包括以下内容：（1）土地受让人须具有投资、建设、运营养老服务设施的资质；（2）对土地用途提出限制性要求；（3）投标人须提交建筑设计方案；（4）受让人须配建相关设施；（5）建成物业的转让、出售的相关限制性要求；（6）其他对养老服务设施运营的公益性要求。

第三，对一些针对高端市场的养老设施用地，由于其社会福利性和公益性相对较低，基本上可以将其视作一个定位较高的商业投资项目，因此建议严格按照"招拍挂"方式出让土地，通过充分的市场竞争选择投资者。

（三）加强用地审批和供后监管，建立相关职能部门的联动管理机制，确保养老用地供应名副其实，地尽其用

养老项目建设周期长，单纯靠养老服务获得收益资金回收期长，且期间变数甚多。因此，有些地方在获得国家财政资金、用地政策等优惠政策扶持后，可能存在擅自将养老项目的用地性质改为商业性的房地产开发项目的现象。为了保持养老用地用途的不变性、不走样，必须完善相应的监管机制，健全监管措施。

为此，建议建立相关职能部门之间的联动管理机制。例如，养老服务设施建设须按出让时所附规划方案实施，否则，规划、建设部门不予核发相关证照；民政部门及有关政府部门应制定相关政策确保养老设施用于养老服务；土地管理部门要加强供后监管，保证各类养老设施项目在取得用地后严格按照设定的用途建设和使用，严禁改变用地性质和以任何形式改变用途从事其他商业性经营活动。

我国文化用地政策综述[*]

党的十八大明确提出,要推动文化事业全面繁荣、文化产业快速发展,加强重大公共文化工程和文化项目建设。《中共中央关于制定国民经济和社会发展第十三个五年规划的建议》也强调,文化产业要成为国民经济支柱性产业。文化用地对文化产业的健康发展起着重要的承载和支撑作用,加强文化用地管理,无论对促进文化事业发展,还是推进土地的集约高效利用,都具有重要的现实意义。为此,本文在对国家和相关省市出台的文化政策进行整理和梳理的基础上提出建议。

一、文化用地的用地性质与设施种类

对于文化用地的性质,目前国家层面有两种分法,一类是住建部的标准,将其归为公共管理和公共服务用地分类下的文化设施用地;另一类是国土资源部的标准,将其归为公共管理和公共服务用地分类下的文化娱乐用地。二者在具体的范围界定上有所不同。(见表 3-1)

表 3-1 文化用地的性质及设施种类

部门	标准	定义	大类	中类	小类	设施类别
住建部	城市用地分类与规划建设用地标准(GB50137-2012)	图书、展览等公共文化活动设施用地	公共管理和公共服务用地(A)	文化设施用地(A2)	图书展览设施用地(A21)	公共图书馆、博物馆、科技馆、纪念馆、美术馆和展览馆、会展中心等设施
					文化活动设施用地(A22)	综合文化活动中心、文化馆、青少年宫、儿童活动中心、老年活动中心等设施

* 原载于《上海土地》2016 年第 6 期。转载于《资源导刊》2016 年 12 月。李毅也参与了该文研究。

13

续表

部门	标准	定义	大类	中类	小类	设施类别
国土部	土地利用现状分类（GB/T21010－2007）	各类文化、体育、娱乐及公共广场等用地	公共管理与公共服务用地（08）	文化娱乐用地（085）	—	—

在住建部的分类中有两点值得注意：（1）居住用地中用于文化体育设施建设的用地属于服务设施用地，不属于文化设施用地；（2）音乐、美术、影视、广告、网络媒体等的制作及管理设施用地，以及广播电视发射台、转播台、差转台、基站等用地，在上一版《标准》中均属于文化设施用地，新版《标准》中则分别属于商业服务业设施用地中的艺术传媒产业用地、公用设施用地中的广播电视与通信设施用地。

从地方规定上看，个别地区对文化用地的界定相对于国家标准有所拓展。广西北海将新闻出版用地、文化艺术团体用地、广播电视用地、图书展览用地、影剧院用地、游乐场所用地等纳入文化、娱乐用地。陕西紫阳县将工业生产相应附属设施用地、生态旅游景点建设用地等，包括工业厂房、景点建设用地、仓储、农副产品及富晒食饮品开发用地，工业、文化旅游区内设置的办公管理和生产生活辅助设施用地，认定为文化旅游用地。

二、文化用地的来源

目前国内文化项目用地的来源主要是利用存量资源和新增用地两种途径。

（一）存量资源

部分省市均明确提出，鼓励对存量用地、存量用房、存量街区等多种资源进行再开发和再利用，兴办文化设施，发展文化产业。

（1）利用存量土地资源。广西、四川、海南、山东等省（自治区）有关文化产业发展的政策均明确提出，鼓励单位和个人利用自有土地建设文化产业项目。青岛、温州、郑州等城市的相关政策均明确支持利用存量用地来发展繁荣文化事业。济南提出，鼓励支持在高新技术开发区、经济开发区内使用未有效利用土地资源，兴办文化产业园区；支持利用废弃矿山建设文化产业项目。浙江台州特别提出，积极盘活存量用地，优先用于文化产业建设项目，鼓励城镇低效用地再开发地块、空余或闲置的土地发展文化产业。

（2）使用未利用土地。台州提出，鼓励企业利用低丘缓坡、荒滩等未利用的土地发展文化产业。济南提出，在农村和城乡接合部，积极支持依法利用荒地、荒坡、荒滩等建设文化产业项目，并给予政策倾斜。

（3）利用空置房屋。山西提出，鼓励依据城乡规划在旧工业区、旧村、旧城区改造建设文化产业园区（基地）。四川提出，鼓励利用工业厂房、仓储用地、可利用的民舍院落区域、传统商业街和历史文化保护街区等存量房产兴办文化产业项目。济南、青岛、郑州提出，支持利用空置工业厂房、仓储用房、古建筑、老建筑等存量房产资源，兴办文化创意产业项目、文化产业园区。

（4）利用集体建设用地。台州提出，鼓励支持村留地单独或与相邻区域的村留地进行整合开发，优先用于发展文化产业。

（二）增量用地

部分省市加大新增土地供应，满足文化项目用地需求。

（1）将文化用地纳入土地利用计划和空间规划，优先保障用地指标。省级层面上，海南、山西、四川均规定，文化产业项目用地应纳入各级土地利用总体规划和土地利用年度计划。海南和山西还提出，优先保障文化产业重点项目新增建设用地计划指标。四川规定，优先安排文化用地计划指标。广西规定，对列入国家和自治区中规划的且符合建设条件的文化产业项目，涉及新增用地的，优先安排土地。

市级层面上，济南、青岛、郑州、淄博均明确，年度用地计划应优先支持文化产业项目，优先安排文化产业用地指标。淄博特别提出，新增文化用地应实行节约集约用地水平与新增建设用地计划指标分配使用相挂钩的政策。深圳规定，将文化创意产业建设用地纳入城市空间专项规划，优先安排文化创意产业重大项目和龙头企业新增建设用地指标，在供地安排上予以倾斜。

（2）依法对土地利用规划进行调整，满足文化用地需求。四川规定，对重大文化产业项目的新建和改扩建等确需调整土地利用总体规划的，按程序依法予以调整。淄博提出，对未纳入本轮土地利用总体规划的文化产业用地，依法依规启动土地利用总体规划调整修改程序，切实保障各类文化产业项目的用地需求。

（3）为文化产业用地充分预留规划发展空间。淄博规定，在编制土地利用总体规划时，应依据政策要求和技术标准，充分预留文化产业发展用地空间，并严格实行土地用途管制。

三、文化用地的供应方式

目前国内文化用地的供应主要有划拨、出让、租赁、作价出资和授权经营五种方式。其中，作价出资和授权经营主要针对文化用地存量利用。

（一）划拨

国务院《关于推进文化创意和设计服务与相关产业融合发展的若干意见》（下称《意见》）明确提出，支持以划拨方式取得土地的单位利用存量房产、原有土地兴办文化创意和设计服务，可按划拨或协议出让方式办理用地手续。

国务院办公厅《文化体制改革中经营性文化事业单位转制为企业的规定》（下称《转制规定》）和《进一步支持文化企业发展的规定》（下称《发展规定》）均提出，经营性文化事业单位转制为企业过程中涉及的原划拨用地，以及文化企业改制涉及的原划拨土地，转制或改制后用途符合《划拨用地目录》的，按划拨土地办理用地手续，可以继续以划拨方式使用。国土资源部《划拨用地目录》规定，图书馆、博物馆、文化馆以及青少年宫、青少年科技馆、青少年（儿童）活动中心等非营利性公共文化设施用地，由建设单位提出申请，经批准，可以划拨方式供地。

四川、武汉提出，原土地使用者利用已取得的用地兴办文化产业的，可以划拨方式供地。四川明确，以划拨方式取得的用地兴办文化产业，其土地用途和使用权人可暂不变更。山西规定，凡符合《划拨用地目录》规定的文化产业项目，经县级以上人民政府批准，可以划拨方式进行供地。在存量集体建设用地方面，台州规定，村留地单独或与相邻区域的村留地整合开发文化产业，村集体经济组织自用的，可采取划拨方式供地。

（二）出让

（1）协议出让。该《意见》规定，以划拨方式取得土地的单位利用存量土地兴办文创设计服务，不符合《划拨用地目录》的，可采取协议出让方式办理用地手续。《转制规定》和《发展规定》均明确，经营性文化事业单位转制为企业过程中涉及的原划拨用地，以及文化企业改制涉及的原划拨土地，转制或改制后用途不符合《划拨用地目录》的，应当依法实行有偿使用，可采取协议出让方式办理用地于续。

山西、海南提出，对地方经济发展具有较大带动作用的文化产业重点项目，原土地使用者可通过协议方式补办出让手续，利用已取得的非经营性用地兴办文化产业。武汉、济南、淄博等地明确，原土地使用单位利用现有工业厂房和仓储用房兴办文化产业，涉及原划拨土地使用权转让或改变用途的，可采取协议出让方式供应。济南特别提出，对城镇数字影院建设使用国有土地，只有一个意向用地者的，以协议方式供地。北海规定，非营利性公共文化设施用地根据项目业主申请，可以协议出让方式供地。

（2）招拍挂出让。山西、海南、武汉规定，政府批准的文化产业重点项目可采取招标方式供地。北海规定，营利性文化、娱乐用地应以招标、拍卖或挂牌方式出让土地。

（三）租赁

广西提出，鼓励文化企业以短期租赁方式使用土地，鼓励文化企业租用现有物业从事文化产业经营。海南提出，文化产业重点项目原土地使用者可通过租赁方式利用已取得的非经营性用地兴办文化产业。武汉提出，原土地使用者利用已取得的用地兴办文化产业的，可以依法租赁方式供地。山西规定，非公有制文化企业承包、租赁国有文化企业的，国有文化企业原使用的划拨土地可以租赁方式使用。

（四）作价出资

海南、武汉规定，原土地使用者在符合规划土地用途的前提下，经相关政府批准，可通过作价出资方式利用已取得的原有土地兴办文化产业。台州规定，经营性文化事业单位转制为企业，不符合《划拨用地目录》的，经评估确认后，原划拨土地使用权以作价出资（入股）方式处置，转化为国家资本金或股本金。

（五）授权经营

海南、武汉提出，国有企业将划拨土地用于文化产业项目的，可以授权经营方式处置其划拨土地使用权。

四、文化用地的鼓励政策

（一）减免相关税费

部分省市通过税费减免来鼓励文化用地发展。

（1）税收优惠。温州规定，创意文化产业基地和困难文化企业可减免城镇土地使用税。台州规定，农村各类公益性文化体育场馆的自用房产和土地可免征房产税和城镇土地使用税；经认定的文化类高新技术企业1~3年内可免征房产税和城镇土地使用税；列为省服务业重点企业的文化企业1~3年内可免征房产税和城镇土地使用税；等等。

（2）费用减免。广西规定，公益性文化设施建设和相关配套设施项目的行政事业性收费，按照规定程序批准后进行减免。济南规定，文化企业在现有厂区内改建、翻建厂房，免收城市建设配套费；扩建、新建厂房，按规定标准的50%收取城市建设配套费。

（二）给予土地出让价格优惠

深圳规定，新建或通过城市更新建设文化创意产业项目的，按照市政府制定的产业扶持政策给予优惠地价。青岛、台州规定，文化产业用地地价最低可低至工业用地出让最低标准的70%。青岛还规定，对固定资产投资总额过亿元的文化大项目招商引资可采取一事一议，给予更加优惠的土地价格。台州规定，对用于文化创意产业的生产服务型服务业类用地，公开出让时可不再设定保留价。

（三）设定优惠出让底价

海南、武汉、青岛规定，采取招标方式供应的文化用地，出让底价可按不低于该项目土地取得费、土地前期开发成本和规定应收取的相关费用之和确定。台州规定，村留地发展文化产业的，可按不低于基准地价（使用工业用地的可按国家规定的最低价）评估确定出让价格。

（四）允许分期缴纳土地出让金

海南规定，文化产业重点项目用地经批准后可分期缴纳土地出让金，全部土地出让金可在2年内缴清。台州规定，利用存量房产和土地资源兴办文化企业、文化产业项目和文化产业园区的，五年内免收土地收益金，五年后按30%逐年收取。

（五）优先将土地收益用于文化建设

一是土地出让收益优先用于原区域文化建设。海南规定，文化用地土地出让金按照"收支两条线"办法管理，预算支出优先用于所在区域的基础设施建设。武汉规定，文化产业重点项目用地土地出让收益在扣除相关专项资金后，优先用于所在区域的文化基础设施建设。

二是土地级差收益优先用于文化产业发展。四川规定，对于位置较好且城市规划已发生调整、具备较大土地级差收益的原文化用地，通过搬迁改造等方式筹措的资金，全部用于文化产业发展。

（六）支持文化产业配套建设

海南规定，文化产业重点项目在3年内实际投资额达到10亿元人民币以上或投产后3年内每亩土地年均销售收入达到300万元以上的，可在同一区域以公开出让方式安排适当面积的配套经营性项目用地，支持其可持续发展。青岛提出，利用旧厂房开发建设文创产业项目的，可新建不超过总建筑面积15%、面积不超过1500平方米的配套服务设施。

（七）实行资金奖励

济南鼓励有条件的县（市）区对文化用地建立节约集约用地专项奖励资

金，对项目建成达产后节约集约用地成效显著、亩均税收贡献大或安置吸纳就业人数多的文化企业或文化产业园区实施奖励。

（八）给予规划奖励

台州规定，转制文化企业的生产场所在符合城乡规划、满足国家标准、不改变土地用途的前提下，经批准后实施拆建、改扩建、加层改造、利用地下空间等途径提高土地投资强度、利用效率和容积率的，不增收土地价款。

（九）允许异地补充所占耕地指标

海南、山西晋城规定，文化产业项目涉及占用耕地，项目所在区域范围内无法完成耕地占补平衡的，可按有关规定由土地主管部门组织异地补充。

（十）鼓励集体建设用地发展文化产业

台州规定，村留地单独或与相邻区域的村留地整合开发文化产业，以协议方式供地，且村集体经济组织自用的，出让金扣除相关税费后全额扶持或奖励给村集体经济组织。

（十一）允许临时变更建筑用途

台州规定，利用存量房地产资源转型兴办文化产业，不涉及重新开发建设且无需转让房屋产权和土地使用权的，依法办理临时变更建筑使用用途手续，土地用途和土地使用权类型暂不变更。

五、文化用地的利用监管

目前，国家和部分省市对文化设施用地的供后监管主要涉及用途管制、供地限制、土地退出、评价考核、转让管理等方面。

（一）供地后严禁擅自变更用途

海南规定，依法取得的文化产业项目用地，未经批准，不得擅自改变用途。北海规定，经划拨取得的非营利性公共文化设施用地，不得申请改变规划用途、变更土地性质，擅自改变土地用途或者不按规划设计条件建设以及其他违法使用土地的，应立即纠正，国土、规划部门按照有关法律法规政策规定依法处理。淄博规定，文化产业投资者要专地专用，不准改变用向。

（二）严格控制文化设施用地标准

山东省出台《禁止、限制供地项目目录》，其中对文化娱乐设施用地控制指标提出了明确规定（见附录2），具体包括文艺团体、图书馆、会展中心、展览馆、博物馆、电影院、剧场、文化馆、青少年宫、文化站十类，各类文化用地不得超过控制指标，否则对用地申请不予受理。例如，大于300人的文艺团体界定为大型文艺团体，其用地指标不得大于6公顷，容积率不得低于0.8。

（三）建立用地退出机制

郑州对文化创意产业项目用地建立退出机制，防止项目单位以文化创意产业用地名义进行房地产开发，避免政府土地出让收益的流失，并明确提出：禁止改变文化创意产业项目原有业态规划，套用土地用于商业化地产开发。

（四）实施文化用地评价考核

郑州规定，有关部门需对文化创意产业项目进行评价考核，考核内容包括土地产出效率（含产出投入比、亩均产出值）、产业政策执行情况、投资情况（含项目投资总额和单位用地面积投资强度）、建筑和环境保护政策落实情况等规定指标和要求。考核不合格的项目，应限期整改，整改后仍不合格的，取消相关产业优惠扶持。

（五）严格限制非法转让

天津规定，文化事业单位对于以划拨方式取得土地使用权及地上房产进行经营、租赁、转让的，必须持有关批准文件向县级以上人民政府土地行政主管部门提出转让申请，经有批准权的人民政府审批后依法办理有偿用地手续。

六、建议

总地来看，目前国家层面还没有出台专门的文化用地政策，各地虽有不同程度的探索，但总地来说还比较零散，某些方面还存在一些值得探讨的问题，需要进一步深化完善。为此建议：

一是加强对文化用地的差别化管理。针对营利性和非营利性文化用地，实行差别化管理政策。

二是鼓励利用存量资源发展文化产业。建议各地进一步强化利用存量资源（土地、房屋、建筑、街区等）发展文化产业，探索存量利用的新政策。

三是进一步创新文化用地供应方式。目前文化用地的供应方式主要有划拨、出让、租赁、作价入资（股）和授权经营等方式。建议各地可因地制宜地探索符合本地实际的文化用地供应方式，加强文化用地的供给侧改革和管理。

四是加大相关政策扶持力度。为了更好地促进文化产业发展，建议进一步深化完善文化用地的土地支持、税费减免、规划奖励、资金奖励等方面的鼓励政策。

五是强化土地供后的监管措施。从文化用地的用途管制、合同监管、退出机制方面入手，结合土地的全过程管理和节约集约利用要求，进一步研究文化用地的供后监管措施。

我国旅游用地政策评析[*]

由于旅游业巨大的经济效益，旅游项目开发在各地纷纷兴起。旅游用地作为旅游业发展的重要载体和生产要素而备受关注。在城市建设用地日趋紧张的现实背景下，旅游用地已经成为制约我国旅游业发展的重大瓶颈。为了能够更好地运用土地政策工具，加强对旅游产业发展的引导，促进旅游产业健康发展，2014 年 8 月，国务院出台了《关于促进旅游业改革的若干意见》，明确提出："改革完善旅游用地管理制度，推动土地差别化管理与引导旅游供给结构调整相结合。"2015 年 8 月，国务院办公厅再次出台《关于进一步促进旅游投资和消费的若干意见》，要求加大土地政策支持力度。国土资源部对旅游用地管理也提出了相关要求，并于 2015 年年底会同住房和城乡建设部、国家旅游局出台了《关于支持旅游业发展用地政策的意见》（国土资规〔2015〕10 号）。各地结合实际进行了改革探索。为了能够更好地运用土地政策工具，加强对旅游产业发展的引导，促进旅游产业健康发展，本文对国家和各省市旅游用地政策进行了归纳总结，进而对当前旅游用地存在的问题进行了集中梳理，在此基础上提出相应对策。

一、旅游用地的内涵及其特点

（一）旅游用地的内涵

旅游用地是一种新型的用地类型，目前还没有统一的定义。狭义的旅游用地，是指县级以上人民政府批准公布确定的各级风景名胜区的全部土地。在用地类型上，既包括建设用地，也涉及农业用地，甚至是未利用地。广义的旅游用地，即旅游业用地，包括在旅游地内凡能为旅游者提供游览、观赏、知识、乐趣、度假、疗养、娱乐、休息、探险、猎奇、考察研究等活动的所有土地。

从功能上看，旅游用地大致可分为两种类型，一类是用于满足旅游休闲需要的用地，由原生的自然景观与人文景观共同组合而成的可供观赏、游览、娱乐等

---

* 原载于《上海土地》2016 年第 4 期。刘扬也参与了该文研究。

用途的特殊土地，因为不少生态旅游区都强调环境的原生性，所以许多旅游用地都具有原来的属性，如山地、森林、河流、水库、旱地及水田等；另一类是用于旅游配套服务设施的用地，如酒店、餐馆、度假村等建设的用地，具有明显的城市建设用地特征，需要城市市政基础设施和部分公共服务设施的配套。

（二）旅游用地的特点

旅游用地是一种特殊的用地类型，有以下特点：

（1）土地类型的多重性。从土地利用的角度看，旅游用地既含有城市建设用地的特征，又含有农业用地的特征。已是出于满足旅游休闲的需要，由原生的自然景观与人文景观共同组合的可供观赏、游览、娱乐、教育和科考等使用的特殊土地。

（2）土地用途的复合性。不同于住宅用地、工业用地等用途单一用地类型，旅游用地往往和其他的用地之间的关系更接近一种叠加和重合，将旅游的功能融合于其他各类用地，其土地利用特征除了具有原有的功能以外，同时还具有旅游用地的功能，如农业观光旅游，工业旅游等。

（3）土地形态的原生性。很多旅游区都强调环境的原生性，旅游用地大多都具有原来的属性，如山地、森林、河流、水库、旱地及水田等。只要规划保护得当，一经开发利用，可供人们长期享用，对土地破坏较小，所以旅游业有"无烟产业"和"永远的朝阳产业"的美誉。

（4）土地开发的带动性。旅游用地的开发不仅可以获得直接的经济效益，而且可以带动与旅游业发展相关联的各行各业的收入，提高旅游目的地的知名度，改善旅游区附近的环境，可以说旅游业是一项绿色产业，具有低污染、低能耗、高产出、高就业带动能力的特点。旅游用地的利用效益是其他土地利用类型很难与之相比的。这也是各地方政府积极挖掘境内各种旅游资源大力发展旅游业的原因。

（三）旅游用地的分类

我国现行法律法规文件中尚无标准化的"旅游用地"概念，在现行城市用地分类标准中（GB1991）没有"旅游用地"明确分类，有一些相关用地类别，但与旅游用地的关系不清晰。从实际工作看，旅游用地管理主要涉及国土部门、建设部门和旅游部门，目前，三个部门都没有明确的关于旅游用地的分类标准和专门的控制标准。界定的范围、规模、指标等过于宽泛，部门之间的概念和分类也无法统一，出现了管制权限上的空间重叠和多头管理问题。

1. 国家层面的相关规定

目前国家层面涉及旅游用地分类的相关文件和规定主要包括国土部 2007 年

颁布的《土地利用现状分类标准（GB/T21010 - 2007）》、建设部 2011 年更新的《城市用地分类与规划建设用地标准（GB50137 - 2011）》和建设部 1999 年出台的《风景名胜区规划规范（GB50298 - 1999）》。其中，《土地利用现状分类标（GB/T21010 - 2007）》作为现在国土部门的土地利用现状分类依据，涉及的旅游用途的土地主要包括商服用地中的住宿餐饮用地，公共管理与公共服务用地中的文体娱乐用地，公园与绿地，风景名胜设施用地。其他两个文件中的分类体系对于前文定义的旅游用地概念也有不同程度的涉及，详见表 4 - 1。

表 4 - 1　国内部分旅游用地细分结构比较

规范或标准	旅游相关用地
国土部 《土地利用现状分类标准 （BG/T21010 - 2007）》	O1 耕地、02 园地、03 林地、04 草地、05 商服用地、08 公共管理与公共服务用地（包括：085 文体娱乐用地、087 公园与绿地、088 风景名胜设施用地），094 宗教用地、11 水域及水利设施用地、12 其他土地
住建部 《城市用地分类与规划建设用地标准（GB50137 - 2011）》	A7 文物古迹用地、B1 商业设施用地、B3 娱乐康体用地、H6 其他建设用地 G1 公园绿地、G31 广场绿地、E1 水域
住建部 《风景名胜区规划规范 （GB50298 - 1999）》	风景游赏用地、游览设施用地、居民社会用地、交通与工程用地、林地、园地、耕地、草地、水域、滞留用地

2. 各地相关做法

由于目前旅游产业没有一个单独的用地门类，各地基本参照 2002 年颁布的《招标拍卖挂牌出让国有土地规定》中的规定，将涉及旅游产业的用地同商业、娱乐和商品住宅等都归为经营性用地。近年来，一些地方为了促进旅游业的发展，参照《土地利用现状分类标准（GB/T21010 - 2007）》的体系，对相关旅游用地的类别进行了一定程度的明确，主要包括以下两种：

（1）按建设用地政策对待。邯郸市人民政府《关于促进全市旅游业发展的政策措施》中规定，旅游景区以外的旅游厕所、游客休憩站点、游客咨询服务中心、旅游购物中心、旅游特色美食城、旅游文娱演出场所等旅游公共服务设施建设用地，按划拨方式供应。荆州市在《关于加快文化旅游产业发展的若干政策意见》规定，景区内的公共设施（道路、厕所、停车场等）、纪念性建筑等，按公益事业或基础设施用地政策办理。广西在《加快旅游业跨越发展的若干政策》，也出台了类似政策。

（2）按农（林）业用地政策对待。《邯郸市人民政府关于促进全市旅游业发展的政策措施》中规定，植物观赏园、农业观光园、森林公园、绿地水体等项目非建筑用地，可按农（林）业用地政策办理。荆州市在《关于加快文化旅游产业发展的若干政策意见》规定，景区内的植物园、绿地、水体，按农（林）用地政策办理。广西在《加快旅游业跨越发展的若干政策》，也出台了类似政策。

二、我国旅游用地供应的相关政策

（一）旅游用地的供应来源

随着经济的快速发展和人们对于旅游产品需求的不断增长，各地旅游项目投资热情高涨，旅游用地数量明显增加，但由于旅游用地尚无明确的用地分类，用地指标受到一定限制，许多规划的旅游项目因无法获得土地指标而无法开工，"有项目、有资金、缺土地、难落实"等现象比较突出，严重制约了旅游项目的开发建设。从各地的情况看，目前旅游用地供应来源主要包括以下两个方面：

1. 增量用地

（1）列入用地计划，单列用地指标。国务院于 2014 年出台的《关于促进旅游业改革发展的若干意见》提出："年度土地供应要适当增加旅游业发展用地。"

云南省 2014 年颁布的《云南省旅游条例》首次提出将旅游用地指标单列，条例规定："……对旅游重大项目用地指标予以单列，优先保障。"

桂林市《桂林旅游产业用地改革试点若干政策（试行）》明确，由市国土资源局制定《桂林市旅游项目用地年度计划指标管理办法》，做好年度计划指标分配、使用和奖惩的管理工作。自治区统筹安排下达桂林市土地利用年度计划指标，并对旅游项目用地予以必要支持。

（2）重点项目优先供地。国务院办公厅 2015 年出台的《关于进一步促进旅游投资和消费的若干意见》中明确规定："对投资大、发展前景好的旅游重点项目，要优先安排、优先落实土地和围填海计划指标。对近海旅游娱乐、浴场等亲水空间开发予以优先保障。"

国土资源部《关于支持旅游业发展用地政策的意见》（国土资规〔2015〕10 号）指出："对符合相关规划的旅游项目，各地应按照项目建设时序，及时安排新增建设用地计划指标，依法办理土地转用、征收或收回手续，积极组织实施土地供应。"

广西发布的《加快旅游业跨越发展的若干政策》规定"各级人民政府对重点旅游项目用地优先列入年度用地计划，统筹分类予以支持"，对旅游项目用地符合单独选址条件的可按单独选址项目报批用地。山东省提出对于需占用新增用地的旅游建设项目，国土资源部门要优先安排用地指标。

2. 存量用地

（1）闲置、未利用土地、荒地可优先用于发展旅游业。国务院《关于促进旅游业改革发展的若干意见》中强调要进一步细化利用荒地、未利用地，积极支持开发荒地、未利用地发展旅游项目以促进存量土地的盘活。

国土资源部《关于支持旅游业发展用地政策的意见》（国土资规〔2015〕10号）指出："支持使用未利用地、废弃地、边远海岛等土地建设旅游项目。"

广西壮族自治区规定："利用荒山、荒坡、滩涂、废弃矿山和石漠化土地发展旅游业的，优先安排用地指标。"北京市提出："积极支持利用废弃矿山、腾退宅基地、垃圾场等存量建设用地及荒山、荒坡、荒滩、荒地开发旅游项目，支持企事业单位利用存量房产、土地资源开发旅游。"云南、河北等地也有类似规定。

浙江省对利用荒地发展旅游业给予大力支持，规定："利用荒山、荒坡、荒滩进行旅游开发的投资企业，经县级以上政府批准，可给予30年使用期并免缴土地使用金"。

（2）鼓励利用农村集体用地发展旅游项目。国务院《关于促进旅游业改革发展的若干意见》指出，在符合规划和用途管制的前提下，鼓励农村集体经济组织依法将集体经营性建设用地以多种形式与其他单位、个人共同开办旅游企业。国务院办公厅《关于进一步促进旅游投资和消费的若干意见》指出，"各地要加大对乡村养老旅游项目的支持，鼓励民间资本依法使用农民集体所有的土地举办非营利性乡村养老机构"。

广西壮族自治区鼓励利用农村土地流转政策，发展乡村旅游，规定："允许农村集体经济组织和村民利用集体建设用地自主开发旅游项目，支持农村集体经济组织和承包人利用非耕农用地、林权、集体土地承包权在不改变土地用途的前提下以作价出资、投资入股、租赁方式与开发商合作开发旅游项目。"

秦皇岛市规定："凡符合土地利用总体规划依法取得并已经确认为经营性的集体建设用地，可采用出让、转让等多种方式有偿使用和流转，新办乡村旅游休闲项目，允许使用农民宅基地、农村集体经济组织的合法的各类闲置存量土地上的既有建筑物，进行修缮后发展。"

桂林市颁布的《桂林旅游产业用地改革试点若干政策（试行）》第12条规定，"集体农用地、未利用地可采取作价入股、合作联营或者租赁等方式提供给旅游项目建设开发者用于旅游经营开发，……"

（二）旅游用地的供应方式及价格

由于目前旅游产业没有单独的用地门类，各地基本按 30～50 年的经营性用地出让，加上旅游用地未单独设立基准地价，在评估地价时，主要参照商业服务类用地基准地价，可能会造成部分地区的旅游用地出让价格偏高，难以吸引投资，影响了旅游业发展。

1. 供应方式

（1）经营性的旅游基础设施用地和旅游项目用地以出让方式供地。属于国有建设用地的旅游用地一般采用招标、拍卖、挂牌方式出让。我国于 2002 年颁布的《招标拍卖挂牌出让国有土地规定》中规定："商业、旅游、娱乐和商品住宅等各类经营性用地，必须以招标、拍卖或者挂牌方式出让。"这部分旅游用地是我国建设用地中与商业、娱乐等并列的营利性较强的用地。目前，由于旅游产业没有单独的用地门类，各地一般按 40 年的经营性用地出让。

国土资源部《关于支持旅游业发展用地政策的意见》（国土资规〔2015〕10 号）指出："用途混合且包括经营性用途的，应当采取招标拍卖挂牌方式供应。"

广西在《加快旅游业跨越发展的若干政策》中明确，对以出让方式取得旅游景区及附近荒山荒地使用权并用于旅游基础设施建设或旅游资源开发的，国有土地使用权期限为 40 年，期满后可以申请续期。荆州市在《关于加快文化旅游产业发展的若干政策意见》规定，对采取招拍挂等出让方式取得土地使用权的文化旅游项目，土地使用年限为 40 年，在土地使用年限内可以依法转让、出租和抵押，使用期限届满后可依法续期。

（2）公益性旅游配套基础设施建设用地以划拨方式供地。为促使旅游业更好更快的发展，很多地方政府对于与旅游业配套的公益性基础设施建设用地采用划拨的方式。如广西壮族自治区《加快旅游业跨越发展的若干政策》中提出："旅游景区以外的旅游咨询服务中心、旅客集散中心、旅游公共厕所、游客休憩站点、旅游停车场、景观绿化等公益性基础设施建设用地可按划拨方式提供。"福建省、河北省以及浙江省舟山市也规定对旅游配套的公益性城镇基础设施建设用地可按照划拨方式供应。

2. 供应价格及优惠政策

由于旅游产业没有单独的用地门类，旅游用地也未单独设立基准地价，在评估地价时，主要参照商服用地基准地价。

有些地方对于以出让方式供应的旅游用地给予一些用地政策的优惠，例如，

《邯郸市人民政府关于促进个市旅游业发展的政策措施》中规定：

（1）在投资和绿化工作到位的条件下，对以出让方式取得旅游景区及附近荒山荒地使用权并用于旅游基础设施建设或旅游资源开发的，减免土地出让金，土地使用权期限可以到 50 年，期满后可以申请续期。

（2）通过招标、拍卖等方式取得土地使用权，一次性缴纳土地出让金有困难的，可以分期付款，一般可在 3 年内缴清；有特殊困难的，可在 5 年内缴清。贵州、云南等省、自治区也出台了类似优惠政策。

（三）旅游用地的供后监管

从土地利用管理的现状看，许多乡村旅游用地都存在从农用地转变为非农用途的现象，即以非农建设用地的形式进行利用，为此，各级地方政府对于旅游用地的供后监管作出明确规定，尤其注重加强对土地用途变更的管理。

1. 集体农用地、未利用地用于旅游经营开发的不得改变原有规划用途

国土资源部《关于支持旅游业发展用地政策的意见》（国土资规〔2015〕10 号）指出，严格旅游相关农用地、未利用地用途管制，未经依法批准，擅自改为建设用地的，依法追究责任。

桂林市最新出台的《桂林旅游产业用地改革试点若干政策》规定集体农用地、未利用地用于旅游经营开发的，不得改变原有规划用途，不得破坏耕作层，不得进行非农建设。

2. 建设用地不得以旅游之名进行住宅开发

国土资源部《关于支持旅游业发展用地政策的意见》（国土资规〔2015〕10 号）指出，严格相关旅游设施用地改变用途管理，土地供应合同中应明确约定，整宗或部分改变用途，用于商品住宅等其他经营项目的，应由政府收回，重新依法供应。

山东省发展改革委即将颁布的《旅游用地指导方案》均提出要严格控制土地用途，禁止以"旅游之名行地产开发之实"；海南省颁布的《海南国际旅游岛建设发展规划纲要》中明确禁止供应别墅地，对以发展旅游业为名进行高档别墅项目开发的行为，坚决杜绝和禁止。

三、旅游用地利用中存在的问题

随着旅游经济的迅速发展，日益增长的旅游产业用地需求与有限的建设用地指标之间的矛盾越发突出，引起了一系列违规、违法的旅游项目用地现象。同时，现有的土地管理制度滞后于旅游产业发展的实际，不利于旅游用地的开发和管理。

（一）与日益增长的旅游用地需求相比，旅游用地指标难以保障，规划难以落地

1. 旅游用地指标受制于相对紧缺的建设用地指标而无法得到有效保障

随着经济的快速发展和人们对于旅游产品需求的不断增长，各地旅游项目投资热情高涨，旅游用地数量明显增加，许多新型旅游项目的建设需要占用大量土地，成为旅游用地的新增长点。但由于受用地指标限制，许多规划的旅游项目因无法获得土地指标而无法开工，"有项目、有资金、缺土地、难落实"的现象比较突出，严重制约了旅游项目的开发建设。即使旅游项目经过层层审批获得用地指标，但配套的旅游公共服务设施，如道路、卫生、游客集散等基础配套设施因为缺乏用地指标而迟迟不能建设，也影响旅游综合效益的发挥。

2. 旅游规划与土地规划之间衔接不够而导致无法落地

许多地方在编制旅游规划时，没有将旅游项目纳入土地利用总体规划，旅游项目难获发展空间。相应于规划期限为 15 年的土地利用总体规划和规划期限为 20 年的城镇总体规划，旅游项目用地的具体空间定位比较困难，导致其在土地利用总体规划与城镇规划中无法精确落地，面临"落地难"问题。

（二）旅游用地市场秩序比较混乱

我国正处于旅游业快速发展时期，旅游区数量和用地规模急剧扩张，而且新增加的旅游区大多位于城郊和乡村。由于农村土地征用、流转政策制度的不完善造成乡村旅游用地市场管理混乱。许多乡村旅游用地利用类型从农用地转变为非农用途，即非农建设用地，就要占用土地利用规划中的建设用地指标和农用地专用指标。例如，许多"农家乐"设施利用农民自有宅基地开发，而农民自有宅基地并不具有商业用地开发属性；有些利用林地苗木资源开发的大型旅游项目，同样也不符合土地的农业用地属性。为规避现行政策，对于乡村旅游用地利用类型从农用地转变为非农用途的情况，许多地方不办理农地转用手续和征地手续，或采取"以租代征"等方式，这不仅不符合现行法律规定，同时也在很大程度上造成了旅游用地土地市场秩序利用的混乱。

（三）旅游用地利用效率有待提高

1. 从单位用地产出看，粗放式的旅游发展模式造成旅游用地产值较低

由于缺少投资强度、产出、环境保护等要求，部分地区依然存在着依靠低成本的山水资源禀赋进行产业规模扩张的现象，存在着低水平同质化的旅游开发方式和简单落后的经营管理方式。同时，由于适用于旅游行业的用地标准还不完善，加上监管体系的不健全，使得旅游用地普遍存在"重新增建设、轻存量盘活，重短期利益、轻生态效益"等问题，存量用地低效、闲置情况比较严

重，造成土地浪费，土地资源的旅游价值未得到充分体现。

2. 从结构上看，"高端"旅游项目占地过多

近年来，不少地区出于追求旅游效益的需要，盲目瞄准所谓的"高端"市场，上马了一批面向高端市场的高尔夫球场、滑雪场、主题乐园、温泉度假村等旅游项目，这四类旅游项目重复建设现象严重，占地规模过于庞大，影响了旅游用地的利用效率和效益。

四、关于完善我国旅游用地供应政策的相关建议

在我国人多地少矛盾较为突出的客观现实下，为了优化完善旅游用地的供应管理，更好地促进我国旅游业健康发展，必须在坚持节约集约用地原则的基础上深化完善相关政策措施。

（一）以建立旅游用地分类标准为重点，强化旅游用地分类管理

旅游部门会同国土部门对旅游用地进行系统和全面的调查，确定当前旅游用地的数量、权属、分布等情况，在此基础上提出一个旅游用地分类标准，原则上可划分为自然旅游用地、旅游设施用地和旅游配套用地三大类，并在此基础上对不同类别的旅游用地进行分类供应和管理。

（二）以加强旅游用地规划的编制为依托，保证新增旅游建设用地的计划指标

重点作为国民经济战略支柱产业与新兴服务业，未来必然会出现更多的旅游投资需求，新增旅游用地不可避免。因此，各级土地管理部门在编制土地利用年度用地计划时，要充分考虑旅游产业的发展需要。土地部门在审批流程上，应对旅游用地申请开辟绿色通道。对于旅游用地规划的编制，要纳入各地土地利用总体规划体系当中，提高其法律地位。避免土地利用规划、城市规划和旅游规划在对同一地块或同一区域进行规划时，出现相互矛盾的现象，提高旅游用地规划的可操作性，减少两者之间的矛盾。

（三）以挖掘存量、提升利用效率为手段，积极探索鼓励其他用地与旅游用地的复合利用

旅游需求的多样性也为工业、宗教、军事及其他特殊用地向旅游用地的转化提供了可能。这些用地向旅游用地的转化分为完全转化和部分转化。前者是指改变原有的功能，使之完全成为旅游用地，如把一些废弃的工矿重新建造为酒店、酒吧、旅馆等，后者是指在保持原有的功能的基础上，发展旅游，即复合利用。可以尝试把一些工厂、庙宇、军事基地等发展为旅游用地，开展工业旅游、军事旅游等。

（四）以优化旅游用地供应结构为着力点，促进旅游产业多业态、多层次均衡发展

旅游用地的供应要根据区域内旅游业的规划，在从实际出发，在市场调查和科学预测的基础上，合理规划旅游用地布局。城市中心区域内，应以满足普通消费群体为主的文化娱乐、商业服务型旅游项目用地为主；近郊区域可凭借乡村农用地资源，发展休闲农场及观光农园等旅游项目；远郊区域可安排消费层次较高的诸如高尔夫球场、滑雪场、度假村、主题公园等商业性休闲度假旅游设施用地。

（五）以建立旅游用地全生命周期管理机制为抓手，防止擅自改变旅游用地的规划用途

按照全生命周期管理要求，在前期编制旅游用地规划时，要维护旅游规划的权威性、连续性，不允许任何单位和个人随意改变规划；在后期管理上，由国土规划部门会同旅游管理部门，加强旅游用地管理，防止擅自改变规划用途，特别要严格管控各种借"生态旅游开发"之名进行房地产开发的现象和行为。

互联网经济对土地利用的影响及对策[*]

——以上海为例

　　土地作为经济社会发展的基本载体，其利用和管理方式直接影响着经济社会发展。近年来，互联网经济的快速发展，不仅推进了产业的转型升级和人们生活方式的转变，还深刻影响着城市土地的利用方式。如何转变土地利用和管理方式，更好地适应和促进互联网经济的发展，进而推动整个经济的转型升级，是土地管理部门亟须研究的问题。

一、互联网经济的内涵、特征及其对土地利用的影响

　　互联网经济是基于互联网发展而形成的一种新的经济形态，是以"大（大数据）、云（云计算）、平（网络平台）、移（移动互联网）"等为标志的现代信息技术和全球信网络发展的创新型知识经济。它以知识创新为基础，改变了工业社会依赖于资源消耗的规模化经济增长方式。互联网经济具有自身的内在规律和特点。总地来看，呈现以下几个特征：

　　（1）融合性。互联网经济的发展，借助大数据和云计算技术，实现了跨时期、跨区域、跨行业数据的深度融合和资源整合，为产业拓展派生新的功能提供了技术支撑。互联网的发展对传统产业发挥了较强的渗透作用，使原有的一、二、三产业的产业边界趋于模糊，推动产业格局发生巨变。

　　（2）便捷性。互联网经济的发展，进一步加快了信息的传播速度，使原本空间距离的约束大幅减弱。尤其是移动互联网的大规模普及，使居民足不出户就能便捷享用各项服务资源，改变了现有生活模式，提高了城市生活的便利性。

　　（3）互动性。互联网经济的发展，通过网络平台实现了线上、线下同步互动，增强了沟通、分享、社交等城市社会功能，逐渐削弱市场经济的信息不对称，进一步激发了城市的创新活力。

　　（4）灵活性。互联网经济的发展，使企业组织由工业社会时期的规模化生

　　*　原载于《中国土地》2015 年第 11 期。王思也参与了该项研究。

产，转变为根据客户需求出发的弹性生产。企业组织形式趋于"扁平化"，产业内部的社会分工进一步加剧，进而允许工作时间、工作地点、工作场景等实现灵活变化。

（5）带动性。互联网经济的发展，不仅直接带动了互联网新兴产业快速发展，例如，网络基础设施产业、网络基础应用产业、网络中介服务产业、互联网商务产业等；而且间接带动了其他关联产业发展。例如，随着互联网智能技术的发展，原本传统粗放的物流配送模式优化为定点送货上门的精细化模式，促进了物流仓储业的快速发展。

二、互联网经济发展对土地利用的影响和要求。

（1）对土地利用结构的影响。由于互联网经济具有融合性和带动性，随着国家"互联网＋"行动计划的加快，将加速传统行业换代升级和新兴产业培育，重构新的产业结构。土地是产业发展的载体，不同的产业，其用地需求也不相同，因此，产业结构的调整势必形成新的土地利用结构。一方面，互联网经济带动性强的产业，如物流仓储产业、信息技术产业等，其用地需求将进一步增加；另一方面，互联网经济发展后被弱化的产业，如传统百货业、生产制造业等，其用地需求将逐渐萎缩。

（2）对产业布局的影响。传统的产业布局理论主要是区位论，包括农业区位论、工业区位论和商业区位论等。这些区位论中，一个共同的特点就是强调交通条件和交通位置对产业布局的重要性。而互联网经济"便捷性"的特征，使交通位置的重要性下降，传统的产业布局理论将受到一定冲击，尤其是商业区位论等。在此背景下，产业布局规划必须做新的调整。主要表现在：一方面，网上购物交易的迅猛发展，扩大了物流配送的市场需求，城市内部配送节点呈现层次更多、分布更广的趋势。另一方面，互联网产业对办公场所的区位敏感性减弱。以各地积极试点的众创空间为例，相比交通位置，互联网企业选址更加看重租期灵活、租金低廉等因素，传统办公模式面临重大革新。

（3）对城市公共空间的影响。互联网的发展，使得各方面的信息得到及时共享，人与人的互动交流将更为频繁，从而对完善城市的社会功能也提出了更高的要求。具体表现为：一方面，互联网经济的发展，使得市政公共设施用地的利用效率不断提高。目前，大数据技术正在广泛运用于社会民生，推进教育、医疗、交通、健康、养老、文化等领域信息化应用，这为提高市政公共设施用地的利用效率提供了机遇；另一方面，互联网经济的发展，对城市公共空间的需求不断扩大。互联网时代促进了公共社交的开放性和便利性，人际交往尤其是创新灵感的交流，需要更多沟通与分享。只有公共空间资源充足，才能激活更多的创新灵感,使更多创新灵感付之于现实。

(4) 对土地管理方式的新要求。对于规划土地管理来说,一方面,互联网经济的发展,将加速土地利用结构和布局的变化,要求建立高效科学的规划调整机制与之相适应;另一方面,互联网经济的发展,使得产业融合化步伐明显加快,要求建立新型的土地用途管制制度与之相适应。

三、当前上海土地利用方式与互联网经济发展的不适应性分析

近年来,上海加快土地利用方式转变,推进土地管理创新,有力促进了城市的转型发展和"四个中心"建设。与此同时,随着互联网经济的快速发展,目前的土地利用和管理方式还存在着一些不适应性:

(1) 土地利用结构不尽合理,难以适应互联网经济背景下产业结构变革的需要。一是从全市土地利用结构看,工业用地比重偏高。互联网经济促进了传统工业的转型,原本依赖生产制造业拉动经济增长的传统增长模式亟待改变。截至 2014 年年底,上海工业用地占建设用地的比重为 28%,与纽约(5%)、伦敦(3%)、东京和新加坡(10%)相比,工业用地供应明显偏多。

二是从工业用地内部结构来看,物流仓储用地比重偏低。互联网经济直接带动了物流仓储业发展,但据统计,上海仓储用地与制造业用地比例为 1∶7,而香港为 1∶1。仓储用地的不足,一定程度上会影响到物流产业的发展。

三是互联网经济对以百货商场、超市卖场等业态为代表的零售业冲击较大,部分商业用地可能面临过剩问题。互联网经济在刺激线上消费的同时,也对线下消费产生一定的挤出效应,以购物消费业态为主的实体店铺受到较大威胁,局部地区商业用地经营状况普遍下滑。与此同时,上海商服楼宇规模总体上已经呈现供大于求的态势。截至 2014 年年末,上海商业项目建筑面积达 6650 万平方米,人均商业面积 2.8 平方米,为中国香港和东京(人均 1.3 平方米)的 2.1 倍,是纽约(人均 1.1 平方米)的 2.5 倍,是伦敦(人均 0.9 平方米)的 3 倍以上。

四是互联网经济改变了传统的办公模式,局部地区办公用地也将面临过剩问题。互联网经济发展背景下,智能化、网络化技术发展正在对传统的集中办公模式产生深远影响,在家办公、异地办公、移动办公、远程办公等模式普及,可能会导致上海办公楼需求增长动力不足。与不断萎缩的市场需求相比,上海商办用地可能面临供应偏多的趋势。

(2) 产业布局不够合理,不利于土地利用效率的整体提升和新兴产业的发展。一是物流企业布点杂乱无章,难以对互联网经济发展提供有效支撑。物流仓储业能否科学布点,对支持互联网经济发展具有重要作用。当前上海物流园

区建设各自为政，缺乏全局层面的统筹规划，难以发挥物流产业辐射带动功能，仓储用地利用效益有待进一步提高。

二是新兴商务区定位缺乏区域特色，无法适应"互联网＋"产业发展需要。近年来，上海新增商办用地大多集中于城市次中心区域的新兴商务区，这部分办公楼租售形势不容乐观，例如长风生态商务区一期入驻率尚未超过80%，二期入驻率还不到20%等。其中一个重要原因就是，各大园区未能结合互联网经济发展，及时调整自身产业定位，导致各大商务区定位趋于同质化，未能形成错位发展。

（3）土地供应方式和管理模式弹性不足，难以适应"互联网＋"产业快速发展的需要。与互联网经济的融合性和灵活性相比，土地管理存在土地供应方式过于单一、规划管理和用途变更弹性不足等问题。一是传统的工业用地出让方式，容易造成互联网企业用地成本较高。与传统制造业企业不同，互联网技术企业存在规模较小、资金实力较弱、发展周期较短等特点。上海工业用地以出让为主，出租供应偏少，互联网技术企业容易遇到"用地难"的问题。二是混合用途的地块偏少，难以满足互联网经济发展需求。现有用途分类的混合仍然以商业和住宅混合为主，对工业与办公混合、办公与商业混合，特别是三种以上的用途类型混合，在规划上还比较少，不利于吸引相关企业入驻。三是用途变更弹性不足，容易产生低效用地或违法用地。如一些企业由于经营不善，受规划限制，又不能及时改变用途，容易导致低效用地和闲置用地的产生。

四、转变土地利用和管理方式的对策措施

（1）创新工业用地供应方式，促进土地利用效率提高和产业转型升级。一是根据互联网经济特点，试行"先租后让"的供地方式。针对互联网中小企业用地难的问题，建议开展"先租后让"模式试点，租期可根据产业类型及企业规模等要素协商约定，租金缴付实行年付制，每年可根据市场情况调整租金多少。这样既可以减少企业一次性支付的用地成本，也可以提高政府对土地的调控力度。

二是降低闲置厂房盘活利用的相关税费，为企业提供低成本办公场所。目前土地转让涉及土地增值税、营业税等多项税费，而且税率都比较高，特别是土地增值税，最高可达总成交价的60%，一定程度上限制了土地转让行为的发生。为此，建议完善相关税收机制，降低相关土地税负，鼓励闲置厂房通过转让进行再开发，这部分盘活用地可以优先提供给互联网经济新兴企业，从而减少用地闲置浪费。

三是在规划土地政策上支持众创空间和高科技成果孵化器建设，为互联网

经济发展搭建平台。结合"大众创业、万众创新"的时代背景，鼓励互联网经济各类高新科技人才在工业园区内部进行创业，发挥园区平台服务创新创业、孵化中小企业、促进科技成果转化的服务平台、媒介平台、孵化平台的作用。整合园区资源，提供低价或免费的创业孵化和营销、财务等第三方服务，为创业创新提供便利条件，进一步解决小微企业创业难的问题。

（2）统筹规划和合理布局仓储物流用地，完善社区物流配套服务。结合三网（互联网、物联网、务联网）融合背景下智能物流的最新发展趋势，立足于现有物流园区布局，促进仓储用地集约高效利用。一方面，综合考虑交通成本、产业规划等因素，统筹规划上海物流布局体系，合理配置区域性物流基地和配送网点，加速原有空间结构和城市功能转化；另一方面，在现有居住用地中增配适当比例的快递网点，随着电子商务迅猛发展，住宅社区除居住功能外，还要包含一定的商业服务功能。通过设置快递服务建筑面积，满足城市居民"最后一公里"的配送需求，提升生活的便捷性。

（3）科学设置商业办公用地的供应规模和区位，防止因供应过多而造成闲置和浪费。一是适当控制商业办公用地供应规模。除每年新增供地以外，目前工业用地转型过程中将有大量低效用地转为商办用途，要加强研判，控制工业用地转型节奏，防止商业办公用地供应过多而造成闲置。

二是优化新建商业办公用地空间布局。商业用地供应，要以实际居住人群的市场需求为基础，构建不同类别商业设施体系；商办用地供应，要以完善公共服务设施和基础设施配套为导向，注重职住平衡的布局理念。

三是推动存量商业办公用地改造利用。根据互联网经济需要，在商业用地中，要增加餐饮、娱乐、游憩等体验式服务，调整功能定位和规划条件，积极试点城市更新，提高各类商业地产经营效益。在商办用地中，尤其是新兴商务园区要结合区域优势和产业基础，合理确定产业定位。

（4）适应互联网时代居民交往的需要，增加城市公共开放空间。建议从提升城市公共服务功能的要求出发，坚持以人为本的原则，不断优化城市居住环境，着力实现生产、生活、生态的有机融合。进一步落实"双增双减"（增加公共空间、增加绿地，减容积率、减建筑高度）的规划政策，提升上海城市发展品质和城市居民生活幸福感。

（5）适应产业融合化需要，增加土地用途管制弹性，推进土地复合利用。随着互联网经济推动产业融合趋势加强，综合用地开发成为城市发展和土地高效利用的必然要求，因此必须进一步强化综合用地的管理。一方面，在规划编制中，增加混合用地比例，提升用地兼容性。对于功能用途互利，环境要求相似且相互没有不利影响的用地，可以混合设置。例如一类工业用地、工业研发用地、仓储物流、产业研发用地与商务设施用地之间综合等，要统筹考虑多方面因素，提出相应的控制条件，保证混合开发的科学性；另一方面，在土地管理上，增加供地方式的多样性和用途变更的灵活性。为促进"互联网＋"产业发展，根据不同产业发展需要，在土地出让条件、出让年限、出让价款、利用管理等方面，实行差别化供地方式。同时，根据产业升级以及土地利用情况，适时调整土地用途，最大限度地支持新兴产业的发展，提高土地利用综合效益。

增强高校服务城市科技创新的对策研究[*]

——以上海为例

自 20 世纪 90 年代以来，科技创新就成为我国社会关注的一个热点，研究表明，当一个国家或地区的人均 GDP 达到 2000～4000 美元时，就应该进入创新导向阶段。[1]与北京以自主创新为主的模式和深圳以自主创新与引进创新相结合的模式不同，上海科技创新模式偏向于选择引进技术为主的二次创新模式，这种模式使上海迅速成为我国领先的创新成果基地，但外商投资企业所占比重高达 60% 的高新技术产业发展现状，在一定程度上反映了上海自主研究开发能力的不足。[2]对于上海而言，创新驱动发展、经济转型升级已步入关键时期。在新的形势下，如何深化高校体制机制改革，增强高校的科技创新能力，更好地服务于上海建设全球科技创新中心的宏伟目标，是当前上海高校发展中面临的重大实践任务。

一、科技创新与高校发展的关系

2014 年 5 月，习近平总书记在上海视察工作时明确提出，上海要在推进科技创新、实施创新驱动发展战略方面走在世界前列，加快向有全球影响力的科技创新中心（全球科技创新中心）进军。科技创新城市拥有明显的自主创新能力、独特的创新文化、制度和管理模式，其科技创新活动对城市的发展具有明显的促进作用和外溢效应，进而成为辐射并带动周边区域发展的重要因素之一。[3]

1992 年，英国学者库克提出"区域创新体系"的概念，后来有学者将区域

---

* 原载于《教育发展研究》2014 年第 23 期。

〔1〕 张来武. 科技创新驱动经济发展方式转变 [J]. 中国软科学, 2012, (12).

〔2〕 蒋铁柱, 杨亚琴. 构建完善的科技创新政策支持体系 [J]. 上海社会科学院学术季刊, 2001, (3).

〔3〕 胡晓辉, 杜德斌, 创新城市的功能内涵、评价体系及判定标准 [J]. 经济地理, 2011, (10).

创新理论应用于大学城周边产业集群的研究中，认为企业、大学、科研机构、地方政府是区域创新体系的主体，大学城区域范围内的软硬件设施、政策制度和资源条件是区域创新环境，企业、高校、科研机构与政府之间若联系合理、运行高效，就能够有效地促进大学城区域内新知识、新信息、新技术的产生、流动、更新和转化。创新型城市的产生依赖于大学与城市的相互作用。与传统城市或者政府驱动的城市发展模式不同，创新型城市需要高校在技术和人才方面的驱动，大学应为城市发展培养人才、创新科技，应促进城市经济发展，提升城市的文化底蕴和品位。近年来，大学在城市和国家创新体系中的地位日益提高，拥有雄厚的组织研发资源优势和潜能（主要是人才、科研实力）的大学开始承担创新型城市发展的主导角色便是众望所归。一些国外城市已将大学置于创新体系的主导核心位置，如著名的"硅谷"模式、"剑桥现象"等都充分证明了大学的能量。2007 年 5 月 10 日，时任上海市委书记的习近平在视察完复旦大学、交通大学、同济大学、华东师范大学之后的座谈会上指出，城市孕育了大学，大学滋养了城市，大学要充分发挥知识密集和智力优势，主动服务于国家和上海经济社会各个领域，服务于科教兴国和科教兴市战略，在服务中谋发展，在贡献中求辉煌。今天，建设科技创新中心的崭新目标，反过来又对高校发展提出了更新更高的要求。

（一）高校的职责与功能

从大学的发展历程来看，高校的社会功能大致经历了三个阶段：第一阶段是以剑桥大学为代表的英国大学奠定了大学的教学功能；第二阶段是以洪堡大学为代表的德国大学增加了大学的科研功能；而以哈佛大学为代表的美国大学则开启了大学的社会服务功能，即创业型大学"entrepreneurialuniversity"。1862年，美国总统林肯签署的《莫雷尔土地赠予法》赋予美国高等教育一项新的职能——服务，而威斯康星大学校长查尔斯·范·海斯进一步在 1904 年的就职演说中系统阐述了关于大学服务社会的目标和理念，承诺将践行这一方案并且使之发扬光大。他提出："教学、科研和服务都是大学的主要职能。更重要的是，作为一所州立大学，他必须考虑到州的实际需要"，由此形成了著名的"威斯康星思想"。

大学知识生产模式的转变绝不仅仅局限在科学研究领域，而是包括人才培养以及社会服务在内的大学职能都发生了转变，特别是 20 世纪 50 年代以后各国陆续出现的高科技园区，均将高层次大学发展高科技的职能发挥得淋漓尽致，如以美国斯坦福大学为主导发展起来的"硅谷"科学工业园区，以麻省理工学院、哈佛大学为核心的波士顿科研中心以及英国剑桥科学园、我国北京中关村高新技术开发区等，都是以著名大学为中心、以高新技术产业群为基础形成的科技发展基地，出人才、出成果和出产品并举，从而缩短了高科技由创造加工到传播应用的周期，加速了经济发展步伐。这些高科技园区的发展反过来又推动高层次大学科研模式的转变，突破了象牙塔的单一模式，逐步形成了基础研究定向化、应用研究基地化、开发研究社会化、产业化、商品化，上中下游一条龙的整合模式。

（二）建立科技创新中心对高校的新要求

首先，要求大学能够提供更加全面的、与科技创新需求相适应和衔接的专业以及更多的专门人才。一方面，建设高科技城市离不开各级各类专门人才，包括领导型、创业型、开拓型、研发型人才。目前，各级各类专门人才的缺口仍然很大，要求高等教育系统必须在专门人才培养方面发挥更大的作用。另一方面，人才培养要注重学生创业实践知识和能力的培养，应在课程设置、创新能力等方面加强培养，以适应城市创新发展的需要。

其次，要求大学创造更多的智力成果，加速科研成果的技术转化，增强社会服务能力。社会服务不再是单纯将大学的知识应用于社会，而是大学知识要主动和社会经济政治联系在一起，所谓"产学研合作""大学科技园"以及"科技孵化器"都是大学社会服务转变的最好写照。建设高科技城市和绿色城市需要大量科技成果的支撑，而这些成果主要依赖高等教育系统，尤其是一些研究型大学。

最后，要求高校提升城市创新文化建设功能，营造良好的城市创新环境。创新文化往往孕育着创新的思想。适宜的创新文化环境能够激发人们的创造热情，推动创新成果、产品、技术的出现和转化。作为创新资源的集聚地和人才培训交流的重要场所，大学有必要也有义务为整个城市的创新发展营造良好的文化氛围，成为"创新驱动发展"的重要推手。

二、上海高校在科技创新能力上的主要不足

上海现有普通高校 65 所，其中本科院校 30 所（教育部属 8 所、市属 20 所、民办 2 所），高职高专 30 所，普通高校创办的独立学院 5 所。上海产业基础完备、科技力量雄厚、企业技术和管理水平较高，在自主创新方面具有较好的条件。有学者曾对全国省市高校创新制度效率进行了研究，结果表明，拥有丰富高校资源的上海市在创新制度效率和规模效率方面并没有在全国占有领先

优势,[1]特别是在规模效率方面。由此可见，上海高校资源投入的不合理以及粗放增长等现象还比较突出，创新动力和能力不足，对城市产业升级和创新发展的贡献度还有待提高。

（一）高校人才培养模式与创新型人才培养要求错位，难以适应科技创新中心建设的需要

人才培养是建设全球科技创新中心的重要途径。纽约、伦敦和东京等全球城市之所以具有较强的经济控制力、资源支配力和科技创新力，最根本的原因是其集聚了最高端的各类人才。而目前，上海高校在培养人才方面存在着人才结构不合理、人才创新精神和创新能力欠缺等问题。当前，我国高校的人才培养模式在某种程度上与创新型人才不符，很多高校依旧沿袭传统的教育理念：将人才的培养目标视为计划性的批量生产，将人才的培养过程视为知识的单向传授和灌输，将人才的培养方式视为同质性产品的规模化经营，这种人才培养模式既缺乏对多样性、个性化和创造性的鼓励，又缺乏对学生主动求索、学习和创新热情的激发，难以适应全球创新中心城市建设的现实需要。

（二）高校科技创新与城市经济社会发展需求不适应，产学研不匹配，抑制了科技成果的转化效率

在现代高校的科技创新活动中，大学、政府、企业、中介机构和金融机构等是科技创新制造和转化的重要推动者。其中，企业是技术创新的主体，大学则是知识创新、传播和人才培养的主阵地，是企业技术创新的支撑。大学不仅为企业的技术创新提供高素质人才、高新技术成果和知识，而且还通过多种途径孵化高新技术产业和企业，培育新的经济增长点。然而，作为经济结构调整及产业升级的"主战场"，我国高校教育呈现出学术型和应用型分化的态势，由于科技创新与市场的联系不紧密，创新成果与市场需求脱节，大学很难通过产学研合作研究完成知识转移的重任，难以为创新型城市建设提供强大而持久的技术支撑。据教育部有关资料统计[2]，我国高校每年的科技成果在6000~8000项，约80%的专利产生于高校和科研院所，但真正实现成果转化与产业化的却不到10%，科技进步对经济增长的贡献率为46%，而高校每年授权的数万项专利技术的应用率不足25%，但在发达国家，科技成果的推广应用率已达

---

〔1〕 周静，王立杰，石晓军．我国不同地区高校科技创新的制度效率与规模效率研究［J］．研究与发展管理，2005（10）．

〔2〕 严明娟，史学凯．高校在区域科技创新中的作用、问题与对策［J］．长春工业大学报（高教研究版），2009（9）．

80%，科技进步贡献率达 60%～80%。上海的情形与全国类似。

分析原因，一方面，产学研结合不紧密，高校教师不熟悉市场与社会需求，选题与生产需要相脱节。上海不少高校的重点实验室和科研机构还留在老校区，转化科技成果的平台不足，科学研究还停留在知识创新上，企业则坐等现成技术，知识创新和技术创新相脱节，科技、教育和产业三方未能在市场机制的作用下实现联合与互动，这表明上海的综合优势还没有得到最大限度的发挥。从科研项目来看，高校的技术创新经费主要来自课题项目拨款或者政府拨款，而来源于企业直接投资的较少，使高校普遍存在"只管开发，不求生成""成果评奖是终点"的问题，从而导致大量具有市场潜力或市场价值的创新成果被束之高阁。同时，产学研各方信息不对称，信息交流不完全，合作目标不一致，利益分配机制不合理等，也给产学研联盟各方的理解、沟通以及深入合作带来了很大困难。另一方面，高校科研创新与城市产业创新未能有效结合起来。近几年，上海高等教育对城市经济社会产生了较大的推动作用，但对产业集群发展的推动不够。高校产业与城市其他产业间的互动、联动机制仍显不足，特别是对上海支柱性产业的贡献度偏低，高校产业还未形成在现代服务业中的支柱地位。部分高校自身的学科优势、专业优势与地方资源优势和区位优势缺乏有效的匹配与整合，没有将为地方经济建设服务作为大学科技发展的重要职责，而是过多偏重于以成果鉴定作为成果评价和项目验收的主要手段，以论文被引用次数的多少、是否被 SCI、EI 等检索机构收录等因素作为最终评判成果优劣的根据，忽视了成果的应用和转化效应及其对社会发展的重要意义。这不但抑制了创新人员自身的发展和创新型文化的建设，而且不利于成果转化率的提高，也难以充分发挥科技创新在新经济增长点培育中的引领作用。

（三）不合理的体制机制遏制了高校协同创新能力与城市整体创新实力的提升

现代科技创新离不开相关学科和部门的支持与密切合作，但一些高校对此认识不足，科研力量过于分散，更多关注个别单位和个人的科技创新活动，缺乏跨学科、跨专业的协作，科研团队的合力没有形成，未能充分发挥整体优势。有些高校即使成立了科研团队，但由于缺乏科学的管理制度，以及相应的团队支持和服务体系，因而在团队成员的选拔、培训、任务分配、激励等方面缺乏经验，并导致整个团队的协调配合度较差，严重影响了团队的创新绩效。

在各高校之间，科研的条块分割现象也比较明显，科研设备重复购置、科研项目重复设置等现象也大量存在，集中优势资源进行科研攻关的机制尚未有效建立。各高校之间的竞争多于合作，并在一定程度上出现了重复研究的现象。

2012 年教育部颁布《高等学校协同创新计划》，高校间陆续开展协同创新合作，取得了一定的成效，[1]但由于高校间的利益驱使不同、组织隶属不同等问题，一些协同创新项目仍处于举步维艰的困境。

（四）歧视职业技术教育的高等教育体系和社会氛围不利于创新环境的整体营造

众所周知，德国具有重视科技和教育的悠久传统。除了研究开发投入与研发人员规模长期保持持续增长以外，德国普及教育的程度也位居世界各国之首，技术教育和职业教育十分发达，正是依托这三个方面的综合优势，奠定了德国科技革命和产业革命的厚实根基，为德国赢得了经济与科技的领先优势，使其城市创新能力至今仍稳居世界前列。尤其需要指出的是，德国拥有现场工作岗位培训、手工业学徒培训、在企业实习车间和学校中进行封闭式培训等多元化的职业教育模式，这种由学校和企业联合开展的双轨制职业教育模式，被公认为是促进德国强盛的关键举措，它融基础教育、"干中学"、终身教育于一体，既提供了公民发展机会的多样化，促进了行业的技术进步，增强了产业发展的活力，又有助于防止对高学历的盲目追求，塑造了德国历久不衰的科技竞争力。

然而在我国，普遍存在追求高学历的倾向，人们更多地青睐重点高校，致使职业技术教育得不到应有的重视，许多年轻人不愿意就读职业技术学院，只有那些考不上更好大学的人，才不得已选择职业技术学校，并导致招生难和生源素质不高。同时，由于技术工人收入不高且地位低微，许多年轻人也不愿意当技术工人，从而出现"技工荒"的现象。这既不利于构建能培养出一系列训练有素的科学家和技师的有效教育制度，不利于营造科学家与产业工人有机结合的创新环境，也难以真正实现科技与经济的互动融合发展。

（五）知识产权管理体系不健全，不利于激发科技创新的积极性

上海要建成具有全球影响力的科技创新中心，知识产权保护是重要一环。如果没有成熟的知识产权体系，创新就成为"撒胡椒面式"的，形成不了尖端创新。目前科研人员之所以积极主动性较差，一个重要原因就在于对知识产权保护的力度不够，以致有创新思维和创新技术的一方，出于对知识产权的担忧，而不敢或不愿披露自己的研究成果。[2]据有关统计，2001 年，日本申请专利12.57 万项，韩国 3.59 万项，我国仅 0.17 万项，高校专利申请数仅占全国的

〔1〕 范德明，田育鑫，左杨. 高校协同创新现状与发展策略探索 [J]. 产业与科技论坛，2014（14）.

〔2〕 中国科技发展战略研究小组，中国科技发展研究报告中国制造与科技创新 [M]. 北京：经济管理出版社，2002.16－26，133－167.

15%。如果不加大对知识产权的保护力度，就难以激发创新动力。

分析原因，一方面，高校科研成果的知识产权界定不明晰。我国大部分高校都规定，职务性的专利、发明，所有权属于学校，项目承担者不能获得科研成果及其知识产权。理由是，学校为这些科研项目提供了巨大的资金帮助和大量资源、设备，学校理应享有该权利。这种规定虽然有一定道理，但却不利于调动科研人员创新的积极性，也不利于科技成果的转化。另一方面，高校对知识产权的管理不到位。从目前高校的科研成果管理来看，大多停留在对科研成果的鉴定与评价上，没有将知识产权保护真正纳入科研管理的轨道，并建立相应的保护和转化应用机制。另外，目前我国高校将专利技术投向市场，往往经过很多环节的审批，不仅增加了校方负担，也延长了技术转移周期，使转移风险增加甚至降低了专利价值。据有关统计，从申请专利到获批，在中国需要 26 个月；而在日本，只需 11 个月，美国仅需 9~10 个月。

三、进一步增强高校服务于上海全球创新中心建设的对策建议

按照马丁·特罗的划分，高等教育发展经历了三个阶段，即精英阶段、大众化阶段和普及化阶段。经过近些年的扩招和建设，我国大学的粗放式增长模式基本完成，高校规模和数量均达到较饱和的状况，我国高等教育正处于由"精英教育"向"大众教育"、由"增量拓展"向"存量拓展"转变的阶段。所谓存量拓展，关键是要提升大学服务城市发展的能力，而建设科技创新中心正是高校转型发展的一个重要目标。

上海作为全国重点高校集聚地之一，其高校重点学科数排名全国第二。增强上海高校的科技创新能力，不仅有利于加快上海全球科技创新中心建设，而且对提升全国其他高校的科技创新能力具有一定的示范带动作用。对此，本文提出以下对策建议：

（一）优化人才培养结构，加强创新性人才培养

（1）围绕国家发展战略和上海经济结构调整需要，优化调整人才培养结构和专业设置结构，与国际大都市的经济发展相适应。上海应对产业布局做一些精选，坚持有所为有所不为，将资源集中在航空航天、生物医药、信息化等领域，力求打造全球性的产业高地和技术中心。逐步建立高等学校主动调整学科专业结构的引导机制，促进高等学校更好地培养经济社会发展所需的各种专门人才。依据上海加快发展现代服务业和先进制造业的战略，特别是建设国际金融中心、国际航运中心对高层次人才的紧迫需求，实施优秀人才培养卓越教育计划。采用产学研联盟、国际合作等方式，重点加强金融贸易、物流航运、工

程技术、医疗卫生、文化教育等领域的人才培养。

（2）构建现代教学体系，提升创新人才培养能力，完善现代大学制度，提升教师的科研创新能力。科研创新能力在某种程度上依赖于教师创新能力，其动力主要源自科学的学校管理体制，要重点强化以教师为本、以学术带头人为中心的管理体制，以公平、公正、公开为主的学术评价和竞争机制，以社会化、开放式、国际化为主的教师流动体制，以及以个性化、多样性、竞争型为主的保障机制，着力集聚各类创新人才。要健全寓教于研的拔尖创新人才培养模式，以科学研究和实践创新为主导，通过学科交叉与融合、产学研紧密合作等途径，推动人才培养机制改革，以高水平科学研究支撑高质量人才培养。

（3）推进高校国际化，吸引海外人才。上海高校应当提高国际化水平，营造开放包容宽松的创新生态环境，提高全球招聘教研人员比例，争取达到15%。从制度安排上嵌入国际化人才安排，而不仅仅停留在教师交流、学生交换层面。香港科技大学正是通过引入包括华人在内的全球人才，才在过去5～10年内实现大跃升，此前美国德州大学走的也是这一路径。

（二）完善体制机制，提升高校科研创新能力

（1）改革高校科研选题方式，除了保留一部分教师继续做基础研究和自由探索外，其他大部分科研选题要强化与市场需求、与国家和地区经济社会发展的要求相对接。要围绕上海产业发展方向和技术攻关重点进行选题，围绕企业创新需要进行选题，提高选题的实用性、针对性和前沿性，增强对上海建设"四个中心"以及全球科技创新中心的服务能力。

（2）改革评价制度，建立针对高校教师的分类评价体系，健全激励机制，激发创新活力。要建立以分类评价为主的多元化、特色化的考评制度和方法，逐步改革以往单一的学术评价、论文评价和获奖评价，拓展到成果转化评价、产业贡献评价、经济推动评价和社会服务评价等多个方面，强化对教师科研成果的跟踪管理机制，将科研成果的应用情况纳入个人业绩评定体系，使大学教师把成果转化由一种自发行为变成一种自觉行动。

在激励机制方面，可借鉴国外经验，在高校探索实施离开政策、版税政策及知识产权政策等。离开政策，即允许教师停薪留职，在创办企业1年或2年后回来，且不影响他们未来的职称晋升轨道。这是纽约高校近年来采取的鼓励教师参与企业化活动、将研究成果用于商业化的政策。版税政策和知识产权政策，即进一步明晰发生在高校里的创新成果不仅属于高校，相关的教师或学生也有一部分版权，从而使得学校、学院、发明人都能从创业活动中受益。借鉴天津等地做法，允许和鼓励在沪高校将具有自主知识产权的职务发明成果所得

收益，按不少于 70% 的比例划归参与研发的科技人员及其团队所有。同时，为了强化知识产权管理，对于研究型大学，可设立专门的知识产权管理机构，加强知识产权管理工作。在职称评定、职务晋升等工作中对知识产权创造及转化中有突出贡献的人实行倾斜。另外，借鉴纽约的做法，对高校人员新注册的初创期科技型中小企业，实施税收优惠政策，或给予一定的税收和财政支持；对于高校的在校学生可以成立专项奖学金，鼓励学生在校期间发明创造和申请专利。

（3）完善合作机制，提升协同创新能力。协同创新是大学、科研机构，企业、政府、中介机构和用户等为了实现重大科技创新而开展的大跨度整合的一种新型创新组织模式，在国内外倍受推崇。为此，一方面，要加强高校内部和高校之间的整合。在科技研发和创新中，建立多学科、多专业联合攻关机制，搭建学科间、专业间、院系间联系的平台，形成科研团队，走出以前"作坊式"运作的困境。为鼓励团队合作，可推广上海交大等高校的做法，建立针对科研团队而不是针对个人的考核机制。另一方面，要推进高校与科研院所的合作，实现"资源共享"。重点是打破人才培养壁垒，推进高校和科研院所的联合招生、联合培养；打破组织壁垒，推进高校和科研院所之间的人员兼职和交流；打破学科建设壁垒，联合建立联合研究基地，承接世界级科研难题。

推进协同创新，关键是要强化高校与企业之间的合作。推进高校校际之间以及与企业、科研机构共同建立协同创新中心，联合开展科研项目攻关和科技成果转化。每年设定若干重大专项，支持各协同创新中心围绕国家和上海市经济社会发展的重大战略需求开展科学研究和联合攻关，进一步提升协同创新中心的科技创新和协同创新能力。要鼓励高校开放实验室资源，向企业、科研机构和其他高校开放研发实验服务资源，为各类创新主体以及大型研究工程和项目提供联合研发、委托研发等技术攻关和技术服务。鼓励高校和企业联合共建实验室，支持联合开展重大课题攻关。在满足正常教学科研需要的前提下，允许高校的重大仪器设备以租赁费、使用费等方式入股科技型企业。高校科技人员经所在学校同意，可在校际或科技型企业兼职，并获得相应的收入。科技人员在兼职中进行的科技成果开发和转化工作，可以作为其职称评定的依据之一。同时，创新校企合作的商业化运作模式，提高科技成果的转化效率。借鉴美国的做法，加强高校"科技活动链"与"产业发展链"的建设和衔接，加强高校科技服务网络与国家、地方、行业和企业科技服务网络的衔接，拓展高校科技成果转化渠道，创新转化方式，加快高校科技成果转化应用。

（三）健全相关制度，优化高校空间布局，促进产学研有机结合

（1）高校建设与城市创新基地相衔接，与重点产业发展相匹配，自主融入

区域科技创新体系。上海市为配合张江高科技园区、杨浦知识创新区、闵行紫竹科学园区的建设，上海已将复旦大学、同济大学、上海交通大学、华东师范大学等一批著名高校的新校区建设分别与其衔接，使这些校区的布局与这些科技创新园区的建设紧密结合起来。当前关键是在布局集聚的基础上，要完善机制，真正实现各方面的深度融合，推进创新发展。

（2）推进大学科技园区建设，提升科技成果转化效率。高校创办经济实体是一种规模较小的产学研结合方式，通过高校自己创办科技产业或建立实验基地，使科技成果直接转化为现实生产力，实现产学研结合。上海现有大学科技园10多个，其中有8家被科技部、教育部认定为国家大学科技园，成为上海新兴产业与新技术的重要孵化基地。以大学科技园为载体先行孵化科技型企业，是促成"智资合作"的有效中间环节，在避免一些企业无力直接消化高校科研成果的尴尬同时，使学校避免了自行产业化所需承担的风险，提高科技成果转化的效率，形成"科研创新成果→孵化科技型企业→介入社会资金→实现科技成果转化和产业化→进入市场"的良性循环。

（3）深化大学城建设，完善创新生态系统。美国硅谷的成功，很大程度上在于其实现了技术创新和其他创新之间的互动交融，构筑了包括企业、金融机构、大学和科研机构共同组成的创新生态系统，这个生态系统营造了新老企业创新和蓬勃发展的气候，有力促进了科技创新。上海要以杨浦大学城、闵行大学城、松江大学城等为依托，着力培育各具特色的创意产业集群，构建和完善区域创新网络系统。大学城内的各个高校要注意发挥学科优势、科研优质平台优势和协同创新能力优势，依托自身的优势学科群，与科研院所、行业企业、地方政府以及国际社会等建立深度合作，形成协同创新的有机整体，以解决国家重大需求和重大科学问题为其主要目标，对全市高校科技创新体系的完善建构起到引领和示范作用。进一步推动科技、教育与金融的结合，通过企业、银行、风险投资、担保、保险、租赁、信托和上市等方式，筹集资金，支持高校师生进行科技研发，创新创业，转移、转化科技成果及产学研合作。为激励高校创新，政府要在产学研联盟建设中发挥好组织协调作用，加大对产学研的直接投入，实行税收优惠政策，并制定相应的法律法规让技术有法可循，确保高校的技术引领地位，推进产学研联盟的可持续发展。

（四）打造高校科技创新的文化氛围，营造良好的城市创新环境

（1）完善考核评价机制，营造敢于冒险、崇尚创新、追求成功、宽容失败的科研氛围。尤其要健全激励和考核机制，创建一种宽松包容的科研氛围。比如，在教师的考核和职称评定上，要结合技术创新的周期，科学设定考核周期。

要给科研项目以充分的研究和中试时间，着力提高科研的质量和水平，避免急功近利，搞短期行为。要坚持"不以成败论英雄"的原则，在考核时不仅要看结果，还要看过程，加强过程考核。在过程中只要有创新的成分，或者为未来创新打下重要基础的成分，也可作为考核和评定依据。同时借鉴比尔·盖茨创业的成功经验，高校要鼓励学生的创新创业。对于在校大学生（研究生）休学创办科技型中小企业，可允许保留一定年限的学籍，并给予房租减免、创业辅导等支持。

（2）强化现代职业教育，营造终身学习的文化氛围。现代科技迅猛发展，只有终身学习，才能适应创新发展的需要。要按照李克强总理提出的"崇尚一技之长、不唯学历凭能力"的要求，高校在加强学历教育的同时，要大力推进职业教育，可以联合企业建立专门性的职业技术学院或职业培训学院，大力推动专业设置与产业需求、课程内容与职业标准、教学过程与生产过程"三对接"，积极推进学历证书和职业资格证书"双证书"制度，实现教学相长，以教学促科研、以学习促创新，以终身教育的文化氛围促进城市创新能力的持续提升。

（3）举办开放式活动，营造城市的整体创新环境。高校可通过定期举办开放式的国际论坛、科技成果发布会、科技成果展示会以及会同企业召开技术创新研讨会等，吸引广大市民关注科技创新、了解科技创新、参与科技创新，进而带动整个城市的创新发展。

生态文明背景下城市工业
用地的转型路径探讨[*]

坚持生态文明的发展理念，有助于建设生态良好、社会和谐、智慧低碳、安全便捷的宜居城市。高品质生态环境是宜居城市的重要内容，而工业用地的优化利用对于塑造城市良好生态环境具有重要意义。一方面，工业用地是城市的主要污染源，对城市工业用地污染的有效治理有助于改善城市人居环境。另一方面，工业用地占城市土地的比重大，利用好工业用地能有效促进城市土地等资源的集约节约利用。此外，工业用地的优化利用直接关系到城市经济的转型升级，推进工业用地优化利用有利于打造高端化、集约化、服务化的新型产业体系。

一、我国工业用地的生态环境现状评估

近些年来，我国通过优化空间布局、健全管理体制、创新土地政策、调整产业结构以及完善财税配套政策等综合措施，生态环境的保护和建设取得了明显成效，污染治理设施建设快速发展，环境执法监管力度不断加大，城市环境质量持续改善。2010 年，全国主要污染物排放总量显著减少，其中化学需氧量、二氧化硫排放总量比 2005 年分别下降 12.45%、14.29%，设市城市污水处理率由 2005 年的 52% 提高到 72%，火电脱硫装机比重由 12% 提高到 82.6%，全国地表水国控断面水质优于Ⅲ类的比重提高到 51.9%，全国城市空气二氧化硫平均浓度下降 26.3%。2013 年，全国环境污染治理投资总额达 9516.5 亿元，较 2009 年（5258.4 亿元）增长 81.0%（其中，工业污染治理完成投资额由 2009 年的 442.6 亿元增长至 2013 年的 867.7 亿元，增长率达 96.1%）；全国城市绿地面积达 242.7 万公顷，较 2009 年（199.3 万公顷）增长 21.8%，建成区绿化覆盖率从 2009 年的 38.2% 增长至 39.7%。

虽然我国生态环境保护和建设取得了一定的成绩，但当前的环境状况与生

　＊ 原载于《环境保护》2015 年第 7 期。唐扬辉也参与了该项研究。

态文明建设的要求仍有较大的差距，也明显落后于发达国家水平，特别是对城市生态环境影响较大的工业用地尤为突出，值得高度关注。

工业用地比重较发达国家明显偏高，不仅挤压生态用地的发展空间，而且降低了生态屏障的安全保障作用。从工业用地增量来看，随着我国工业化的快速发展，城市工业用地增长迅速，占建设用地供应面积比重偏高。2008～2012年，全国工矿仓储用地供应面积从9.3万公顷增长至20.3万公顷，2012年工矿仓储用地占建设用地供应面积的比重达29.5%。从工业用地存量来看，工业用地比重远高于发达国家水平。2012年，我国工业用地（包括物流仓储用地）面积达8712.44平方公里，占城市建设用地面积（4.57万平方公里）的比重达22.1%，部分发达地区比重达25%～30%，例如，上海为28.3%、天津为30.2%、江苏为25.4%、浙江为26.4%。这一比例在国外综合性城市为15%～17%，在伦敦、纽约、东京等国际大都市则为3%～5%。从绿地面积来看，我国公共绿地比例偏低。2012年，我国绿地与广场用地面积为4771.19平方公里，占城市建设用地面积的比重为10.4%。国标《城市用地分类与规划建设用地标准》（GBJ137-90）规定的绿地比例为8%～15%，而2012年我国城市绿地比例接近于国标规定的下限。2012年全国城市人均公园绿地面积为12.26平方米，与发达国家宜居城市或生态城市的要求相比，依然偏低。

工业用地的生产性污染较重，不仅影响了城市土壤、水、空气等环境质量，也降低了城市居民生活质量。首先，工业污染是城市土壤和地下水的最主要污染类型。工业用地的重金属和有机物等污染物的隔离措施不到位，导致污染物渗透到土壤和地下水中，部分老工业用地的污染尤其严重。其次，工业污水排放明显影响河道水质。受工业排放的污水等影响，我国河流水污染问题突出，部分城市中心城区河道水质处于严重污染状态。原国家环保总局对我国主要流域（水系）进行了断面监测，其结果表明，63%的河段已失去了饮用水功能。同时，工业废水污染也造成了较大的经济损失。2012年，全国工业废水排放量达221.6亿吨。再次，工业废气排放严重影响城市空气质量。我国空气污染仍属以煤烟型污染为主的复合型污染，二氧化硫和烟尘仍是城市主要的空气污染物，是影响城市空气质量的主要指标。2010年，在全国二氧化硫与烟尘排放量中，工业来源分别占85.3%与72.82%。2012年在全国二氧化硫排放量中，工业来源又增加至90.3%。由此可见，工业排放仍是我国空气污染物的主要来源，也是造成城市"雾霾"的重要原因。特别是在产业结构以重型工业、原料开采工业为主的河北、山西、山东、辽宁等省，工业污染造成的城市空气污染尤其严重。不合理的工业用地利用方式造成的环境污染问题，影响了城市各项功能的正常发挥和城市居民生活质量的提高。

工业用地产出效率偏低，"粗放型"工业增长方式对资源能源的依赖度较高，不利于城市可持续发展。我国正处于工业快速发展时期，大部分城市采用的是"高能耗、高污染、高投入、低产出"的粗放型的工业增长方式。中国能源需求在 2007 年超过欧盟，2010 年超过美国，2012 年则超过整个北美。2013年，中国能源消费占全球消费总量的 22.4%，占全球净增长的 49%；2012 年，中国煤炭、石油、天然气、核能、水电、可再生能源的消费量占全球消费总量的比重分别为 50.2%、11.7%、4.3%、3.9%、23.4%、13.4%；而日本各类能源消费量占全球比重远低于中国，分别为煤炭 3.3%、石油 5.3%、天然气3.5%、核能 0.7%、水电 0.3%、可再生能源 3.4%。由此可见，中国资源能源消耗远高于发达国家，而工业生产则是其最主要的消耗方式。2012 年，工业能源消费总量达 25.25 亿吨标准煤，占全社会能源消费总量的 69.8%。如不提高资源能源利用效率，不仅严重影响生态环境质量，而且也将直接制约城市的可持续发展。

二、工业用地生态环境问题的成因分析

（一）重化工业主导型结构强化了资源高消耗和污染物高排放

中国工业化发展已进入中期阶段，第二产业占比大，且工业结构呈现"重化"趋势，同时科技创新产业发展缓慢，对城市环境承载能力造成较大压力。一是重化工业比重过高，且增长速度明显快于轻工业。2000 年重化工占第二产业比重为 59.9%，2001 年，重化工所占比重上升至 60.5%，2003 年上升至64.3%，此后一直维持增长趋势。2009 年重化工业增速比轻工业高出 4%。二是科技创新产业发展缓慢。1995 年，全国高技术工业增加值率为 26.38%，以后逐年小幅下滑，1999 年和 2000 年虽有上升，但 2001 年再次降到 24.86%。科技创新产业的缓慢发展的一个重要原因是科研投入偏低。根据国际管理发展研究所的统计，中国 1991~2000 年累计投入研发经费约 553 亿美元，仅为美国同期的 1/36 和韩国的 1/2。三是重化工业对生态环境污染日益严重。能源、化工和重工业等行业的废水排放量占总排放量的 50% 以上，其固体废物排放量占总排放量的 90% 以上，并且呈现持续增长的趋势。由此可见，当前的不尽合理的产业结构对生态环境的影响日趋严重。

（二）滨水型工业布局加重了水体环境的恶化

一方面，工业用地沿江河分布偏多，对内河水质产生较大污染。在工业化建设过程中，许多城市曾使用沿河沿江建厂的模式，导致河道两岸工业企业过于集中，排放的工业污水严重污染了城市内河水质，同时也阻碍了城市滨水区

生态功能的发挥。另一方面，在人口居住密集的中心城区及近郊区工业用地比重仍偏高，且部分工业基地坐落在城市上风向，加重了工业废气排放对城市空气质量的影响。

（三）生态补偿机制和政策不配套削弱了环境治理与保护的绩效

在土地供应时，对生态保护指标要求较少，有些地块在土地供应时未将土壤和地下水环境保护要求写入出让合同，有些虽然写入出让合同，但也未能有效落实。在财政政策上，资源环境补偿机制不完善，缺少跨区县垃圾处置的环境补偿办法，水源保护和其他敏感生态区域保护的财政补贴和转移支付机制不健全，污染物超量减排、资源综合利用等相关激励和补贴政策的引导效应有限。在税费政策上，环境价格机制不完善，"排污者付费"原则未能得到充分体现，存在氮氧化物等主要污染物排污收费标准较低、排污权有偿使用和转让机制不完善等问题，使得价格杠杆在环境治理与保护中的作用未能得到充分发挥。

（四）管理体制不健全严重影响了工业环境的有效监管

按照现行工业污染防治的制度安排，由环保部门来监督企业对污染防治的情况，以及对违规企业提出处理措施。但由于信息的不对称性，环保部门很难切实掌握企业排污的真实情况。而作为可有效实施环境监管的工业园区管委会，由于也是园区运转的责任人，同时也承担着园区出成绩、出效益等任务，这种既当"裁判员"又当"运动员"的管理模式，使得园区很难对企业产污、排污进行有效监督与管控。

（五）法规建设滞后弱化了工业用地污染的治理与修复力度

一方面，土地复垦和生态环境修复的政策法规不完善。《土地管理法》和《土地复垦条例》（国务院令第 592 号）中都强调复垦的土地应优先用于农业，侧重于对生产的引导，而对有关生态系统功能修复以及构建土地生态利用安全体系的规定相对较少。另一方面，针对受污染土地治理的政策措施不到位。政府尚未建立受污染土地环境管理专门机构、法律法规、专项资金和技术标准等相关政策，同时对土地污染的治理是依据"谁污染，谁治理"原则，由原生产经营单位负责。但由于土地污染的隐蔽性、滞后性和复杂性，对责任承担人的判定以及治理技术措施的制定和实施等都有一定难度。

三、生态文明背景下工业用地转型的思路与对策

在生态文明背景下，工业用地转型的总体思路是：按照尊重自然、顺应自然、保护自然的生态文明理念，以有效盘活存量用地和提高土地综合利用效益为引导，以工业用地生态化转型为突破口，以优化空间布局、调整产业结构、

加强污染治理、完善土地政策、健全管理机制为重点，加强生态修复，推进资源节约型和环境友好型城市建设。具体可采取以下五方面的举措。

（一）优化城市空间结构，提升城市建设品质

在城市层面，以生态规划为引导，调整工业用地布局，建立集约型、紧凑型、网络化的城市空间格局，促进土地利用综合效益的发挥。具体而言，一方面，调整影响环境的工业用地区位，集中布局工业用地。对沿江河、上风向分布的工业用地，通过工业区搬迁、土地置换等方式，减少城市工业污染对于城镇居民健康的影响；加速工业用地向规划的工业区块转移，新增工业项目尽量进入规划工业区块，控制规划产业区块外的新增项目。另一方面，以工业用地转型促进生态空间增长，加大基本生态网络规划控制和实施力度，保障城市生态安全。推广上海的"环、楔、廊、园"的绿地布局结构，建设城市的基本生态网络，并结合工业用地转型，寻求绿化增长空间。可借鉴东京的 2020 规划理念，构建水绿相环的绿化生态网络，建设具有人气的滨水空间。

在区域层面，优化功能业态的规划布局，促进"产业孤岛"向产城融合的"新城"转型。可采取土地用途更新、土地结构转换，土地布局调整等措施优化规划布局。具体包括：一方面，调整生产与生活用地布局，促进职住平衡。加强研发类等办公形态的工业用地与新城的交融发展，并在大型产业园区内部适量增加合理比例的住宅，满足工业区中低收入人群以及非购房阶段人群的居住需求。另一方面，进一步完善工业区城市化功能、商业服务环境和基础设施建设，增强综合配套能力。健全配套设施，从建设功能性配套设施向多元化配套设施转型，健全商业、酒店、会展等商务性配套支持功能，完善娱乐、休闲、餐饮等基本生活性配套支持功能。

在工业园区内部，制订严格的绿化景观规划方案，推进园区生态系统建设。加强工业区隔离绿带建设，建立具有防护功能、调节功能、美化功能、休闲娱乐功能和生产功能相协调的多功能园区绿化景观系统，维持工业园区生态系统和经济系统的和谐统一，实现园区内部生态系统的良性循环。

（二）调整优化产业结构，实现绿色、循环、低碳发展

构建战略性新兴产业引领、先进制造业支撑、生产性服务业协同发展的现代工业体系，打造高端化、集约化、服务化的新型产业体系，在源头上缓解经济增长与资源环境之间的矛盾。

坚持"四规合一"，推进工业转型升级。为了更好地落实党的十八届三中全会提出的"加快建立生态文明制度，健全国土空间开发、资源节约利用、生态环境保护的体制机制，推动形成人与自然和谐发展现代化建设新格局"的要

求，建议进一步深化"四规合一"，即在工业用地规划时，要充分考虑城市规划、土地利用总体规划、环境保护规划、产业发展规划之间的衔接。一方面，着力发展具有国际竞争力的生产性服务业和高附加值创意产业，促进向产业链高端发展，增加我国产业在全球产业链中高附加值产品和环节的比重；另一方面，加大科技研发投入，建设具有国际竞争力的战略性新兴产业和先进制造业基地，以高新技术特别是信息技术、生物技术和新材料技术推动传统制造业的转型发展。加快产业结构调整，大力发展科技含量高、经济效益好、资源消耗低、环境污染少、人力资源得到充分发挥的产业，并且使产业用地政策与城市产业发展导向相匹配，保障产业优质项目的尽快落地。

建立土地使用的评估和退出机制，淘汰高耗能、高污染、低效益的项目，为引进新项目提供发展空间。一方面，定期对入驻工业园区的企业进行是否符合入园承诺指标的全面评估考核。考核指标不仅包括经济效益指标、社会效益指标，也要包括环境效益指标。另一方面，借鉴新加坡经验，通过定期调整租金和租期等经济手段，建立低效用地、污染企业的退出机制。通过调高租金、到期不再续租等经济手段，引导钢铁、化工、纺织印染、水泥等高污染项目以及一些不符合区域产业政策的工业项目转移出去。

以生态文明理念，打造生态型综合社区，催化区域的产业转型发展。1985年德国建筑师格鲁夫第一次提出了"生态型社区"的理念。这一理念逐渐发展，被推广应用到欧美国家的建筑设计与城市规划中。与一味追求生活便利与效率而牺牲自然环境与人性化特色的"都市型社区"不同，"生态型综合社区"是综合社会、经济与自然的符合生态系统的，实现社区和谐、经济高效、生态良性循环的社区。上海桃浦地区科技智慧城规划与开发的理念与"生态型综合社区"理念相似，建议加以推广，通过建设大型生态绿地，带动地区功能的提升与环境的改善，实现形态、业态、生态"三态合一"转型发展，推进老工业区的产业转型、功能转型与空间转型。

（三）加强污染治理，减少环境风险

开展城市土地污染排查与评估工作。对潜在可能污染土地行业的所在企业，进行全面排查。一旦确定为被污染场地的，在未明确修复主体前不得进行土地流转，且被污染场地未经修复不得用作敏感性项目用地。

建立工业用地污染治理专项基金，并依据污染危险等级评估进行资金分配。借鉴欧美棕地治理经验，除国家财政支持和特定税收的转移支付外，积极吸纳非营利组织，建立专项治理基金。在受污染工业用地的使用者无力承担治理费用时，专项基金为其提供一定的外部资金支持。以保障人体健康与环境安全为

前提，对被污染土地进行调查与评估，将基金分配给污染最严重的工业用地，以有效地利用基金。

建立规范的治理标准，加强风险管理。根据土地规划用途及保护公众健康与环境安全的目的，建立适合不同土地规划用途的工业用地污染治理标准。通过控制污染物扩散、限制土地用途和清理污染物等方式，将风险控制在可接受的风险水平范围内，并且可有效降低污染场地的治理费用。

（四）优化土地供应方式，提高土地利用综合效益

在土地利用上，通过功能混合、适当提高容积率等途径，促进土地节约集约利用。借鉴伦敦的"竖向增长"的空间发展策略，可以边界控制、高密度、混合用地、TOD开发等理念发展紧凑城市建设模式。实际操作中，在符合规划等前提下，可鼓励企业通过加层、改建、扩建厂房、扩大产能，用足容积率和建筑密度指标，提高单位土地产出率。

在土地供应上，采取绿色招商、二次开发等方式，落实生态效益。在增量土地供应方面，采取绿色招商与循环利用策略。明确对入园企业的产业技术、装备、污染排放水平、资源能源利用效率等方面的要求，限制高能耗、高水耗、重污染企业进入园区，实现绿色招商；并在园区现有产业链基础上，积极引进以主导企业废弃资源再生利用的"补链"企业，构建一个类似封闭的物质循环路径，提高资源利用效率，减少废弃物排放。在存量土地供应方面，采用多样化的土地供应方式。如存量补地价、研发总部用地、土地收储、土地作价入股等。具体而言，符合区域转型发展方向、功能和产业定位、控详规划和土地利用方向的地块，可予以保留；部分不适合由企业自主开发的地块，可根据土地评估价值作价入股开发公司；对不符合转型发展方向的现状用地，如企业不愿意土地作价入股的，可进行土地统一收储。

在改造模式上，按照生态要求与产业转型需要，可采取以下三种改造模式：第一种，可改造为大型绿地或景观公园，借鉴德国鲁尔区开发治理经验，利用工业废弃地进行的"工业遗产旅游"开发或改造成绿地和休憩疗养用地。第二种，可复垦为耕地，以复垦为导向，依托基本农田保护区、水源保护区、城市生态网络空间以及郊野公园，重点实施生态修复和整理复垦。第三种，实施立体绿化策略。借鉴伦敦与东京的经验和做法，以工业建筑为重点，实施立体绿化、垂直绿化和屋顶绿化，提高城市绿化率，缓解城市热岛效应。

（五）健全推进机制，确保生态化转型有效实施

在治理主体上，构建以政府推动为主，污染企业、开发商、公众等各方共同参与的治理模式。结合美国等发达国家的治理经验与我国实际情况，建议在

"污染者付费"原则的基础上，体现"受益者负担"理念，政府、污染企业及开发商三者共同承担污染经济责任，采用以政府推动为主、社会各方协调配合的运作机制。

在治理手段上，以生态补偿制度为基础，实施经济、法律等多样化管理手段。在经济手段上，完善生态补偿机制，并采用各种经济杠杆吸引私人资本参与污染治理。在生态税收、财政转移支付等基础上，加强生态补偿机制的排污收费、排污许可证、排放权贸易等市场化运作。同时借鉴欧美发达国家经验，采用税收优惠、资金补贴、股权投资、贷款和抵押担保等各种经济杠杆手段引导私人资本的参与。在法律手段上，建立完善的土地污染治理的法律法规体系。重点是明晰污染治理责任人，明确监管职能部门，建立国家统一的城市土地污染评估与治理标准，并制订相应的污染治理程序。

在管理制度上，推进工业用地污染治理的流程化、信息化与公开化。一是制订系统化的工业用地污染治理流程。借鉴美国经验，治理流程包括污染初步评价、确定优先控制场地名录、污染修复调查、设计与实施污染修复方案、污染修复工程竣工后维护与观测等完整步骤。二是建立污染工业用地数据库，实现信息公开与分级管控。依据污染工业用地未来的用途，对污染物和潜在的危险物执行差异化的治理标准。三是建立完善的公众参与制度，实现信息公开化。在污染治理的规划制定、治理实施与项目运行阶段，都对社区公众的需求充分沟通与了解，公示相关信息，并接受公众建议与监管。

在监管措施上，加强全生命周期监管，落实清洁生产。一方面，工业园区要加强新建、改造和扩建项目的环境影响评价，发挥清洁生产审核中介机构作用，全面推广以"节能、降耗、减污、增效"为目标的清洁生产审核。另一方面，加强土地出让合同履约监管，定期对企业落实生态指标的情况进行检验，对不达标企业建立严格的处罚措施。

第二部分

土地政策与房地产市场健康发展

中国土地市场的发展变迁和展望*

改革开放 40 年来，随着经济体制改革的不断深化，中国土地市场也发生了深刻变化，经历了从无偿到有偿，从协议到招拍挂，从城市到农村，从一级市场到二级市场，从不规范到逐步规范的发展过程，有力地促进了土地资源的优化配置和集约高效利用，实现了国有土地资产的保值增值，为保障经济社会发展做出了重要贡献。

一、土地供应从无偿向有偿转变

改革开放之前，我国长期实行计划经济体制，与此相适应的土地使用制度是行政划拨的供地制度，其典型特征是"无偿、无限期、无流动"。这种以行政划拨为主的供地制度，存在着供需错位、土地资源配置效率低下等诸多问题。为此，从 1979 年开始，为适应经济体制改革的要求，开启了土地供应制度从无偿向有偿的转变。

一是探索土地有偿使用费的征收。1978 年，党的十一届三中全会开启了中国改革开放的历史征程。在土地供应方面，首先从土地有偿使用开始。1979年，我国出台的《中外合资经营企业法》，明确规定对外资企业征收土地使用费。1980 年国务院制定的《关于中外合营企业建设用地的暂行规定》，要求不论是新征用土地，还是利用原有企业的场地，中外合资企业用地都应计收场地使用费。土地使用费的征收，改变了我国长期以来土地无偿使用的情况，拉开了城镇土地使用制度改革的序幕。1982 年，党的十二大明确提出了"计划经济为主、市场调节为辅"的经济体制改革原则。1984 年召开的十二届三中全会明确提出，中国的社会主义经济是以公有制为基础的有计划的商品经济。随着改革开放进程的不断加快，土地有偿使用的探索范围不断扩大，深圳、北京、上海、抚顺、广州等城市，相继开始对工业、商业等用地收取土地使用费，为土地使用制度改革提供了宝贵经验。

---

* 原载于《中国土地》2019 年第 1 期。唐扬辉也参与了该项研究。

二是探索土地有偿出让。1987 年，党的十三大明确提出，要运用计划调节和市场调节两种手段，逐步建立"国家调节市场，市场引导企业"的机制。1987 年 11 月，国务院批准在深圳、上海、天津、广州、厦门、福州进行土地使用制度改革试点。1987 年 9 月 9 日、9 月 29 日、12 月 1 日，深圳市分别以协议、公开招标和公开拍卖的方式，出让了三宗国有土地使用权，开启了我国土地出让的先河。

三是全面推开土地有偿供应制度。为了在面上推开土地有偿使用，必须修改《宪法》和相关法律。1988 年 4 月颁布的《宪法》(修正案) 中，删除了土地不得转让的规定，增加了"土地使用权可以依照法律的规定转让"的内容。随后，《土地管理法》也明确提出，"国家依法实行国有土地有偿使用制度"，"国有土地和集体所有的土地的使用权可以依法转让"。《城市房地产管理法》也明确，国家依法实行国有土地有偿、有限期使用制度，国有土地使用权可以出让、转让、出租、抵押。1998 年修订的《土地管理法》进一步明确，国家依法实行国有土地有偿使用制度，土地有偿使用方式包括出让、租赁、作价出资(入股)，建设单位使用国有土地应当以出让等有偿方式取得。宪法和法律的修改，为土地有偿使用制度的全面推开奠定了坚实基础。但是这一时期的土地出让还是以协议为主，主要由政府定价和确定供应对象，还不能充分体现公开、公平、公正的市场法则，实现充分的市场竞争。

二、土地供应方式由协议向招拍挂为主转变

1992 年，党的十四大报告明确提出，我国经济体制改革的目标是建立社会主义市场经济体制。1993 年，十四届三中全会正式作出了《中共中央关于建立社会主义市场经济体制若干问题的决定》，明确建立社会主义市场经济体制，就是要使市场在国家宏观调控下对资源配置起基础性作用。

为了适应市场经济体制建设的要求，更好地发挥土地资源的市场化配置作用，20 世纪 90 年代末，为避免过分依赖协议方式出让所带来的土地市场不透明、国有土地资产流失、容易滋生腐败等问题，上海、广州、深圳等部分沿海发达城市开始探索招拍挂的土地出让方式，提高土地供应公开、公平、公正性。一是要求经营性用地必须以招标、拍卖或者挂牌方式出让。2001 年，国务院下发《关于加强国有土地资产管理的通知》(国发〔2001〕15 号) 明确提出，各地要大力推行土地使用权招标、拍卖。2002 年 5 月，国土资源部出台《招标拍卖挂牌出让国有土地使用权规定》(国土资发〔2002〕11 号令)，明确规定"商业、旅游、娱乐和商品住宅等各类经营性用地，必须以招标、拍卖或者挂牌方式出让"，第一次对国有土地出让的招标、拍卖、挂牌三种方式在政策层

面进行了界定。二是要求工业用地必须采用招标拍卖挂牌方式出让。2003 年，十六届三中全会通过的《中共中央关于完善社会主义市场经济体制若干问题的决定》提出，建设统一开放竞争有序的现代市场体系，在更大程度上发挥市场的基础作用。为了更好发挥市场机制作用，2006 年 8 月，《国务院关于加强土地调控有关问题的通知》进一步明确要求，"工业用地必须采用招标拍卖挂牌方式出让，其出让价格不得低于公布的最低价标准"。2007 年 3 月，《物权法》也规定，"工业、商业、旅游、娱乐和商品住宅等经营性用地以及同一土地有两个以上意向用地者的，应当采取招标、拍卖等公开竞价的方式出让"。从而在法律层面对招标、拍卖等公开竞价出让方式进行了明确。土地的招拍挂出让，大大提高了土地资源的市场化配置水平，繁荣了土地市场。但这一阶段的土地有偿使用，还主要限于城市国有土地。

由国有土地一级市场为主，向城乡统一建设用地市场转变。

2013 年 11 月，党的十八届三中全会通过的《中共中央关于全面深化改革若干重大问题的决定》提出，使市场在资源配置中起决定性作用和更好地发挥政府作用。要求"建立城乡统一的建设用地市场。在符合规划和用途管制前提下，允许农村集体经营性建设用地出让、租赁、入股，实行与国有土地同等入市、同权同价……完善土地租赁、转让、抵押二级市场。""保障农户宅基地用益物权，改革完善农村宅基地制度，选择若干试点，慎重稳妥推进农民住房财产权抵押、担保、转让，探索农民增加财产性收入渠道"。按照中央的部署安排，从 2015 年开始，陆续开始了集体建设用地市场入市试点、宅基地制度改革试点，以及土地二级市场试点探索。

一是开展土地二级市场试点探索。随着土地市场的深入推进，土地市场发展的不平衡性日益明显。与一级市场相比较，土地二级市场发展明显滞后。主要表现为：交易信息不对称，交易平台不规范，政府服务和监管不完善等。为此，经党中央、国务院同意，2017 年 1 月 22 日，国土资源部印发《关于完善建设用地使用权转让、出租、抵押二级市场的试点方案》，提出以建立"产权明晰、市场定价、信息集聚、交易安全的土地二级市场"为目标，在全国 28 个地区开展国有建设用地二级市场试点，6 个地区开展国有和集体建设用地二级市场试点。2018 年 10 月已顺利完成试点工作验收，为土地二级市场的全面推开积累了丰富经验，奠定了扎实基础。具体来说，主要开展了四个方面的探索。（1）完善交易机制和交易规则。在转让方面，降低转让门槛和转让成本，完善土地增值收益分配机制，促进转让市场的活跃和存量用地的盘活利用。在出租方面，完善划拨土地出租收益征缴机制，保障土地所有权人、使用权人以及承租人的合法权益。在抵押方面，降低抵押门槛，放宽对抵押权人的限制，扩大土地使用权抵押范围，促进了抵押市场的活跃和发展，支持实体经济发展。（2）创新运行模式。搭建二级市场交易平台，提供交易场所，完善涉地司法处置和涉地资产处置的处置机制，建立健全二级市场交易流程和交易规则，规范交易秩序，促进交易信息对称。（3）健全服务体系。培育和规范二级市场交易中介组织，为交易提供咨询、估价、经纪等服务。在土地交易机构或平台内汇集税务、金融等相关部门或机构的办事窗口，为交易各方提供一站式服务，提高办事效率和服务水平。（4）加强交易监管。引导市场主体诚信经营，对失信的企业建立惩戒和退出机制。加强一、二级土地市场联动发展，完善土地二级市场的价格形成、监测、指导、监督机制，维护市场平稳运行。通过两年的试点，取得了积极成效，形成了一批可推广可复制的经验做法。土地二级市场的活跃程度进一步提高，试点地区的转让、出租、抵押交易量明显提升，有效促进了土地要素顺畅流动，提高了存量土地资源配置效率。

二是开展集体经营性建设用地入市试点和宅基地有偿使用制度改革试点。与城市国有土地市场相比，农村集体土地市场发展明显滞后。严重影响了存量集体建设用地的盘活利用，也不利于保障集体经济组织的合法权益。2015年1月，中共中央办公厅和国务院办公厅联合印发了《关于农村土地征收、集体经营性建设用地入市、宅基地制度改革试点工作的意见》，明确提出在一些试点地区开展集体经营性建设用地入市试点工作。2015年2月27日，十二届全国人大常委会第十三次会议审议了国务院关于提请审议《关于授权国务院在北京市大兴区等33个试点县（市、区）行政区域暂时调整实施有关法律规定的决定（草案）》的议案，允许北京市大兴区、天津市蓟县等33个试点县级行政区域暂时调整实施土地管理法等关于集体建设用地使用权不得出让等规定，允许农村集体经营性建设用地入市，同时提高被征地农民分享土地增值收益的比例，对宅基地实行自愿有偿的退出、转让机制。这标志着我国农村土地制度改革正式进入了试点阶段。在农村集体经营性建设用地入市试点中，针对农村集体经营性建设用地权能不完整，不能同等入市、同权同价，以及交易规则不完善等问题，开展了四项探索：完善农村集体经营性建设用地产权制度，赋予农村集体经营性建设用地出让、租赁、入股权能；明确农村集体经营性建设用地入市范围和途径；建立健全市场交易规则和服务监管制度。建立兼顾国家、集体、个人的土地增值收益分配机制，合理提高个人收益。在完善农村宅基地制度改革试点中，针对农户宅基地取得困难、利用粗放、退出不畅等问题，也开展了四项探索：完善宅基地权益保障和取得方式，探索农民住房保障在不同区域户有所居的多种实现形式；对因历史原因形成超标准占用宅基地和一户多宅等情况，探索实行有偿使用；探索进城落户农民在本集体经济组织内部自愿有偿退出或转让宅基地；改革宅基地审批制度，发挥村民自治组织的民主管理作用。同时，2018 年年初《中共中央国务院关于实施乡村振兴战略的意见》提出，部分地区开展了宅基地集体所有权、资格权、使用权"三权分置"改革，落实宅基地集体所有权，保障宅基地农户资格权和农民房屋财产权，适应放活宅基地和农民房屋使用权。经过近 4 年的改革，目前已经取得显著成效，形成了一批可复制可推广的经验做法，为农村土地市场建设和发展奠定了扎实基础。

新时代，土地交易类型将更加丰富，农村市场和存量市场更加活跃，监管将更加有效。

2017 年 10 月，党的十九大报告指出，"加快完善社会主义市场经济体制。经济体制改革必须以完善产权制度和要素市场化配置为重点，实现产权有效激励、要素自由流动、价格反应灵活、竞争公平有序、企业优胜劣汰"，"使市场在资源配置中起决定性作用，更好发挥政府作用"。党的十九届三中全会提出，成立自然资源部，负责统一行使全民所有自然资源资产所有者职责，统一行使所有国土空间用途管制和生态保护修复职责，着力解决自然资源所有者不到位、空间规划重叠等问题，实现山水林田湖草整体保护、系统修复、综合治理。这些要求和举措对未来土地市场的改革和发展将产生深刻影响。

综合中央各项要求和经济社会发展实际，新时代我国土地市场发展将呈现四个特征：一是土地交易的权利类型将更加丰富。中共中央、国务院印发《生态文明体制改革总体方案》提出："除生态功能重要的外，可推动所有权和使用权相分离，明确占有、使用、收益、处分等权利归属关系和权责，适度扩大使用权的出让、转让、出租、抵押、担保、入股等权能。"随着产权激励机制的深化，土地的权利体系将进一步细化，可交易的权利品种将越来越多。实体交易、指标交易、股权交易、使用权交易、开发权交易、经营权交易等，形式更加多样。二是农村集体建设用地市场将进一步活跃。中共中央、国务院印发的《乡村振兴战略规划（2018－2022 年)》中明确，"总结农村土地征收、集体经营性建设用地入市、宅基地制度改革试点经验，逐步扩大试点"，完善农民闲置宅基地和闲置农房政策，探索宅基地所有权、资格权、使用权"三权分置"，落实宅基地集体所有权，保障宅基地农户资格权和农民房屋财产权，适度放活宅基地和农民房屋使用权。可以说，随着乡村振兴的加快推进，存量集体建设用地的盘活利用会更加重视，农村土地交易市场将更加繁荣。三是存量建设用地的交易量将超过新增建设用地的交易量。随着我国土地资源的日益紧张，不少大城市都提出实行建设用地减量化，新增土地逐步减少，存量土地交易大幅增加。特别是小地块、边角地、节余用地分割转让等将越来越多。四是

土地利用与城市高质量发展

土地市场监管将发生新的变革。按照中央关于"所有者和监管者分开和一件事情由一个部门负责"的精神要求，土地的资产管理和资源管理将逐步分离。目前，自然资源部已成立自然资源所有者权益司，重点从所有者的角度，强化土地资产管理，保障所有者权益。同时，自然资源开发利用司将从监管者的角度，维护市场秩序和公共利益，促进土地节约集约利用，纠正市场失灵。二者各有侧重，相关配合，相互协作，共同提高土地资源配置效率。

土地市场供给侧改革应强化"五个注重"*

　　土地是重要的生产要素，也是经济发展的空间载体。土地供给是实现土地资源优化配置的重要方式，也是实现土地市场健康发展的重要手段。近年来，随着土地市场的日趋活跃和交易量的不断增加，中央和各地方十分重视土地供给侧的制度建设，先后制定和出台了一系列加强土地市场建设和管理方面的政策文件，对于促进土地市场平稳发展和土地集约高效利用，以及防止土地资产收益流失等发挥了重要作用。同时我们也应看到，土地市场在供给方面也存在一些值得关注的问题：部分地方土地供给的功利性过强，重经济效益轻社会生态效益、重近期效益轻长期效益、重局部利益轻整体利益；不少地方土地供给存在一定盲目性，土地市场的供给结构和规模不适应市场需求；土地供给过于强调政府收储，一定程度上影响了存量用地的盘活以及土地供给的速度和效率。

　　针对土地市场供给中存在的问题和未来市场需求变化，为了更好地促进土地市场的平稳健康发展、土地利用的集约高效以及产业的转型升级，我们认为，土地市场供给侧改革应坚持"三个原则"：一是分类指导原则。根据住宅、商服、工业等各类用地的自身特点、发展规律及存在问题，确定各自的改革方向与路径。二是因地施策原则。结合各地的实际情况，采取差别化政策，避免"一刀切"。三是需求导向原则。按照中央关于"使供给体系更好适应需求结构变化"的要求，分析土地市场需求变化趋势，结合土地市场供给中存在的问题，确定改革措施。在此基础上，土地市场供给侧改革应强化"五个注重"。

一、注重综合效益

　　传统的土地出让方式以"价高者得"为原则，虽然有利于实现经济效益最大化，但是也会带来一些社会、环境等其他问题。为此，中央城市工作会议明确提出，要着力提高城市发展的持续性、宜居性，促进以人为核心的新型城镇化发展。在土地供给方面，我们认为应转变这种过分注重经济效益的供给取向，

---

　　* 原载于《中国国土资源报》2016 年 11 月 14 日。

着力提高土地利用综合效益。

在土地利用方案制订阶段，强化公众参与，提升土地利用综合效益与城市治理水平。促进政府、企业、市民共同参与土地利用方案的制订，打造多元参与、依法治理、高效协调的治理文化。搭建多元化的公众参与平台，拓宽和创新公众参与的方式、渠道和途径，就区域发展目标、发展需求、企业和民生诉求等广泛征集企业和市民意见，综合考量经济效益、社会效益和环境效益。

在方案实施阶段，以土地供给与管理促进方案落实。为保证体现综合效益的土地利用方案落实到位，一方面，在出让时，通过实施"带方案出让"等方式，在出让合同中明确相关约定条款，保障土地利用综合效益的实现。比如，在签订出让合同时，将规划附加图则、建设工程设计方案、功能运行要求等纳入合同中，作为约束条件，要求受让人必须履行。另一方面，在出让后，以出让合同为抓手，实施土地利用全生命周期管理。将各类用地的建设、功能、运营、环境等指标、土地使用条件和利用绩效等履约情况，以及土地出让、转让合同约定的受让人主体及企业变更登记等情况纳入监管，在项目审批、核准、备案、土地交易、商品房销售预售以及融资抵押等环节加强管理，着力提高土地利用综合效益。

二、注重精准供给

近年来，一些地方在土地供给时，随意性较强，甚至依赖于出让人的个人偏好进行供地，对需求情况缺乏深入研究，由此造成土地资源的浪费与市场的大起大落。因此，建议在供应房地产用地时，根据市场需求变化，加强研判，实施精准供地。

把握房地产周期规律，科学确定土地供给总规模。房地产市场价格具有周期波动规律，专家认为长波动周期为 8~10 年，短波动周期为两年左右。土地供给部门应根据房地产周期规律，密切关注当前市场供需情况与预测未来市场走势，合理确定土地供给的规模。在市场趋于过热时，加大供地规模与加快供地节奏，避免供不应求；在市场趋于过冷时，缩减供地规模与放缓供地节奏，避免供过于求，增强供给对需求变化的适应性和灵活性，有效引导市场预期，促进市场波动趋于平缓。

把握城市空间发展规律，科学确定不同区域的土地供给量。根据西方发达国家城市发展经验，城市空间发展主要经历城市化、郊区化、逆城市化以及绅士化[1]等阶段，在每个阶段城市各区域的土地需求有所不同。土地供给应根据

---

〔1〕 所谓绅士化（gentrification），是指城市中心的老城市区，随着城市更新的推进，环境的改善会引起吸引中产阶级重新回归中心城，引起房地产价值上升，并使较贫困的家庭迁离。

城市发展阶段，科学确定不同区域的土地供给量。随着城市快速发展，我国一二线城市出现了郊区化趋势，郊区新城人口集聚在加速，特别是近郊区（城乡接合部）是外来人口主要集聚区。然而大量人口住在郊区，工作地点却仍在市区，产城分离情况突出。例如，上海"2040 规划"对此提出了相关措施：一方面，新城和新市镇增加住宅供应和就业岗位，完善基本公共服务体系，加强人口和就业集聚；另一方面，中心城结合城市更新，提高居住品质，提供人才公寓等多样化住宅产品。

把握人口变化和住房消费规律，科学确定土地开发定位。随着人口结构老龄化、少子化、多元化和流动性的发展趋势以及居民收入水平提升，人们对住房的需求也将趋向多样化和高品质化，对于人才住房、小户型住房、适老住宅、国际化社区以及租赁住房的需求不断增加。例如，上海提出形成廉租住房、公共租赁住房和共有产权保障住房、征收安置房"四位一体"、租售并举的住房保障体系，进一步加强公共租赁住房和共有产权保障住房的供应管理，特别是多渠道筹措人才公寓住房，提高中小套型商品住房供应比例，建设和改造适老性住宅，等等。

三、注重高效供给

产业发展有其自身规律，特别是近年来随着创新驱动发展，我国产业结构逐渐趋于高端化、服务化、融合化。由此对土地供给提出了新的要求。如果按传统供地思路供地，将会造成新的无效供给或低效供给，影响土地资源优化配置和产业转型升级。

在供地方向上，要适应产业结构发展方向与趋势，优化供地结构。一方面，增加中高端产业用地与配套用地的土地供给，增加有效供给。加快建设用地审批和供应，通过土地结构调整和能级提升，推动发展高端制造业、战略性新兴产业、专业化的生产性服务业以及精细化的生活服务业。同时，提高中小套型住房和公共租赁住房、生态用地以及公共服务用地等配套用地比重，吸引创新创业人才，打造宜居环境与创新氛围。另一方面，减少低效产业的土地供给，加快低效用地退出，减少低效供给。在新增用地方面，建议严格禁止向不符合产业发展导向的项目或产能过剩的项目供地；在存量用地方面，通过完善土地税费制度和用途变更制度，建立低效用地或过剩产业用地的退出机制，鼓励企业通过兼并重组盘活低效闲置土地发展新产业、新业态。

在供地方式上，适应产业发展需要，探索差别化的供地政策。首先，完善土地用途分类标准，探索实施弹性用途管制制度。为适应产业高端化、服务化、融合化的发展趋势，建议在传统用地分类基础上，增加研发用地、物流用地、综合用地等用地类型，对综合用地可设置不同用途比例区间进行弹性管理，鼓励土地复合利用。例如，新加坡政府在放宽工业用地土地用途变更管制的同时，也提出了相应的管控措施，明确规定整个工业区内的工厂生产面积必须达到60%以上，办公及其他辅助面积为40%以下，以确保工业发展。其次，对于不同类别用地，在供地方式上实行差别化政策，支持符合产业导向的项目落地。例如，在新增用地方面，对新产业、新业态的用地指标予以重点保障，实行用地指标单列。可对一些急需引进的高新技术产业项目实施"带项目出让"或定向挂牌的方式。在存量用地方面，为了支持新兴产业发展，可在不改变土地权利人的前提下，以协议方式供地。再次，对创新创业企业给予优惠，降低企业用地成本。例如，上海明确存量产业项目类工业用地和产业项目类研发总部用地按规划提高容积率的，可减免土地出让价款；存量工业用地、研发总部类用地按照规划提高建筑容积率补缴土地出让价款，可以按照分期方式缴纳地价款，或在项目竣工后房地产登记前缴纳。最后，实行工业用地出让弹性年期制，与企业生命周期紧密结合。根据国际上大多数企业生命周期为10~20年的规律，可将一般产业项目用地出让年期设为20年。同时，待首期出让年限届满后，经对合同履约情况进行评估，再采取有偿续期或收回土地使用权的办法。例如，上海规定，新增一般工业用地产业项目类的出让年限从50年调整至20年。

在供应对象上，对商办和产业用地，在招拍挂时要注重甄选具有相应开发建设与运营能力的竞买人。针对地块开发要求，明确对竞买人的能力要求。如，商办用地必须要求竞买企业具有招商、运营、业态布局、管理标准等运营能力；产业用地要求竞买企业具有相应开发、创新和运营能力等。

四、注重多元供给

长期以来，我国土地供给都是以政府收储后再出让为主，这种模式在新形势下遇到了动迁难、资金筹措难等一系列问题。为了更好地发挥"市场在资源配置中起决定性作用"，建议土地供给主体由政府收储为主向多元供给转变，促进市场主体自行转让、直接供给，增加土地供给量与提高供给速度。

首先，合理划分土地收储与二级市场转让的界线，缩小政府收储范围。荷兰、瑞典、美国、新加坡、韩国等发达国家和地区在不同时期都开展过土地储备，在房地产市场相对稳定的时期，土地储备的主要目的是确保保障性住房和公共（公益）设施建设的用地需要。借鉴国外土地储备的经验做法，建议未来我国土地储备应定位为弥补市场的不足。政府对存量用地的收储范围可确定为：用于建造保障性住房、公益设施等非营利性项目的土地。同时，凡是在法律许可的范围内，依靠市场机制能够建设的项目，原则上都由市场来做，不再纳入政府收购的范围。鼓励市场主体通过转让或作价入股、联合开发等模式盘活存量土地。同时要设计好利益分配机制，防止国有资产流失。

其次，建立激励机制，激活转让市场，增加市场供给。允许存量补地价，鼓励权利人自行开发。探索实施部分旧城区改造、城中村改造、旧厂房改造等项目，允许由土地权利人自行改造等政策。鼓励原权利人通过入股等方式，与企业或储备公司进行合作开发。即通过建立股份合作方式，由原土地使用权人与地方政府的资产经营公司或第三方企业以一定的股份进行联合开发。创新土地转让与税收制度，鼓励权利人进行转让开发。鼓励分割转让再开发，放松对土地转让的限制，鼓励土地权利人及时将土地转让给第三方进行开发；加强不动产交易管理与股权收购方面的衔接，进一步明晰相关环节的税费和减免的规定，使得土地使用权转让和股权转让在管理环节和税负上的均衡、公平；完善税收制度，降低流通环节税费，提高保有环节税收，适时开征房地产税，防止出现囤地、炒地的情况，同时对不同产业项目实施差别化的税收政策，通过建立税收杠杆的调节机制，引导企业自动退出低效用地，在原有的土地上引进和发展高端产业。

五、注重供给服务

长期以来，在土地市场上，政府注重通过招拍挂等方式直接供给土地。这种模式虽然有利于履行土地所有权人的职责，充分体现土地资产价值，保障国有资产不流失，但是随着土地资源的日益紧缺，特别是不少地方已由增量开发为主向存量开发转变的背景下，该模式已经难以适应形势需要。在此背景下，政府应适当减少直接审批，而更加注重服务功能。

结合当前不少地方开展的城市更新工作，为了更好地激发企业参与城市更新的积极性，加大存量用地盘活力度，建议借鉴我国香港地区等地经验，在现有土地交易平台的基础上搭建城市更新咨询服务平台，更好地为企业和市场服务。城市更新咨询服务平台一头连接政府，另一头连接企业，可在城市更新中发挥重要的"桥梁"作用，提供供需双方的信息发布、政策解读、地块交易、项目策划、咨询评估、客户服务、项目推介等服务，即为企业深度解读城市更新政策，集中发布更新项目信息并做好推介工作，提供项目交易平台，代理办理参与更新项目的手续，提供信息咨询等客户服务。此外，还可建立城市更新项目数据库、为企业提供联系专业咨询公司的渠道、深入研究分析城市更新活动项目进展等配套服务。

土地出让方式的创新方向和发展路径研究[*]

土地出让方式,不仅关系到土地市场健康发展,而且影响到土地利用综合效益和城市建设整体品质的提高。《节约集约利用土地规定》(国土资源部令2014年第61号)明确提出坚持市场配置的原则,进一步强调除特殊用地外,机关办公和交通、能源、水利等基础设施、城市基础设施及各类社会事业用地中的经营性用地,一律实行有偿出让。近年来各地在坚持土地招标拍卖挂牌出让的制度基础上,为实现土地节约集约利用,不断积极探索创新各种出让方式。通过上海、北京、深圳、广州、南京、厦门等地调研,本报告分析了各类土地出让方式创新情况,在此基础上提出了出让方式创新发展的方向及对策建议。

一、土地出让的功能属性

由于土地资源的特殊性,土地出让作为一种供地方式,承载着多种功能,这些功能往往成为出让方式创新发展的重要依据。具体而言,土地出让具有交易实现、行政管理、参与市场调控、提升土地利用综合效益四大功能。其中交易实现和行政管理是土地出让所具有的基本功能,参与市场调控和提升土地利用综合效益是土地出让需要实现的高级功能。

第一,交易实现功能。随着土地出让的集中交易,土地交易市场承载了交易场所的空间载体功能和中介传输功能,土地出让实现了土地使用权的让渡,为土地资源市场化配置提供了重要平台。

第二,行政管理功能。土地作为公共资源,土地出让具有明显的行政性特点,政府在土地出让过程中需要行使统一规划、供地决策、批后监管等一系列行政管理职能。行政管理功能有利于贯彻落实城市规划和土地管理的各项要求,有利于加强土地出让的全生命周期管理。

第三,参与市场调控功能。土地市场调控是房地产市场调控的重要组成部分。在土地出让过程中,通过调整供地的规模、结构、布局、出让条件及出让

---

* 原载于《上海土地》2015 年第 4 期。王思也参与了该项研究。

方式等，可以有效发挥土地供应的调控作用，促进房地产市场的平稳、有序、健康发展。

第四，提升土地利用综合效益功能。通过出让条件设定及合同履约监管，可以提高出让地块的经济、社会、生态效益等综合效益，避免因单纯追求经济效益带来的社会问题和环境问题，有利于提升城市发展的整体品质和核心竞争力。

二、近年来我国土地出让方式创新发展的情况述评

从全国范围来看，近年来各地通过不断探索，提出了一系列创新出让方式，在实践中取得了良好效果。根据土地出让的功能属性，包括以下四大类别：

（一）围绕"土地利用综合效益提升"创新的土地出让方

针对传统的以挂牌为主的出让方式中，因出让过程中过分追求土地的经济价值所带来的问题，为了提升土地利用综合效益和城市建设发展品质，近年来不少城市创新提出了"带方案出让""有竞价招标""综合评标""复合式出让"等方式。

一是带方案出让。"带方案出让"是指地块挂牌出让时，以规划或建筑设计方案为条件，要求竞得人参照执行的出让方式。试点于上海、南京、厦门等省市，通常应用于城市的重点区域和重要景观地段，需要事先确定建设或运营方案的综合用途地块。具体可分为带规划附加图则、带建设工程设计方案、带功能运行要求、带基础设施条件四种类型。与其他出让方式相比，"带方案出让"具有突出图数结合、区域概念和长远效益等特征。"带方案出让"的好处主要是：不仅有利于实现区域性城市空间形态的协调性，更好地实施城市规划，而且有利于提高土地利用的综合效益和城市整体建设品质。其实施难点在于：如何科学合理地编制方案，以及如何高效监管，确保所带方案中各项要求的有效落实。

二是有竞价招标。"有竞价招标"，也叫"先入围再挂牌"，是指先通过招投标，按综合条件最佳原则确定入围名单，再以竞价方式确定竞得人的出让方式。最早试点于上海，通常应用于对地块经济价值及功能定位、开发运营等具有较高要求的商服用地。与普通招标相比，"有竞价招标"融合了招标和拍卖的双重特点和优势，是在综合判断企业自身条件、方案编制水平等情况的基础上，实现了价格的竞争。"有竞价招标"的好处主要是：通过价格和方案的双重择优，保证了市场竞争的充分性和有效性。

三是综合评标。"综合评标"是指在传统商务标、技术标的基础上，将工

程建设履约承诺作为评标内容的出让方式。最早试点于北京，通常应用于需要实现中长期土地综合效益最佳的商服用地。与普通招标相比，该模式将影响土地开发利用的诸多因素作为评标条件，其中，土地价格的分值占比相对较小。"综合评标"的好处主要是：不仅将开发商履约承诺纳入评标体系，突出了合同监管的重要性；而且评标标准以客观因素为主，避免了由于投标方案准备不足以及其他原因对评标结果造成的影响。其不足之处在于：一是对项目设计方案的评价重视不够；二是评标标准的公平性、有效性难以考量。

四是复合式出让。"复合式出让"是指根据实际竞买人数，灵活选用出让方式（挂牌或有竞价招标）。发端于上海，通常应用于城市核心区域比较重要的商服用地。与普通出让方式相比，"复合式出让"是在竞买保证金审核后根据实际竞买人数确定相应的出让方式，有关竞买人数信息不对外公布。"复合式出让"的好处主要是：不仅有利于避免因投标人数不足而导致流标，而且有利于发挥市场化配置的作用。

（二）围绕"市场调控"创新的土地出让方式

2009～2011年全国大中城市房价上涨势头较猛，土地市场住宅用地的竞价激烈程度不断上扬。北京、深圳、广州等房价控制压力较大的一线城市，迫切需要加强土地市场调控。为此，相继推出了"限房价竞地价""限地价竞房价""限地价竞配建"和"定配建竞地价"等新的出让方式。

一是限房价竞地价。"限房价竞地价"是指在房屋待售价格限定的前提下，地价按升价式竞拍，以此确定竞得人的出让方式。试点于北京、深圳、青岛等地，通常应用于中小套型普通商品住房或保障性住房用地。"限房价竞地价"的好处主要有：一是有助于控制商品住宅价格；二是能够保证基本的土地收益。其不足之处在于：一是开发商利润被极大压缩，可能导致开发商偷工减料；二是建成住房能否按照出让合同要求出售存在较大风险。

二是限地价竞房价。"限地价竞房价"是指在地价限定的前提下，待售房屋价格按降价式竞拍，以此确定竞得人的出让方式。试点于北京、湖南等地，通常应用于普通商品住房用地。"限地价竞房价"的好处主要有：一是有助于控制土地成交价格；二是对周边房价有一定示范作用。其不足之处在于：一是房价向下竞价幅度取决于竞拍企业的积极性；二是建成住房能否按照出让合同要求出售存在较大风险。

三是限地价竞配建。"限地价竞配建"是指在地价限定的前提下，以保障房配套承诺建设面积最高确定竞得人的出让方式。试点于北京、广州、杭州等地，通常应用于城中村改造和旧城改造。"限地价竞配建"的好处主要有：一是能够控制土地成交价格；二是提高开发商参与城中村改造和旧改更新的积极性。其不足之处在于：一是未能考量开发商建设保障房的资质水平；二是可能面临开发商无法完成保障房配建面积的违约风险。

四是定配建竞地价。"定配建竞地价"是指在保障房配套建设面积既定的前提下，以土地报价最高确定竞得人的出让方式。试点于北京，通常应用于具有旧改要求的普通商品房用地。"定配建竞地价"的好处主要有：一是有利于完善商品房周边基础设施及公共配套建设；二是能够保证基本的土地收益。其不足之处在于：一是地价向上竞价幅度取决于竞拍企业的积极性；二是存在开发商无法完成保障房配建面积的违约风险。

（三）围绕"行政管理要求"创新的土地出让方式

在土地出让时，对于战略定位较高或个别具有复杂历史情况的地块，规划、产业等部门会提出除刚性约束要求以外的指导性意见。为了更好地落实这些要求，需要在土地出让过程以及出让后期加强行政管理。为此，一些城市提出了工业用地部分实施"带项目出让"的供地方式。

"带项目出让"是指工业用地出让时，附带特定产业项目具体建设条件及生产要求的出让方式。试点于上海、深圳以及浙江等地，通常应用于高新技术产业或准入要求较高的工业园区。"带项目出让"的好处主要有：一是降低了招商项目落地的难度，缩短了审批时限，加快了项目开工速度；二是用地规划控制性指标针对项目具体要求提出，有利于土地优化配置和高效利用；三是完善了地块入市出让条件和建设要求，有助于落实工业项目全生命周期管理。其不足之处在于：个别地块出让条件可能存在"量身定制"的嫌疑，容易导致市场竞争不够充分。

（四）围绕"交易实现"创新的土地出让方式

考虑到传统的土地出让方式存在信息披露不及时、市场竞争不充分等局限性，以及竞买人希望提前掌握供地信息，理性做出投资决策的需求。为了加强信息集聚，更好地实现土地使用权的让渡，一些省市提出了"预申请"的土地供应方式。

"预申请"是指提前发布拟出让地块信息，意向人通过预申请报价及缴纳保证金提出购地意向，政府择机出让的供应方式。试点于上海、广州、成都以及天津等地。预申请的好处主要有：是提前公布地块出让信息，提高信息披露的充分性，稳定了市场预期；二是为政府和开发商提供公开公正的信息沟通平台，有助于政府掌握市场反馈意见，完善出让方案，提高供地科学的有效性；三是防止流标。其实施难点在于：一是预申请时间较长，土地正式出让可能存在变数和不确定性；二是对政府提前制订供地计划以及落实出让准备工作提出更高要求。

三、土地出让方式运用中遇到的主要问题

近年来，各地在土地出让方式创新运用上大胆实践，积累了丰富的经验，但在实际操作中也存在不少问题，主要表现在：

（一）过于偏重经济效益，不利于提升土地利用综合效益

目前，各地普遍采用"价高者得"为原则的出让方式，对于土地出让的功能实现比较片面化。具体表现在：一是在价值取向上，目前交易方式的运用主要通过"竞价机制"对土地资源进行配置，土地出让偏重于显化经济效益，而对社会效益和生态效益体现不足；二是在功能定位上，土地交易偏重于获取局部利益，无法很好地兼顾区域整体利益，从而影响了城市建设整体品质和生态景观的整体塑造。

（二）过于单一地选用出让方式，不利于土地资源优化配置

从我国各省市土地出让方式实际操作来看，创新方式多停留在试点阶段，挂牌仍是主要选用的出让方式。究其原因，一方面，部分地方政府出于简单省事的角度考虑，通常选择挂牌方式出让，而不愿意选择相对复杂的招标方式或其他创新出让方式；另一方面，部分地方政府出于短期经济收益考虑，倾向于使用挂牌出让。由于出让方式的选择过于片面化，难以满足政府多元化的供地诉求，不利于提高土地资源配置效率。

（三）过于依赖市场化机制作用，不利于房地产市场长期健康发展

自土地使用权实施有偿出让制度以来，各地通过土地出让公开公平公正的市场化机制，有力促进了市场择优功能的发挥，提高了土地资源的优化配置效率。但过度依赖市场机制，容易引发市场垄断、信息不对称、外部负效应等一系列市场失灵问题，政府在土地出让过程中监管和调控职能难以落实。具体表现在：一方面，政府侧重于交易过程出让方式的运用，缺乏与后续用地监管的结合；另一方面，政府对于土地市场变化的预测及应变机制弹性不足，参与市场调控行为凭借单一的行政化手段，容易造成土地管理工作效率偏低。

四、土地出让方式创新的目标取向和实施路径

为了提高土地出让方式创新的科学性，根据我国经济社会发展、城市建设需要以及改革发展趋向，结合国外土地出让的相关经验，我们提出以下对策建议：

（一）注重提升土地利用综合效益和城市建设整体品质

在土地出让的众多功能中，应该注重提升土地利用综合效益和城市建设整体品质的功能定位。其作用在于，能够缓解近年来因过分追求"价高者得"所带来的"重经济效益、轻社会生态效益"以及"重局部利益、轻整体利益"等问题，有利于实现地块与周边环境的综合协调，提高城市建设整体品质。为此，可以采取的创新方式是："四带（指带城市设计方案、带建设工程设计方案、带基础设施条件方案、带功能运营方案）"出让，根据地块出让诉求，通过方案类型的多元化、方案深度的差别化、方案实施策略的多样化，更好地实现地块价值。

（二）注重不同交易方式的组合式运用

组合式出让方式是指，通过对传统供地方式的不同组合运用，以适应新的功能需要。其作用在于，最大限度地发挥不同出让方式的综合优势，避免只采用单个出让方式所带来的不足。为此，可以采取的创新方式包括：一是"出让＋租赁"的组合方式，指先予以租赁再根据地块运营情况办理出让手续。例如，近年来我国香港特别行政区政府将土地出让制度由传统的"批租制"调整至"年租制与批租制的混合体制"；二是"划拨＋租赁"的组合方式。指将划拨用地与租赁使用相结合；三是"招标＋拍卖"的组合方式，指先招标后拍卖。例如，"有竞价招标"有效避免了以往单独采用招标方式和拍卖方式自身的不足，有利于实现对竞买企业的综合评优；四是"招标＋挂牌"的组合方式。指先招标再挂牌出让，或先挂牌再招标出让；五是其他出让方式之间组合运用。例如，"复合式出让"与预申请方式的组合使用，有利于提前把握市场需求，提高交易效率。

（三）注重市场化配置与政府调控相结合

十八届三中全会提出，要坚持市场在资源配置中起决定性作用并更好地发挥政府作用。考虑到单纯利用市场化机制容易引发的问题，最好的解决办法是在土地出让时将市场化资源配置与政府宏观调控有机结合起来创新土地出让方式。其作用在于，能够更好地发挥市场机制与政府调控的双重作用，促进房地产市场长期健康发展。为此，可以采取的创新方式包括：一是"招拍挂＋交易许可"的组合运用。指政府通过明确土地出让的限制性要求，促进市场供求均衡。比如新加坡通过交易人数限定，明确要求公开售让的经营性用地竞买人数不得少于4~5人；二是"招拍挂＋价格管制"的组合运用。指政府通过对地价的干预，防止地价过高或过低的问题。例如日本和韩国均实行价格管制，若交易价格过高或取得目的不明确，政府有权禁止该项土地交易；三是"招拍挂

＋信息公开"的组合运用。指提前公布供地计划和供地信息，发挥稳定市场预期的作用；四是"招拍挂＋全过程监管"的组合运用。指政府将各项用地指标与土地利用监管相衔接，加强土地全生命周期管理；五是"招拍挂＋诚信体系管理"的组合运用。指政府对拿地企业的履约情况全程跟踪，将失信企业信息载入诚信体系黑名单，强化企业入市审查约束要求等。

我国土地带方案出让
实施中面临的问题及对策[*]

为了有效提升城市建设品质，进一步提高土地利用综合效益，近年来，我国部分城市先后开展了土地带方案出让的试点探索，在推进过程中，既积累了一定的经验，同时也遇到一些问题。

一、我国土地带方案出让的基本情况

土地带方案出让的内涵在于，土地出让前，政府将城市设计、建设工程方案、功能运营、基础设施建设要求等相关条件予以明确，作为土地出让的前提条件，纳入土地出让合同；受让人在取得土地后，必须按照合同约定的条款进行施工建设和经营，落实相关的条件和要求。

根据所带方案的不同，土地带方案出让可分为带城市设计方案、带建设工程设计方案、带基础设施条件方案、带功能运营要求方案四种类型。

带城市设计方案是指，根据控制性详细规划，对重点区域的建筑形态、公共空间、道路交通、地下空间、生态环境等，提出区域整体空间管制要求，并作为土地出让时的附加条件。受让人拿地后所设计的建设工程方案，必须履行土地出让时所附的城市设计方案的要求和技术标准。

带建设工程设计方案是指，在土地出让时附带经主管部门批准的建设工程设计方案。建设工程设计方案可以包括方案设计、初步设计和施工图设计。土地受让人在后续项目的设计深化和开发建设过程中应以该建设工程设计方案为基础展开。

带基础设施条件方案是指，出让人要求受让人承担一定规模的基础设施或公共设施的建设任务，并作为土地出让时的附加条件。

带功能运营要求方案是指，出让人要求受让人履行项目所需实现的功能、具体业态以及运营管理的要求，并作为土地出让时的附加条件。

---

[*] 原载于《中国国土资源报》2015 年 5 月 25 日。蒋琦珺也参与了该项研究。

土地利用与城市高质量发展

二、我国带方案出让推进中遇到的主要问题

（一）方案的选择和使用比较随意

从目前常用的四类带方案出让情况看，各有优缺点，各地出让人在土地出让时如何科学选用不同的方案，以及是否需要进行带方案出让，目前都还缺乏相关的科学依据或制度规范。

（二）方案的编制规范不够健全

（1）部分方案的编制规范不够完善。在目前已经实施的四类方案中，仅有部分城市对城市设计方案的编制有规范性的文件指导，对于带运营管理和基础设施方案的编制工作，相关的编制指南还不完善。

（2）现行方案"重技术轻管理"现象明显。从目前已有的编制规范看，往往仅从编制的技术性上提出了相关要求，而在方案的管理上缺乏相关规定，主要表现在：①方案的编制主体不明确。在部分城市的土地出让中，出让人为了让意向企业获得更大的优势，直接让意向受让企业为其编制所带方案，然后冠以政府的名义进行出让。②方案深度标准不统一。这在带建设工程设计方案中尤为突出，有些城市在土地出让时将施工图作为方案，而有些地块甚至仅将鸟瞰图作为方案进行出让。③在管理要求上刚性有余而弹性不足。出让人在制定方案时，对部分指标要求过严，缺乏对企业经营的不稳定性，以及市场经济波动等影响因素的考虑，不利于预期目标的实现。④方案的编制方法不够科学。目前方案中所提出的要求往往是出让人的"一厢情愿"，编制过程中也没有充分吸取相关企业和社会公众的意见，会导致有些要求不符合市场经济的客观规律。

（三）出让规则需要进一步明确

（1）入市门槛过高，可能限制公平竞争部分城市的出让人可能利用带方案出让的特性，故意设置苛刻的限制性门槛，规避公开竞争，变相圈定前期招商对象。

（2）出让方式选择比较随意。目前出让人在为带方案地块选择出让方式时，随意性比较大。由此带来两个问题：①由于出让方式不合理，导致最后没有找到最佳的受让企业，结果难以落实地块所带的方案。②一些出让人选择以招标方式供地时，通过设置评标资格变相限制竞争，使意向企业获得拿地优势，妨碍了土地出让的公平、公正性。

（3）审批流程的问题。对于带建设工程设计方案出让的地块，部分城市按照现行审批流程和工作规则，建筑方案必须经过规划部门审核后才能入市出让，

136

但是对于由政府部门主导编制的建设方案，在还没有明确受让人的情况下，有关部门一般是不予审批的，由此给这类地块的出让带来一定麻烦。

（四）实施机制需要进一步完善

（1）部分监管依据不够明确。带方案出让的地块往往附加一些限制条件，由于这些条件缺乏明确的目标和定量考核标准，即使写入出让合同中，往往会因为目标不明确而难以实施。

（2）部分监管主体缺失。方案中有些出让要求是在出让前由多个相关职能部门提出的，但在后续监管过程中，由于所对应的职能部门缺位，结果往往导致这些要求难以有效落实。

（3）缺乏相关的制约机制。在地块出让后，有些项目即使发现其没有按照所带方案的要求开发运营，但在出让时由于没有相应的处罚措施，使得出让人难以有效监管。

三、完善我国土地带方案出让的对策措施

针对带方案出让中遇到的问题，在总结部分城市带方案出让工作经验的基础上，提出以下建议。

（一）在制订方案时，明确目标定位

总体来说，带方案出让的目标是要实现"三个结合"：一是要着力实现出让地块的经济、环境和社会效益有机结合；二是要着力实现出让地块的近期效益与远期效益的结合；三是要着力实现出让地块的局部效益与整体效益的结合。

（二）根据各自特点，恰当选择所带方案

四种方案各有优缺点，同时也各有自己特定的适用范围。因此建议出让人根据地块出让的具体诉求，选择合适的出让方案或者对各种方案进行组合运用。

（1）带城市设计方案。带城市设计方案出让虽然有利于提升地区总体功能，落实规划要求；但是其实施往往受制于部分地区尚未编制城市设计规划方案。因此，建议以下地块优先选用带城市设计方案出让：①属于城市的重点地区、重要景观地段，如公共活动中心区、历史风貌保护区、重要风景区等。②出让地块面积较大的，能够进行整体城市设计，并便于后续分期实施的。③位于城乡一体化、产城融合的区域。④所在区域的地下公建设施需要整体开发的。

（2）带建设工程设计方案。带建设工程设计方案出让虽然有利于确保建筑施工的整体安全，保障区域景观和谐，但是也存在前期在编制建筑方案时，政府投入大、花费成本高等缺点。因此，建议以下类型的地块优先选用带建设工程设计方案：①与重大基础设施紧密结合的地块，且对基础设施的投入使用时

间和整体建筑的施工安全要求较高，如地铁上盖、交通枢纽等。②对建筑的景观设计要求较高的地块，如地标性建筑等。③地上、地下部分分别开发出让的。

（3）带基础设施条件方案。带基础设施条件方案出让虽然有利于更好地推进区域整体开发，解决基础配套设施不足的问题，但并不是所有地块都缺乏基础设施，而且带基础设施出让还会增加受让企业的负担，企业可能会为了盈利而降低基础设施的建设质量。因此建议以下两类地块可优先考虑选用：①出让地块所在区域缺乏公建配套设施的，特别是大型居住社区，以及公建配套设施不完善的远郊居住区等。②出让地块所在地政府缺乏相应的基础设施建设资金的。

（4）带功能运营方案。带功能运营方案出让虽有利于出让人获得出让地块的长期效益，提高区域综合效益；但是过高的功能要求也会限制公平竞争，容易形成变相的定向出让。另外，项目的功能运营还受制于受让企业未来发展的不确定性，容易造成一定的风险。因此对于满足下列条件的地块，建议优先选用带功能运营方案：地块所在区域具有清晰的功能定位，且出让地块对实现功能定位具有引领作用。

（三）完善工作机制，科学编制方案

（1）在编制思路上，方案的编制必须符合市场机制的运行规则，按照"利益均衡、便于管理、有利操作"的原则实施。地块所带的方案必须实现政府公共利益和企业自身利益的"共赢"。同时，在方案编制过程中出让人所提出的指标要求不宜过多，应给受让企业一定的发挥空间，以适应外部形势变化。同时，建议深化完善方案的编制规范和操作指南，便于出让人在编制具体出让地块方案时有据可循。

（2）在编制主体和方法上，建议以出让人为主体进行编制，并采取"开门编规划"的办法。由出让人编制方案，有利于更好地落实出让人对地块的具体诉求，又有利于体现土地出让的公平、公正原则，以及节约土地竞买人在方案设计上的开支。同时，为了使方案更加科学合理，方案的编制也要注重企业在方案设计上的能动性和创造性，使受让企业在开发过程中有利可图。为此，建议在以出让人为主进行方案编制时，也要适当吸引有关企业和社会公众共同参与。

（3）在编制深度上，根据方案的不同，建议实行差别化的管理方法，并明确强制性指标和建议性指标。①在带城市设计方案编制方面，条件成熟的城市在目前已有的相关编制规则基础上，建议进一步优化完善，深化细化强制性指标和建议性指标的相关要求。②在带建设工程设计方案编制方面，在 2008 年住建部《建筑工程设计文件编制深度规定》的基础上，建议结合地方实际，根据方案实施管理方面的具体要求，制定相应的编制规范，其中还应注意以下两点：一是只对建筑景观设计有要求的，可编制到"方案设计"深度。二是如果项目中含有基础设施的，对基础设施投入时间及项目整体建筑安全有要求的，建议编制到"施工图设计"深度。③在带基础设施方案编制方面，建议明确基础设施的相关要求和建设标准、建设费用的支付主体以及建成后的产权归属等事项。④在带功能运营方案编制方面，建议根据带功能出让的实施目标，在编制方案时突出功能业态和运营管理要求。

（4）在管理要求上，建议实行刚性与弹性管理结合的方法。考虑到企业经营的利益诉求，以及更好地发挥企业的创造力和能动性，确保方案的有效实施，建议将方案中的相关指标分为强制性和建议性两大类，凡是强制性指标，必须严格执行不得修改，如确需修改，可参照规划调整的程序进行修改；建议性指标允许企业进行正向修改。

（四）健全出让规则，规范带方案地块的出让行为

（1）加强入市前的审查。在地块出让前，应加强对方案的合规性和合理性审查。较之常规的出让地块，带方案出让的地块在出让前还应加强以下内容的审核：①方案是否经过相关部门的确认，如城市设计方案和建设工程设计须经过规委会或者规划部门确认，带基础设施条件方案和带功能运营方案须经过相关职能部门认可；②图表要求和文字要求是否匹配；③是否存在以限定性条件为名，变相指定意向受让人，妨碍市场公平竞争等内容。

（2）注重方案的公示与解读。在入市公告前，应加强对方案的公示与解读。对带方案出让地块出让人可在地块出让前召开方案解读会，主动向社会公众解读所带方案、出让流程以及后续监管等内容，公开相关信息。这不仅有利于更好地传递出让人的相关诉求，避免受让人对方案造成误读，同时也有利于方案中的相关要求接受公众监督。

（3）完善出让方式的选择。在出让方式的选择上，建议根据各个方案的特点，按照公开、公平原则以及地块近期出让价格和远期收益相结合的原则，选择合适的交易方式，具体为：①带城市设计与带功能运营方案出让地块，建议采用招标的方式出让。理由是：一方面，采用招标方式，既有利于选出合适的受让人，也有利于实现土地价值的最大化，也就是通常所说的"好中选优"。另一方面，带附加图则和功能运营出让的地块往往需要受让人具备较高的项目设计和开发建设能力，需要选择"好人家"。因此建议，这两种类型的地块选择招标的方式出让，以实现预期目标。

需要说明的是，在带功能运营方案出让的地块中，如果所带方案比较简单，对受让人的要求不高，也可选择挂牌方式出让，以提高出让效率。

②带建设工程设计与带基础设施方案地块，建议选用挂牌方式出让。理由是：带建设工程设计和带基础设施条件地块，受让人往往仅需对所带设计方案或相关标准进行简单深化后，即可开工建设，对于受让人的建设经验和能力要求并不高。因此，带建设工程设计与带基础设施条件方案的地块可通过挂牌竞价方式，通过完全市场化方式选择合适的受让人。

（五）明确监管职责，强化带方案出让后的履约管理

针对带方案出让指标多，定位、定量要求高等特点，在带方案出让地块的具体监管上应注意以下几点：

（1）在监管主体上，建议按照"谁提出、谁监管"的原则，对于方案中各职能部门所提出的要求，相关职能部门应按照各自职责做好监管工作。

（2）在监管内容上，建议重点监管强制性指标。对于带方案出让中的强制性指标，应作为后续监管的重点对象，做好监控，及时预警，发现违约情况应及时处置。

（3）在监管方式上，应注意以下几点：①结合方案审核以及竣工验收，加强对城市设计、建设工程设计和带基础设施条件出让的地块进行监管。②结合履约保证金制度和诚信体系建设，加强对功能营运方案中持续性的、长期管理的要求进行监管。③结合土地利用绩效评估，加强对于不符合建设和运营要求的项目进行处罚。

土地政策在房地产市场调控中的作用[*]

一、土地政策在房地产市场调控中的机理分析

一般来说，影响房价变化的因素有两个，一是供求关系，二是成本变化。由于土地政策既可以影响供求关系，又能直接决定开发成本，因而在房地产市场调控特别是房价的调控上作用明显。

（一）在房地产供求关系调控上的作用

首先，从对供给的影响看，土地作为房地产的生产要素，在房地产市场调控中，主要表现在供给方面，包括供应总量、供应结构、供应节奏、空间布局等方面。例如，通过土地规划的调整，调整土地的供应量，进而调节房地产的投资量和供应量；通过土地供给计划的调整，可以调整土地的供应结构，进而调节整个市场上的房地产供应结构；通过土地供给计划的调整，还可调整土地的供应节奏，进而调节新增房地产的上市节奏和供应速度。同时，与土地直接相关的税收、金融政策，也可以参与房地产的供给调控。在土地税收政策方面，主要包括取得税、保有税和流转税三个方面。例如，增加土地的取得税，就会增加土地成本，进而抬高房价；增加保有税，就会使房地产开发企业倾向于抛售土地，从而增加市场上的土地供应量；增加流转税，就容易使开发商倾向于保有土地，闲置土地就会增加，市场上的土地供应量就会减少。在土地金融政策方面，目前在我国主要表现为土地抵押贷款政策。放宽土地抵押贷款政策限制，则会使开发企业贷款增多，从而使房地产开发量增加；紧缩土地抵押贷款政策，则会使开发企业贷款减少，使得房地产开发量减少。

其次，从对需求的影响看，当土地本身成为投机"炒作"的对象时，土地政策也可以参与需求调控。如果放松土地转让政策，允许土地自由转让，则会使"炒作"增加，造成市场上土地供不应求，价格会快速上涨；如果加强土地转让限制，抑制"炒作"，则会减少土地需求，平抑价格上升。

（二）在房地产开发成本调控上的作用

实践证明，通过调整地价政策，可以直接对房价进行调控。地价作为房价的

---

[*] 原载于《城市问题》2010 年第 2 期。

重要组成部分，地价的涨落自然会影响到房价的升降。从我国当前地价的构成看，主要包括取得成本（征地补偿安置和拆迁费用）、开发成本（几通一平费用）和政府收益（相关税费和土地纯收益）。这三项构成大体上各占三分之一。

其中取得成本和开发成本呈现一定的刚性特征，调控的余地不大，而政府收益部分则有一定的调节空间。例如，选择不同的土地出让方式，就会形成不同的价格。如果通过"招拍挂"的方式公开出让，价格会就会大幅上升；而通过协议的方式出让，价格则会偏低。再如，当土地价格发生异常时，对交易价格进行直接管制，也会影响到房价的变化。

由上述分析可以看出，土地政策对房地产市场，特别是房价的影响，不仅政策工具较多，而且效果也比较明显，具体如表4-1所示。

表4-1 土地政策对房价变化的影响[1]

政策工具	操作变量	中间目标	最终目标
土地利用计划	土地供应量↓	房价↑	房地产市场平稳健康发展
	土地供应结构↑[2]		
	土地供应速度↓		
土地出让方式	市场化程度↑		
土地价格政策	交易价格管制程度减小		
土地税收政策	土地取得税↑		
	土地保有税↓		
土地金融政策	土地流转税↑		
土地利用计划	土地抵押政策趋紧	房价↓	
	土地供应量↑		
	土地供应结构↓[3]		
土地出让方式	土地供应速度↑		
土地价格政策	市场化程度↓		
土地税收政策	交易价格管制程度增加		
	土地取得税↓		
土地金融政策	土地保有税↑		
	土地流转税↓		
	土地抵押政策宽松		

〔1〕 该项分析是在假定其他政策不变的情况下作出的。

〔2〕 土地供应结构↑，是指高档房用地供应偏多，而低档房用地供应偏少。

〔3〕 土地供应结构↓，是指高档房用地供应偏少，而低档房用地供应偏多。

总地来看，土地政策参与房地产市场调控，在政策工具上，可分为两大类，一类是数量型工具，例如，土地规划、计划；另一类是价格型工具，例如，出让方式、价格管制、租金管制等。从调控的政策目标看，主要有三类，即对房地产投资的调控；对房价的调控；对房地产供应结构的调控。

二、土地政策在房地产市场调控中的难点

房地产市场既受到经济金融因素的影响，又受到社会人文因素的影响。可以说，房地产市场调控是一个综合的系统工程，需要多种政策的有效配合才能实现调控目标。由于土地政策自身的局限性，与财政货币政策相比，土地政策在房地产市场调控中也有其一定局限性（表4－2）。

表4－2　土地、财政、货币政策在房地产市场调控中的效用比较

	土地政策		财政政策		货币政策	
	工具	效用	工具	效用	工具	效用
在供给调控方面	土地规划土地计划价格管制土地税收土地抵押出让方式……	★★★★★	税种、税率补贴收益分配……	★★	利率、汇率供应量、信贷量信贷结构……	★★★
在需求调控方面	交易管制……	★	税种、税率补贴	★★★★	利率、汇率供应量、信贷量信贷结构……	★★★★★

注：★越多，说明效用越大。

这些局限性具体包括以下几方面。

首先，在房地产需求调控方面，土地政策工具和手段较少，效果也不太明显。因为，房地产的需求主要与居民的购房愿望和购买力大小有关，尤其是取决于购买力的大小。而购买力从本质上看，是资金问题。货币政策和财政政策都是有关资金的调节政策。在我国的购房方式以抵押贷款为主的情况下，可以说购房行为与货币政策息息相关，同时又与财政政策，特别是税收政策关系密切。从世界范围来看，房地产需求调控的手段主要是货币政策和税收政策。

其次，在房地产供给调控方面，虽然手段较多，但也存在两方面的问题。一是土地政策调控的单向性特征比较明显。一般来说，宏观调控政策可分为扩张性、紧缩性政策两大类。在经济萧条时，可以通过扩张性财政政策、货币政策来增加或刺激社会总需求；在经济过热时，可以通过紧缩性财政政策、货币政策来抑制或减少社会总需求。对于土地政策的运用，在房地产投资过热的形势下，可以压缩土地供应，以适应宏观调控的要求。当市场上房地产供不应求时，理论上可以通过扩大土地供应量来平抑供求矛盾。但由于土地的稀缺性和不可再生性，土地的总量是有限的，不可能持续地大规模供应。也就是说，扩张性的土地政策只能在一定范围内采用，而在大部分情况下则很难采用。这是土地政策与财政政策、货币政策的一个显著差别，或者说是土地政策的一个不足。二是土地政策的时滞性相对较长。一般来说，对于房地产项目，从用地审批到预售或现房销售，大约需要两年的时间，而货币政策的时滞一般在6~8个月，相对要短得多。土地政策的时滞性过长，一定程度上限制了其对房地产市场短期波动的影响。

三、土地政策参与房地产市场调控的实证分析

我国自从2003年开始针对房地产市场的新一轮调控以来，到目前为止，大致经历了三个阶段。第一阶段是2003~2004年针对房地产投资过快增长的调控；第二阶段是2005年针对房价的调控；第三阶段是2006年针对住房供应结构的调控。在这三次调控中，土地政策与其他政策紧密配合，发挥了重要作用。

（一）第一阶段的调控

这次调控主要是从供给角度进行调控。运用的政策主要是土地政策和货币政策。在政策工具的选择上，土地政策工具主要是土地供应计划、土地交易方式等，通过加大对闲置土地的清理力度、增加对中小套型、中低价位普通住房供给等政策工具，增加土地供给和优化供应结构。货币政策也通过严格开发贷款、提高贷款利率和存款准备金率等手段，抑制房地产投资的过快增长。此外，通过限制土地转让和房屋交易管制（例如限制期房转让）等措施，加大对房地产的投机管理和需求调控。从政策实施效果看，通过土地政策和货币政策的"双紧"组合，基本实现了同时增加供给和减少需求，调整供求关系的目的，抑制了房地产投资过快增加的势头。

（二）第二阶段的调控

这次调控实行针对供给和需求的双向调控，核心是需求调控。在政策工具

选择上，土地政策的作用主要是配合货币政策和税收政策，通过限制土地转让等手段，抑制投机需求的过快增长，并且通过适度增加土地供应量，达到平抑房价的目的。货币政策主要是上调了贷款利率、提高了贷款门槛等。值得注意的是，此次调控增加了税收政策，主要是提高了营业税。从政策实施效果看，通过土地、货币和财政政策的综合运用，全国范围内房价快速上涨的势头得到了遏制。

（三）第三阶段的调控

这次调控又转向以供给调控为主，并且重点是调控住房的供应结构。在政策选择上，以土地政策为主，货币政策、财政政策配合土地政策实施住房供应结构的调控。可以说，土地政策发挥了关键性作用。

这次调控的主要特点是：一是在供给调控上，主要是运用土地政策调整供应结构，加强闲置土地的处置，其中的重点是提出了两个"70%"，即新审批、新开工的商品住房总面积中，套型建筑面积90平方米以下住房（含经济适用住房）面积所占比重，必须达到70%以上；中低价位中小套型普通住房和廉租住房的土地供应量不得低于居住用地供应总量的70%。与此同时，信贷政策继续紧缩，对外资投资房地产也作了限制，其主要目的是优化供应结构，压缩投资规模。二是在需求方面，继续运用货币政策（提高利率和信贷首付；限制外资购房），尤其是增加了税收政策的力度，加大了转让环节的税收幅度，以抑制投机需求，压缩需求规模。从政策实施效果看，以土地政策为主，同时货币、税收政策也予以积极配合，总体上说搭配比较合理，也取得了明显成效。2006年住宅投资增长速度达到25.3%，高于同期房地产投资增幅3.5个百分点。其中，经济适用住房投资同比增长32.7%，经济适用住房投资下降的趋势得到明显改善。同时由于供应结构得到了优化和调整，从而使得房价增幅总体上趋于回落。商品房平均销售价格同比由2004年上涨14.4%，逐步回落，2006年11月份同比上涨5.8%，住房价格涨势平缓回落。

四、结语

在国际上，房地产市场调控的常用手段是货币政策和财政政策，由于我国土地的特有属性，近年来，土地政策逐渐成为我国房地产市场宏观调控的主要手段，在房地产市场调控中发挥着越来越重要的作用。本文对土地政策在房地产市场中的调控机制、土地政策与其他相关政策的搭配应用方法进行了理论分析，并结合近年来的调控实践进行了检验。随着调控实践的进一步深入，相关的理论问题还需要不断地总结完善，以期在房地产市场调控中发挥最大效用。

土地市场景气指数编制的探索与实践[*]

——以上海土地市场为例

　　加强土地市场监测预警，是促进土地市场平稳健康发展的重要手段。2008年3月，国务院发布《关于促进节约集约用地的通知》（国发〔2008〕3号），明确提出"要建立健全土地市场动态监测制度"。编制土地市场景气指数，不仅是落实国家关于建立土地市场动态监测制度的需要，也是对土地市场进行监测预警的重要手段。传统的监测指标主要是价格指数，但价格指数易受供给侧人为因素的干扰，难以反映土地运行的真实情况，因此有必要建立一套能综合反映土地市场运行情况的指数体系。目前国内外有关景气指数的研究主要集中在两个方面：一是经济景气指数，如国家统计局的中经景气指数、国家信息中心的综合警情指数等；二是房地产景气指数，如全国房产开发业综合景气指数、中国房产指数系统、台湾房产景气综合指数等。但从总体来看，现有景气指数或偏重于宏观经济研究，或偏重于房产市场研究，针对城市土地市场景气指数的研究还比较薄弱。

　　上海作为国际化大都市，长期致力于建设高水平的土地要素交易平台。近年来上海市委市政府提出了"五量调控"的土地新政，土地实行全生命周期管理，这就对上海土地市场监测预警提出了更高要求。土地市场景气指数是判断土地市场运行特征的重要依据，通过建立和应用市场监测预警模型，能真实反映市场波动及市场热度动态变化，清楚归纳和概括出上海土地市场特有的运行规律。有鉴于此，本文以上海为例，对上海土地市场景气指数的编制进行探索，以期促进上海土地市场平稳健康发展。

一、土地市场景气指数的内涵及分类

（一）内涵

　　景气的概念分广义和狭义两个范畴。广义上的"景气"是对经济发展状况

---

　　* 原载于《上海国土资源》2016年第1期。庄幼绯、毛鹰翔、蒋琦珺、李毅等也参与了该项研究。

的综合性描述，用以说明经济的活跃程度。狭义上的"景气"是指经济周期中经济扩张的阶段，而不景气则相应地指经济收缩的阶段。按照经济景气的概念界定，土地市场景气是对土地市场运行的总体活跃程度的描述，即所处繁荣、兴旺、上升或萧条、衰退、下降的程度。

指数的概念也包括广义和狭义两类。广义的指数泛指所有研究社会经济现象数量变动的相对数用以表明现象在不同时间、不同空间、不同总体等相对变动情况的统计指标。狭义上的指数是一种特殊的相对数，仅指不能直接相加的复杂的社会经济现象在数量是综合变动情况的相对数。

土地市场景气一般借助景气指数来进行衡量。土地市场景气指数是根据景气指数编制的原理，选取多种反映土地市场发展状况的指标，采用一定的综合方法对指标进行加权综合，得到综合景气指数，用以反映土地市场景气状况，并结合预警信号系统，以更好地进行土地市场的动态监控和预警预报。在土地市场发展过程中，由于住宅用地市场最具关注度和代表性，最能够体现土地市场的景气状况，因此本文着重以住宅用地市场为对象来探讨土地市场景气指数。

（二）分类

根据指数与土地市场发展的先后关系，土地市场景气指数可分为当前景气指数、未来景气指数和综合景气指数三类。

（1）当前景气指数。当前景气指数为同步指数。同步指数是描述研究对象当前景气状态的统计值。土地市场当前景气指数主要反映土地市场当前活动的热度情况，是由一组同步于市场当前活动的指标合成而来。这些同步指标的变化与市场变化基本同时发生，在市场景气波动达到峰（谷）时，同步指标也同时出现波峰（谷）。当前景气指数是最能准确反映市场所处状况的指数。

（2）未来景气指数。未来景气指数为先行指数。先行指数是描述研究对象下一期景气状态趋势的统计值。土地市场未来景气指数主要反映未来土地市场的景气趋势，是由一组领先于当前指数的先行指标所合成。这些先行指标先于市场变化之前发生变化，并由于这些指标的变化引起市场的变化。在市场景气到达波峰（谷）之前，先行指标就已经到达波峰（谷）。未来景气指数可用于预测未来市场发展的趋势。

（3）综合景气指数。综合景气指数是当前景气指数和未来景气指数按照一定权重比例进行合成的合成指数，它不仅能代表当前景气指数的主要内容，同时兼顾了未来景气指数的超前预测性，是构成市场景气指标体系的重要部分。

二、土地市场景气的影响因素分析

从住宅用地市场的情况看，其主要影响因素可以分为外部因素与内在因素两个方面。

（一）外部因素

结合已有研究和我国土地市场的现状，土地市场景气的外部影响因素主要包括宏观经济形势、经济政策、社会因素、房产市场等方面，如表 5 - 1 所示。

表 5 - 1　土地市场景气的影响因素及主要指标

Table1　Influence factors and main index of land market prosperity

影响因素	分类	主要指标
外部因素	宏观经济形势	国内生产总值（GDP）、居民消费价格指数（CPI）
	经济政策	贷款基准利率、货币供应量（M2）
	社会因素	城市新增就业人口
	房产市场	房屋新开工、竣工、交易面积
		空置率、库存量
		房屋价格指数、房屋租金价格
		房产开发投资额、房地产企业贷款额、地产股指数
内在因素	交易规模	土地供应幅数、供应面积、成交幅数、成交面积
	成交价格	土地成交单价、土地成交总价、溢价率
	市场需求量	地块竞买人数、土地市场网访问量、市场信心指数

（1）宏观经济形势因素。宏观经济形势主要是指地区社会生产总值、居民消费价格指数波动等。在宏观经济高速增长时期，房地产企业通常会对未来有良好的预期，土地市场一般会出现供需双旺、价格上升的现象，提升土地市场的景气程度。与此同时，宏观经济快速发展使得居民收入不断提高，增加了居民对改善性住房需求，同样会促成土地市场的景气。

（2）经济政策因素。经济政策因素主要是指贷款基准利率、货币供应量变化等。不同性质的经济政策对土地市场的影响方向不同，如宽松的货币政策会改善房地产企业资金链状况，提升企业的拿地积极性，促使土地市场景气度上升；又如房地产市场限购政策会导致房产市场迅速降温，对土地市场的景气程度产生抑制的效果。

（3）社会因素。社会因素主要是指城镇化水平提高带来的城市新增就业人口等指标。一方面，城市新增就业人口的提高不仅扩大了对城市居住用地的需求，同时也提高了房地产市场热度；另一方面，随着城镇基础设施建设的加速，大规模城镇基础设施的投资将提升原有土地的价值，助推土地市场越发景气。

（4）房产市场因素。房产市场因素主要涵盖新增房产供应规模、租售价格、房地产企业银行贷款额、证券市场地产股指数等。上述指标分别从房产市场供需对比，以及房地产企业的资金回笼状况、融资能力、市场预期等方面，对土地市场景气程度构成间接的带动作用，即土地市场出现景气的可能性与房产市场的热度呈正相关。

（二）内在因素

土地市场运行过程中的内部指标也能反映土地市场整体的景气状况，包括交易规模、成交价格、市场需求量等。其中，土地的交易规模主要包括土地供应幅数、供应面积、成交幅数、成交面积等指标。该类指标通常能够直接影响土地市场景气程度，交易规模的增加说明供需双方对土地市场发展均持看好态度，土地市场景气度也就越高。土地的成交价格主要包括土地成交单价、成交总价、溢价率等指标。土地的成交价格是反映土地市场冷暖的重要标志，成交价格的上涨说明市场需求方认为后市仍有较大发展潜力，市场活跃度也较高。土地的市场需求量主要包括参与竞买人数、土地市场网站访问数等指标。此类指标反映了房地产企业对土地市场的关注程度，从侧面体现了企业对土地市场后期的信心。

三、上海土地市场景气指数编制方法探讨

基于上海土地市场的发展现状，上海土地市场景气指数编制应以实现土地市场动态监测为目标，以景气循环理论为基础，以上海土地交易数据为样本，以科学的编制方法和指数模型，通过指标体系构建、数据处理、权重设计、模型构建来实施编制。

（一）指标体系构建

为了使土地市场景气的影响因素能够进一步量化，遵循可获得性、重要性、广覆盖性等原则，对反映土地市场景气的指标进行筛选，并根据景气指数的分类，将指标划分为同步指标和先行指标两类。同步指标主要包括住宅用地成交幅数、成交面积、成交楼面地价、溢价率、地块竞买人数和土地市场网站访问量6个指标，此类指标主要由影响土地市场景气的内部因素构成，其变化与市

场景气变化基本同步发生，因此作为当前景气指数的组成部分。先行指标主要包括国内生产总值（GDP）、居民消费价格指数（CPI）、人民币贷款基准利率、货币供应量（M2）、房屋新开工面积、房屋竣工面积、房屋交易面积、新增商品住房价格指数、房地产固定资产投资总额、开发商信心指数、出让人信心指数等 11 个指标，除信心指数外，此类指标主要由影响土地市场景气的外部因素构成，其变化通常先于市场景气变化发生，因此作为未来景气指数的组成部分。

（二）数据处理

为了使指标统计更加科学，本文通过数据标准化、基期确定、季节调整、上升趋势调整等步骤对数据进行处理。

数据标准化：由于指标体系分别由工作量、资金、价值量和实物量等指标构成，其计量单位不同，无法直接相加平均，须对数据进行无量纲化处理。

基期确定：基期确定一般需遵循三点：一是选择与市场发展比较平衡的时期，以便增强景气指数对比的可信度；二是考虑统计资料的衔接，提高前后数据对比的合理性；三是根据经济指标的转折点来判断基准对比时期。基于以上考虑，本研究的上海土地市场景气指数以 2009 年 1 季度为基期。

季节调整：由于月度或季度间的经济指数不能直接比较，为了较好地反映经济现象在年内的基本发展趋势，需要在处理月度、季度数据时加强季节调整。

上升趋势调整：由于指标体系中的价格指标因人民币升值等因素，一般呈现明显的上升趋势，不利于指数的真实反映，因此通过 PPI 消除法或模型公式来调整上升趋势因素。

（三）权重设计

权重设计的目的在于运用权重系数来合理调整不同指标对土地市场的影响程度。本研究结合使用德尔菲法和主成分分析法，即主客观赋权法对指标进行赋权。根据指标构成的复杂程度，对 5 个分指数的合成采取了德尔菲法，对分指数内部采取了德尔菲法和主成分分析法相结合的方式，即先根据主成分分析法，得到一组指标的初始权重，再邀请专家进行打分，给出另一组初始权重，通过两者比较并加以修正调整，最终得出上海土地市场景气指数指标权重，如表 5-2 所示。

表5-2 上海土地市场景气指数指标及权重

Table2 Indicators and weight of prosperity index of Shanghai land transaction market

综合指数（A）	分类指数（B）	权重	指数指标（C）	权重
当前景气指数 （同步指数）	市场热度指数	0.62	土地成交楼面地价（住宅）	0.25
			溢价率（住宅）	0.35
			平均竞买人数（住宅）	0.25
			市场网站访问量	0.15
	土地供应指数	0.38	住宅用地供应幅数	0.47
			住宅用地供应面积	0.53
未来景气指数 （先行指数）	宏观形势指数	0.30	金融机构人民币贷款基准利率	0.35
			货币供应量（M2）	0.45
	房产形势指数	0.30	国内生产总值（GDP）	0.10
			居民消费价格指数（CPI）	0.10
			房地产固定资产投资总额	0.20
			新建商品住房价格指数	0.25
			房屋（住宅）新开工面积	0.15
	市场信心指数	0.40	房屋（住宅）竣工面积	0.15
			房屋（住宅）交易面积	0.25
			开发商信心调查	0.58
			出让人信心调查	0.42

（四）模型构建

目前常用的景气指数编制主要有扩散指数和合成指数两种，扩散指数多用于定性分析景气波动转折点的判断，而合成指数多用于定量分析景气变动程度大小及速度快慢。编制上海土地市场景气指数采用的是合成指数编制方法，由当前景气指数和未来景气指数按照一定权重比例合成。编制合成指数的方法及其具体计算步骤如下：

（1）设指标 Y_{ij}（t）为第 j 指标组的第 i 个指标，j=1，2 分别代表先行、同步指标组，i=1，2，…，k_j；组内指标的序号，k_j 是第 j 指标组的指标个数。则 Y_{ij}（t）的对称变化率 C_{ij}（t）为：

$$C_{ij}(t) = \begin{cases} \dfrac{[Y_{ij}(t) - Y_{ij}(t-1)]}{[Y_{ij}(t) - Y_{ij}(t-1)]} \times 200 & Y_{ij}(t) > 0 \\[2mm] [Y_{ij}(t) - Y_{ij}(t-1)] & Y_{ij}(t) \leqslant 0 \end{cases}$$

（2）为了防止变动幅度大的指标在合成指数中取得支配地位，各指数的对称化率 $C_{ij}(t)$ 都要进行标准化。

首先求标准化因子 A_{ij}：

$$A_{ij} = \frac{\sum_{t=2}^{n} |C_{ij}(t)|}{n-1}$$

然后用 A_{ij} 将 $C_{ij}(t)$ 标准化，得到标准化变化率 $S_{ij}(t)$：

$$S_{ij} = \frac{C_{ij}(t)}{A_{ij}}$$

再求出先行、同步二组指标的组内、组间平均变化率，使得二类指数可比。

（3）求出先行、同步指标组的平均变化率 $R_j(t)$：

$$R_j(t) = \frac{\sum_{i=1}^{k_j} S_{ij}(t) \times w_{ij}}{\sum_{i=1}^{k_j} w_{ij}} \quad j = 1, 2; \ t = 1, 2, \cdots, n$$

其中记同步指标的 $R_2(t)$ 为 $P(t)$。

（4）求标准化平均变化率 $V_j(t)$：

$$V_j(t) = \frac{R_j(t)}{F} \quad F = \frac{\sum_{t=2}^{n} |R_j(t)|}{\sum_{t=2}^{n} |P(t)|}$$

最后选定基期，计算其余年各季度的动态相对数，即合成分类景气指数。

令 $I_j(1) = 100$，则分类景气指数为：

$$I_j(t) = I_j(t-1) \times \frac{200 + V_i(t)}{200 - V_j(t)} \quad j = 1, 2, \cdots, n; \ t = 2, 3, \cdots, n$$

综合景气指数是指各分类景气指数加权平均后所得到的总体指数 $CI_j(t)$，用百分数表示。

计算公式：

$$CI_j(t) = \frac{\sum^{I_j}(t) \times W}{\sum^{W}} \times 100\%$$

其中，$CI_j(t)$ 为第 t 季度的综合景气指数；W 为经过调整计算的一种不变权重。

本文中，当前景气指数由市场热度指数、土地供应指数 2 个分指数合成；未来景气指数由宏观形势指数、房产形势指数、市场信心指数 3 个分指数合成。经计算，各指数表达式如下：

A. 当前景气指数 = 市场热度指数 ×62% + 土地供应指数 ×38%

B. 未来景气指数 = 宏观形势指数 ×30% + 房产形势指数 ×30% + 市场信心指数 ×40%

C. 综合景气指数 = 当前景气指数 ×57% + 未来景气指数 ×43%

3.5 实证检验

根据上文得出的上海土地市场景气指数的模型公式，分别生成了 2009 年 1 季度至 2014 年 4 季度当前景气指数和未来景气指数，并以此为基础合成上海土地市场综合景气指数，结果如图 2-1 和图 2-2 所示。

通过将上海土地市场当前景气指数的测算结果与土地市场实际情况进行比对发现，当前景气指数与土地市场的实际波动拟合度较高。再将未来景气指数与当前景气指数的波峰和波谷进行比对，运用 SPSS 软件对最终计算出的两个指数进行时差相关分析，结果显示，未来景气指数对当前景气指数先行 2 期（6 个月）的时差相关系数较高，达 0.765，表明其具有较好的先行性。通过对叠合部分进行分析，可以发现未来景气指数的峰谷特征与当前景气指数的表现较为一致，符合景气循环的一般规律，未来景气指数基本能够对当前景气指数的走向变化给出较好的预测信号。以上表明上海土地市场景气指数的编制具有一定的合理性和准确性。

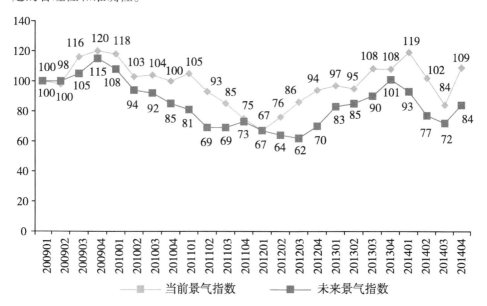

图 2-1 上海土地市场当前景气指数和未来景气指数

Fig. 1 Current and future prosperity index of Shanghai land market

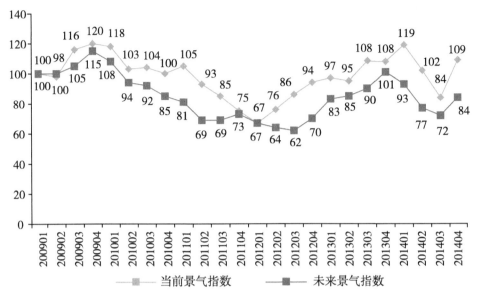

图 2 - 2　上海土地市场综合景气指数

Fig. 2　Comprehensive prosperity index of Shanghai land market

四、上海土地市场景气指数的预警应用

景气指数通常可用于监测预警。土地市场预警信号系统是反映土地市场波动方向和幅度的指示器，通过分析综合景气指数的具体走向来划分合理的预警信号区间和临界值，从而对土地市场的发展状况进行有效预警。

（一）预警信号灯设置

借鉴交通管制信号标识方法设置预警信号，将土地市场景气状况予以生动的表示，对不同的景气状况发出红、黄、绿、浅蓝、蓝五种灯号，各灯号指示的含义及应对措施如表5-3所示。

表 5 - 3　土地市场景气状况预警信号灯设置

Table3　Settings of warning signal of prosperity of land market

信号	含义	措施
红灯	表示市场非常景气	应当采取紧缩政策，使土地市场逐渐恢复正常状况
黄灯	表示市场景气	"红灯"转为"黄灯"时，紧缩的措施力度应有所减小
绿灯	表示市场稳定	"绿灯"转为"黄灯"时，不宜采取促进市场增长的措施

信号	含义	措施
浅蓝灯	表示市场不景气	"浅蓝灯"转为"绿灯",可采取促进市场增长的措施;"绿灯"转为"浅蓝灯",适当采取调控措施;"浅蓝灯"转为"蓝灯",应采取强有力的措施刺激市场增长
蓝灯	表示市场很不景气	应采取有力措施刺激需求,促进市场的复苏与增长

（二）预警临界值的确定

结合上海市土地市场数据积累情况,首先剔除综合景气指数中过高或过低的异常值,随后计算各项指标的平均值,以此作为该项指标的中心线。最后,根据景气循环设置区间的经验值,按 40%、20%、10% 的比例划分各临界值区间。

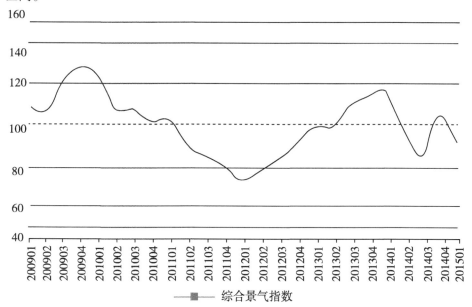

图 2 – 3　上海土地市场景气指数预警信号系统

Fig. 3　Warning system of Shanghai land market

（三）预警信号系统的应用

以 2009 年 1 季度至 2014 年 4 季度上海土地市场为例,通过综合景气指数的实证分析,结果如图 2 – 3 所示。预警信号灯显示:2009 年 3 季度到 2010 年

1 季度，综合景气指数处于偏热区间；2011 年 4 季度到 2012 年 1 季度，综合景气指数处于偏冷区间；2013 年 4 季度到 2014 年 1 季度，综合景气指数处于正常略偏热区间；2014 年 4 季度到 2015 年 1 季度，综合景气指数处于正常区间。总体来看，实证结果与土地市场历史表现状况比较吻合，区间划分较为合理，表明预警信号系统设置比较准确。

五、上海土地市场景气异常状况应对预案

当市场出现过冷或过热等极端情况时，应采取相应措施予以应对，以保障市场在合理的波动范围内平稳运行。

（一）市场过热的应对措施

当土地市场出现过热时，可考虑从三个方面应对：一是加强土地供应管理，适度加大供地规模，适时加快供地节奏。规划土地管理部门应科学编制住宅用地供应计划，并及时对外发布，稳定市场预期；做好土地出让的前期工作，尤其要加快规划和动拆迁等工作，地块成熟即行推出；进一步优化土地审批环节，缩短审批时限，提高审批效率，加快供地节奏。二是加强交易过程监管，避免价格不合理波动对整个市场造成的冲击。规划土地管理部门应在土地出让前切实做好入市研判，合理确定出让底价，避免溢价过高；应根据规划合理设定出让地块的范围、面积，避免出让总价过高；应结合实际情况适当采取有竞价招标和带规划设计方案、带功能使用要求、带基础设施条件出让等方式，有效控制出让价格；应加强市场动态监测，强化舆论宣传和正面引导，形成合理的市场预期。三是加强需求管理，有效抑制不合理的投资、投机需求。相关部门应从严制订和执行住房限购措施，加强对购房人资格的审核工作，确保政策落实到位；实行较为严格的差别化住房信贷政策，合理增加投资、投机性购房的购房成本；发挥税收政策对住房消费和房地产收益的调节作用，调整完善相关税收政策，健全和加强个人在保有和转让房地产等不同环节的税收征管。

（二）市场过冷的应对措施

当土地市场过冷时，可从以下几个方面应对：一是加强土地供应管理，稳定市场预期。在供地节奏和规模上，加强市场需求预测，根据不同区域市场的需求变化，适当放缓供应规模和节奏，防止部分已出现趋冷态势的区域市场，因供应量过大而使得市场形势进一步恶化；在地块选择上，当市场低迷时，可选取一些优质地块加快供应，以提振市场信心，稳定市场预期。二是加强交易过程监管，避免大面积低价成交甚至流标现象的发生。规划土地管理部门需对出让地块加强研判，通过加大招商力度、运用预申请制度等方式，有效把控市

场，防止出现流拍而影响市场信心；同时加强对交易过程的全程监控，重点关注竞买人数较少甚至为零的地块并采取必要的干预措施，避免因无人申请出现的流标现象引起市场预期的进一步恶化。三是加强住房市场供需管理，合理刺激房产市场有效复苏。财税部门可降低住房信贷利率水平，以及房产交易环节相关税收标准，降低购房成本，刺激购房需求；房管部门可优化住房供应结构，在不改变用地性质和容积率等必要规划条件的前提下，允许房地产开发企业适当调整套型结构，对不适应市场需求的住房户型做出调整，满足合理的自住和改善性住房需求。

六、结束语

本文根据经济景气指数构建原理，运用经济计量分析方法，从上海土地市场交易数据入手，构建了上海土地市场景气指数和监测预警系统，以期为分析上海土地市场发展趋势提供决策支持。实证分析结果表明，本文所构建的上海土地市场景气指数体系具有一定的有效性和实用性，较为客观真实地反映了上海土地市场的即时发展态势，同时对未来 3~6 个月的土地市场景气情况进行一定预测。在此基础上构建的上海土地市场综合景气预警系统具有较好的预警作用，当市场过冷或过热时，政府相关部门可采取不同措施，保障上海土地市场的平稳运行和健康发展。

同时也应当注意到，由于土地市场是变动的，当经济、社会、政策等环境因素发生变化时，部分指标的性质可能会发生变化，应当在持续关注土地市场影响因素的变化和指数运用情况的同时，适时调整指标体系。此外，由于本文中各指标的权重是结合主成分分析法和德尔菲法确定的，在市场检验中发现效用下降时，应及时进行修正。而预警系统的信号设置则需通过实践来验证其合理性，在实践中不断进行优化，使预警信号系统进一步完善，方能更好地进行土地市场的监控和预测。

我国土地二级市场存在的问题
及其规范路径[*]

一、引言

　　土地市场是重要的要素市场，是现代市场体系的重要组成部分。一个完整的土地市场体系，是由土地一级市场和二级市场构成的。一级市场是土地使用权的初始交易，反映的是国家与土地使用者之间的经济关系；二级市场是土地使用权的再交易，即土地使用者在合同约定的期限内，将剩余期限的土地使用权转让、出租或抵押的行为，反映的是土地使用者之间的责、权、利关系。长期以来，国家和各地政府高度重视一级市场，而对二级市场的发展重视不够，造成二级市场的发展明显滞后于经济社会发展的需要。随着土地资源约束的趋紧和经济发展转型的深入，如何发挥好二级市场对土地资源的优化配置作用，促进土地利用由外延式粗放扩张向内涵式集约发展转变，以及土地市场的平稳健康发展，是当前需要解决好的重大课题。为此，中共十八届三中全会通过的《中共中央关于全面深化改革若干重大问题的决定》明确提出，要"完善土地租赁、转让、抵押二级市场"。目前，国土资源部正在研究制订关于土地二级市场的相关管理办法，各地对土地二级市场的发展也有较高的期待，例如，上海市为了实现未来20年城市建设用地负增长的目标，提出了要大力发展土地二级市场，盘活存量建设用地，推进流量增效，通过土地利用方式的转变倒逼城市发展的转型。

　　目前，在土地二级市场的发展过程中，关于政府是否要介入及如何介入的问题，学术界和实务界还有较大的分歧。在政府是否应介入方面，一部分专家认为政府不要介入[1]，其理由是二级市场本来就发育滞后，政府一旦介入，特

---

　　* 原载于《城市问题》2015年第3期。

　　[1] 郭书田，土地矛盾紧张程度已达极限 [EB/OL]. http：//china. caixin. com/2013 - 09 - 29/100587686. html，2014 - 08 - 27.

别是如果管得过多，将会严重制约其发展势头。另有一部分专家认为政府应积极介入，加强监管[1]，其理由是目前土地二级市场违法违规现象较多，如果不进行干预，将严重阻碍整个土地市场，乃至房地产市场的健康运行。在政府该如何介入方面，也有不同声音。一部分专家认为，土地作为重要的国有资产，须严加管理，要像管理一级市场一样管理二级市场[2]。另有一部分专家认为，应充分发挥市场对资源配置的决定性作用，政府应像对待普通商品市场一样管理土地二级市场，要加大对市场失灵的纠正[3]。

由于认识上的不统一，导致管理上的越位、错位以及不到位等现象时有发生，严重影响了土地二级市场的健康发展。目前，国家层面还没有出台专门的土地二级市场管理办法。各地对二级市场的管理方式和政策差异也很大，大量管得过多和不到位的现象同时存在。为此，很有必要摸清土地二级市场的运行特征，厘清存在的问题，明确政府的职责，以促进土地二级市场的健康发展。

二、我国土地二级市场的运行特征

作为一级市场的延伸，二级市场虽然与一级市场有一些相似之处，但是也有许多自身的特点和运行规律。

（一）土地二级市场的交易主体更加多元化，内容和形式也更加多样化

在目前的土地二级市场中，从交易主体上看，既有各种类型的企业，又有农村集体经济组织，还有大量的个人等；从交易内容上看，既有国有土地交易，又有集体土地交易，既有纯土地的买卖流转（多是一些非法交易），也有连房带地的交易，还有在建工程的交易；从交易类型上看，既有转让，又有抵押和租赁；从交易形式上看，既有土地使用权的直接交易，也有以股权转让形式的变相交易，还有以作价入股、联营等其他形式的交易，既有在公开市场上的交易，又有私下的隐性交易。

（二）土地二级市场中所涉及的产权关系、法律关系及增值收益分配纷繁复杂

首先，在土地二级市场交易中，土地权力体系十分复杂，既涉及所有权人，也涉及使用权人，甚至还涉及经营权人。这些权利主体各自的权能及所承担的

---

〔1〕 陈蓉，陈竹林. 政府在土地市场规范中的职能定位 [J]. 中国市场，2007 (9)：46-47.
〔2〕 李玲玲. 完善土地二级市场建设的对策 [J]. 国土资源，2008 (A01)：59.
〔3〕 王文革. 城市土地市场失灵及其管制法律对策 [J]. 国土资源，2005 (3)：24-28.

法律责任也各不相同。土地所有权人对土地拥有完全的权利和全面的支配权，其由土地占有权、使用权、收益权和处分权等权能组成[1]；土地使用权是依法对一定的土地加以利用并取得收益的权利，是土地所有权派生的财产权[2]，其是由土地占有权、使用权、部分收益权和不完全处分权组成的权利集合。而土地经营权的权能只包括使用权和部分收益权。上述关于土地产权主体的权利在我国的相关法律法规上有明确规定。《土地管理法》规定，"国家所有土地的所有权由国务院代表国家行使"。地方政府经过中央政府授权，可以代表国家行使所有权职能。《城镇国有土地使用权出让和转让暂行条例》规定，"县级以上人民政府土地管理部门依法对土地使用权的出让、转让、出租、抵押、终止进行监督检查"。由此可见，一方面，我国的土地使用权人只拥有部分处分权，在处分土地时必须征得所有权人的同意；另一方面，政府作为土地所有权人的代表，还承担着管好和用好土地、实现土地最佳利用和保值增值的责任。

其次，由于土地二级市场的交易涉及的产权主体多，再加上土地增值原因的多样性，使得增值收益分配更加复杂化。从导致土地增值的原因看，主要有三种类型[3][4]：一是供求性增值，即由城镇建设用地供不应求引起的土地增值，这类增值源于绝对地租的增加；二是投资性增值，即由对城市基础设施和公共设施等进行投资改造和地产商进行房地产开发导致的土地增值，这种增值源于城市级差地租的增值；三是用途改变性增值，即由于城市规划的调整，使得土地利用条件和用途发生改变而导致的土地增值，比如，由工业用地、住宅用地转变为商业用地导致的增值，这种增值也是源于绝对地租的增加。如何区分不同情况，合理分配增值，不仅关系到各方积极性的调动，也关系到国家土地收益的流失与否。

（三）土地的资本属性体现得更充分，与金融的关系也更加密切

土地具有资源、资产和资本三种属性。当企业在一级市场上通过"招拍挂"方式拿到土地后，土地就成为企业重要的资产。由于土地的保值增值性，通过二级市场的交易实现土地的增值收益后，土地就成为重要的资本。据有关部门统计，全国84个重点城市土地抵押面积2009年年底为21.7万公顷，及至

〔1〕 毕宝德. 土地经济学（第六版）[M]. 北京：中国人民大学出版社，2011：191-192.
〔2〕 毕宝德. 土地经济学（第六版）[M]. 北京：中国人民大学出版社，2011：191-192.
〔3〕 刘江涛，张波. 城市边缘区土地增值收益分配管理研究综述 [J]. 经济问题探索，2012 (8)：59-63.
〔4〕 杜葵，李伟. 城镇土地增值收益计算模式研究 [J]. 昆明理工大学学报，2002 (6)：106-108.

2013 年年底，该数据已为 40.39 万公顷，抵押金额由 2.59 万亿元增加到 7.76 万亿元，抵押面积和抵押金额分别增长了 86% 和 200%[①]。土地抵押市场的发展，为城市建设和企业发展提供了重要的融资渠道和资金保障。与此同时，随着土地资本化的深入推进，土地与信贷、证券的关系也越来越密切。土地抵押是否规范合理，直接关系到金融系统的安全。

（四）一级市场上土地供应的"双轨制"导致二级市场并不是一个完全竞争市场

学术界曾有一种观点认为，在我国，土地一级市场由于供给受政府控制，是垄断竞争市场；而二级市场是土地使用者之间的交易，是完全竞争市场。但事实并非如此。这主要是我国土地的国有属性以及一级市场上土地供应的"双轨制"造成的。由于种种原因，我国一级市场上的土地供应目前仍然是"双轨制"，即既有大量以公开"招拍挂"方式出让的土地，也有以划拨、协议、定向等非公开方式供应的土地，这两种供地方式在公开的程度、缴纳的税费，以及后续的利用等方面是完全不同的。以公开"招拍挂"方式取得的土地，由于没有相关限制，在二级市场可以自由转让；而以划拨、协议等非公开方式取得的土地，由于享受了政策优惠，往往被附加不少约束条件，在转让时会受到诸多限制。因此可以说，我国的土地二级市场并非一个完全竞争的市场，这样的市场特点，注定了政府在二级市场交易中必须适度介入，以防止交易的不公平以及土地收益的流失。另外，即便是通过"招拍挂"方式取得的土地，由于在土地出让时政府作为土地出让人往往对土地利用提出了一系列要求，如果在二级市场交易后得不到有效落实，即会影响到土地的集约高效利用及影响到土地调控政策的效果。

三、我国土地二级市场运行中存在的问题及原因分析

（一）发育程度较低

多年来，我国城镇建设用地的规模年均增加一倍以上，其为各级政府带来了巨大的土地收益，因此，政府普遍关注土地一级市场和新增建设用地，而对如何发挥二级市场的作用，加大存量建设用地盘活利用的力度关注不够。从一、二级市场交易量的比较看，与一级市场相比，二级市场整体上不够活跃。例如，从二级市场交易较为活跃的浙江省来看，据统计，2008～2010 年，浙江省转让土地 36.683 万宗，面积 16287.54 公顷，转让金额 832.10 亿元，转让的土地面积占该省同期供应土地面积总量的 25.60%[②]。另据有关部门对上海、北京、广州、深圳四个一线城市的统计，二级市场转让宗数仅为一级市场成交宗数的

40% 左右，转让面积仅为一级市场成交面积的 10% 左右。从内地大城市与香港的对比看，包括四个一线城市在内的内地发达城市，二级市场的转让交易均不到同期土地总供应量的 50%，而香港的土地转让量占同期土地供应总量的主要部分，转让宗地数量占同期土地供应总数的 99% 以上[1]。由此可见，与香港相比，内地大城市土地二级市场的发育程度是明显滞后的。

笔者认为，土地二级市场发育滞后，主要由以下几方面原因所致。一是土地储备范围过大，挤占了土地自由转让的空间。一些地方政府为了加强对土地供应的调控力度，以及获得更多的土地财政收入，过分强调土地储备功能，扩大土地储备范围，将旧城改造、城中村、旧厂房等存量建设用地都纳入了土地储备范围，导致土地权利人可自行交易的土地十分有限。二是土地转让成本过高，保有成本偏低，影响了企业转让土地的积极性。据有关部门测算，土地转让需缴纳 30% ~60% 的土地增值税，3% ~5% 的土地交易契税等，过高的转让税费影响了土地转让的积极性，一些企业宁可让土地闲置，也不愿意转让。三是转让门槛较高，限制了土地的转让。按照《城市房地产法》的规定，"以出让方式取得土地使用权的，转让房地产时，应当完成开发投资总额的 25% 以上"。该项规定的初衷在于限制房地产投机和土地炒作，但也提高了转让的门槛，导致一些企业因经营困难确需转让的，也难以将土地转让出去，进而造成土地资源闲置。此外，相关的配套服务没有跟上，增加了转让的风险。相对于一级市场来说，二级市场的配套服务很不健全，评估、公证、保险、金融、登记等相关服务均有所欠缺，增加了交易风险，阻碍了土地转让的进行。

（二）二级市场交易信息分散、交易具有较大的盲目性和自发性

从目前我国各地的实际情况看，二级市场的交易多数是自发行为。由于缺乏良好的交易环境和交易平台，严重影响了土地资源的配置效率。具体来说，其主要表现在以下几个方面。一是信息不对称。在市场经济条件下，信息不对称是影响资源配置效率的重要原因。目前二级市场的交易管理涉及国土、房产、国资委、工商、税务、银行等多个部门，相关信息分散在各个部门，没有一个信息汇总和发布的专门渠道，造成了交易信息的不对称。这不仅使得土地成交结果背离市场供求关系，成交价格偏离土地的内在价值，而且也导致土地管理部门因缺乏包括二级市场供应在内的全面的土地供应信息，而难以对土地市场实现精准调控。另外，还会滋生大量的"掮客"和投机商，增加了交易成本和交易风险。二是缺乏统一的交易平台，交易以双方协议为主，竞争不够充分，

〔1〕 卢为民. 香港城市土地供应机制和运行机制 [J]. 上海房地, 2008 (6)：19 - 20.

价格得不到充分发现。现行的土地交易平台和交易规则大都是针对一级市场制定的，二级市场基本上是"自由市场"，缺乏相应的交易规则和交易平台，交易大多是靠中间商介绍，买卖双方以协议方式确定成交价格。这种方式不利于土地的价格发现和资源配置效率的提高。

（三）违规交易和隐性交易较多

土地二级市场的交易制度与规则的不健全及监管的不到位，导致了土地二级市场的交易出现了一系列违规交易和隐性交易的问题。

（1）违规交易问题。该方面的问题主要有以下三类。第一，以非公开交易方式取得的土地或享受政府优惠政策供应的土地，未经出让人同意、未履行相关手续，擅自交易。这些土地因公共利益或因发展特定产业的需要，在一级市场上是以划拨、协议或定向方式供应的，其享受了相关的政策和出让金优惠。按照规定，这些享受优惠政策的土地受让人在处分土地时必须征得出让人的同意，并补办相关手续。《城市房地产法》第 39 条规定，以划拨方式取得土地使用权的，转让房地产时，应当按照国务院规定，报有批准权的人民政府审批。有批准权的人民政府准予转让的，应当由受让方办理土地使用权出让手续，并依照国家有关规定缴纳土地使用权出让金。但是，在许多地方，一些企业以非公开方式或优惠政策取得土地后，擅自转让、抵押或租赁，造成了土地交易的不公平和政府土地收益的流失。第二，未达到法定条件，擅自转让和抵押土地。按照《城市房地产法》的规定，土地转让必须符合三个条件：即支付全部土地使用权出让金；取得土地使用权证书；按照出让合同约定进行投资开发，属于房屋建设工程的，应当完成开发投资总额的 25% 以上。但是一些企业未达到这些条件就擅自转让，不仅给交易双方带来市场风险，而且容易导致"囤地""捂地"、炒卖土地等现象的发生。第三，未按出让合同约定，擅自处分土地。比如，一些土地在出让时，合同中明确约定，必须满足一定条件才能转让、租赁或抵押，但一些企业拿到土地后，不按出让合同约定，擅自处分土地，造成土地使用上的混乱。另外，人民法院在处置土地资产时，没有按照出让合同要求选择受让方，亦是造成政府关于土地利用相关要求难以落实的原因之一。

隐性交易和私下交易问题。该方面的问题主要有以下三类。第一，以股权转让形式将土地使用权转让。不少企业为了规避正常的土地交易税费和土地转让条件限制，采取股权转让的形式，将相关的土地使用权进行转让。第二，不履行相关登记手续，通过"掮客"将土地使用权私下转让。第三，违反规定，故意压低或抬高交易价格。有些企业在土地交易时故意压低土地价格，以达到偷税漏税的目的，造成了国有土地收益的流失；还有的企业在土地抵押过程中和一些评估机构串通一气，故意把价格抬高以骗取银行的高额贷款，加大了银行的放贷风险，破坏了金融秩序。

（四）土地转让后不按照出让合同约定利用土地，严重影响了土地的利用效率和效益

政府作为土地所有权人的代表和出让人，在土地出让时往往将土地利用的相关要求（包括土地用途、开竣工时间、产业类型、规划参数、环保要求、科技应用、投入产出、公共设施建设等）以合同的形式固化下来，以便实现土地的最佳有效利用，并且出让合同的适用期限是整个土地的出让期限，并不随土地使用权人的改变而改变。但事实上，由于缺乏相应的监管，一些土地在进入二级市场后，出现了很多违反合同约定的行为，其主要表现在以下两个方面。第一，擅自改变土地使用性质和规划参数，比如，一些以工业用地性质出让的土地，转让后擅自用作商业用地，或者是利用工业厂房，擅自从事商业等经营性行为；一些以商服用地性质出让的土地，转让后擅自进行住宅开发和经营；还有一些土地经转让后，擅自调整规划参数，提高容积率或建筑密度等。这些行为不仅造成了政府土地收益的流失，而且会产生环境污染、交通拥堵、消防隐患等问题。第二，擅自改变产业类型。一些工业园区为了实现产业转型升级，根据产业集群和产业链的发展要求，在土地出让时往往对园区引进的项目类型、产出效益等有明确的规定，但是一些企业拿到土地后，擅自改变产业类型，从事一些与园区定位不相符的产业，或者将土地转让给一些不符合相关要求的企业，严重影响了园区的健康发展。

四、关于规范土地二级市场的建议

（一）明确目标，找准政府在土地二级市场中的角色定位

总地来看，我国土地二级市场当前迫切需要解决的问题，是活跃度不够和运行不够规范的问题。为了适应经济社会发展的新形势新要求，当前及未来一段时期，应将土地二级市场的发展目标定位如下：规范运行，繁荣发展。而要实现这一目标，既需要市场这只"无形之手"，更需要政府这只"有形之手"。其中，如何充分发挥政府这只"有形之手"的作用，在当前至关重要。

随着政府职能转变的深入推进，政府的作用正在发生新的变化。中共十八届三中全会对"政府与市场的关系"作了明确规定，即"使市场在资源配置中起决定性作用和更好发挥政府作用"，同时将政府的职责和作用定位为：保持宏观经济稳定，加强和优化公共服务，保障公平竞争，加强市场监管，维护市场秩序，推动可持续发展，促进共同富裕，弥补市场失灵。结合我国土地二级

市场的特点和发展现状，本文认为，当前政府在土地二级市场发展中要实行"有限介入或有限干预"，即既不要管得太多，也不能放任不管。在这个过程中，政府应重点扮演好三重角色：一是要做好公共服务的提供者，推动土地二级市场的快速发展；二是要做好市场秩序的监管者，规范土地二级市场的交易行为；三是要履行好所有权人代表的职责，确保土地的集约高效利用和保值增值。

（二）改革土地储备制度，缩小储备范围

针对当前政府土地储备范围过宽，企业自由流转土地空间较小等问题，建议优化完善土地储备政策，土地储备应以调节市场上建设用地余缺和提供公共产品用地为主，进一步控制收购土地范围，扩大土地权利人自行交易的范围。针对部分旧城区改造、城中村改造、旧厂房改造等项目，应制订实施该类项目可以不纳入土地储备范围、允许由土地权利人自行改造或联合开发的政策。

（三）完善土地税收政策，提高保有成本，降低流转成本

目前，土地市场存在着土地转让税费偏高、保有税费偏低的问题。对此，应建立"重保有、轻流转"的土地税费结构，在适当提高土地保有环节税负的基础上，降低流转环节的税负，以此提升土地二级市场的交易活跃度。

（四）适当降低土地的转让投资限制

针对土地二级市场转让门槛较高而限制了一部分土地转让等问题，建议在强化对"炒卖"土地严格管理的基础上，适当降低对土地转让的"25%以上投资比例"的限制，使更多的土地可以流转起来。

（五）推进公开交易，严格限制隐性交易和私下交易

为了防止隐性交易和私下交易等带来的一系列问题，要大力推进土地二级市场的公开交易。为此，建议所有的土地转让行为都必须使用国土资源部门指定的统一交易平台，其中下列转让行为必须到政府搭建的统一交易平台上进行交易：在建工程转让；工业结余用地分割转让；土地出让合同对土地使用权转让有约定的，经出让人同意后的土地使用权转让；土地出让合同约定不得转让，但因破产、重组、撤销等特殊情形确需转让的土地使用权转让；涉及土地司法拍卖的。同时，对于其他类型的交易，也要引导和鼓励其到统一交易平台上交易。为了吸引更多的土地进入统一的交易平台交易，要健全交易规则，加强交易服务，比如，在统一的交易市场内提供税收、公证、登记、拍卖等相关服务，并适当减免相关服务费用。

（六）建立转让审核制度，严格制止违规交易

一是对以非市场化方式供应的土地，在转让时要重点加强合法性审查。对

于以划拨方式供应的土地，其转让时应由政府先收回，待办理完相关出让手续后才能转让。对于协议出让和定向供应的土地，要履行合同约定的相关义务，并经出让人同意并补办相关手续后才能转让。尤其要加强政府优惠方面的审核管理，确保国家的土地收益不流失。对于违规交易的，要坚决制止并予严格处罚。

二是对以市场化方式供应的土地，要重点加强合约性审核，即审核其是否履行了出让合同的约定。凡是涉及闲置土地、违法用地的，一律不得转让。凡是违反土地出让合同约定、擅自改变土地用途和建设规划条件、擅自改变受让人的出资比例、股权结构或实际控制人以及其他违反土地出让合同约定的，不得转让。土地使用权转让价格明显低于市场价格的，政府享有优先购买权。

三是对受让人条件要严格把关。特别是对一些工业园区中的产业用地，凡是出让合同中对受让人条件有明确规定的，在转让时，供需双方均须严格遵守。

（七）加强部门合作，规范涉及土地的股权转让行为和司法拍卖行为

对涉及土地股权转让行为的，国土资源部门要加强与工商部门的合作，建立共管机制，防止一些企业通过股权转让规避土地税费和土地利用要求，甚至炒卖土地。凡是土地出让合同对土地使用权受让人的投资比例、股权结构变更有约定的，应经国土资源部门同意后，工商部门方可允许其进行股权变更。对于涉及土地的司法拍卖，法院应与国土资源部门加强合作，建立联合会审机制。法院在强制执行或者通过诉讼程序实现抵押权而对土地使用权进行拍卖或者以其他方式进行变现时，应听取国土资源部门的意见。国土资源部门对于转让土地的情况、转让条件、受让条件等方面要审核把关，以实现土地利用的合理、集约、高效。

（八）加强对评估等第三方机构的管理

针对因地价评估的混乱所带来的问题，建议建立地价评估考评制度和地价评估公示制度。对凡是不按行业规范进行评估，提供虚假报告、未真实反映情况、骗取行政许可的，应按行业规定予以严格处理。建议对有上述不当行为的评估机构实施"警告、降级、淘汰"的制度。应在评估行业营造公平竞争的环境，禁止人为指定评估机构的行为，确保土地评估的公平、公正。

（九）加强诚信体系建设

诚信体系建设是市场经济条件下约束企业行为的重要手段。国土资源部门要加强土地市场交易诚信体系建设，将二级市场中违规交易等行为纳入诚信体系管理。相关部门应加强项目审批、核准、备案、土地交易以及融资抵押等方面的监管，形成联合监管机制。

（十）建立土地交易鉴证制度，加强一二级市场的联动管理

针对土地转让后，有部分企业不按照出让合同的约定利用土地等所带来的问题，应建立土地一二级市场的联动管理机制，确保土地转让后，出让人对土地利用提出的各项要求能落到实处。为此，建议建立土地交易鉴证制度。在签订转让合同时，国土管理部门作为鉴证人，应要求转让方须将出让合同的相关约定纳入转让合同，并在土地转让后继续加强合同履约的跟踪管理。

【注释】

①此数据来源于《2009 中国国土资源公报》《2013 中国国土资源公报》。

②此数据来源于 2012 年 3 月 20 日《中国国土资源报》刊登的国土资源部咨询研究中心土地咨询部撰写的《构建统一开放有序的土地二级市场》一文。

土地储备与转让的关系研究[*]

党的十八届三中全会明确提出，市场在资源配置中起决定性作用。土地储备与使用权转让都是配置存量建设用地的重要方式。当前，我国存量建设用地交易以政府收储为主，市场的作用较弱。要发挥市场在资源配置中的决定性作用，则需重新审视政府土地收储的作用。为此，本文在分析土地储备与转让的内在联系、面临的新形势等基础上，提出了处理两者关系的对策措施。

一、政府收储与土地转让的内在联系

（一）政府收储与转让的区别与联系

（1）共同点：首先，对象有交集。存量用地是两者共同的对象，两者都涉及存量用地的流转。政府收储是政府机构从土地使用权人手中收购或收回土地使用权后再出让。其次，目标有交集。两者都有利于存量低效用地的盘活，实现土地的再开发和再利用，进而提高土地资源配置效率。

（2）区别点：首先，主体不同。政府收储的主体是政府；土地转让的主体是原土地权利人。其次，收益分配不同。政府收储的增值收益以政府获得为主；转让的土地收益以原土地权利人为主。最后，资金来源不同。政府收储以政府资金和政府为担保的信贷为主，但因资金量大、收储周期长，财政资金一般难以满足要求，而大规模的举债容易增加政府性债务，具有较大风险。而转让则以企业自行筹集资金为主，企业通过多元化的资金筹措，可有效减低风险。

（3）联系点：总地来看，两者存在着此消彼长的关系。由于存量建设用地的总量是有限的，在对存量建设用地进行资源再分配时，政府收储量的增加，就意味着土地使用者自主转让的量减少；相反，收储量的减少，就意味着市场可自由转让量的增加。

---

[*] 部分内容原载于《中国不动产》2016 年第 12 期。唐扬辉也参与了这项研究。

168

（二）政府收储与转让的优缺点比较

1. 政府收储优缺点

政府收储有以下好处：一是有利于集中统一供地，增强政府的宏观调控能力。将分散的土地通过收购储备集中起来，根据市场需求进行供应调控，有利于增强政府对土地市场的宏观调控能力。二是有利于减少国有土地资产收益流失，增加政府收益。通过政府统一收购储备，再招拍挂供应，可实现土地价值的最大化，减少国有土地资产流失。三是有利于保证城市规划，特别是公益设施建设目标的实施。政府收储通过统一规划、统一配套、统一开发、统一建设、统一管理，可为城市发展提供具有外部效应的公共产品，如公益设施、绿地，运用行政手段加快城市更新的步伐，改善城市功能。

政府收储有以下不足之处：一是不利于调动原土地权利人的积极性，影响盘活存量的进程。二是不符合物权保护的法律精神。因为从权能上来说，土地使用权包含一定的处分权和发展权。三是资金筹集比较困难，而且大规模举债容易带来政府的债务性危机。

2. 转让的优缺点

转让有以下好处：一是有利于调动原土地权利人的积极性，加快存量土地的盘活利用。二是有利于解决存量用地盘活中资金不足的问题。三是有利于体现物权保护的法律精神。四是有助于活跃市场，提高土地资源的市场化配置能力。

转让可能带来以下问题：如果政府不进行干预，任由转让市场发展，可能会产生市场失灵的问题。比如，如果缺乏统一管控，大规模分散供应土地，不利于房地产市场调控；再如，如果缺乏合理的土地增值收益分配调节机制，可能造成国有土地资产流失；等等。

二、我国政府收储和转让二者关系的发展历程

总地来看，改革开放以来，我国存量建设用地的流转方式大致经历了以下几个阶段：

（一）以土地转让为主导地位的发展阶段（2000 年以前）

这期间还没有实施政府收储，出让土地可以依法自由转让。1988 年，《宪法修正案》明确"土地使用权可以依照法律的规定转让"，为转让提供了法律依据。1990 年国务院发布《城镇国有土地使用权出让和转让暂行条例》，1994年国家颁布《城市房地产管理法》，1998 年修订《土地管理法》，对土地使用权的转让等作出了明确规定。在此背景下，特别是 1992 年邓小平南巡讲话以

后，转让市场迅速发展，但市场秩序比较混乱，多头供地现象较多，严重影响了房地产市场的健康发展，也导致了国有土地收益流失。

（二）政府收储居于垄断地位的阶段（2000～2013年）

2000年以来实施的"一个口子进水，一个池子蓄水，一个龙头放水"的土地收储政策，政府收储处于支配地位，转让市场被大大削弱。国务院2001年出台《关于加强国有土地资产管理的通知》，其中明确要求"有条件的地方要试行土地收购储备制度"。此后，国务院出台了一系列文件，多次对土地市场进行专项清理整顿，明确提出实行土地调控制度。在此大背景下，各级政府逐渐扩大土地储备范围，加大土地储备力度，不少地方还出台了加强土地转让、抵押和租赁管理的办法，对二级市场交易采取了一系列限制性措施，事实上垄断了土地的供应，客观上抑制了二级市场特别是转让、租赁市场的发展。由于过度依赖政府收储，带来了资金筹措困难、政府性债务危机增加等问题。

（三）仍以政府收储为主，但鼓励转让发展的阶段（2013年至今）

为了加快存量用地盘活，国家逐步弱化收储的垄断地位，鼓励转让等二级市场发展。比如，国土资源部关于《印发开展城镇低效用地再开发试点指导意见的通知》（国土资发〔2013〕3号），明确提出，"鼓励原国有土地使用权人开展城镇低效用地再开发。""鼓励市场主体参与城镇低效用地再开发。试点市县要制定鼓励政策措施，引导和规范市场主体参与城镇低效用地再开发，调动市场主体参与改造开发积极性"。广东、上海等地已经探索实施，推动二级市场发展。

三、土地管理面临的新形势及其对储备和转让的影响

（一）土地管理面临的新形势

（1）资源环境的紧约束，以及国家对发展方式转型的要求，土地开发将由增量为主转向存量盘活时代。随着土地资源约束的趋紧和经济转型发展的深入推进，如何实现土地资源的优化配置，提高土地利用效率，促进发展方式由外延式粗放扩张向内涵式集约发展转变，是当前需要解决的重大课题。而存量盘活是破除资源瓶颈，实现转型发展的重要途径。例如，上海提出了城市建设用地负增长的目标，通过大力盘活存量建设用地、推进流量增效，实现以土地利用方式转变倒逼城市的转型发展。

（2）党的十八届三中全会明确提出，市场在资源配置中起决定性作用，对"政府与市场的关系"作了明确规定。党的十八届三中全会通过的《中共中央关于全面深化改革若干重大问题的决定》提出，"使市场在资源配置中起决定

性作用和更好发挥政府作用"。同时又明确提出,"完善土地租赁、转让、抵押二级市场"。习近平同志在《关于〈中共中央关于全面深化改革若干重大问题的决定〉的说明》中做了明确阐述,"健全社会主义市场经济体制必须遵循'市场决定资源配置'这条规律,着力解决市场体系不完善、政府干预过多和监管不到位问题"。这对土地市场的发展,特别是对转让市场的发展提出了新的要求。

(3)《物权法》的深入推进,使得土地原权利人对自己的利益诉求也越来越高。《物权法》构建了以所有权、用益物权和担保物权为主要内容的物权体系,同时明确了用益物权包括承包经营权、建设用地使用权、宅基地使用权和地役权。依据《物权法》精神,土地原权利人拥有土地使用权,土地使用权是依法对一定的土地加以利用并取得收益的权利,具体由土地占有权、使用权、部分收益权和不完全处分权组成的权利集合,其中,土地处分权包括土地买卖、继承、转让、出租和抵押等权利。对通过划拨方式取得的土地使用权,政府收储价格中不应包括处分收益;但对通过出让方式取得的土地使用权,土地使用者拥有不完全处置权,政府收储价格中应包括相应的土地处分权收益。因此,土地原权利人应享受部分的土地再开发的收益,其权利应得到保护。

(二)政府收储自身面临的问题

(1)资金筹措的难度不断加大。政府收储主要包括收购阶段与储备阶段,两个阶段均需要大量资金支持,否则政府收储就难以有效开展。但是由于储备资金量大、周期长,对政府资金要求高,财政资金一般难以满足要求,而大规模举债容易增加政府性债务,具有较大风险。在遇到经济形势或国家有关政策有很大的变化时,特别是房地产市场大幅度波动时,政府收储可能会面临着因储备量变动影响供地、收益难以保障、使用贷款不能到期归还等多项风险。2014年9月,国务院下发了《关于加强地方性债务管理的意见》(国务院发〔2014〕43号),其中明确要求政府机关事业单位不得通过贷款等方式进行融资,只能通过举借政府债券方式融资。2016年财政部等部门出台的《关于规范土地储备和资金管理等相关问题的通知》(财综〔2016〕4号),进一步明确"自2016年1月1日起,各地不得再向银行业金融机构举借土地储备贷款"。这对储备机构原有融资方式产生了巨大影响。

(2)动拆迁和收购的难度越来越大。当政府收储补偿方案不能满足要求时,原土地权利人参与的积极性不高。近年来,随着房地产价格的不断上涨,被拆迁房屋的市场价值也水涨船高。特别在大城市,即便一块中等规模的地块,其动迁成本也高达几亿甚至十几亿元。同时，动迁居民存在一定攀比思想，令动拆和收购的直接和间接成本大大增加。当拆迁补偿标准无法满足动迁户要求时，往往出现"钉子户"与动迁户层层上访的现象。而鉴于拆迁基地效率或迫于社会效益和政治上的考虑，收储机构或投资商往往无奈接受。这进一步抬高了动迁成本，加大了政府收储的难度。

（3）过分依赖土地收储和出让模式，容易抬高地价和房价。土地财政是地方财政的重要来源，地方政府大多依赖土地出让收入来偿还地方债务和发展。基于土地财政等考虑，地方政府大多对推动转让市场发展的积极性不高，更倾向于通过收储方式来控制和盘活存量用地。随着收储的成本增加，土地出让价格也在走高，进而容易抬高地价和房价。

（三）转让市场发展的新机遇

正是由于上述形势，以及政府收储面临的一系列问题，使得转让市场的发展十分必要。相对于政府收储来说，依托转让市场的发展，不仅有助于调动市场主体的积极性，而且还有助于缓解政府储备土地的资金压力，加快盘活存量用地的步伐，更好地保障经济社会发展；土地市场不仅是重要的生产要素市场，而且与其他市场密切相关，发展转让市场对于构建统一的市场体系，促进经济持续健康发展也具有重要意义。

四、新形势下处理政府收储和转让关系的思路和建议

（一）国外的经验做法

不少发达国家和地区在不同时期都开展过土地储备。从土地储备的目标看，不同时期有不同的目标。归纳起来，大致有五大类：一是解决低收入者的住房问题。例如，荷兰为涌入城市的工人提供住房是土地储备的最根本原因。二是保证基础设施和公益设施建设。例如，在瑞典，公共不动产计划被看作推动社会福利的一种方式，为所有人提供合适的住宅和优良的居住环境是公共福利的重要内容。三是处置闲置土地。美国曾将土地储备制度作为处置闲置土地的重要手段，处理空置、废弃、欠税和止赎不动产，使之再次投入生产，美国麻省为处置废弃的军事基地实行了土地储备制度。四是促进规划实施。新加坡的收储目标是缓解土地有限的压力，保证土地管理高效运行，推动城市按照规划开发建设；五是加强房地产市场调控。韩国是为保障公共利益，解决低收入人群住房及其他公众需要，抑制土地投机、稳定地价。法国是为了抑制投机，解决住房短缺。总地来说，在房地产市场相对稳定的时期，确保保障性住房和公共（公益）设施建设的用地需要，是土地储备的首要目标。

从土地储备资金的来源看，国外大部分土地储备活动所需资金，是以中央政府补助、银行贷款、发行债券取得，只有少部分依靠地方政府税收、出售土地、民间资金。一般情况下，各国土地储备的资金来源多元化，多为各类财政和金融手段的配合。

（二）处理好我国政府收储和土地转让的思路和建议

总的改革思路是，划清边界，相互补充，统一管控，共同发展。要划清土地储备与转让的边界，明确哪些由政府干，哪些由市场干。要以政府为主导，逐步转向以市场为主导。为了纠正转让市场发展中可能造成的市场失灵问题，建议政府要加强三方面的管理：加强土地供应规模的控制（包括土地储备规模和转让规模），并根据市场需求及时做好供应调控；加强统一的交易管理，维护良好的交易和市场秩序；加强土地收益分配管理，防止国有土地资产流失。具体有以下建议：

1. 在收储范围上，根据收储目标，划清收储边界，促进转让发展

从储备范围看，目前我国实施的土地储备范围，其主要依据是 2007 年由国土资源部、财政部、中国人民银行联合印发的《土地储备管理办法》（国土资发〔2007〕277 号）（以下简称《办法》）。该《办法》第 3 条规定，"下列土地可以纳入土地储备范围：（一）依法收回的国有土地；（二）收购的土地；（三）行使优先购买权取得的土地；（四）已办理农用地转用、土地征收批准手续的土地；（五）其他依法取得的土地"。由此可见，该《办法》规定的收储范围比较宽泛，定位也不够明确，既包括了存量土地，也包括增量了土地；储备的土地既包括公益性用途，也包括经营性用途。特别是对于"收购的土地"，由于没有明确边界，造成范围过广，一定程度上制约了转让市场的发展。

储备范围的确定，必然以储备的目标定位为前提。现行的收储目标主要体现在《办法》的第 1 条，即"加强土地调控，规范土地市场运行，促进土地节约集约利用，提高建设用地保障能力"。显然，该《办法》将"加强土地调控，规范土地市场运行"作为土地储备的首要功能，而将"促进节约集约用地，提高建设用地保障能力"作为土地储备的第二功能。这也确实体现了当时面临的以增量用地供应为主，房地产市场调控任务比较重的形势需要。但是，当前及未来一段时期，随着土地供应由增量时代迈向存量时代，市场配置由"基础性作用"转向"决定性作用"，土地储备的目标必然要发生变化。基于新的形势要求，我们认为，未来我国土地储备的主要目的是弥补市场的不足。具体体现在，在盘活存量用地方面，应以市场机制为主，即以权利人自行开发和转让为主，土地储备土地主要用来弥补市场的不足，用于提供一些市场不愿做的公共

产品，比如保障房建设、公益性设施建设等。

　　基于此，从长远来看，政府对存量用地的收储范围可确定为：用于建造保障性住房、公益设施等非营利性项目的土地。同时，凡是在法律许可的范围内，依靠市场机制能够建设的项目，原则上都由市场来做，不得纳入政府收购的范围。也就是说，土地储备应以提供公共产品用地为主，且调节市场上建设用地的空缺。从而进一步控制收购土地范围，扩大土地权利人自行交易的范围。

　　2. 在规模控制上，加强土地储备与转让规模的统一计划引导和规划管控

　　无论是土地储备后再出让的土地，还是市场直接转让的土地，都属于市场供应的一部分；为了确保市场的平稳健康发展，就必须进行统一的供应调控。因此，一方面，政府对收储规模要实施严格的计划管控，储备机构可根据当地经济和社会发展计划、土地利用总体规划、城市总体规划、土地利用年度计划和土地市场需求状况等，编制年度土地储备计划，并且对储备计划实施情况进行全过程管理。另一方面，转让规模也要有一定的规划管控与引导。转让规模主要通过税收等经济手段进行管控。当市场供应不足时，减免流转环节相关税费，放宽政策，鼓励原土地使用权人将土地转让给其他企业开发使用；当市场供应过多时，增加相关的流转税费，收紧政策，减少转让规模。

　　3. 在交易管理上，土地转让须与储备后的土地出让在统一的交易平台上交易

　　现行的土地交易平台和交易规则大都是针对土地出让制定的，土地储备后的土地出让也在交易平台上进行。然而，转让市场基本上是"自由市场"，缺乏相应的交易规则和交易平台，交易大多是靠中间商介绍，买卖双方以协议方式确定成交价格。建议下一步要将转让交易也纳入统一的交易平台，规范交易行为，并及时发布土地供需信息，促进供需信息对称和土地的价格发现，防止国有土地资产流失。

　　4. 在收益分配上，结合土地增值原因，及各自权能大小，合理分配所有权人和使用权人在土地增值方面的收益

　　由于我国土地的公有属性，必须合理分配土地流转中的增值收益，做到既有利于激发土地使用权人的积极性，又有效防止国有土地资产流失。从土地增值的原因看，主要有四种类型：一是供求性增值，即由城镇建设用地供不应求引起的土地增值，这类增值源于绝对地租的增加；二是投资性增值，即土地使用者对土地进行资金和劳动力投入，把物化劳动和活劳动凝结在土地中，增加土地效用的同时也使土地增值，这类增值源于级差地租的增加；三是外部环境改善性增值，由对城市基础设施和公共设施等进行投资改造和地产商进行房地产开发导致地价上涨、土地增值，这种增值源于城市级差地租的增值；四是用

途改变性增值，即由于城市规划的调整，使得土地利用条件和用途发生改变而导致的土地增值，比如，由工业用地、住宅用地转变为商业用地导致的增值，这种增值也是源于绝对地租的增加。上述四类增值收益中，按照土地所有权人和使用权人的收益大小，结合马克思主义地租理论的"按贡献分配[1]"与"按需求调节[2]"的原则，我们认为：供求性增值、用途改变性增值是绝对地租的增加，理应归土地所有权人，即国家所有；外部环境改善性增值是因政府投资引起的增值，也应归国有所有。而投资性增值应归投资主体或开发主体所得。如果是原权利人自行开发应归原权利人所有；如果是原权利人与储备机构联合开发时，则按投资比例分享收储项目的增值收益。

5. 在改革时序上，近期可采取政府收储和转让并重的发展策略；远期逐步过渡到由转让市场为主导、政府收储为补充的发展模式

在当前的过渡时期，可重点开展以下探索：一方面，推进政府和企业联合储备，建立合资入股、共同开发的收储机制。即通过建立股份合作方式，由原土地使用权人与地方政府的资产经营公司以一定的股份进行联合储备和开发，并且由政府的资产经营公司控股。这种收储方式让原土地使用权人参与储备和开发，以调动国企、上市公司等存量持有主体参与主动开发的积极性，但对地方政府资产经营公司的资金实力要求比较高。另一方面，逐步推进权利人自行开发，按照市场机制运行。探索推进部分旧城区改造、城中村改造、旧厂房改造等项目，可以不纳入政府收储范围，允许由土地权利人自行改造或联合开发等政策。同时，对于一些土地权利人自己无条件或无能力进行再开发的地块，通过降低转让成本、允许分割转让等政策，调动土地权利人的积极性，及时将土地转让给第三方进行开发，加速土地二次开发进程。

---

〔1〕 "贡献分配"是指土地使用者因投资而得到的土地增值（人工增殖）应归土地使用（投资）者所有，其余的增值（即自然增值）应归社会（国家）所有。

〔2〕 "按需求调节"是指在具体的市场条件下，要采取灵活的机制来调节各利益主体的获利份额，兼顾效率。

加强土地交易与不动产登记的衔接研究[*]

　　土地交易与不动产登记关系密切。不动产物权经市场交易而设立、变更、转让和消灭，经依法登记而发生效力。交易是登记的重要前提，登记则是交易的重要保障。而土地交易与房屋交易有所区别，其中土地转让主要是土地使用权的转移，房屋转让则主要是所有权的转移。

　　《不动产登记暂行条例》施行以来，各地加快推进不动产统一登记。但目前我国土地市场中仍存在着大量违规交易、违规办理登记的现象。交易与登记的违法、违规往往互为前提，如果不做好两者的衔接，弥补管理上的漏洞，势必形成恶性循环，严重扰乱土地市场的秩序，侵害不动产权利人的合法权益。

　　而加强土地交易与不动产登记的衔接，有利于确保土地出让合同的履约，规范市场秩序，避免国有土地资产流失，保障权利人的合法权益。

一、厘清内在联系机制

　　为了做好土地交易与不动产登记的衔接，有必要厘清两者的内在联系机制。

　　在功能定位上具有内在联系。在我国土地公有制的背景下，由于政府在土地管理中的多种角色（既是土地出让人，又是行政管理者，还是土地登记者），因此，尽管土地交易与不动产登记的基本功能不同（交易的基本功能是实现土地使用权的转移，登记的基本功能确认土地使用权的归属，保护权利人的利益），但仍存在一些共同点，主要表现在二者都承担着一定的土地管理职能，而且所承担的土地管理职能本质上是一致的、关联的。

　　在操作程序上具有内在联系。从操作程序上看，土地交易与不动产登记往往互为依托，环环相扣。一方面，土地交易后需要进行登记。《物权法》第145条规定，"建设用地使用权转让、互换、出资或者赠与的，应当向登记机构申请变更登记"。另一方面，土地交易前必须进行登记。理论上，只有登记过和产权明晰的土地，方可进行出让、转让、抵押和租赁。无论一级市场还是二级

---

　　* 原载于《中国不动产》2016 年第 7 期。张琳薇也参与了该项研究。

市场，登记都是对不动产交易结果的一种确认和表现形式。

在法理上具有内在联系。从法理上看，土地交易与不动产登记所涉及的权利关系有所差别，前者同时涉及债权和物权，而后者主要为物权。物权制度与债权制度是市场经济中最基本的两项财产制度，共同维护着市场交易的安全。从物权上看，一级市场通过交易设立物权，二级市场通过交易转移物权，不动产登记确立物权；从债权上看，土地出让合同中既明确了受让人的权利，也规定了受让人应承担的义务，比如，节约用地、环保节能等要求，由此构成了债权的一部分。从载体上看，登记簿是不动产登记管理的基础；土地合同是土地交易的载体。

二、正视衔接中的问题

从实际情况看，我国交易与登记衔接中存在的问题主要表现在出让、转让和抵押等三个方面。

（1）土地出让与登记衔接中存在的问题。首先体现在出让合同中约定需登记部门审核的内容，登记部门难以或无法操作。比如，为提高土地节约集约利用水平，越来越多的出让人会在出让合同中约定土地的建设、功能、管理、建筑节能和环境保护等管理要素的要求，并要求在登记簿和产权证附记栏中予以注记。但在登记的实践中，有的要素内容太细，有的过于宏观难以量化，导致注记难。有的要求即使进行了注记，但由于口径不清，统计单位不明，导致登记部门难以审核落实。

此外，政策法规明文规定，"未履行合同约定不得办理初始登记"，如《招标拍卖挂牌出让国有建设用地使用权规定》第 23 条规定，"受让人依照国有建设用地使用权出让合同的约定付清全部土地出让价款后，方可申请办理土地登记，领取国有建设用地使用权证书。未按出让合同约定缴清全部土地出让价款的，不得发放国有建设用地使用权证书，也不得按出让价款缴纳比例分割发放国有建设用地使用权证书"。但在土地登记管理工作中，尚存在未履行出让合同约定就为其办理土地初始登记的情况。

（2）土地转让与登记衔接中存在的问题。这方面出现的问题在于，不符合法律规定的转让条件，或未按照法定程序转让的，登记部门为其违规办理转移登记。例如，按照《城市房地产管理法》规定，以出让方式取得土地使用权的，转让房地产时，应当按照出让合同约定支付全部土地使用权出让金，并取得土地使用权证书。但是一些企业未达到这些条件就擅自转让，土地登记部门也为其办理了转移登记。对于划拨土地和一些以协议方式或定向邀标等方式供应的土地，在合同中往往都设置一些转让的限制性条款，比如，规定"未经出让人同意、未履行相关手续，不得转让，不得进行登记"。但是，实际操作中，一些登记部门并没有把关，擅自转让的现象时有发生。

未达到在合同中约定的转让条件，登记部门是否可给其办理转移登记，目前在认识上还不统一。为了实现土地利用效益的最大化，不少地方在土地出让时，往往在出让合同中对受让人提出一系列要求，如投资强度、产出效益、物业持有比例等，受让人若达不到相关指标要求，则不得转让，登记部门也不得办理转移登记。在实际操作中，一部分地区的登记部门按照合同约定严格把关，防止擅自转让；但也有一部分地区的登记部门以合同约定不是法定程序为由，仍为一些未履行合同约定的企业办理转移登记，造成操作上的不统一。

（3）土地抵押与登记衔接中存在的问题。一是将违规登记的土地用于抵押融资。例如，为虚假的土地办理登记用于抵押融资；违反规定将划拨土地直接用于抵押融资；未履行土地出让等程序，直接办理土地登记用于抵押融资。

二是不符合抵押条件的，登记机构违规批准抵押融资。主要包括四种类型：违规批准利用公益设施等土地抵押融资；违规批准未取得合法土地使用权的土地进行抵押融资，如违法用地未查处到位即办理国有建设用地使用权证用于抵押融资；违规批准改变土地用途（使用权类型、权属）进行抵押融资；为政府储备土地办理不符合要求的使用权类型或用途登记，用于抵押融资。

三、促进衔接提效能

总的思路是：以保障土地交易安全和提高土地利用效率为目标，以加强土地全生命周期管理和土地节约集约利用为主线，以注记内容上的衔接为关键，以信息技术支撑和不动产登记制度为保障，以完善管理内容、优化工作流程、加强部门合作、健全法律法规、提升配套服务为重点，促进土地交易与不动产登记在内容、流程、制度、法规与技术等各方面的有效衔接，提高交易与登记的整体效能。

细化注记内容，明晰审核口径，实现出让与登记的衔接。根据《物权法》和《不动产登记暂行条例》的相关规定，建议明确不动产登记簿（证）注记的原则：依法合规，注记内容的管理要求必须合乎法律法规，不能以政代法；突出重点，有选择性、有重点地提出确需在登记环节注记的内容，切勿眉毛胡子一把抓。特别要明确，必须是有相关法律法规，或省级以上政府文件规定的需要写入合同的管理要求，方能由不动产登记部门进行注记。

具体而言，建议重点纳入以下合同内容：一是法律规定的一些限制性要求。比如，非市场化出让的土地转让限制（比如划拨、协议土地的转让限制等）；

是否违法用地等。二是合同约定的一些提示性要求。比如，环保要求、投入产出要求等。同时还应注意，在注记中提出的管理要求应是可操作的，明晰审核口径，方可有效落实。

通过分类管理和分工合作，实现转让、抵押与登记的有机衔接。土地转让、抵押与登记衔接应实现分类管理，不该设置条件的不设置，不审核，交给市场；该设置条件的，明确设哪几类、如何审核、谁负责审核，严格监管（具体流程见图3－1）。

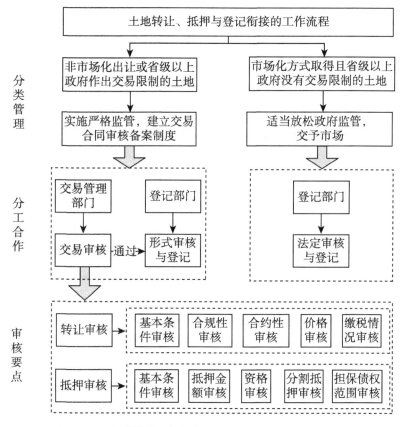

图3－1　土地转让、抵押与登记衔接管理的思路与流程

为了促进二级市场的活跃和发展，对于按市场化方式取得的，且省级以上政府没有明确限制转让、抵押要求的土地，可以适当放松政府管制，只由登记部门在登记时法定审核和登记。

对于非市场化出让的土地，或省级以上政府对转让、抵押有明确限制要求的土地，交易管理部门要严格监管。为此，建议建立土地交易备案审核制度，加强交易审核，不符合要求的不予备案，并将交易合同备案信息作为登记的审核要件。

交易审核主要有转让审核和抵押审核。转让交易审核的内容包括：基本条件审核，即是否达到了规定的基本转让条件；合规性审核，即是否改变了土地性质和其他规划参数等；合约性审核，即是否履行了出让合同上的相关约定；价格审核，即土地转让价格不得明显高于或低于市场价格；缴税情况审核，即是否已缴纳契税和增值税等税费。

抵押交易审核则包括对抵押基本条件、抵押金额、抵押物竞买人资格、抵押主体资格、土地分割抵押、抵押担保债权范围等的审核。

通过优化管理体制，强化部门之间的有机衔接。建议加快推进不动产统一登记工作进程，优化衔接流程。比如，土地初始登记时，登记部门要根据土地出让合同，将"房地产权证应注记内容"录入登记簿（证）注记栏，以便监管后续的二级市场交易行为。

加强法律法规建设，修订土地交易与不动产登记的有关规定。为了保障交易与登记的有机衔接，建议尽快修订《城镇国有土地使用权出让和转让暂行条例》（国务院令第55号）等相关政策法规。一是明确将出让合同约定作为登记基本依据，未有效履约的不得进行登记；二是明确建立土地交易备案审核制度。

加强信息平台建设，实现交易与登记的信息共享。针对交易与登记的实际操作环节，因信息不对称造成的衔接不畅等问题，建议加强不动产登记信息平台建设。

将所有不动产登记和交易的信息统一在同一平台上共享，实现实时互通共享，可以消除"信息孤岛"，确保相关业务办理的连续、安全、便捷和高效，保障土地交易秩序和安全，维护当事人合法权益。

促进上海房地产市场
平稳健康发展的长效机制研究*

2017 年以来，中央多次强调，要坚持"房子是用来住的、不是用来炒的"的定位，综合运用金融、土地等手段，加快建立促进房地产市场平稳健康发展的长效机制，既抑制房地产泡沫，又防止大起大落。本文坚持问题导向和目标导向，从分析上海房地产市场发展轨迹及面临的深层次问题入手，以实现总量平衡、结构合理、价格稳定为目标，提出了研究促进上海房地产市场平稳健康发展长效机制的思路与对策。

一、上海住房价格的发展演变

（一）上海房价的演变轨迹和特点

（1）总体演变轨迹。1998 年我国取消福利分房制度后，商品房市场发展迅速，以上海为代表的一线城市住房价格在近 20 年的城市发展中不断突破新高，总体上呈现出波动上涨态势。从上海房价变化特征看，大致可将 1998 年后的上海房价变化划分为 3 个阶段：住房制度改革后的稳中有升阶段（1998—2007）、国际金融危机后的振荡上行阶段（2008—2014）以及快速上升阶段（2015—2016）。

①住房制度改革后的稳中有升阶段（1998—2007）：1998 年住房制度改革后，上海住房市场不断发展，房价平稳上涨，年均增速基本保持在 10% 以上（除 2000 年和 2006 年外），属于房价平稳上升的 10 年。在此期间，上海房地产业增加值占 GDP 的比重也逐年上升，从 2000 年的 5.52% 上升至 2005 年的 7.74%，房地产业成为上海拉动国民经济增长的重要产业。针对这一阶段房价上涨过快、投资增幅过大、住房结构失衡等问题，上海结合贯彻国家层面的"国八条""国六条"等文件，在 2006 年出台了一系列调控措施，住房市场投资过热的问题得到了一定缓解。但到 2007 年，受人民币升值和流动性过剩影

＊原载于《科学发展》2018 年第 7 期。该项目为本人主持的上海市决策咨询研究重点课题（编号 2017－A－015－A）的部分成果。蒋琦珺、艾方青、唐扬辉也参与撰写。

响，商品住房价格再次大幅上涨。

②国际金融危机后的振荡上行阶段（2008—2014）：2008 年受全球金融危机影响，经济下行趋势明显，上海房地产业也随之进入低迷阶段，房价首次出现负增长。但随着中央经济刺激政策措施出台，上海房价再度获得上升动力，2009 年涨幅高达 52.4%，为历史最高涨幅。2010 年楼市进入紧调控时期，房价涨幅虽有所降低，但房价依旧保持过快上升态势。2011 年调控政策进一步收紧，房价开始下降。2012 年中央和上海政策依旧收紧，房价保持平稳。但 2013 年房价再次呈现整体上升态势。受 2013 年密集出台的调控政策影响，2014 年楼市成交量萎缩，部分区域出现价格下跌，房价年均涨幅仅 1.4%。

③快速上升阶段（2015—2016）：受 2014 年下半年"930"（9 月 30 日）新政影响，以限贷放宽为标志的信贷政策全面松绑，释放了很大一部分改善性需求。此外，受央行降息降准的影响，房价再次大幅上涨。2015 年房价涨幅高达 31%，2016 年春节后房价再次暴涨，上海政府出台"325"（3 月 25 日）新政，收紧限购要求。但受"9 月购房信贷新政"谣言影响，楼市成交量短期内迅速增加。直至 11 月 29 日二套房认定标准再次收紧，银行层面也相应收紧信贷，成交量大幅减少，房价上涨势头才得到及时遏制。但由于前期涨幅过大，2016 年房价总体涨幅高达 20%。

（2）上海房价变化的主要特点。上海房价变化表现出三大特点：一是房价呈"梯度"加速上涨。上海新建商品房月度价格指数在近 10 年间共计发生了 4 次梯度攀爬，形成"平行台阶"的年份分别在 2008 年、2011 年、2014 年和 2017 年左右。此外，随着时间推移，攀升坡度益发陡峭。二是部分年份房价异常波动：房价过快上涨。房价上涨过快的年份分别为 2003 年、2009 年、2015 年和 2016 年，这 4 个年份的房价年度涨幅均超过 20%，其中，2009 年房价涨幅高达 52.4%；2008 年、2011 年房价出现小幅下降，降幅分别为 1.7% 和 5.1%。三是房地产泡沫近年来有所扩大。按照国外比较公认的房地产泡沫定义，房地产泡沫是指因过度投机导致房地产市场价格偏离市场基础价格并持续上涨的现象。在计算上，可以合理房价收入比为依据，计算合理房价与真实房价之差，以此算出房地产泡沫的大小。随着时间变化，2014 年以后房地产泡沫呈现出不断扩大的趋势。

（二）上海房价变化背后的逻辑

（1）房价总体不断上涨主要来自两方面的原因：一是成本驱动，二是供需关系的变化。另外，还与通货膨胀有很大关系。

①成本不断增加带动房价上涨。成本是影响上海房价上涨的重要因素。房

地产成本主要包括 5 个部分：土地成本、工程建设及配套成本、财务销售及管理费用、各类税费以及企业利润。近年来，上海土地价格上涨过快是不争的事实，2016 年商品住房用地价格占当期商品住房价格的比重超过一半以上，房价面临巨大的上涨压力。此外，建筑材料、人工费也逐年攀升，加上开发商利润依然偏高，房地产成本逐年攀升，进而带动房价上涨。

②供给相对稳定，需求持续旺盛。供给层面，上海住房供给保持相对稳定。尽管土地供应的有限性、房屋建设长周期性，及住房供应结构的不合理等因素制约着新增有效供给，但从历年上海商品住宅竣工面积变化看，上海住房土地供给量基本每年都保持在 1500 公顷以上，以 2003 年至 2007 年供给最多，年度供给超过 2000 公顷，2004 年达到供应高峰 3000 多公顷。但总体看，近年来上海商品住房还是维持在较为稳定的供应水平。

需求层面，上海居住需求、投资投机需求持续旺盛。购房需求主要有三类：居住需求、投资需求、投机需求。居住需求可划分为刚性需求和改善性需求。刚性需求是指为满足基本居住需求而产生的购房需求。改善性需求是指随着居民收入水平不断提高，为追求更高水平的居住品质而衍生出的购房需求。投资需求是指购房者通过购买房屋进行出租，以获得租金收入和房产升值长期回报为目的。投机需求则是指短期内通过买卖房屋，赚取高额差价获利的购房行为，这种行为往往伴随"高杠杆"借贷行为。

③通货膨胀拉高房价。通货膨胀主要表现是货币超发。根据国家统计局公布的数据显示，1998—2016 年，我国通货膨胀率累计达到 43.1%。流动性过剩会导致商品和服务价格上涨，随着过多货币不断进入资产市场，房地产等资产价格也水涨船高。此外，当通货膨胀率高于名义利率时，意味着"负利率"时代到来。近几年来，上海 CPI 年度涨幅保持在 2%～3%，而一年期存款利率仅为 1.5%，这种背景下，为抵御通胀风险而购房的投资需求大大增加，又进一步拉高房价。

（2）房价呈现梯度变化的原因。上海房价呈现阶段性上涨的梯度变化特征，主要与宏观经济形势和宏观政策，以及与之相关的投资投机快速增加有关。长期来看，我国房地产（住房）市场发展是一个典型的政策市，受政策调控影响十分显著。

①2003 年和 2009 年房价大涨主要源自：在过分强调房地产业的支柱产业地位背景下，实施过于宽松的货币政策，极大地刺激了购房需求。首先，产业定位上过分强调房地产业的支柱产业地位。2003 年国家层面出台了《国务院关于促进房地产市场持续健康发展的通知》（国发〔2003〕18 号），首次明确将房地产业作为国民经济的支柱产业。随后，2008 年为了应对国际金融危机，年

底召开的中央经济工作会议再次强调房地产业支柱地位，会议提出的 2009 年 5 项重点工作中，有两项提及房地产："要把居民合理改善居住条件愿望和发挥房地产支柱产业作用结合起来""增加保障性住房供给，减轻居民合理购买自住普通商品住房负担，发挥房地产在扩大内需中的积极作用"。其次，在这样的产业定位下实施过于宽松的货币政策。2003 年和 2009 年为近 20 年间 M_2 涨幅最高的两年。宽松的货币政策会激发大量的投机性需求，对房价上涨起到助推作用。尤其是 2008 年年末，为应对国际金融危机，防止国内经济增速持续回落，我国政府提出全面实施一系列促进经济平稳较快发展的经济刺激计划，包括"4 万亿"投资拉动内需计划，地方政府随后也推出"18 万亿"的投资方案。在这种背景下，国家和地方政府又陆续出台了包括降低利率、减少首付比例、提高公积金贷款额度、减少交易环节税收等激励住房消费政策，激发了居民购房热情，海量的资金涌向房地产市场，推高资产价格。2009 年上海住房价格暴涨，涨幅达到 52.4%，是迄今为止最高年度增幅。

②2015 年房价大涨的原因主要源自：全国范围内政策调控"一刀切"，刺激上海长期被抑制需求瞬间释放。2015 年上海房价大涨始于经济下行压力下，中央和地方政府为去房地产库存出台的一系列刺激政策。主要包括放松对首套房贷的认定，上调公积金贷款额度及央行累计 6 次降息、5 次全面降准等政策。上海居民的住房需求此前连年受到抑制，此轮政策放开，购房需求迅速释放，尤其是在宏观经济下行，海量信贷资金缺乏多样化的投资渠道的背景下，楼市相关调控政策的放开导致资金最终涌入发展前景预期向好的上海房地产市场，最终导致房价暴涨。2015 年住房价格上涨 31%，涨幅仅次于 2009 年。

③2016 年房价大涨的原因主要源自：调控政策出台时间过晚，未能及时压制 2015 年延续的市场过热势头。2016 年上半年房价变化延续了 2015 年房价走势，属于惯性上涨，尽管 3 月 25 日，上海进一步收紧限购，将外来人口购房需缴纳最低社保年限标准由 2 年调至 5 年，仍未能扭转大众"买涨不买跌"的购房心理，8 月上海楼市在"新政谣言将出"的背景下更是呈现出"恐慌性购房"主导下的成交量爆发局面，最终 11 月 29 日"认房认贷"政策推出，楼市进入速冻状态，房价涨幅才得到一定程度的遏制。2016 年全年房价涨幅较 2015 年下降 10 个百分点，但仍旧高达 20%。

二、当前及未来一段时期上海房地产市场面临的形势和问题

近年来，上海认真落实中央要求，紧密结合上海实际，出台了一系列调控政策，有力促进了房地产市场的平稳健康发展。与此同时，在新的发展阶段，上海房地产市场也面临一系列新情况、新问题。

（一）发展阶段判断：总量基本满足，更加注重结构优化和品质提升

1. 上海住房市场总体上度过了住房短缺和大规模建设阶段，现有住房总量基本满足居民的住房需求，处于紧平衡状态

（1）城市化基本完成，人口增速趋缓，住房需求趋于稳定。2005～2015年，上海城镇化率从82%逐步提高至89%。2015年全国城镇化率仅为56%。从人口流动看，上海2015年常住人口首次出现负增长，城市化水平基本饱和。

（2）存量房交易占主导，标志着上海的房地产市场基本成熟。上海存量房交易远超新增住房交易，已接近部分发达国家的水平。上海近5年存量房交易逐年上升，2016年二手商品住宅销售面积占比高达69%，是新房销售面积的两倍以上。在房地产市场发展较为成熟的欧美日等发达区域，存量房是房地产交易的主体，美国、英国、法国、澳大利亚的二手房成交量分别是新房成交量的9倍、8.1倍、1.9倍、3.5倍。

（3）住房套户比已达到部分发达国家水平。截至2017年3月份，按照上海统计局公布的2015年户均人数2.7人和住建委公布的住房套数计算，上海住房套户比为1.2，已经达到德国等发达国家的供需比例。

（4）户籍人口人均居住面积已经较高，但常住人口人均住房面积与国际大都市还有一定差距。按照户籍人口计算，2016年年底上海户籍人口人均住房面积为36.1平方米/人，仅次于纽约，与伦敦、东京持平，远高于我国香港地区。但以城镇常住人口为统计口径计算，上海2014年的人均住房建筑面积为26.3平方米/人，低于对标城市的平均水平（35.8平方米/人），只高于我国香港地区，低于纽约、伦敦、东京、新加坡等城市。

2. 上海房地产发展正迈向以结构优化和品质提升为主的阶段

主要基于以下判断：

（1）居民收入水平持续提高，催生对高品质住宅的追求。根据马斯洛"需求层次"原理，随着居民收入水平不断提高，其对住房的需求也会发生变化。"居者有其屋"仅能满足其基本的安身需求，当收入水平提高到一定标准，取而代之的是对更高居住品质的诉求。这一阶段，改善性住房需求会大大增加。自1998年以来，上海城镇居民人均可支配收入年均增速保持在11%左右。加上我国经济长期保持稳定增速，居民对未来收入增加预期向好，对高品质的住房会有更多需求。

（2）上海城市发展定位对住房结构优化、品质提升提出了新要求。上海2035年规划中提出，上海要迈向卓越的全球城市，建成创新之城、人文之城、生态之城。同时对住房结构优化和品质也提出更高要求，使之与城市发展定位相匹配。

（3）从数量满足到品质提升，也是国际大都市发展的一般规律。通过对纽约、伦敦、东京、新加坡、首尔、我国香港等城市的分析，发现国际大都市住房发展有着共同的规律，即各城市的住房市场在不同的时期，随着大都市经济社会水平、住房市场发展情况，以及居民住房需求等变化，有着不同的住房规划目标，大致可分为4个阶段：第一阶段表现为住房发展初期，以解决居民的住房短缺问题，提高住房建设效率为主；第二阶段表现为住房短缺缓解后，注重提高住房面积、质量、性能和住房舒适度；第三阶段表现为住房质量得到保障后，注重营造宜居的居住环境和提升居住品质；第四阶段表现为住房环境品质提升后，以增加社区人文关怀，培养多样性社区，满足各类人群的居住需求为主。从上海的发展情况看，上海房地产发展正处于从第二阶段向第三阶段过渡时期，即迈入适当补充数量，以结构优化、品质提升为主的阶段。

3. 住房需求基本满足，但各类需求依然旺盛

尽管上海绝大部分居民的住房问题已经得到解决，但住房市场中刚性需求、改善性需求及投资需求依然旺盛。根据统计局数据，"六普"期间上海常住人口人均住房建筑面积达27.25平方米，自有住房比例达57.9%，居民住房条件较"五普"（第五次全国人口普查）显著改善，但住房需求依然较多。主要表现在：

（1）刚性需求依然较多。刚性需求主要包括结婚需求和动迁需求等住房需求。其中，结婚需求主要以青年群体结婚，组建家庭衍生出的购房需求。根据"六普"（第六次全国人口普查）资料显示，上海婚育旺盛期人口比重上升。年龄在20～34岁的婚育旺盛期人口数量为731.97万人，比"五普"时增长78.5%，占总人口的31.8%，且一半以上婚育旺盛期人口为外来常住人口，是拉升全市婚育旺盛期人口比重的主要因素。随着上海婚育旺盛期人口步入婚姻阶段，因结婚而购房的刚性需求大大增加。

（2）改善性需求虽被暂时抑制，但依然强烈。尽管上海常住人口人均住房面积已达27平方米，但实际中居住面积过低的家庭仍占相当比例。数据显示，2013年家庭住房建筑面积低于40平方米的家庭占比近40%。随着时间推移，二胎政策效应显现，居民改善性住房需求将会进一步增加。而在当前以行政手段为主遏制炒作的背景下，"认房认贷"新政不仅有效打击了投资投机需求，也使得相当一部分改善性住房需求面临首付比例和贷款利率大幅提升的资金压力，导致购房计划暂时搁置，一旦政策放松，被短期抑制的需求将会瞬间释放。

（3）上海房地产投资具有风险低、收益高的优势，投资需求将长期存在。市场经济条件中，房地产除了具有居住属性，还有资产属性，投资性需求是房地产资产属性衍生出的客观需求，其产生是合理和必然的，对房地产市场繁荣有着积极的促进作用。与外地城市相比，上海房地产投资以低风险、高收益著

称。近年来上海房价持续上涨，2016 年后更是出现了短期快速上涨，一线城市只涨不跌的神话加强了社会大众进一步看涨上海房价的预期。在投资渠道有限，实体经济不景气、通货膨胀压力大背景下，社会资本不断涌入上海楼市。

（4）人才住房和外来务工人员等居住问题比较突出。

随着上海"四个中心"、科创中心和全球城市的建设，将会吸引大量的青年人才、国际人才以及外省市务工人员来沪发展，由此将带来大量的住房需求，但由于房价高企，且租赁市场尚未成熟，这部分群体的住房需求没有得到很好的满足。

（二）土地资源相对稀缺，新增土地供给约束趋紧

从土地供给看，上海人口密度大，土地资源相对稀缺。上海市域面积为 6787 平方公里，只有北京的 1/3，天津的 1/2。在这样狭小的地域范围上，却承担着比上述几个城市都要多的人口，2016 年上海人口密度为 3834 人/平方公里，是北京和天津人口密度的近 3 倍。目前，上海已逐步划定建设用地红线，并提出未来规划建设用地负增长的目标，新增土地供给约束进一步收紧。按照上海十三五规划，到 2020 年上海建设用地将控制在 3185 平方公里，《上海市城市总体规划（2016—2035）》提出，到 2035 年上海建设用地总面积锁定在 3200 平方公里。而 2016 年年底已达到 3160 平方公里，未来新增建设用地空间十分有限。因此，如何在土地紧缺的情况下，实现房地产的持续供给，以满足不断增长的住房需求，难度较大。

（三）结构问题：供给结构失衡，供需错配问题突出

1. 租赁住房与出售住房的失衡

租赁市场发展滞后，过分依赖出售问题较多。（1）住房租赁比重远低于销售比重。上海租赁比重远低于国际大都市平均水平。从存量的租赁与销售比重看，上海租售比约为 25∶75，明显低于其他国际大都市（纽约为 68∶32，东京为 52∶48，首尔为 59∶41，柏林为 7∶3），产权房比重明显偏高。从新增的租赁与销售比看，目前还是以售为主。2016 年上海新建住宅中，用于租赁的比重不到 15%，远低于发达国家和地区新增供应的租赁比例。例如，德国科隆市规定，新建住房 26% 用于出租，日本 2011 年新建住房中用于租赁的比重也超过 20%。

（2）租赁市场不规范问题突出。一是供应主体单一。上海目前租赁市场仍处于自发状态，主要以个人住房租赁为主，出租行为难以监管。相比之下，国外政府或机构持有的租赁住房比例较高，如伦敦市政府持有的租赁住房约占整个市场租赁住房的 24%。二是房屋质量安全无保障。满足租赁需求的住房供给基本只能通过二手房市场获得，大多数承租人是通过中介或者自己寻找房源租

住，房屋安全无保障，往往存在消防隐患、卫生条件差等问题。三是租期和租金随意调整现象较多。租赁合同的法律约束力较弱，房东随意缩短租期现象时有发生，租赁稳定性较差。租赁合同大多一年一签，房东可随意调整租金涨幅，直接影响承租人的租赁意愿。

（3）租购不同权问题突出。目前租客通过租房，还无法享受一些特殊的城市公共服务，例如子女教育问题等。由于承租人长期处于弱势地位，促使更多承租人转向购房市场。

2. 市场化住房与保障房的失衡

保障房比重偏低，人才、养老住房问题突出。（1）上海保障性住房比重较低，难以满足居住需求。近年来，上海大力推进"四位一体"的住房保障体系建设，取得了显著进展，但仍然面临着不少问题。其中一个突出表现就是，保障房的比例偏低，而商品住房比重过高，超过90%。对比国际大都市，上海市保障房比重明显低于国际水平。例如，新加坡拥有十分完善的公共住房保障体系，政府提供的组屋套数占比高达75.9%，容纳了85%以上的新加坡公民。在我国香港特别行政区，带有保障属性的公屋占比超过40%，容纳了近一半的香港人口。欧洲和日本的住房保障比重也比较高。

（2）从上海市保障房的实际供应情况看，廉租房和共有产权房以户籍对象为主，覆盖面十分有限。其中，廉租房主要针对城镇户籍的低收入住房困难家庭。共有产权房主要针对城镇户籍的中等及中等偏下收入的住房困难家庭。公共租赁房不仅数量少，而且还存在着入住门槛限制、设施配套不全等问题，难以满足大多数处于起步阶段的创新群体的较高租赁需求，特别是在陆家嘴金融区、张江高科技园区等创新群体大量集聚的地区，存在租赁住房短缺问题。

（3）从保障房的需求情况看，人才和养老住房问题比较突出。一方面，青年创新群体未完全纳入既有的保障体系，易造成人才流失，不利于科创中心建设。在上海楼市严格限购的背景下，大量青年创新群体既无购房资格和购房能力，又面临租赁市场不规范，难以满足其居住需求的问题，成为租买两难的"夹心层"。这种情况下大量青年人才选择离开一线城市，向生活成本较低的二、三线城市寻求发展。上海四个中心建设、科创中心发展都离不开人才，人才流失将直接影响城市发展。另一方面，上海已经进入深度老龄化阶段，目前为中低收入老年人提供适老住宅尚未被纳入保障体系建设中。

3. 商服用房（地）与住宅用房（地）的失衡

商服比重偏高，类住宅问题突出。商服用房（地）与住宅用房（地）结构失衡主要表现为上海商服用地占比明显偏高。从国际对比看，上海2014年存量商服用地占比已达10.4%，远超伦敦、纽约、东京、巴黎等国际大都市平均水平，这些大都市商业用地占比基本在 5% 以下，而上海商服用地占比是国际水平的两倍以上。从国家标准看，《城市用地分类与规划建设用地标准》中指出我国城市规划建设商服用地占比应当保持在 5%～8%，而 2014 年上海存量商服用地占建设用地比重较 2010 年的 9.9% 进一步上升，达到 10.4%。由于结构的失衡，商服用房（地）与住房（地）价格倒挂，以及住宅的限购限贷等政策，也带来了所谓的"类住宅"问题，严重影响了房地产市场秩序。尤其是在 2016 年限购政策进一步收紧后，酒店式公寓等"类住宅"成为新的炒作热点。"类住宅"的火爆，也带来了一系列其他问题。比如，擅自改变房屋使用性质，增加房屋安全隐患；虚假宣传，严重误导购房人，扰乱市场秩序。

4. 工业用地与住宅用地的失衡

工业用地占比过高，不利于宜居城市建设。上海工业用地占比明显偏高。从国际对比看，工业用地占建设用地比重远超国际大都市平均水平，2014 年上海存量工业用地占建设用地比重为 27%，是国际代表性城市的 3～10 倍，国际大都市的工业用地比重一般都在 15% 以内。与此同时，上海在工业用地利用上存在两个严重问题。一是利用效率偏低，部分地区存在污染严重等问题，不利于宜居城市建设。二是工业区内居住、商业等相关配套设施不足，不利于产业升级和产城融合发展。产城融合是上海实现创新驱动、转型发展的重要途径。不少工业区面临居住、商业等相关配套不足问题，引发产城分离问题，严重影响了产业的转型升级。

5. 户型结构失衡：中小套住房比重偏低，与人口结构变化趋势不相适应

从供应层面看，上海住房供给户型结构存在房型过大的问题，中小套住房比重偏低，尤其是市场供应商品住房中小套型比例更低。具体来看，一是存量中小套型占比不足。上海现有城镇住宅的中小套型住房占存量住房的比重约为 63%，低于国际同类型城市比例（我国香港 77%，纽约 92%），并且年代较为久远、房型与设施不能符合现代居民生活需求的小套型住宅占据相当比重。二是新增供应中小套型明显不足。2009 年以来，根据国家房地产调控政策精神，上海加大了保障性住房用地供应力度，保障性住房用地供应占住房用地供应比例连续 3 年超过 70%，同时又降低了普通商品住房用地中中小套型比例控制要求，普通商品住房中小套型占比约 20%。

从需求层面看，未来上海的人口结构将呈现少子化、家庭小型化的变化趋势，对住房的需求也会发生相应的变化。一方面，上海的少子化趋势已经非常明显。另一方面，家庭结构的小型化趋势也十分明显。常住人口中，平均每户人口从 1978 年至 2000 年逐年递减，2015 年户均人口已经降为 2.69 人，根据"六普"数据以及近年的变化预计，到 2040 年户均人口降至 2.5 人。可见，少

子化和家庭结构的小型化是上海未来人口变化的发展趋势，势必增加对中小套型住房的需求。

（四）价格问题：房价上涨压力大，居民购房负担重

（1）房价上涨过快且明显偏高，居民难以承受。近年来，上海房价不断上涨，新建住宅价格由 2006 年的 7039 元/平方米上升到 2016 年的 25910 元/平方米，累计涨幅高达 268.1%，远超同期上海市居民人均可支配收入累计涨幅（162.7%）和同期上海 GDP 累计涨幅（159.8%）。房价涨幅过大，与居民收入涨幅、社会经济增幅不匹配（见图 4 - 1）。从国际对比看，德国房价长期保持稳定，从 1977 年至今，德国人均收入增长约 3 倍，但同期名义住房价格仅上涨约 60%。

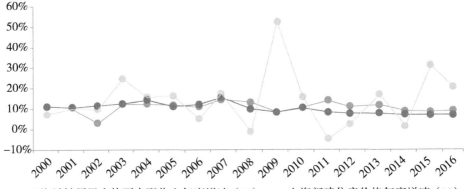

图 4 - 1　上海房价增速与居民收入增速及 GDP 增长率年度变化对比

从衡量购房能力的房价收入比看，国际公认的合理区间是 4~6 倍，例如，在新加坡，公民购买"组屋"的房价收入比小于 4。考虑到我国父母对子女的首次购房往往提供一些资助，按照首付支持 50% 来计算，我国房价收入比的合理区间可定为 6~9 倍。对月薪 8000 元的青年人才，如果在中环附近购买一套 60 平方米的市场化商品住房（单价按 4.5 万元/平方米计算），房价收入比为 14，明显高于我国房价收入比合理区间 6~9 倍，也就是说根本买不起 60 平方米的小房子。

（2）未来上海房价上涨压力依然较大，保持房价稳定难度较高。尽管高房价超过普通市民可负担的能力范围，但未来房价进一步上涨压力依然很大。这主要基于以下原因：一是在上海城市发展前景好，房价普遍看涨的预期引导下，投机投资性买房的冲动依然较大，从而造成房价居高不下。二是在土地日益短

缺的背景下，开发商炒地的冲动不减，从而造成地价居高不下。三是如果相关政策跟不上，房地产供应体系不完善，投机炒作的空间仍会大量存在，严重影响房价的稳定。

三、建立上海房地产市场平稳健康发展长效机制的思路与对策

建立长效机制，是实现上海房地产市场长期平稳健康发展的重要保证。长效机制要注重优化中长期供给体系，引导市场预期，实现房地产动态均衡，促进房地产市场稳定。上海作为超大型城市，房地产发展有着自身的特点和规律。在建立上海房地产长效机制过程中，既要落实中央要求，又要结合本地实际，有的放矢，提高调控的针对性和有效性。

（一）总体把握上：针对"三大问题"，推进"五个转变"，实现"三个目标"

（1）建立房地产市场长效机制必须解决"三大问题"。当前和未来一段时期，上海房地产市场主要面临三大问题。一是供给的"可持续"问题，即如何实现在新增建设用地日益减少的背景下，完善供给体系，满足持续增加的住房需求。二是结构的"匹配性"问题，即如何解决目前房地产市场中出售与租赁、市场与保障、工商业与住房、户型结构等一系列供需结构不匹配问题。三是价格的"稳定性和可负担"问题，即如何保持房价稳定且居民收入可负担。正是由于这3个问题的存在，很容易造成上海房地产市场的大起大落。因此，建立长效机制必须从这3个问题入手。

（2）建立房地产市场长效机制必须实现"三个目标"。从国内外房地产发展的历史和实践经验看，只要房地产市场达到"总量平衡、结构合理、价格稳定"这3个目标，就会处于平稳健康状态。业界把这"3个目标"作为房地产市场平稳健康发展的基本标志。总量平衡是要实现供需总量的动态均衡；结构合理是指供需结构能实现有效匹配；价格稳定是指房价保持基本稳定。其中总量平衡和结构合理是基础，保持房价稳定是关键。在价格上，除了要实现稳定以外，还要坚持以人民为中心的理念，确保市民的可负担能力。

（3）建立房地产市场长效机制必须推进"五个转变"。长效机制与短期政策最大的不同在于，长效机制不是应急性措施，而是着眼于长远，能够保障房地产市场在较长一段时间保持平稳健康发展。既然着眼长远，就要适应房地产市场发展的一般规律和趋势。从国际房地产市场发展的一般规律和趋势看，主要有4个特征：当城市化完成后，房地产供给主要以存量供给为主；随着国际化、人口流动性的发展，租赁市场日益发育；随着经济社会发展，更加注重社

会福利和公平性建设，住房保障日益受到重视；随着市场经济的日益完善，在调控手段上，更加注重经济手段和法律手段等。为此，建立房地产市场的长效机制，必须顺应房地产发展的基本规律，推进"五个转变"。一是由目前的以需求调控为主向供需两端调控转变，二是以增量供应为主向存量供应为主转变，三是以售为主向购租并举转变，四是以市场化供给为主向注重保障转变，五是以行政手段调控为主向以经济和法律手段调控为主转变。

总之，建立长效机制，就是要以实现房地产市场平稳健康发展为目标，按照"房子用来住的，不是用来炒的"的总体定位，针对上海房地产市场发展中面临的持续供给问题、结构失衡问题，以及价格稳定性和可负担问题，坚持"三个为主"，完善市场体系和住房保障体系，推进房地产供给侧结构性改革，通过建立循环供给机制、优化供给结构、抑制投机炒作，实现"可持续供给""匹配性供给""可负担供给"，进而实现供需总量平衡、结构合理和价格稳定。

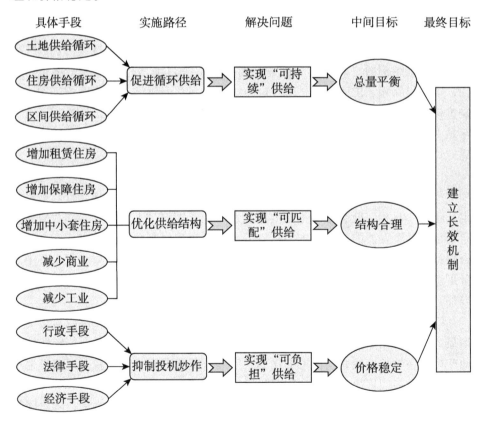

图4-2 建立长效机制的思路框架图

（二）预期引导上：以澄清认识误区和加强舆论宣传为重点，稳定房地产供给预期

在市场经济条件下，预期是影响房地产投资的重要因素，预期管理也是房地产市场调控的重要手段。对上海等一线城市来说，来自供给方面的预期影响更为明显。尤其在上海划定建设用地红线和提出未来规划建设用地负增长的目标后，社会上有不少关于房地产供给短缺的议论，以及由此引发的房价必涨预期。在这种舆论和预期引导下，一些开发商和购房者产生了强烈的"炒地"和"炒房"冲动，严重影响了上海房地产市场的稳定。

1. 当前房地产供给方面存在的几个认识误区

（1）错把"新增建设用地供给"当作"土地供给"。该观点认为，《中共上海市委关于制定上海市国民经济和社会发展第十三个五年规划的建议》提出，"十三五期间，逐年减少建设用地增量，规划建设用地总量实现负增长"。这就意味着，随着新增建设用地的减少，市场上的土地供给量必然减少，进而造成土地供给短缺。其实，土地供给不仅包括新增建设用地供给，还包括存量建设用地供给。新增建设用地供给的减少，并不意味着市场上土地供给总量的减少。

（2）错把"土地供给"当作"房地产供给"。目前上海的土地供给因受规划控制的刚性约束，扩展空间十分有限，而住房需求则不断增加，由此人们认为将导致住房供不应求和房价上涨。实际上，这又犯了一个概念性错误。其实，"土地供给"不等同于"房地产供给"，因为从"土地供给"到形成实际的住房供给，一般需要 2~3 年。土地供给最多只能影响未来的住房供给量，而不能影响当期的住房供给。房地产供给量主要取决于当期市场上的住房供给量。

（3）错把"新房供给"当作"整个住房供给"。该观点认为，未来随着新增建设用地的减少，新房供给将越来越少，房价将越来越高。这其实是把"新房供给"当作"整个住房供给"。实际上，市场上的住房供给，除了新房之外，还有存量住房，而存量住房的增加完全可以弥补新房的不足。

（4）错把"行政区范围内的房地产供给"当作"全部供给"。该观点认为，上海只有 6787 平方公里，在这样狭小的地域范围上，承担着比北京、天津等大城市都要多的人口。因此，未来上海房地产的供求矛盾必将超过上述任何一个城市。实际上，这是受传统的行政区经济思维的影响。近年来随着高铁、城际铁路、轨道交通等快速干道的发展，城市群或都市圈内的同城效应日益加剧，大都市住房消费外溢现象日趋明显。目前，已有不少上海人到苏州、嘉兴等地买房，甚至有部分人住在昆山，在上海上班。这实际上等同于上海人在变相使

用着苏州、嘉兴的土地指标。

2. 加强舆论宣传，合理引导房地产供给预期的建议

（1）强化对上海"房地产供给"的科学内涵的宣传。房地产供给包括土地供给和房屋供给两部分。随着国土和房管部门的分开，土地供给和房产供给也相对分离。随着城市群或都市圈的快速发展，房地产供给不仅包括本行政区内的供给，还有来自行政区外的供给。因此，上海房地产供给＝土地供给（新增建设用地供给＋存量建设用地供给）＋房屋供给（新房供给＋存量房供给）＋行政区外的房地产供给。建议相关部门和媒体在对外宣传时要全面考虑，通盘分析。

（2）强化对房地产供给重点的变化及其影响的宣传引导。从国际大都市房地产供给体系演变的一般规律看，新增建设用地和新房供给越来越少，而存量建设用地和存量房供给则成为主流。在住房供给体系中，租赁住房的供给比重将不断增加。存量住房和租赁住房的增加，有助于房屋的循环利用，客观上增加了市场上的房屋供给。建议相关部门和媒体在对外宣传时或分析房地产供给时，要强化对存量土地和存量住房，以及租赁住房供给的宣传力度。

（3）强化对土地和住房供给信息的权威发布。目前，无论从上海"十三五"住房发展规划，还是国土部门发布的年度土地供应计划看，都只涉及新增土地和住房供给量，而没有涉及存量土地和房屋的供给量。建议政府相关部门定期发布土地供给总量（包括增量和存量）和住房供给总量（包括新房和二手房）等相关信息，以稳定市场预期。

3. 供给数量上：以建立循环供给机制为重点，实现供给的可持续

如何在土地严重短缺的背景下，实现房地产的可持续供给呢？中央"十三五"规划建议明确提出，坚持节约优先，树立节约集约循环利用的资源观，用最少的资源环境代价取得最大的经济社会效益。因此，在建立房地产长效机制过程中，结合上海土地资源紧缺的市情，强化"四个循环"，完善房地产供应链，构建房地产供给长效机制。要明确"循环供给"的内涵及其意义，房地产供给包括土地供给和住房供给。其中，土地供给既包括增量用地供给，也包括存量用地供给。住房供给包括增量住房供给和存量供给住房两部分。所谓房地产循环供给，是指以满足居民住房需求为目标，统筹安排都市圈内的土地和住房资源，构建从土地供给到住房供给，从增量供给到存量供给，从区内供给到区外供给的循环供给机制，从而为居民提供源源不断的住房供给，实现房地产市场的供需均衡。

（三）强化循环使用，构建房地产供给长效机制的对策建议

根据循环供给思维，建议在建立房地产长效机制过程中，结合上海土地资

源紧缺的市情，推进"四个循环"，完善房地产供应链，构建房地产供给长效机制。

（1）强化土地循环使用，大力发展存量土地市场，减少对新增建设用地的依赖，保障土地供给总流量。以探索住房用地租赁和短期出让为重点，完善土地一级市场，为实现二级市场循环供给奠定基础。相对于长期出让，短期出让和土地租赁既有利于加速土地流转和循环利用，还可以降低企业拿地成本，保障政府获取土地增值收益。建议结合当前的租赁住房建设，探索推进住房用地租赁制等模式。以放宽对存量用地流转限制为重点，完善土地二级市场，提高二级市场的供地比重。

（2）强化住房循环使用，大力发展存量房市场，减少对新房的依赖，保障住房供给总流量。一要以增加租赁住房建设为重点，完善住房一级市场（增量市场），为促进住房的循环供给和利用提供基础。相对于以售为主的住宅开发模式，租赁住房更有利于加快房屋周转和提高供给效率，更有利于提高土地利用效率。二要以完善税收制度、建立房屋银行、加大旧房改造为重点，完善住房二级市场（存量市场），推进存量房供给。建议通过以下途径增加市场上的住房供给流量：一是借鉴国外经验，政府或机构建立房屋银行，收购存量空置房，通过出售或出租，增加住房供给；二是加大旧住房改造力度；三是完善税收制度，提高保有成本，降低转让成本，促进存量房的出租或出售。

（3）强化土地供给和房屋供给的衔接与循环使用，健全房地产供应链，保障房地产供给总流量。一是安排各类供给时，要把握好优先顺序。考虑到新增土地供给的短缺和资源的循环利用，在房地产市场上出现供不应求时，建议首先盘活存量住房，其次盘活存量土地，最后才增加新增用地。二是在编制土地供给计划时，要充分考虑到未来市场上的房屋供给量。由于土地供给与形成房屋实际供给的时间差，防止因缺乏科学预测而造成未来住房的供不应求或供过于求。

（4）探索整个都市圈房地产的循环使用，形成对上海房地产供给的有效补充。为缓解上海因自身土地资源紧缺造成的住房供不应求问题，建议统筹安排都市圈内的土地供给。具体来说，一是推进上海都市圈土地供给规划的编制。结合大都市住房消费外溢现象，统一编制土地供给规划和计划，实现土地资源在更大范围内的优化配置。二是探索建立都市圈统一的土地和房屋交易平台，为开发商和购房者提供更充分的供需信息，促进都市圈内房地产市场的供需均衡。由于涉及跨行政区的问题，还需提请国家相关部门统筹协调。

（5）供给结构上：以"三增两减"为重点，优化供给结构，实现供需匹配。针对目前上海住房租赁和保障比重过低，商办和工业占比过高，大户型偏多的问题，要以增加租赁、保障、中小套比重，减少商办和工业比重来实现供需结构相匹配，即实施"三增两减"策略。具体包括：

①要增加租赁住房供应。发达国家经验表明，住房租赁市场的发育，不仅能增加住房供给，而且还可减少购房需求，从而为稳定房价起到很好的作用。住房租赁市场发展，重点要健全以市场配置为主、政府提供基本保障的规模化住房租赁体系，构建"先租后买、先小后大、不断升级"的住房梯度消费格局。

②要多渠道增加租赁住房用地供应。在新增用地上，在住房用地供应计划和住房建设计划中，相应增加租赁住房用地和租赁住房的供应比重，尤其是在产业集聚区、交通枢纽地区、商办过剩地区重点发展租赁住房，在开发建设上予以土地出让优惠和税收扶持等。在存量用地转化上，要加快存量用地盘活力度，在符合规划的前提下，允许过量商办用地、减量化工业用地向租赁住房用地转换，改建房屋用于租赁。

③要支持多层次租赁住房消费需求。一方面，构建适应不同层次需求的租赁住房供应体系。廉租房、公共租赁房主要用于满足中低收入者，市场化租赁住房的对象可定位为中高收入者。另一方面，加强政策引导，鼓励住房租赁消费。例如，通过个人所得税减免、增加住房公积金提取额度、发放不同标准的住房补贴等形式，鼓励居民通过租房解决居住问题。

④要促进住房租赁市场规范化发展。一是培育专业化规模化的租赁住房供应主体。出台相关信贷、税收优惠政策推进租赁平台建设，引导企业通过收储、购买等方式多渠道筹集房源，提高住房租赁企业规模化、集约化、专业化水平。支持企业和机构建设发展持有型物业并向社会出租，探索推动企业将其持有房源集中向园区企业、机构出租的新模式。同时，鼓励个人住房委托企业化运作，减少住房空置率。国外经验表明政府政策扶持对发展住房租赁市场意义重大。二是加强住房租赁市场管理，维护租赁关系的稳定。完善租赁契约管理制度，稳定租期。强化住房租赁合同登记备案，加强集中整治和行政执法。

⑤要加强立法，保障租赁的基本权益。目前，租赁市场乱象丛生，租赁权利不受保障。住建部近期表示，将通过立法明确租赁当事人的权利义务，保障当事人的合法权益，逐步使租房居民在基本公共服务方面与买房居民享有同等待遇。建议尽快出台《上海市住房租赁条例》，推进租赁市场发展，规范租赁市场，保障租赁的基本权益，促进租售并举住房市场格局尽快形成。

国内外防治"地王"的政策措施综述[*]

近年以来，全国一二线城市"地王"迭出，房价大涨，引起各方高度关注。所谓"地王"，媒体通常把地价大幅攀升、逼近甚至高过周边房价的地块称之为"地王"。国土资源部对"地王"的定义是，在招拍挂出让中溢价率超过50%、成交总价或单价创新高的房地产用地。

据统计，2016年1~9月全国300个城市土地出让收入在成交面积略有减少的情况下，总额达到1.93万亿元，同比大增40%；其中，住房用地出让金总额15021亿元，同比增加56%。特别是，2016年第三季度各地上报异常交易地块176宗（其中一线城市上报10宗、二线城市上报62宗、三四线城市上报104宗），比第二季度增加79宗，环比增幅81%，同比增幅351%，土地市场的火热程度可见一斑。

其实，"地王"频出，并非个别房企头脑发热，一时做出非理性决策，而是由多种因素综合导致的结果。分析近期"地王"频出的原因主要有：资金的流动性过剩使得房企的资金面比较宽裕，而充足的资金储备和较低的资金成本增加了开发企业在土地市场拿地的信心和决心。还有近一年房价持续大幅上涨，使得房企对未来市场走势普遍看好，也诱发了房企的拿地热情。另外，部分企业将拍得"地王"作为投机炒作的资本，以高价拿地来抬高自身企业价值，增加企业品牌影响力，以便于下一步的融资。

从全国看，"地王"现象在许多城市的蔓延，给土地市场带来了很大冲击，引起了房企之间的恶性竞争，也直接引发不少城市居民的新一轮恐慌性购房，地价、房价双双飙升，影响了房地产市场的平稳健康发展。为了防止"地王"产生，近年来中央和不少地方都探索了一系列应对措施。同时，国外也有相关经验做法，值得总结借鉴。

一、预期引导：及时发布供地计划和舆论引导，稳定开发企业预期

在我国实行严格的耕地保护制度和土地用途管制背景下，不少城市未来可

---

[*] 原载于《中国国土资源报》2016年11月23日。张琳薇也参与了该项研究。

用的建设用地十分有限。尤其在加快发展方式转变的背景下，不少城市划定建设用地增长边界，严控建设用地增长，部分城市甚至提出未来若干年实现建设用地零增长或负增长的目标，这在一定程度上给开发企业以"地荒"的感觉，认为未来土地肯定供不应求，只要拿到土地就必然赚钱。在这种预期的影响下，一旦有土地推出，开发商就不顾一切地高价拿地。为了打消开发商的"地荒"顾虑，一些地方从稳定市场预期的角度采取相关措施。

（一）及时发布供地计划

例如，近日济南为给火热的土地市场降温，连发两条公告，明确 2017～2019 年市级计划年均供应住宅用地 7000 亩左右；苏州出台的《关于进一步加强苏州市区房地产市场管理的实施意见》提出，今后 3 年苏州市区住宅用地供应计划每年确定为 400 公顷左右，并会对住宅用地供应计划实施动态管理，根据市场供需状况作适时调整。上海发布《关于进一步加强本市房地产市场监管促进房地产市场平稳健康发展的意见》，要求加大商品住房用地供应力度。

（二）加强正确的舆论引导

对于"地荒"言论，一些城市明确对外指出，虽然未来新增建设用地空间小，甚至零增长或负增长，但是内部结构还是可以调整的，城市更新还在不断推进，住宅用地的增长空间还是很大的，开发企业用不着恐慌。

需要注意的是，"及时发布供地计划"可以在短期内起到引导舆论、稳定房企预期的目的。但是随着新增建设用地的日趋紧张和存量土地盘活的难度不断加大，政府可能因无法按期完成供地计划而影响其公信力。

二、资格审查：企业申请拿地时，严格竞买资格审查

从部分城市看，一些根本不具备开发能力的企业，甚至怀着不良动机，进入土地市场拿地，随意叫价，哄抬地价，促成了一些"地王"的产生。为了遏制这些不符合竞买资格的企业或个人参加土地竞拍，有必要在受理竞买申请时，对其竞买资格进行审查。

2010 年国务院出台的《关于坚决遏制部分城市房价过快上涨的通知》（国发〔2010〕10 号）、国土资源部出台的《关于加强房地产用地供应和监管有关问题的通知》（国土资发〔2010〕34 号）以及《国土资源部关于严格落实房地产用地调控政策促进土地市场健康发展有关问题的通知》（国土资发〔2010〕204 号）等文件都明确了企业的拿地门槛，将以下不符合竞买资格的土地竞买人排除在外：一是非房地产主业的国有企业及国有控股企业；二是欠缴土地出让价款、闲置土地、囤地炒地、土地开发规模超过实际开发能力以及不履行土地使用合同的用地者；三是竞买人及其控股股东存在伪造公文骗取用地和非法倒卖土地、非法转让土地使用权、因企业原因造成土地闲置一年以上、违背出让合同约定条件开发利用土地的……在违法违规违约行为查处整改到位前，企业及其控股股东不得参加土地竞买。

同时，各地在实施过程中还采取了以下措施：

（一）建立竞买资格的黑名单制度

将存在闲置土地、未按约定履行出让合同的竞买人列入黑名单，禁止新的用地申请。如山东省济南市国土局发布公告，强调凡未按约定履行出让合同、欠缴出让金、恶意炒作囤积土地的，一律纳入黑名单，2年内不得在济南市参加土地竞买；陕西省规定，土地闲置超过2年以上的，国土部门要将该企业列入黑名单，3年内不再对其供地。

（二）规定开发企业及其控股股东、集团成员企业不得报名竞买同一幅地块，如南京。

（三）限制同一开发企业的参拍次数

例如，合肥市规定，竞买人报名参与市区和肥东县、肥西县、长丰县范围内的居住用地竞买时，同一竞买人每次土地交易会只能参与其中一宗住房用地的竞买。

需要说明的是，"严格竞买资格审查"虽然有利于遏制欠缴土地出让价款、闲置土地、囤地炒地、不履行土地使用合同等现象，但是在实际操作中，由于各地尚未完全建立起房地产企业开发利用诚信档案以及相关信息平台，实施起来难度较大。另外，还会容易导致一些地区人为设限，造成不公平竞争，甚至腐败现象的发生。

三、交易创新：现场交易时，实施多样化的土地交易方式

为充分发挥土地资产的价值，同时又要避免土地出让价格过高，制造新的"地王"，一些城市从创新土地交易方式入手进行了探索，主要有以下几类：

（一）"熔断"机制

所谓"熔断"机制，是指对即将拍卖的住宅地块，由政府设定该地块出让的最高限价，如果企业竞价超过该最高报价，将终止土地出让，竞价结果无效。南京、苏州采用过该方式。其实在国外也有类似的"熔断"机制，比如，日本在市场过热时也曾实施过土地买卖申请劝告制和土地买卖许可制。具体为，土地所有者在买卖土地时，必须向知事申报该片土地的预定价格、利用目的等事

项，若申请预定价格或利用目的不妥，知事可以劝告停止交易；土地所有者如果不听劝告，知事可以将此公之于众。当遇有范围相当广泛而集中的投机性土地买卖或者地价猛涨的局势，知事认为有必要采取紧急措施时，可以将这一范围指定为管制地区，控制地区的一切土地买卖必须经过特别许可，一般只有那些用于自己居住或业务利用，且价格符合当时地价水平的土地，才允许其交易。"熔断"机制，从本质上说是运用行政手段直接干预地价的方式，有利于短期内抑制成交价格，从而达到控制"地王"的目的。但弊端也很明显。一是熔断点的价格难以科学确定，影响市场机制的发挥；二是容易造成因恶性竞争而导致故意流标，影响土地的及时供应。

（二）限房价竞地价

"限房价竞地价"是指在房屋待售价格限定的前提下，地价按升价式竞拍，以此确定竞得人的出让方式。该方法在北京、深圳、青岛等地进行过试点，通常应用于中小套型普通商品住房或保障性住房用地。"限房价竞地价"的好处在于：一是有助于控制商品住宅价格；二是能够保证基本的土地收益。其不足之处在于：一是开发商利润被极大压缩，可能导致开发商偷工减料；二是建成住房能否按照出让合同要求出售存在较大风险。

（三）限地价竞房价

"限地价竞房价"是指在地价限定的前提下，房屋价格按降价式竞拍，以此确定竞得人的出让方式。试点于北京、湖南等省市，通常应用于普通商品住房用地。"限地价竞房价"的好处主要有：一是有助于控制土地成交价格；二是对周边房价有一定示范作用。其不足之处在于：一是房价向下竞价幅度取决于竞拍企业的积极性；二是建成房屋能否按照出让合同要求出售，存在较大风险。

（四）限地价竞配建

"限地价竞配建"是指在地价限定的前提下，以保障房配套承诺建设面积（或资金）最高确定竞得人的出让方式，试点于北京、南京、广州、杭州等地。需要说明的是，南京的"限地价竞配建"要求，溢价超过起始价45%的部分，不计入房价申报成本，不作为申报价格的组成部分。"限地价竞配建"的好处在于：一是控制了土地成交价格，降低了土地溢价率；二是提高开发商参与建设配建的积极性。其不足之处在于：由于配建条件的存在，形式上虽转嫁了正常招拍挂时土地应该溢价的那部分金额，但其总体成本并没有降低，而且相关规定中也不涉及"限房价"。因此，从土地成本构成的角度来讲，并不能起到遏制房价上涨的作用，反而有可能进一步推高房价，同时还面临着开发商无法完成保障房配建面积的违约风险。

（五）定配建竞地价

"定配建竞地价"是指在保障房配套建设面积既定的前提下，以土地报价最高确定竞得人的出让方式。试点于北京，通常应用于具有旧改要求的普通商品房用地。"定配建竞地价"的好处在于：一是有利于完善商品房周边基础设施及公共配套建设；二是能够保证基本的土地收益。其不足之处在于：一是地价向上竞价幅度取决于竞拍企业的积极性；二是存在开发商无法完成保障房配建面积的违约风险。

四、资金监管：土地竞拍过程中，加强房企资金监管

土地交易涉及的资金额度往往较高，为防止竞买人过分激进地拿地，可从购地资金入手进行监管，防止部分房企过分以"高杠杆"拿地，影响金融安全和房地产市场健康发展。

国家层面上，2010年《国务院办公厅关于促进房地产市场平稳健康发展的通知》（国办发〔2010〕4号）、《国土资源部住房和城乡建设部关于进一步加强房地产用地和建设管理调控的通知》（国土资发〔2010〕151号）及2011年《国务院办公厅关于进一步做好房地产市场调控工作有关问题的通知》（国办发〔2011〕1号）等政策文件，针对房企土地竞拍的资金要求出台了一系列政策措施，包括：一是要求出让金的缴交不得向商业银行贷款；二是要求竞买（投标）保证金不属于银行贷款、股东借款或转贷；三是要求竞买人必须说明资金来源并提供证明；四是要求竞得人必须在规定时限内缴交土地首付款和全额出让金。

各地在实际操作中主要有以下做法：

（1）要求竞买人的有关交易资金为自有资金。目前，上海商品住房用地出让前，要求竞买人承诺有关交易资金（包括竞买或投标保证金、定金及后续土地出让价款）全部为自有资金。中国人民银行上海总部及上海银监局的工作人员会在现场进行监督和观察。目前，竞买申请文件新增了经会计师事务所及注册会计师鉴证的《商品住房用地交易资金来源情况补充申报及承诺》，加强对交易资金来源的审核。

（2）提高竞买保证金和出让金首付比例并缩短支付期限。苏州近期将住宅用地的竞买保证金由先前的20%提高到30%以上，首付款由先前的50%提高到60%或以上；同时，缩短土地出让金的付款时限，全额土地出让金支付时限调整为3个月内；合肥对房企参与土地竞拍的，需缴纳出让底价的50%作为保证金，而且如果拍出"地王"，土地价款必须在一个月内付清。

加强资金监管的优点在于：有利于抑制房地产资产泡沫，防控银行系统的金融风险，而且可以将一大部分高杠杆房企排除在外，防止高溢价发生。但是，该模式在实际操作中往往需要金融机构、金融监管部门等多部门的配合，单靠土地部门很难有效实施。同时，依靠提高企业入市的资金门槛的监管方式，在市场资金流动性过剩和市场过热时，则难以起到有效的遏制作用。

五、履约监管：土地出让后，强化出让合同履约监管

土地市场火热时，竞买人会激进拿地，但对于拿地后能否按照出让合同约定履约，则考虑不多。甚至部分房企还存在侥幸心理，寄希望于政府对其拿地后放任不管，以至于敢在竞拍时盲目叫价，不计后果。为此，为了有效防控"地王"，还可以从强化出让合同履约角度进行管控。

（一）强化对闲置土地的处置

比如，日本对于交易后的土地，在三年内有一定数量的土地未被开发利用的，由知事告知土地所有者土地已属闲地，并要求土地所有人提出土地使用计划，然后再对其提出必要的建议和劝告，使土地得到及时有效的利用；又如，芬兰出台相关规定，如果土地所有者在取得土地所有权四年内不开发其建设用地的，政府就可以市场官价征用这块土地。我国《闲置土地处置办法》规定，针对因土地使用权人自身原因造成土地闲置，满1年不足2年的，按照土地出让或者划拨价款的20%征收土地闲置费；闲置满2年以上的，政府可无偿收回。

（二）强化对商品住房建设和销售违法违规行为的查处

包括对房地产开发企业无故拖延开竣工时间、违反预销售时限和方式要求等行为进行处罚等。

强化出让合同履约监管的优点在于：不仅能够促使房企按约进行开发建设，防止囤地和闲置浪费土地的现象，而且在土地竞拍时还能给房企以压力，防止其不计后果随意叫价、哄抬地价。但是由于合同履约监管涉及的部门多，协调难度大，如果实施不力，相关约定很难落到实处。

六、房价倒逼：房屋销售时，以控制房价来影响竞买地价

房价的快速上涨，以及对未来房市的看好，是房企敢于高价拿地的重要诱因。因此，抑制"地王"，必须控制房价的过快上涨。而对房价进行直接的行政干预，是短期内抑制房价上涨的有效手段。

（一）通过控制房价涨幅，倒逼地价

从国外的情况看，德国通过严格的房价定价机制稳定住房价格。德国的房价、地价和房租都实施指导价制度，法律规定如果地产商制定的房价超过"合理房价"的20%，即为"超高房价"，构成违法行为；如果超过"合理房价"的50%，则为"房价暴利"，构成犯罪。

从国内的情况看，2011年国务院办公厅《关于进一步做好房地产市场调控工作有关问题的通知》（国办发〔2011〕1号）明确提出，要求各城市人民政府要根据当地经济发展目标、人均可支配收入增长速度和居民住房支付能力，合理确定本地区年度新建住房价格控制目标。同时，各地最近也进行了其他相关探索。例如，南京对新建商品房，按申报价格分为三等，年度涨幅不得超过8%～12%。南京的商品住宅项目以年初批次成交均价为基准，按照价格区间分类指导，2016年首次销售的商品住宅项目，申报均价参照周边同类型、同品质楼盘。年度涨幅不得高于8%～12%。厦门要求"2013年年度新建商品住房价格指数同比涨幅低于城镇居民人均可支配收入实际增长幅度"。在严格限制楼盘涨价幅度的前提下，部分楼盘因为房价报价过高，预售申请会被驳回。

（二）通过设置房屋销售条件，倒逼地价

近期，南京、苏州根据土地溢价的不同情况，提出差别化的开发建设及销售要求，并在达到最高限价后，以摇号或最接近中间价的原则确认竞得人。

南京市在实施土地网上交易时明确：（1）当网上竞价达到最高限价的80%时，地块所建商品房须完成基础工程及相应量主体结构才能申领预售许可；（2）当网上竞价达到最高限价的90%时，该地块所建商品住房必须现房销售；（3）当网上竞价达到最高限价仍有两家以上竞买时，改为现场摇号产生竞得者，并在最高限价基础上再加一个加价幅度作为成交价。另外，南京要求房源一次性对外公开销售，禁止捂盘惜售。如南京对于已领取预售许可证的项目，要求其一次性公开全部房源。对捂盘惜售，欲整栋、大面积上调价格的，不予调价申报。

苏州对区位优势明显，市场竞争力强的部分住宅地块，土地出让时会设定并公布市场指导价。对出让成交价格超过市场指导价的不同幅度，明确差别化调整商品住房预售许可条件。（1）土地出让成交超过市场指导价10%（不含10%）的，工程竣工验收后方可申请预售许可。（2）公开出让网上报价超过市场指导价25%以上时，中止网上竞价，转为通过网上一次报价方式确定土地竞得人，由竞买人在超过土地出让市场指导价25%以上再作一次报价，以一次报

土地利用与城市高质量发展

价中最接近所有一次报价平均价的原则确定竞得人。另外，苏州要求市区 30 000平方米以上商品住宅项目分期开发的，每期申请预售面积不宜低于 30 000平方米，30 000平方米以下商品住房项目，一次性办理商品住宅预售许可。项目取得预售许可证后，房源要在 10 日内一次性全部对公开市场销售。

（三）通过限制新盘定价，倒逼地价

北京对报价明显高于周边在售项目价格和本项目前期成交价格且不接受指导的商品住房项目，属于期房预售的，暂不核发预售许可证书，属于现房销售的，暂不办理现房销售备案。

（四）通过住房限购，影响地价

不少城市纷纷出台住房限购措施，控制楼市炒作和投机需求，进而影响房企的拿地预期和竞拍价格。

七、税收调控：完善税收制度，抑制住房和用地需求

按照国际经验，从长远来看，抑制房价上涨和土地投机，最有效的手段是税收手段。因此，遏制"地王"产生，还必须从完善税收制度入手。国外发达国家和地区的税收政策在平抑地价上有很多值得学习的经验，主要包括以下几个方面：

（一）对大规模保有土地课以重税

比如日本，对大规模保有的土地（东京、大阪等大城市以 2000 平方米为起征点）在其取得后 10 年内，征收高税率的特别土地保有税，防止囤积，增加土地供应流量。又如美国，对于土地所有权和使用权的竞买取得者在取得当时，即按法律规定及时缴纳高额土地使用税，使用时间越长，缴纳税金越多，促使土地取得者尽早开发建设，防止土地投机。

（二）对短期内的土地转让课以重税

如日本，在土地转让时，对土地转让人征收所得税，对于短期内就同一块土地进行交易的，课以重税。

（三）对闲置土地（房产）征惩罚税或荒地税

如，芬兰要求土地所有者必须按年缴纳地价税，对空闲的建筑用地还要加征一种专门的惩罚税；我国台湾地区对已开发但实际未使用土地征收不在地主税，税率按应纳地价税数额加倍征收。荒地要加征额外的荒地税。

（四）对多套住宅拥有者征收高额交易税和转让税

如韩国，将转让第二套以上住宅的交易税提高到50%，以打压炒房投机的

收益；对拥有三套以上住宅的居民户转让房地产以 60% 的高标准征收转让税。

（五）对投机购房征收高额税费

如德国，如果房屋要用于出售，首先要缴纳评估价值 1% ~1.5% 的不动产税；房屋正式进行买卖时，还要缴纳 3.5% 的交易税；房屋交易后，如果房主获得盈利，还要缴纳 15% 的差价盈利税。而且如果新购住房未满 7 年转让，其综合税率高达 50%。

八、小结

从上述防范"地王"的措施看，主要有以下特点：（1）从调控重点看，既有针对地价实施的干预，也有针对房价实施调控，进而倒逼地价；既有对交易本身实施的干预，也有对影响企业预期采取的措施。（2）从调控环节看，既有从供给端实施的调控，也有从需求端实施的调控。比如，在土地交易环节时对地价的直接干预，就是供给侧的措施；对房价和房屋销售环节的调控，就是需求侧的调控。（3）从调控手段看，既有行政手段，也有经济手段和法律手段。比如，对"熔断"机制和政府定价等就是行政手段，而税收手段、金融手段则是经济手段，合同履约监管等更侧重于法律手段。（4）从实施效果看，主要有两类：一类是短期内可以立竿见影的，比如，价格管制、交易管制、限购、限贷等措施，可以在较短时间内控制地价的上涨，但是一旦放松管制，又会马上反弹。另一类则是能在较长时间内发挥持续的调控作用。比如，税收手段，法律手段等，特别是税收手段。

学区房问题的根源与破解路径探析[*]

  学区房是指根据教育行政部门或者学校规定，按照免试就近入学的原则，学校（主要是重点中小学）招收指定地域范围内的学生，在这个范围里的学生可以享受义务教育，免试就近入学。人们把这个范围内的物业、房产称为学区房。[1]相应地，这个范围被称为学区。近年来，随着就近入学政策的实施，我国城市义务教育中出现了"学区房"概念，而且被热炒，并由此引起了学区房的价格或租金畸高、投资风险大增、投机之风盛行等一系列问题。"学区房热"产生的根源是什么？学区房是否会影响义务教育的公平性？如何破解学区房问题？本文试图从多视角入手，研究提出破解学区房问题的路径和政策措施。

一、学区房现状及存在问题分析

（一）学区房现状

  从北京、上海、广州和深圳等一线城市的情况看，中小学就近入学率占很大比重。有关调查显示，2014 年北京市小学就近入学率为 93.7%，初中就近入学率为 76.82%；上海市义务教育阶段学生就近入学率为 88%；广州市各区已基本完成就近入学率 90% 的目标。同时，由于目前的就近入学政策多与学生的户籍挂钩，学区房的市场需求十分旺盛。

  学区房旺盛的市场需求直接推动了房价的上涨，各地频频出现天价学区房，且价格屡创新高，形成了"学区房热"。2013 年 5 月北京部分中小学附近出现均价 10 万元的学区房，且供不应求。而据北京市统计局发布的统计数据显示，2012 年北京市职工平均工资为 5223 元/月，同期新建商品住房成交均价为 2.07 万元/平方米，学区房单价已远远高于职工月平均收入和普通商品房的单价。另据报道，2014 年 11 月，在房地产市场比较低迷的背景下，"学区房"却逆势而

---

  * 原载于《教育发展研究》2015 年 Z2 期。张琳薇也参与了该文的研究。

  〔1〕 江坚. 基于学区房现状浅谈教育地产的发展 ［J］. 创新，2010，4（02）：60-63.

上，北京有人花 135 万元买个 4.4 平方米的房子，每平方米将近 31 万元，根本不能住，只为给上学买个进门证。在广州，重点小学"学区房"单价要比周边非"学区房"高出 30% ~ 50% 。

（二）"学区房热"引发的社会问题

价格畸高的学区房不仅引起了社会的广泛关注，还引发了一系列社会问题。如果不加以遏制，势必会愈演愈烈，造成教育资源配置效率低下、房地产市场震荡以及城市空间的畸形发展。

1. 公共性教育资源与商品性住房的不合理挂钩，影响了教育公平目标的实现

在社会主义市场经济条件下，商品住房的配置完全由市场决定。而学区房的本质则是将教育资源和商品住房挂钩，这就导致了教育资源的市场化配置。而教育资源配置的市场化，特别是中小学教育资源配置的过分市场化，会带来一系列问题。

一方面，与教育公平的理念相违背，阻碍了公民公平享受义务教育的权利。义务教育公平是指所有适龄儿童和少年，平等、充分地享有教育机会、教育权利和教育资源等条件，以期实现个体健全、充分发展的教育状态。教育机会的均等分为起点均等、过程均等和结果均等三个方面。[1]学区房的出现首先使得弱势群体在教育资源的争夺上处于不利地位，导致入学机会不均等，继而是教育过程不均等，最终难以实现教育结果的公平性。其次，优质教育资源可获得性的不均衡会加剧社会分层，造成更大的不公平。据有关研究显示，教育质量与居民收入呈显著的正相关，也就是说优质的教育质量会带来相对更高的居民收入，学区房问题造成的优质教育资源可获得性的不均衡会进一步扩大收入差距，加剧社会分层，最终造成更大的不公平。

另一方面，作为商品的学区房与作为公共物品的义务教育挂钩，会严重影响公共物品的配置效率。学区房属于商品房范畴，是市场经济的产物，市场经济的供求关系决定了学区房的最终价格，追求利润最大化是其本质特征；但学区内优质的教育资源多由政府提供，政府对优质教育资源的支出又由民众共同分担，因此学区房相对于普通商品房存在外部溢价，一旦与教育资源挂钩会造成市场主体的"搭便车"行为。[2]就教育资源而言特别是优质的义务教育资源，它是一种典型的具有排他性和竞争性的公共物品，将其与学区房挂钩，虽

［1］　朱敏．"学区房热"现象中教育公平问题探析［J］．现代中小学教育，2011（1）：4 - 6.
［2］　李世奇，马焕灵．天价学区房现象批判——兼谈就近入学政策［J］．当代教育科学，2014（2）：46 - 47.

然提高了优质教育资源的使用效率，却严重地妨碍了教育的公平性。

2. 学区房的稀缺性与投机性的非理性结合，会严重干扰市场秩序，影响房地产市场平稳健康发展

一方面，"学区房热"在我国已存在一段时间，且价格始终"坚挺"。即使在 2008 年我国房地产业受到金融危机的打击，呈现市场交易量减少、价格增速放缓、资金偏紧的局面，学区房市场的热度仍丝毫不减，反而有愈演愈烈之势。当前，被热炒的学区房交易已成为城市房地产市场的重要支撑板块。另一方面，由于受人为划定的地域范围限制，供给刚性制约，而需求过度旺盛，从而使得学区房的稀缺性更加凸显。在此背景下，房产开发商、房产中介和投机者还针对市场需求大打"学区牌"，利用各种手段炒作"学区房"概念，不断在学区房交易市场制造泡沫，严重干扰了房地产市场的平稳健康发展。

3. 学区房问题造成学区人口的承载力超载，会造成新的"城市病"，影响城市整体的协调发展。由于学区房所在的学区大多位于中心城区，人口密度本来就比较高，将就近入学政策与户籍挂钩，会进一步增加学区人口，造成人口的过分集聚。一旦超过区域的承载力，就会严重影响居住环境，造成交通拥挤、卫生条件差、资源短缺、治安问题等一系列新的城市问题。此外，部分优质学区是高收入人群的集聚地，为满足该类群体需求，区域配套设施建设会得到迅速发展，整体区域环境会优于其他区域，随着时间的推移，区域间差距不断扩大，最终会形成区域的社会分化，[1]严重影响城市整体的协调发展。

二、学区房问题形成原因探究

解决学区房问题，必须找准问题的症结，从源头入手。从学区房问题的成因看，我们认为，学区房问题既与教育政策本身有关，同时也与户籍、规划、财政等相关配套政策密切相关。

（一）教育政策不完善，是"学区房问题"形成的直接诱因

从学区房问题的形成和发展轨迹看，相关的教育政策大致可以分为三个阶段。

第一阶段，实施"重点学校"政策，导致了择校热。20 世纪 50 年代，我国确立了集中稀缺教育资源办好"重点学校"的教育政策，对重点学校的人员配置、教育经费投入、办学条件、教育教学管理等方面进行了十分明确的"倾

〔1〕 王振坡，梅林，王丽艳. 基础教育资源资本化及均衡布局对策研究：以天津为例［J］. 天津财经大学学报，2014（7）：92－101.

斜"，建立起了国家级、部委级、省市级、地市级、县区级等不同层级的重点学校。重点学校因此取得了新时期竞争的首发优势，为我国教育的发展做出了重要贡献。[1]与此同时，随着人们对基础教育重视程度的增加，对优质教育的迫切需求与教育资源本身的稀缺性形成冲突，择校问题开始凸显，甚至刮起了全国性的择校风，随之而来的是一系列教育寻租、贪腐问题，极大地影响了义务教育的公平性。

第二阶段，出台"就近入学"政策治理择校问题，效果初显，但产生了"学区房问题"。1986年，为保障义务教育政策的全面落实，我国颁布了《中华人民共和国义务教育法》，其中明文规定了适龄儿童、少年就近入学的权利。据此，各地方政府制定了一系列实施办法，主要是将就近入学政策与户籍制度挂钩，实行严格的入学审查制度，保证学生就近入学，其实质是一种以户口为基础进行教育资源分配的强制性方式。这种方式在一定程度上增加了普通家庭孩子获取优质教育资源的机会，入学的前提由户籍权利替代资本权利。但问题是，该政策下的户籍权利可以通过学区房买卖获得，其根本还在于资本权利。[2]其初衷虽是维护教育公平，但在教育资源未实现均等化的前提下，只是使择校变得越来越困难，并没有彻底解决择校问题，反而演变成影响教育公平的壁垒，成了推高学区房价格的"帮凶"。

第三阶段，进一步完善"就近入学"政策，着力解决择校和"学区房问题"。为了解决"学区房问题"，2014年以来，国家和各地从多角度入手，出台政策措施进一步贯彻落实"就近入学"政策。从国家层面看，一是从"就近入学"入手，教育部办公厅出台了《关于进一步做好重点大城市义务教育免试就近入学工作的通知》，就中小学的入学范围、入学对象、入学手续、实行学区化办学等方面提出了明确的要求。二是从教育资源优化配置入手，出台《关于推进县（区）域内义务教育学校校长教师交流轮岗的意见》等政策，计划用3~5年时间，实现县（区）范围内校长教师交流的制度化、常态化，以促进师资力量的均衡。从地方层面看，北京、上海等大城市积极落实国家政策。2014年，北京市通过九年一贯制、对口直升等纵向方式解决择校问题，推进资源均衡化配置。由此，进入重点中学变得顺理成章，住不住学区房都可能进名校。上海市相关区县也通过制定更严格的入学条件，落实就近入学政策。如2015年年初，上海市教委公布《关于2015年本市义务教育阶段学校招生入学工作的实施

〔1〕黄道主，许锋华.叩问教育公平——从学区房现象谈起［J］.基础教育，2010（11）：7-10.

〔2〕邹丹丹.学区房教育公平辩析——以上海M学区为例［D］.上海：复旦大学，2012.

意见》，其中提到，各区县可根据实际情况，借鉴静安区"一个门牌号一居住户，五年内只接收一学生"的试点做法，根据适龄儿童实际居住年限、购房时间以及与直系亲属同住情况等排序来安排学生。这意味着静安区严格的学区房新政可能向全市推广。

尽管国家和地方对"就近入学"政策做了进一步完善，但现行政策仍无法从根本上解决择校和"学区房"问题。例如，从北京的政策来看，一方面，九年一贯制政策最终可能造成择校问题的前置；另一方面，现行政策未对中小学硬件配套设施均衡化配置做出规定，学校间硬件设施的差距仍将长期存在。从上海的政策看，各区重点小学近年来的入学政策逐步收紧，对于落户年限、门牌号使用次数、家庭成员等规定更为严格，无形中会造成部分家长产生购房的紧迫感，不少家庭抱着"晚买不如早买"的心态提前购买学区房。另外，近来不少学校采用网上报名的方式取代人工报名，以杜绝开后门的可能，但这从另一方面也刺激了部分家长靠购买学区房来争取入学名额的冲动。如此种种，使得学区房的供需矛盾更加突出。

（二）户籍政策不配套，加剧了学区房的竞争

虽然我国的户籍政策总体上遵循户籍与就近入学政策相挂钩，但不同城市、不同区域有不同的实施细则，特别是各大中城市的中心城区和优质教育资源集中区，在实际操作中对于户籍和居住有效证件的要求特别高，往往要求户籍地和居住地均在相应辖区内，且入学前已实际居住。例如，北京东城区的一流一类小学府学小学的入学条件就是具有北京市东城区本辖区正式常住户口、东城区本辖区房屋产权证（监护人持有），并在本校招生范围内实际居住的适龄儿童。同时，对于报名人数超过对口学校学位时，又有三方面的规定：一是规定居住时间较长的二手房住户孩子优先入学。如南京市鼓楼区对新生入学除了要求有辖区内的产权证、户口簿外，还规定了如果学生生源爆满，会让居住时间较长的二手房住户孩子优先入学。二是规定户籍和居住地一致的优先，集体户口学生统筹安排。如上海市杨浦区规定，先安排户籍地与实际居住地一致的适龄儿童、少年就近入学，再根据登记入学人数和学校资源分布情况，在区域内统筹安排"人户分离"适龄儿童、少年入学。三是规定先入籍的学生优先入学。如上海市徐汇区对于本区户籍地与居住地一致的适龄儿童，当报名人数超过对口学校学额时，按照入籍时间长短顺序安排入学。这些规定无疑加剧了二手学区房的需求，也在一定程度上提前了家长购买学区房的时间。值得注意的是，那些在优质学区内租房居住，或是人户分离、拥有集体户口、非本市户籍的学生几乎失去了就读重点中小学的机会，只能等待政府的统筹安排。这种安

排在优质教育资源紧缺的情况下，势必无法令人满意，家长只能选择购买学区房，进一步加剧了学区房的竞争。

（三）城市规划不适当，影响了教育资源的空间配置

城市规划是政府调控城市空间资源、指导城市建设与发展、维护社会公平、保障公共安全和公众利益的重要公共政策之一。教育资源的空间优化配置也依赖于城市规划的具体安排。但是，现阶段的城市规划政策不尽合理。一是现行城市规划的指导思想总地来说仍以追求经济发展为重点，对社会问题重视不够，尤其是对教育资源的空间优化配置考虑不够。以北京为例，一些新的居住区，尤其是保障性住房为主的居住社区，其公共服务设施服务半径远没有覆盖整个社区，回龙观、天通苑等大型居住区没有一所市重点中学。[1]此外，我国大多数城市以往的城市规划均是围绕中心城区呈"单中心"模式发展，这使得现存优质学区多位于基础设施比较完善、交通发达的城市中心地段，而这些区域几乎没有可用于建设的新增土地资源，新增学区房的空间十分有限，优质教育资源的可获得性仅集中于房屋的产权所有者及其子女。二是现行的城市规划方法，因对区域的人口变化和教育资源的配置标准考虑不周，往往导致对教育资源的空间配置失当。根据建设部、发改委和教育部共同制定的《城市普通中小学校校舍建设标准》中规定，应按照小学不低于六轨、中学不低于十轨的建制，建筑面积1200m²/千人，用地面积2400m²/千人的标准配套建设学校。这种教育设施的配置模式，虽然能使教育资源在数量上实现均等，但对维护教育公平收效甚微。同时，这种量化配置建立在静态模型上，容易产生"规划失效"。[2]即通过静态的人口模型得出的用地规模不能反映人口迁移状况，最终有可能出现有些学校招不到学生、有些学校报名人数超过学位数的现象。

（四）学区房增值收益分配不合理，客观上助长了对学区房的炒作

从财税政策看，一方面，我国现行房产税政策没有考虑到"学区房"的差异，没有发挥对学区房价格高企的调控作用。上海等城市实行的房产税未与学区房的分布相挂钩，造成学区房的持有成本偏低、预期收益高，一定程度上也加剧了社会上对学区房的炒作。另一方面，从学区房的增值收益看，人们因购买学区房而享受的优质教育资源主要是由政府取得税收后投入教育产业而形成的，其增值部分也大多来源于政府的教育投入，但学区房高昂的

---

〔1〕 胥明明．以城市规划视角看义务教育公平性问题［A］．规划创新：2010中国城市规划年会论文集，2010．

〔2〕 胥明明．以城市规划视角看义务教育公平性问题［A］．规划创新：2010中国城市规划年会论文集，2010．

价格，使其所包含的优质教育资源只为部分人所享有，房价增值部分也为产权人个人所有。学区房是商品住房与教育资源的挂钩，但商品住房的持有与增值却不与教育资源挂钩，这显然是不合理的，有失公平的。在此背景下，学区房就成了开发商、投资者、投机者谋取暴利的重要对象，其炒作也会日益加剧。

三、学区房问题的破解路径

总地来看，学区房问题后果严重，影响深远。学区房问题的出现和发展，是教育、户籍、规划、财税等相关政策综合作用的结果。为了推进教育资源的空间优化配置，实现义务教育的均衡和公平，维护良好的房地产市场秩序，既要加大教育政策的改革力度，又要推进其他相关政策的改革，从多角度入手，综合施策，才能从根本上解决学区房问题。

（一）改革与完善教育政策

教育政策的改革可分为短期和长期两方面。从短期来看，建议适当调整现行就近入学政策，缓解学区房的需求压力。从长期来看，要实现义务教育资源的均衡分布，从根本上解决择校问题。

1. 短期：调整就近入学政策

短期内的就近入学政策主要有两个调整方向：一是加大对"就近入学"条件的限制。目前，上海部分区县在小学新生入学条件中对户籍的规定有一定的创新。例如，长宁区进一步严格了对学生及其直系亲属的户籍要求。部分小学规定，入学新生的一家人需出自同一门下，即户主为适龄儿童的祖父母、外祖父母或父母，且法定监护人与适龄儿童的户籍均为出生地，并至今未变更过。[1]该政策有效地限制了学区房的炒作，值得推广。二是将实际居住地作为入学的条件。重点是要探索以实际居住地取代房屋产权证，作为新生就近入学的条件之一，改变就近入学政策对房屋产权证的硬性要求，有效防范"人户分离"的投机现象。

2. 长期：推进义务教育资源空间配置的均衡化

为实现教育资源的均衡化，需增加教育投入，重点改善教育资源薄弱学校的软硬件条件。主要的实现手段包括：（1）直接对薄弱学校提供教育救助。特别是在师资配置、经费保障上，地方政府要通过提供专项资金，专门用以帮助薄弱学校的改造。（2）实行教师聘任制和轮岗制。比如，将教师的升迁与其在

---

［1］ 上海小学入学政策新动作频出对"就近入学"作新规定［EB/OL］. URL：http：// sh. eastday. com/m/20140416/ula8033937. html.

薄弱学校任教的年限挂钩；均衡同一城区范围内义务教育阶段教师的工资待遇，保障教师的区域流动。同时，采取定期交流、跨校竞聘、学区一体化管理、学校联盟、名校办分校、集团化办学、对口支援、乡镇中心学校走教等多种途径和方式推进校长教师交流轮岗。（3）统一公立学校的硬件建设标准。针对目前公立学校硬件水平参差不齐的现状，建议地方政府出台义务教育阶段公立学校必须具备的硬件标准，包括在校舍、操场、校园环境、教育经费等方面制定详细的可操作细则，实现学校硬件条件的标准化，缩小学校之间的硬件差距。

（二）改革与完善户籍政策

户籍政策改革的终极目标是将就近入学政策与户籍制度相分离。本质上来说，学区房问题是就近入学政策和户籍制度双重约束条件下的产物，要彻底解决这个问题，取决于政府在这两方面的制度改善和创新，主要是应把学生享受"就近入学"政策从现在附着于户籍的状态下剥离出来，具体可参考美国的相关做法。美国也有学区房，全国大概有15 000个学区，但美国的划片入学并没有对学生的户籍做出特别要求，即使是租房居住，学生仍可就近进入学校接受教育。[1]此外，美国地方政府针对学区房建立了一整套的价格管控机制，并及时发布相关的租赁和买卖信息，有效地解决了学区房市场信息不对称问题。而在我国，优质的教育资源被打上了人身财产的印记，这种情况下，户籍制度不再仅仅是户口的登记和管理，还成了一项与福利分配和资源配置密切关联的制度。未来教育制度和户籍制度改革的重要方向就是实行就近入学政策与户籍制度相分离，以此保证大众受教育机会的平等。

（三）改革与创新城市规划政策

重点是发挥城市规划对教育资源空间优化配置的引领作用。传统的规划方法对维护教育公平的局限性已非常明显，这就对今后的城市规划方法提出了要求。新的城市规划政策在城市义务教育规划方面要充分调动教育行政部门的力量，开展教育规划的制定。重点是在动态模型的基础上，进行城市人口分布、迁移与发展的预测，以此指导学校布局规划的制定。此外，在地方政府的统一协调下，要建立起规划、教育、财政、统计等部门共享的、基于地理信息系统（GIS）的城市基础信息平台，支持相关基础研究工作的开展。特别值得一提的是，规划部门在经济适用房的规划方面，应将优质住房与经济适用房混合配置，并在周边地区配套建设高质量的基础设施和公共服务设施。通过这种方法吸引

---

〔1〕 中国美国"学区房"为什么差距这么大？［EB/OL］．URL：http：//home.163.com/14/0707/01/AO9V635F00104J5U.html.

高学历、高收入人群进入薄弱学校的学区，起到弱化阶层差别、促进教育公平的作用。

（四）改革与完善财税政策

重点是将房产税的征收与学区房相挂钩。以美国为例，美国的房产税征收与学区房相挂钩，各学区的教育财政支出，一部分来源于联邦政府的财政拨款，另一部分很重要的来源就是该学区的不动产税。这种方法不仅可以提高学区房的持有成本，遏制盲目炒作行为；而且可以将相关税收作为教育财政收入，由政府进行再分配，均衡基础教育的投入。为此，建议采取差别化的房产税税收政策，适当提高学区房的持有成本，从而抑制对学区房的炒作。

城镇住宅用地规模预测方法新探[*]

随着城市化进程的不断推进，我国许多城市特别是沿海特大城市，建设用地供不应求的矛盾在城镇住宅用地方面显得尤为突出。因此，合理预测城市的住宅用地规模，做好住宅用地供应，不仅是解决住房市场供需矛盾的有效措施，而且也是促进城市良性发展的重要保证。其中，建构一套合理的城市住宅用地规模预测方法尤为重要。为此，笔者结合实际案例分析，试图提出一套比较科学的城镇住宅用地预测方法。

一、既有城市住宅用地规模预测方法的回顾与评价

目前，国内外主要的城市住宅用地规模预测方法基本上都是以住宅用地的需求规模为基础来设计的，且发展较为成熟。主要方法有多元线性回归法、趋势预测法、灰色关联预测法、BP 神经网络模型和人均面积情景分析法等。尽管上述方法在技术上存在差异，但其核心理念均在于"人"，即以人对地的需求关系为考量依据。

应该说，既有的城市住宅用地规模预测方法，坚持以人为本，从需求的角度进行预测，在实践中发挥了重要作用。但是在土地资源日益紧缺的背景下，过分单一视角的预测方法，不可避免地存在一些疏漏。

没有充分考虑城市住宅用地的稀缺性，缺少以供给导向为出发点的预测方法。既有的城市住宅用地规模预测方法，往往忽视城市规模发展的合理水平和城市住宅用地可能供应的上限，特别是对于一些土地资源已经明显供不应求的城市，单一的以需求导向为主的预测方法显然是不合适的。而基于供给导向的住房用地规模预测方法由于以城市住宅用地的可供给量为前提进行预测，很大程度上能弥补需求导向预测方法的不足，但在实际应用中并不多见。

没有充分考虑城市住宅用地发展的一般规律，缺乏与国际城市对标分析的科学方法。西方发达国家在城市住宅用地管理上积累了丰富的经验，不少规律

---

 * 原载于《中国土地》2016 年第 8 期。刘扬参加了该项研究。

性的东西可资借鉴。但是在目前国内城市住宅用地规模预测的实践中，基本上都是基于对所选城市的历史数据的纵向分析，缺乏与同规模同等级的国际城市的横向比较。其实，我国一些特大城市，其在城市发展水平、城市规模等方面与国外一些大都市具有较强的可比性，如果在预测时能有效借鉴国外大都市住宅用地管理经验，将大大增加预测的科学性。

没有充分考虑城市住宅用地的特殊性，预测方法中缺乏多因素、多情景的深入分析。相对于其他建设用地，影响住宅用地供给和需求规模的因素较为复杂，特别是住宅用地的需求规模，受人口结构、家庭结构、居住行为以及产业结构等多种因素的影响。因此，对城市住宅用地需求规模的预测，必须充分考虑上述因素，建立多情景、多因素的预测模型分析。而从目前既有的预测方法看，对于城市住宅用地需求规模的多因素、多情景分析尚显不足。

二、预测思路：以需求导向、供给导向和国际对标 3 个角度进行综合预测

《中共中央国务院关于进一步加强城市规划建设管理工作的若干意见》中明确提出，"要按照严控增量、盘活存量、优化结构的思路，合理安排建设用地"。这一政策要求对于我国一些特大型城市显得尤为重要。为此，一些沿海特大城市已经提出了建设用地减量化的政策目标。同时，随着市民高居住品质要求不断提升，住宅建设用地需求会更旺。如何既有效控制城镇住宅用地规模总量，又满足人们的高品质居住需求，是一个亟待研究解决的重大课题。这就有必要提出新的预测思路。

需求导向——尊重城市发展的现状和客观规律，符合城市用地规模控制的目标导向。在大城市和特大城市中，普遍存在人口规模较大、建设用地规模接近极限等现实问题，因此，住宅用地规模的确定不仅要尊重住宅市场发展的客观规律，同时也要符合城市规模，特别是人口规模控制的目标导向。

供给导向——正视土地资源紧约束的现状，遵循节约集约用地的现实要求。在确定住宅用地的合理规模时，必须正视特大型城市建设用地规模接近发展底线、土地后备资源稀缺的严峻现实，按照"严控增量，挖掘存量"的总体思路把住宅用地规模放在建设用地总量的大盘子里统筹考虑，最大限度地实现住宅用地的节约集约利用。

国际对比——与国际大都市进行科学比较，合理借鉴国际对标城市的经验做法。尽可能选取与预测城市具有可比性的国际对标城市，进行比较分析，充分利用和借鉴其在住宅用地规模供应和控制等方面的经验教训。

三、新形势下城镇住宅用地规模预测方法探索

根据上述理念和思路，本研究以我国沿海某特大城市为例，研究提出具体的预测方法和技术路线。假设某特大城市的基本情况如下：

预测期初常住人口规模 1500 万，预测期末常住人口规模为 2000 万；

预测期始城镇住宅用地规模为 450 平方公里；

预测期末城镇建设用地总规模控制在 2000 平方公里以内；

预测期始城镇住房总规模 4 亿平方米；

预测期为 20 年。

（1）需求导向测算法。需求导向测算法主要是通过对城镇人口规模变化的测算来预测城镇住宅用地规模。具体有 4 种预测方法：

一是基于城镇人口总量的房屋需求倒推法（方案一）。本方法的主要思路是根据预测期末的城镇人口规模和人均居住面积来测算城镇住宅总建筑面积，进而倒推出城镇住宅用地的总规模。

由于该城市在预测期末全市常住人口规模计划控制在 2000 万的水平，以预测期末该特大型城市的城市化率 90% 计算，即城镇人口占全市常住人口的比重 90%，则该特大型城市城镇人口规模为 1800 万，按人均住房建筑面积为 30 平方米，则预测期末全市城镇住宅建筑面积为 5.4 亿平方米；在现有住房总规模 4 亿平方米的基础上，需新增城镇住宅建筑面积 1.4 亿平方米；按平均容积率 2 进行测算，需新增城镇住宅用地规模 70 平方公里，则预测期末该特大型城市城镇住宅用地总规模为：

450 + 70 = 520 平方公里

二是基于城镇人口构成细分的房屋需求倒推法（方案二）。该方法的主要思路也是从全市城镇人口总规模入手，与方案一不同的是，该方法是将城镇人口按不同的构成类别进行分类加总测算的。

可将城镇常住人口构成进行如下定义：

城镇常住人口 = 城镇户籍人口 + 外来常住人口 − 外来农村人口；

外来农村人口 = 外来务农人口 + 居住在农村的外来务工人口。

假设按照该特大型城市的人口统计的相关资料推算，预测期末上述各类人口规模分别为：城镇户籍人口 = 1500 万；

外来常住人口 = 500 万；

外来务农人口 = 50 万；

居住在农村的外来务工人口 = 250 万；

城镇常住人口 = 1500 + 500 − 250 − 50 = 1700 万。

仍按人均住房建筑面积为 30 平方米/人计算，则预测期末全市住宅建筑面积为 5.1 亿平方米；在现有住房总规模 4 亿平方米的基础上，需新增住宅建筑面积 1.1 亿平方米；按平均容积率 2 进行测算，需新增住宅用地规模 55 平方公里，则预测期末该特大型城市城镇住宅用地规模为：

450 + 55 = 505 平方公里

三是住宅用地增速趋势外推法（方案三）。该方法的主要思路是根据城市住宅用地的历年增长速度以及未来人口规模的增长速度推算城镇住宅用地的增长速度，进而测算预测期末的城镇住宅用地规模。

由于该城市在预测期始的常住人口规模为 1500 万，预测期末的规划人口为 2000 万，以预测期为 20 年测算，年均人口规模增速为 1.4%，参照城市用地增长弹性系数的合理值 1.12 来确定本市预测期内城镇住宅用地规模的增长速度为 1.6%。因此，以预测期始的城镇住宅用地规模 450 平方公里为基数，以年均增长 1.6% 的速度来估算预测期末该城市的城镇住宅用地规模为：

$450 \times (1 + 0.016)^{20} = 618$ 平方公里

四是根据套均面积和户数进行测算（方案四）。本方法的主要思路是根据预测期末的套均面积和总套数来推算城镇住宅总规模，进而倒推城镇住宅用地面积。

按预测期末该城市的城镇住宅平均套型面积为 80 平方米来进行测算，以预测期末该城市的户均人口 2.5 人进行测算，根据国际对标城市套户比 1~1.1（日本、韩国经验值），按照该城市城镇人口 1800 万测算套数为：

（18000000/2.5）×1.1 = 792 万套

该特大型城市预测期末的城镇住宅总规模计算如下：

7920000×80 = 6.3 亿平方米；

在现有住房总规模 4 亿平方米的基础上，需新增住宅建筑面积 2.3 亿平方米，按平均容积率 2 进行测算，需新增住宅用地规模 115 平方公里，届时该特大型城市的城镇住宅用地规模为：

450 + 115 = 565 平方公里

（2）供给导向测算法。本方法主要是基于城镇建设用地总规模来测算城镇住宅用地可能的最大规模，包括以下两种方法：

一是建设用地总规模倒推法（方案五）。该方法主要是根据城市城镇用地规模的控制目标来倒推城镇住宅用地规模。

国际对比方面，新加坡、东京、纽约等对标城市住宅用地占城市建设用地的平均比重为 32.30%；国内方面，住建部颁布的我国《城市用地分类与规划建设用地标准（GB50137 - 2011）》中对居住用地在城市用地结构中的占比规定为 25% ~ 40%，换算成城镇住宅用地在城市用地结构中的占比规定为 20% ~ 32%。

参照国际对标城市和住建部的标准，选取该城市城镇住宅用地占建设用地的最大比重为 32%。按预测期末的城镇建设用地总规模的控制目标为 2000 平方公里来测算该城市城镇住宅用地总规模为：

2000 × 32% = 640 平方公里

二是人均建设用地规模控制法（方案六）。本方法与是通过人均建设用地规模和城镇人口规模来测算城镇建设用地总规模，进而倒推城镇住宅用地规模。

按照预测期末该城市城镇人口规模 1800 万计算，根据国土资源部关于"人均建设用地目标严格控制在 100 平方米以内"的规定，同样以城镇住宅用地占建设用地的比重 32% 来测算，则预测期末该城市城镇住宅用地规模为：

18000000 × 0.0001 × 32% = 576 平方公里

（3）国际对标测算法：参照对标城市住宅用地规模增长速度测算（方案七）。该方法主要是借鉴具有可比性的国际对标城市的城镇住宅用地规模的增长速度来测算预测期末的该市的城镇住宅用地规模。

例如：本文选取新加坡、东京、纽约等城市作为该特大型城市的对标城市，从对标城市近年来城镇住宅用地的增长速度看，基本都呈上升趋势，但增长幅度不是很大，如新加坡（年均增幅 0.34%）、东京（年均增幅 0.37%）、纽约（年均增幅 0.30%），这与这些城市大规模住宅建设期已经结束不无关系。

考虑到城市住宅用地规模与城市发展阶段紧密相关，由于与国际对标城市相比，我国在经济发展水平和城市化程度仍有一定差距，借鉴新加坡、纽约、东京等相对的低增长速度，可作以下设定：在预测期的 20 年当中，前 10 年可按 1% 相对较高增速度进行测算，后 10 年按照 0.35% 进行测算，则预测期末该城市的城镇住宅用地规模为：

450 × （1 + 0.01）^{10} × （1 + 0.0035）^{10} = 515 平方公里

四、主要结论

上述 7 种方法分别从需求导向、供给导向和国际对标 3 个层面，对城镇住宅用地规模进行了测算，结论如下：

从各类预测模型的预测结果看，需求导向的预测结果分别为 520 平方公里、505 平方公里、618 平方公里、565 平方公里，平均值为 552 平方公里；供给导向的预测结果分别为 640 平方公里和 576 平方公里，平均值为 608 平方公里；国际对标的预测结果为 515 平方公里。

最终预测规模的确定。总的思路是，由于土地供给是刚性的，按照供给引导需求的思路，并结合国际对标的预测结果进行综合确定。

首先，由于供给导向的预测方法是按照预测期末该城市城镇建设用地总规模的上限水平和城镇住宅用地占建设用地比重的上限来确定的，因此，将供给导向两种方案的预测结果平均值（608 平方公里）作为预测期末该城市城镇住宅用地规模的上限；其次，以需求导向 4 种预测方法的预测结果平均值作为预测期末该城市城镇住宅用地规模的下限水平（552 平方公里）；最后，再参照国际对标方法的预测结果（515 平方公里），经加权平均和综合平衡后，得出最终的预测结果，即 545～608 平方公里。

中外公共租赁住房租金定价机制比较研究[*]

一、引言

公共租赁住房是指由政府建设或筹措，并以相对较低租金向城市中等偏下收入住房困难家庭、新就业职工及满足一定条件的外来务工人员等特定对象供应的保障性租赁住房。

发展公共租赁住房，租金标准的确定无疑是其中的一个重要方面。对公共租赁住房的租金定价机制进行研究，借鉴、评判国内外公共租赁住房租金定价的思路和方法，不仅能够为物价部门确定租金标准提供直接依据，同时也可为推进公共租赁住房的发展和运作提供重要支撑，具有重要的理论与现实意义。

二、发达国家公共租赁住房的租金定价模式

（一）德国模式

德国对公共住房采取了非常严格的租金控制措施，公共租赁住房的租金由政府按建安成本计算核定，一般为市场平均租金的50%～60%。对市场化租赁住房，政府则根据房屋的区位、结构、质量等因素，制定相应的指导租金，并编制房租价目表，房屋出租者必须在房租价目表规定的租金浮动范围内出租房屋。在制定低租金政策的同时，德国还对低收入家庭给予房租补贴，补贴的金额为实际需交纳的租金与可承受的租金之间的差额。其中，居民可承受的租金一般按家庭收入的25%确定，房租补贴的资金则由联邦政府和州政府各承担50%[1]。

（二）英国模式

英国政府于"二战"后开始大规模建设公共住房，建成后的住房主要采用

---

[*] 原载于《城市问题》2011年第5期。姚文江参加了该项研究。

〔1〕 黄清. 德国低收入家庭及公务员住房保障政策情况和启示 ［J］. 中国房地产金融，2010（3）：46-48.

租赁方式满足居民的住房需求。初期，公共住房实行"低租金"政策，按运行维护成本厘定租金。同时，对居民私有的出租房屋也采取控租政策，租赁价格由政府按保本微利的原则制定。

20世纪70年代后，为减少庞大的公共住房建设、维护等开支，摆脱财政压力，英国政府逐步推进公共住房制度改革，鼓励个人购买公共租赁住房，同时通过新的定价方式，逐步将公共租赁住房租金水平与按《租金法》规定的私房之"公平租金"接轨[1]。但对于低收入家庭，则根据其家庭收入水平，仍然按真实租金的一定折扣收取租金。

（三）新加坡模式

新加坡的公共住房（公共组屋）主要用于出售，但也有一部分用于出租或先租后买。用于出租的公共住房，其租金水平按市场租金水平的一定比例确定。其中，在符合收入等准入条件的家庭中，收入较低的家庭按市场租金的10%支付，收入较高的家庭按市场租金的30%支付[2]。由于公共住房的租金一般远远低于市场价格，使得新加坡公共住房建设管理机构———建屋发展局经常亏损。为弥补运行成本困难，新加坡政府每年都从财政预算中给建屋发展局安排一笔专门补贴[3]。

（四）美国模式

美国的公共住房政策也是围绕住房的供给和需求两方面进行的，一方面通过优惠政策鼓励开发商建造低收入者租用的住房，例如提供低息贷款资助开发商建设此类住房；另一方面，通过制定以扶持"需求方"为中心的政策，提高低收入家庭的住房支付水平。

在补贴形式方面，美国对低收入家庭的租金补贴先后运用了以下四种方法[4]：一是"砖头补贴"，补贴额为租户收入的25%与市价租金的差额；二是房东补贴，补贴额为市场租金与贫穷家庭收入一定比例的差额；三是住房券，持券人只需缴纳不超过自己收入30%的房租，不足部分由政府负责支付；四是现金补贴，补贴额为市场租金的70%。

〔1〕 刘玉亭，何深静，吴缚龙. 英国的住房体系和住房政策 [J]. 城市规划，2007（9）：54－63.

〔2〕 法律与生活杂志社. 发达国家的廉租房制度 [J]. 法律与生活，2008（2下）：16.

〔3〕 曾少友. 我国经济适用房、廉租房问题及对策探微——基于日本、新加坡经验的比较 [EB/OL]. http：//www. gznc. edu. cn/depyj/fxyjy/keyanxiangmu/2010－12－23/info118. html，2011－01－17.

〔4〕 姚玲珍. 中国公共住房政策模式研究 [M]. 上海：上海财经大学出版社，2009：50－54.

值得一提的是，对于低收入家庭来说，美国公共住房租金的确定与其家庭收入水平密切相关。低收入家庭只需将其家庭收入的 25% 交作房租，市场租金的差额由政府发券补足，后来这一比例调整至 30% 。

（五）日本模式

日本公营住宅（公共租赁住房）的租金，主要参考承租家庭的收入水平、承租房屋的居住条件等因素综合确定[1]。首先，按照承租家庭的收入水平进行分类，计算确定各收入类别家庭需承担的"房租基准价"，房租基准价原则上为家庭纳税收入的 8% 。其次，再根据房屋的区位、面积、年限、居住方便性等因素，对每户公营住宅编制相应的房屋租金调整系数。最后，通过房租基准价和房屋租金调整系数确定承租家庭应支付的具体房屋租金。

（六）小结

综上所述，从公共租赁住房的租金定价范围来看，主要介于成本租金与市场租金之间，不同国家略有侧重；从补贴的方式来看，可划分为"明贴"（政府补贴给保障对象）和"暗贴"（政府补贴给房源建设或经营机构）两种方式。

三、国内公共租赁住房租金的定价模式

与国外相比，我国公共租赁住房制度刚刚起步，但在前期探索实践中，各地也出现了一些颇具代表意义的租金定价方式。

（一）北京模式

北京市公共租赁住房政策于 2009 年 8 月出台。《北京市公共租赁住房管理办法（试行）》第 13 条规定：公共租赁住房"按照保本微利的原则并结合承租家庭负担能力和同类地段类似房屋市场租金一定比例下浮确定"[2]。

从目前有关部门发布的情况看，北京市公共租赁住房租金主要按土地价格、建安成本、各种税费、贷款利息以及管理费用等确定。其中，土地价格主要为拆迁安置费用[3]。

（二）重庆模式

重庆市于 2010 年正式推出了公共租赁住房制度，是目前国内推行公共租赁

〔1〕　芦金锋，王要武. 借鉴日本公营住宅经验建立我国低收入家庭住房租金模型 [J] . 土木工程学报，2005（12）：128 - 132.

〔2〕　北京市住房和城乡建设委员会，北京市发展和改革委员会. 北京市公共租赁住房管理办法（试行）[EB/OL] . http：//zhengwu. beijing. gov. cn/gzdt/ggds//t1071475. htm，2010 - 08 - 01.

〔3〕　京华时报. 官方回应"公租房价高"：成本租金近 5 成源自拆迁 [EB/OL] . http：//news. xinhuanet. com/fortune/2010 - 08/03/c/24013672. htm，2010 - 08 - 03.

住房力度最大的城市之一。《重庆市公共租赁住房管理暂行办法》第32条规定：公共租赁住房的租金标准"按照贷款利息、维护费并根据不同地段、不同房屋类别等因素，由市物价部门会同市财政、市住房保障机构等相关部门研究确定。租金实行动态调整，每两年向社会公布一次"[1]。为降低租金收入在投入资金还本付息方面的压力，重庆市公共租赁住房建设用地以划拨方式提供，由国有企业承建，无土地出让金，无城市建设配套费，无相关税费，无开发商利润，租金只考虑成本中的贷款利息和房屋维修管理费用等因素，从而保障了公租房的租金不超过同类地段、同等品质商品房市场租金的60%[2]。

（三）厦门模式

厦门市是我国较早推行公共租赁住房制度的城市，早在2006年即颁布了《厦门市社会保障性租赁房管理办法（试行）》，向住房困难的城市中低收入家庭和特定对象提供保障性租赁房，即公共租赁住房。

《厦门市保障性租赁房管理办法（试行）》第19条规定："保障性租赁房按市场租金标准计租，租金标准和租金计算办法由相关主管部门制定。"第20条规定："对承租保障性租赁房的家庭实行租金补助制度，依照家庭收入水平不同，分别补助房屋租金的70%、80%或90%。"[3]

（四）常州模式

常州市于2009年7月正式颁布实施《常州市市区公共租赁住房管理办法》。该《办法》第29条规定："公共租赁住房租金标准以保证正常使用和维修管理为原则，综合考虑社会经济发展水平、保障对象的承受能力以及市场租金水平等因素，由市房产管理部门会同价格管理部门确定并公布。"[4]

2009年8月，常州市物价和房管部门联合公布了公共租赁住房的租金标准，在综合考虑租赁成本、社会经济发展水平、保障对象的承受能力及市场租金水平等因素后，核定低收入住房困难家庭租住公共租赁住房的租金标准为3.5元/月·平方米（建筑面积）；新就业人员租住公共租赁住房的租金标准为4.5元/月·平方米（建筑面积）；租金标准两年内保持不变。目前，该租金低

〔1〕 重庆市国土资源和房屋管理局. 重庆市公共租赁住房管理暂行办法〔EB/OL〕: http://www.cq.gov.cn/subject/2010/domicile/ptbz/252229.htm, 2010-08-01.

〔2〕 黄奇帆. 大力建设公共租赁住房努力扩大住房保障覆盖〔N〕. 人民日报, 2010-09-20.

〔3〕 厦门市国土资源与房产管理局. 厦门市保障性租赁房管理办法〔EB/OL〕. http://www.xm.gov.cn/ftzb/sbzxzfbldjsbzxzfjsqk/bjzl/201012/t20101214388523.htm, 2010-08-01.

〔4〕 常州市政府. 常州市市区公共租赁住房管理办法〔EB/OL〕. http://www.changzhou.gov.cn/art/2009/7/20/art1249132203.html, 2010-08-20.

于市场租金 50%〔1〕。

（五）小结

总体来看，国内主要城市公共租赁住房租金定价方式可归纳为四种，分别是成本回报定价法、准成本回报定价法、市场租金加补贴定价法、运行管理成本定价法。

四、当前我国公共租赁住房租金定价面临的难点

（一）收入水平划分不够科学，覆盖对象难以界定

要科学识别公共租赁住房的覆盖对象，必须对相关住房需求群体的经济收入水平做出科学界定。但是，从现行保障性住房经济准入标准来看，家庭收入的中等水平、中低水平、低水平、贫困等详细的划分标准，或者难以量化，或者尚未达成共识，导致保障房的等级划分和家庭实际收入类别不能科学对应。由此在一定程度上影响了对公共租赁住房覆盖对象的界定。

（二）准入和监管机制有待完备，制度性漏洞较多

由于无法准确划分不同收入水平的住房需求群体，再加上我国的收入统计制度与监管制度不够完备，很难对某个家庭的真实收入进行精确统计和有效甄别，导致一部分不符合条件的家庭进入住房保障对象之列。由此出现了"开宝马，住经适房"、申请材料弄虚作假、"6 连号"等怪现象〔2〕。

由于缺乏持续的收入动态跟踪制度和退出机制，一些收入水平已经不再符合公共住房资助范围的家庭，没有及时退出，仍在继续占用着公共资源，影响了社会公平。鉴于住房保障领域所暴露出来的诸多问题，亟须加快完善公共住房保障的准入机制、退出机制、监督监管机制。

（三）定价标准市场波动明显，住房保障稳定性差

公共租赁住房的租金标准一般可以参照市场租金予以确定，但是也会暴露出一些问题。这些问题主要表现在以下两方面：市场租金的波动性较强，如果硬性将两者完全挂钩，会带来公共租赁住房租金的同步波动，特别是在当前大城市房价和租金价格普遍大幅上涨的情况下，公共租赁住房租金势必面临着严峻的上涨压力；随着宏观经济回暖，CPI 上涨及通胀的压力上升，公共租赁住

〔1〕　常州日报．公共租赁住房租金标准确定［EB/OL］．http：//js. xhby. net/system/2009/08/19/010569107. shtml，2010 – 08 – 20.

〔2〕　强真．我国住宅供应模式化优化及价格形成机制研究——基于公共租赁房的启示［J］．价格理论与实践，2009（7）：29 – 30.

房使用者实际购买力却在下降。在双重作用下，公共租赁住房的社会保障作用会相应削弱[1]。因此，如何处理好两者之间的关系，在充分确保公共租赁住房保障功能的同时，还要在一定程度上对市场波动有所反映，值得进一步研究。

（四）运营维护成本较高，政府后续补贴压力大

对于以实物配租方式提供公共租赁住房服务的地方政府来说，由于政府持有房源，为了确保基本的居住质量，就必须对住房的后续使用情况进行监督和及时维护，这要求政府在房屋更新改造以及物业管理等方面均需投入大量的人力、物力和财力。由于运营维护成本较高，政府后续补贴压力繁重。可以说，公共租赁住房建设既对政府的管理效率提出了更高的要求，也使政府的财力负担能力面临着严峻的挑战。

五、公共租赁住房租金定价机制与定价方法分析

（一）公共租赁住房租金定价的制约因素及其作用机制

从国内外公共租赁住房政策实践看，公共租赁住房租金价格的确定主要受制于以下几方面因素的影响。

一是社会资金投资的回报要求。房地产行业是资本密集型产业，开发建设需要投入巨额资金。公共租赁住房尽管可以享受到土地、税费等方面的优惠政策，但仍然需要庞大的现金流支出，政府难以全部承担，客观需要寻求社会资金的支持。为此，公共租赁住房在确定租金水平时，需要尽可能地平衡社会资金的投资回报要求。

二是政府的可承受能力。公共租赁住房开发建设费用由政府投资和社会投资组成，在开发建设费用总规模一定的情况下，政府投入资金越多，需要的社会资金就越少，通过租金偿还社会资金本金和利息的压力也就越小，租金水平可调空间就越大。政府可承受能力主要取决于可供使用的财政收入、保障规模、保障水平、保障期限等因素。

三是保障对象的可承受程度。公共租赁住房制度建立的目的是缓解特定群体的住房困难，保障对象是否可承受就成为检验制度成败的主要方面。因此，公共租赁住房租金考虑的应是保障对象的可承受程度。定价偏高，会失去保障属性，同时也容易带来欠付租金等运行管理问题；定价偏低，又会造成社会资源滥用，引发公平性问题。保障对象的可承受程度主要受可支配收入、消费结

〔1〕 张宏伟. 公租房以市场价为基准定价不合理 ［EB/OL］. http：//news. dichan. sina. com. cn/ 2010/06/04/169378. html，2010 - 07 - 01.

构和住房消费支出比例、恩格尔系数等因素制约。

四是市场的租金水平。市场租金水平对公共租赁住房租金存在很大影响，当公共租赁住房租金高于市场租金水平时，保障功能丢失，保障对象申请意愿降低，政府和社会各方面投入产生不了应有价值；而当租金水平大大低于市场租金水平时，公共租赁住房就存在很大的利益空间，容易产生申请对象过多、轮候时间长、虚报申请、很难退出等情况，还容易引发"寻租"问题，同时还会影响到房屋租赁市场的正常运行。因此，公共租赁住房租金应与市场租金水平保持在一个合理的比例。

为兼顾保障对象、政府、社会投资机构三方面利益，并与市场租金水平相适应，本文建议，在公共租赁住房租金定价时，要综合考虑保障对象的可承受程度、准成本租金（政府可承受能力和社会资金投资回报要求）、市场租金水平等因素，再比较三个租金水平之高低，最低的即可确定为公共租赁住房租金的水平价格。

（二）公共租赁住房租金定价方法之优劣比较

一般来说，市场化租赁住房租金定价方法主要有因素构成法、收益还原法和市场比较法。与之不同，公共租赁住房具有鲜明的租金管制特征，定价方法也与市场化租赁住房有着较大差异。从国内外典型地区租金定价的政策设计来看，目前尚不存在统一公认的定价策略。各地大多按照各自的实际情况，着重解决特定问题，同时适当兼顾其他因素。

1. 成本回报定价法

该方法主要从公共租赁住房投资成本和运行管理成本回收角度出发，按保本微利原则制定租金价格，同时适当兼顾保障对象的承受能力和相同地段、相同品质住房的市场租金水平。采用该方法，制定的租金水平通常与市场化租金水平较为接近，在土地成本偏高的项目中，租金水平甚至会高于市场租金。此方法的优点是能够较好地保证投资回报率，有利于吸引社会资金参与房源供应，政府不易背上沉重包袱。不足的地方在于租金偏高，公共租赁住房的公益性不够突出，保障对象可能依然有较大的租金支付压力。

2. 准成本回报定价法

该方法也是主要从成本角度出发，按保本微利的原则制定租金价格，但此方法中的成本不是全部成本，而是指利用社会资金所必须付出的投资回报成本，再加上必需的运行管理费用。对于政府投入的成本，如减免的土地成本、优惠的税费和政府基金，以及直接投入的本金等，则不要求从租金中取得补偿。当政府投入的成本有一定的量时，采用这种方法制定的租金，一般要较市场租金低廉许多。该方法的优点是既能保证社会投入资金必要的回报率，方便融资，又能兼顾到保障对象的承租能力。但此种方法也要求政府有相当规模的不计回报的前期投入，如果公共租赁住房的保障规模过大，政府必然将背负较大的资金压力。

3. 运行管理成本定价法

该方法主要是从保证房源运行管理费用的角度出发来制定租金价格。此方法下，大部分投入成本都由政府承担，因此一般情况下，采取此方法制定的租金价格要远远低于正常市场的租金。该方法的优点非常显著，租金低廉，能很好地解决保障对象支付能力不足的问题；但该方法的缺点也同样十分明显，除政府承担的压力过大外，"暗贴"额度较大，被保障的家庭获得保障后其住房支付压力反而比收入略高于准入标准的家庭小很多，从而产生"福利倒挂"现象而影响社会公平。

4. 市场租金加补贴定价法

公共租赁住房的租金直接按同地段、同质量住房的市场租金确定；同时，政府根据保障家庭收入不同给予不同的租金补贴，使各收入段住房保障对象都能按自身经济状况支付相应水平的租金。该方法一是基本保证了投资建设和运营管理机构的经济利益，有利于引导社会资金积极发展公共租赁住房；二是遵循了困难程度不同补贴程度不同的差额补贴原则，很好地体现了公共政策的公平性；三是将政府对保障对象的救助由"暗贴"变"明贴"，有利于根据入住对象的经济水平变化适时调整补贴金额，能够形成较好的退出清算机制。同时，在社会资金投资踊跃的情况下，政府在直接建房资金上可以少投入或不投入，仅提供房租补贴，这样就能够将一次性大投入变成长期性小投入，有助于减轻政府短期内的资金平衡压力。

六、结论与思考

（一）国内外公共租赁住房租金定价的经验

借鉴租金定价机制是公共租赁住房制度所要力图解决的一个重要内容，其租金之高低，直接关系到政府、企业与社会的承受水平，反映出政策的运行绩效。为此，要从战略角度出发，从定价基准、补贴力度、保障形式、配套政策等方面予以综合考虑。

1. 定价基准须客观，与居民的住房可支付能力挂钩

由于公共租赁住房的保障性较强，使得其租金水平应当低于商品房的市场租金水平，否则就失去了其存在的意义。鉴于政策覆盖群体的收入水平和住房

可支付能力千差万别，如何体现公平，更加合理地分配住房资源，也就显得极为重要。各国在公共租赁住房的租金基准定价方面，都尝试引入了家庭收入、家庭纳税收入、市场租金等参照指标，并且按照适当的比例进行挂钩。然后，再结合房型、区位等具体细节差异进行微调。

为此，在确定公共租赁住房基准租金的定价方面，也应当结合地方特点，尽可能地参考上述类似的客观指标，避免单纯人为设定租金价格水平的可能缺陷。要做到"定价有依据、居民能承受、社会可接受、操作行得通"。

2. 补贴力度须适中，充分考虑政府与企业的承受水平

租金定价水平与财政补贴力度是一枚硬币的两面，两者是相互制约、此消彼长的关系。具体来看，定价偏高，政府财政支出压力固然减少，但是居民难以承受，反而起不到预期的保障作用；定价偏低，居民受益水平提高，但是意味着政府财政支出压力会相应加大，倘若超出了政府的财政能力，也会带来一定的经济动荡，甚至会引发政治矛盾。例如，瑞典在20世纪50年代制定的"低租金"政策就由于扭曲了公共住房市场和居民的消费结构，加剧了通货膨胀而受到严厉的批评。再如，新加坡公共组屋的租金和价格一般远远低于市场价格，建屋发展局需要政府给予持续的补贴以应对亏损。对于政府财政支付能力来说，这是一个严峻的考验。

政府补贴力度的大小取决于市场租金与政府管制租金之间的差额。我国沿海地区的经济发达城市，有着雄厚的财力基础和良好的制度环境，在公共租赁住房租金定价时，应做出表率，处理好企业投资成本、租户住房支付能力与政府财政负担的关系，努力寻求三者之间的协调，使之有利于公共租赁住房制度的可持续发展。

3. 保障形式须灵活，实物配租与租金补贴相互配合

住房保障形式主要有实物配租和租金补贴两种方式，两者各有侧重，互为补充[1]。实物配租方式是指地方政府直接提供住房，收取相应租金，可以通过新建廉租住房，或者在存量房市场收购合适的房源来进行。租金补贴方式是指政府按配租标准发放租金补贴，由居民到市场上自行租赁住房。租金补贴既可以直接发放给符合条件的中低收入家庭，由其到市场上自行租赁合适的住房，也可以待中低收入家庭在市场上自行租赁到合适的住房之后，政府依租赁合约直接将租金补贴发放给出租房业主。

对于前者，政府需要投入大量、一次性财政支出。由于政府往往成片建设新房屋或者收购存量住房，因此有可能加剧居住隔离。对于后者，政府保障支

---

〔1〕　余凌志. 廉租住房保障水平研究 ［D］. 上海交通大学，2007：50－54.

出按月发放，财政预算压力相对要小许多，而且，租金补贴方式对住房市场的供求关系影响不大，并且不会产生住房市场效率的损失。更为重要的是，居民需求各异，租金补贴方式恰恰赋予了居民相当的自由选择权。由于中低收入居民相对分散，也在一定程度上避免了居住隔离的产生。从保障方式来看，由暗贴（补"砖头"、实物配租）转明贴（补"人头"、货币补贴）已经成为各国公共租赁住房改革的一个主流趋势。

4. 配套政策须完善，营造良好的法规制度环境

公共租赁住房建设离不开完善的配套政策支持。例如，没有严格的收入审查制度，就难以识别那些真正符合申请条件的群体；没有良好的监督机制，就难以发现哪些政策执行有欠规范之处；没有完备的政策条款，政策执行就无据可查；没有专业的法律支撑，政策的权威性与公信力就无从谈起。

发达国家十分注重法律法规建设，制定了专门的公共租赁住房相关法律。例如，德国的《住房法》《租金法》，英国的《保障住房租约安全法》，日本的《公营住宅法》、新加坡的《住宅发展法》，这些法律法规，对公共租赁住房的定价机制均做了明确规定，从而保证了租金定价方法的稳定性和租金水平的可控性。

（二）公共租赁住房租金定价的相关配套措施

1. 改进制度设计，矫正定价策略

为确保公共租赁住房制度平稳有序运行，实现政策的最终调控目标，租金定价应当以科学的原则为指导。有学者认为，一套行之有效的住房租赁控制制度需要满足"租金可负担、房屋适居、租期稳定、出租人有合理回报、防止承租人滥用法律保护"等五项要求[1]。还有学者就租金水平的具体确定提出了"单位面积租金随家庭人口数增加而减少、单位面积租金随住房面积递增而递增、单位面积租金随家庭收入的增加而增加"的原则[2]。在定价的指导思想方面，本文认为应坚持以下六原则：因地制宜，实行差别化定价[3]；群体细分，满足特色需求；量入为出，审慎稳妥推进；突出重点，确保优先群体；公平公正，优化定价程序；适时调整，反映动态变化。

2. 优化运作流程，规范操作行为

在供给远远小于需求的现实条件下，公共租赁住房属于稀缺资源。公共租赁住房的这一基本特性，使其成为相关利益群体争夺的焦点，也是倍受社会各

〔1〕 许德风. 住房租赁合同的社会控制［J］. 中国社会科学，2009（3）：125－139.

〔2〕 芦金锋，刘建松. 廉租住房租金定价模型探讨［J］. 建筑管理现代化，2003（2）：52－53.

〔3〕 陈栋，傅春. 廉租房实物配租租金定价探析［J］. 中国集体经济，2008（5）：51－52.

界关注的热点。其运行程序是否严密，执行环节是否规范，操作手法是否透明，制度建设是否完善，均直接影响着政府的公信力。因此，在申请资格认定、租赁期限、租金水平、住房标准、监督以及退出机制等方面需要政府构建一套科学合理、密切配合的运行系统，规范操作流程与操作行为，通过政策的实际运作效果，来体现公共租赁住房管理的公平性与公正性，进而维护政策的权威性。

3. 理顺体制机制，构建运行平台

管理体制与运行机制建设是公共租赁住房自身能否良好运行的关键。要着力构建公共租赁住房的准入与退出机制以及价格波动预警机制。准入机制直接关系到公共租赁住房实际的需求数量：门槛偏高，会抑制需求；门槛偏低，会导致需求猛增。因此，需要审慎考虑并且处理好准入门槛与政府财政承受能力之间的关系。

通过预警机制，可以在第一时间发现公共租赁住房价格波动的异常现象，从而分析其成因，以及时地采取应对策略。租金价格波动虽有其必然性，但是确保租金价格的相对稳定，使其不超过需求群体的承受能力，应当是公共租赁住房特别需要关注的一个方面。此外，其他一些相关体制与机制的配套，例如家庭收入跟踪机制等，也同样不可或缺。

4. 运用价格机制指导租金定价

公共租赁住房租金水平的形成，应充分考虑市场机制和政府调控的双重作用。明晰住宅价格机制的运作原理，有助于为公共租赁住房租金定价提供理论依据[1]。应客观评价不同层次住房需求群体的实际经济收入水平、家庭恩格尔系数、社会基尼系数，在此基础上，形成不同水平的租金和住宅价格，力争做到与政策覆盖群体的住房支付能力相适应。

5. 完善法律法规，夯实法制环境

纵观国外，许多国家都制定了相应的住宅法。例如美国历届政府曾经出台了一系列政策和《公共住房法案（Public Housing Act）》《住房和社会发展法案（Housing and Community Development Act）》《租金优惠券计划（Rent Voucher Program）》《住房供给质量和工作责任法案（Quality of Housing and Work Responsibility Act）》，等等，还建立了《公共住房管理评估体系（Public Housing Management Assessment Program）》。日本曾经制定了几十部与住房建设直接或者间接相关的法律，例如，《地方住房供给公社法》《住房地区改良法》《地价公布法》《日本住房公团法》，等等。这些法律为公共住房建设提供了强

---

〔1〕　强真. 我国住宅供应模式优化及价格形成机制研究——基于公共租赁房的启示 [J]. 价格理论与实践，2009（7）：29–30.

有力的支撑。

当前，我国在公共租赁住房建设领域还处于发展起步期，由于租金定价的地域性较强，各地公共租赁住房建设与租金定价的指导方案与思路各有侧重，国家层面尚未制定统一的定价标准。在此背景下，需要边行边试，不断摸索，待到时机成熟时，有必要将公共租赁住房建设与租金定价以法律法规的形式予以固定，从而为公共租赁住房的健康发展提供优良、健全和权威的法制环境。

（6）创新金融制度，提供财力支撑住房保障。作为政府的一项重要职能，离不开政府财力的支撑。但是，地方政府的财力毕竟是有限的，单纯地依赖政府财力显然难以满足庞大的需求群体。为此，需要努力寻求其他融资渠道的畅通。只有通过建立一套有效的金融支持体系，拓宽资金来源渠道、保障资金的有效筹集，才能保证住房保障工作的长期良性运转[1]。国外的经验表明，住房保障金融体系的建立，能够为住房保障提供强有力的资金支持。这要求我们需要在目前住房公积金制度的基础上，审慎而积极地推进公共租赁住房建设融资体制与机制的创新。

---

〔1〕 江莉. 公共住房金融体系的国际比较研究 ［J］. 上海建设科技, 2008（4）: 9 - 11.

香港城市土地供应机制和运行机制[*]

一、香港土地的基本制度

香港包括香港岛、九龙半岛和新界地区三部分，全境土地面积 1097 平方公里。1997 年 7 月 1 日中国恢复对香港行使主权后，《中华人民共和国香港特别行政区基本法》规定，"香港特别行政区境内的土地和自然资源属于国家所有，由香港特别行政区政府负责管理、使用、开发、出租或批给个人、法人或团体使用或开发，其收入全归香港特别行政区政府支配"，从法律上确定了回归后香港土地的所有制形式。同时，香港继续实行土地两权分离的产权制度。土地所有权归属政府当局，政府拥有土地的"最终业权"，土地使用权允许自由有偿转让。

二、香港城市土地的供应机制

香港的城市土地供应主要有两个来源，一是来自政府的直接供应；二是来自二级市场上的土地转让。

（一）在政府的直接供地方面，主要是通过土地批租来实现

首先，在供地规模上，实行严格的计划管理。香港政府有一套完整详细的批地计划。香港政府于 1980 年成立了土地供应委员会（LDSC），负责确定批地事宜，并由香港地政总署负责土地出让计划的具体制定工作。在制订供地计划时，特别注重对市场需求的预测，提高计划制订的前瞻性和科学性。其实际批地的数量和计划批地的数量差异很小，且基本上都控制在计划数字之内。同时，政府供地的规模比较小，从表 6-1 中可以看出，政府每年卖地的数量十分有限，私人商业用地（包括高档商业及公寓、低密度住宅、工业厂房及货仓）基本上在 $16 \sim 44 \text{hm}^2$ 之间，数量非常小。其次，在供地方式上，主要有公开拍卖、招标、协议三种，近年来更多的是实行"勾地制度"，即每年由地政总署公布

    * 原载于《上海房地》2008 年第 6 期。

当年的勾地表，由有意购买土地的发展商出价勾地，如价格符合政府的最低预期，该幅土地便会以公开招标或拍卖的形式出售，政府以此能更好地把握市场行情，加强对市场的干预。第三，在出让制度上，香港目前实行的是批租制和年租制的混合体制，而不是单一的出让制。另外，政府还成立土地发展公司，用于储备土地。

表6－1　1985～1997年香港政府计划出让和实际出让土地面积（hm²）

用土类型	年度	85/86	86/87	87/88	88/89	89/90	90/91	91/92	92/93	93/94	94/95	95/96	96/97	85/96合计
私人商业用地	计划	13.03	19.70	27.23	26.87	28.04	24.00	27.58	27.96	23.37	38.53	46.11	46.54	302.42
	实际	16.39	18.53	27.54	24.17	22.07	20.31	26.67	25.22	21.67	32.20	44.45		279.22
政府资助住宅建设用地	计划	2.90	20.26	19.49	22.68	19.19	21.26	25.08	21.80	27.63	39.37	40.00	42.04	259.66
	实际	2.76	19.64	18.87	19.81	18.44	19.68	15.52	16.87	24.65	35.81	37.04		229.09
基础设施用地	计划	13.76	12.78	15.02	18.77	22.11	17.89	17.41	16.79	14.70	17.67	16.23	16.31	183.13
	实际	6.87	13.99	12.23	12.44	10.64	8.91	9.87	14.65	5.85	5.21	9.39		110.05
特殊需要用地	计划	28.72	4.84	13.10	91.50	8.92	71.18	23.34	97.75	62.10	1315.16	103.59	17.82	1820.20
	实际	28.72	6.39	11.51	91.50	8.92	71.85	5.63	33.72	55.95	1305.89	85.19		1705.27
年度合计	计划	58.41	57.58	74.84	159.82	78.26	134.33	93.41	164.30	127.80	1410.73	205.93	122.71	2565.41
	实际	57.74	58.55	70.15	147.92	60.07	120.75	57.69	90.46	108.12	1379.11	176.07		2323.63

资料来源：张宏斌、贾生华，香港政府的土地供应机制及其启示，中国房地产，2002（4）：73

（二）二级市场上的土地供应方面，香港对批出的土地使用权允许流通、转让及其他符合法律的经营活动，自由度相当大，因此土地转让市场相当活跃

转让土地的供应量占当年土地供应总量的主要部分。从表6－2可以看出，2004年、2005年、2006年、2007年政府批租的宗地数量只占当年交易宗地数量的0.5%、0.17%、0.08%、0.35%，而当年来自市场上的私人交易宗地数量则达到99%以上。转让形式有：自由买卖、赠送、继承、强迫性转户和分割等。官地一经批租，只要不违反地契条款及城市规划法，土地使用权可以各种形式转让，市场主要由供求关系调节。政府在二级市场实行"认地不认人"的准则，对经营主体、手段、价格等不直接干预。

表6－2　香港土地的交易情况

年份	政府批租地块数量（宗）	土地交易数量（宗）
2004	16	3247
2005	10	5807
2006	5	5804
2007	21	5938

资料来源：香港地政总署、香港土地注册处

总的来看，香港的房地产供地还是以来自二级市场上的土地自由转让为主。也就是说，二级市场上的土地供应居于主导地位，政府的直接供应只起到了必要的补充和调节作用。正是由于充分发挥了市场机制的作用，不断地把土地资源配置到高效率利用者手中，避免了因土地流转不畅而导致的资源浪费和闲置。

三、香港房地产市场的运行机制

为了保持房地产市场的平稳运行，香港政府分别对一、二、三级市场采取了不同的政策。

首先，在一级市场上，为了促进市场的健康发展，在土地供应方面，香港政府主要采取两种措施，一是政府通过调整土地的批租数量和供应节奏，来调节市场的供求关系，维持总量平衡。二是政府通过提供公共住房来调节市场的供应结构。目前，香港的保障性住房占市场上住房供应量的50%左右。

其次，在二级市场上，为了促进土地的自由交易，保证市场上土地的充分供应，香港特别强化了土地权利的建设。一是在土地使用权转让时，法律关注的是土地使用者能否履行对土地的利用义务以及缴纳税金地租等，至于由谁承担这一义务，并不要求。即使存在着土地投机，政府一般也不干预。二是规定统一、较长的租期，减少权利的不确定性，促进投资和交易。香港所有用途的土地批租年期均是相同的，并没有根据用途的不同有所区别。所有土地使用权到期后均可以自动延期，并没有区分住宅用地和非住宅用地。三是建立专门的土地审裁处，维护土地利用和交易秩序。鉴于土地纠纷处理的专业性和技术性较强，香港设立了专门的土地审裁处。土地审裁处是一个几乎涵盖了所有土地纠纷的专门法庭，其关于土地价格方面的裁决具有终极效力，其他裁决，当事人不服的，可以上溯到高等法院的上诉法庭。四是实现从契据登记制到业权登记制的转变。香港以前实行的契据登记制度，即进行业权交易前，必须查阅过去15年的契据，以了解业权转移的情况，成本较高，效率较低。2004年香港通过新的《土地业权条例》，改用权利登记制，赋予登记以绝对效力和公信力，当事人在交易时只需查看登记簿即可。

由于权利明晰、流转自由、保护有力，香港的土地二级市场获得了飞速发展。开发商可以不断通过私人交易，从二级市场上获得大量的土地，然后再通过对批地条款进行契约修改，补交地价，使土地利用更加符合集约化的要求，从而极大地减少了土地资源的闲置和浪费，缓解了土地一级供应的压力。当然，二级市场也不是放任自流的，政府通过地契等方式对土地用途、期限、投资额度等都作了规定，土地使用者须按土地契约与城市发展条例去开发。

从一、二、三级市场间的关系看，香港政府通过放松二、三级市场的管治，提高二、三级市场的运行效率，为达到一级市场的供地目标提供良好的运行环境；而一级市场供地的勾地制度，也提供了沟通二、三级市场的信息，使三个市场之间有了密切的联系。

第三部分

土地利用与宜居城市建设

城中村改造中的生态环境建设探讨*

——以上海市为例

城中村是我国新型城镇化推进中面临的一个重要问题。城中村改造不仅涉及城中村本身的治理问题，而且还关系到整个城市的环境优化与和谐发展；不仅是一个经济和社会问题，而且也是一个重要的生态环境问题。认真贯彻落实国务院《关于加快棚户区改造工作的意见》（国发〔2013〕25 号）的有关精神，加快推进我国的城中村建设，无论对于民生改善，还是城市发展都具有十分重要的意义。

一、城中村的生态环境问题及其成因

城中村是城市中的一个特殊地域，兼具城市和乡村的双重特征。城中村虽然位于城市规划区内，但仍保留着原农村宅基地的建筑形态。既有国有土地也有集体土地，既有农民也有市民，同时还有大量的外来人口。从城中村所在区位看，主要有城市型（完全没有农用地且已经被城市包围的村落）、城乡交错型（有少量的农用地，且处于城市近期重点建设区域的村落）、乡村型（农用地较多，且近期未列入城市重点建设的村落）。

从上海的情况看，城中村的生态环境问题主要体现在以下几个方面。一是基础设施落后，居住环境差。由于城中村是在城市化过程中作为“孤岛”遗留下来的，整个基础设施与周边不相衔接，缺乏统一的地下管线（电网杂乱、供水管不堪重负、排水排污不畅）、道路狭窄等，导致环境污染严重。二是房屋建筑密度高、质量差。由于缺乏统一的规划，城中村建筑密度极高，扩建、改建违章建筑现象严重，城中村的房屋间距小且低矮破旧，与周围环境非常不协调；且不少房屋年久失修，成为危房的聚集区，严重影响着居民的安全。三是区位条件优越，但土地利用效率低。城中村虽然处于城市中心区，但其房屋类型主要是两层及以下的房子和旧农宅，容积率普遍较低（不超过 1），土地的级

---

* 原载于《环境保护》2014 年第 23 期。

差效益远未得到发挥。四是绿化率低，缺乏公共活动场所。城中村的土地为村民各户所有，土地利用缺乏统一的规划，尤其在城市型与城乡交错型的城中村里，绿地与公共活动空间严重缺乏。此外，城中村居住人口复杂，除了本村人口外，还有大量的外来人员，有些城中村的外来人口比例占到90%以上，外来人口密集，治安状况差等社会原因导致环境监管难度大，影响了城中村生态环境。

从成因看，上海的城中村主要是在城市化快速推进过程中因资金、拆迁等原因遗留下来的，大多形成于20世纪80年代到21世纪初。

"代征地"遗留型：作为重大建设工程的"代征地"，虽然土地已转为国有，农民户籍已转为城镇，建立了社会保障，但由于资金、拆迁等原因，宅基地上的房屋没有拆除，继而形成了城中村。这类城中村多是一些"边角料"地块，面积小、形状不规则、难以有效开发利用。

开发遗留型：一类是作为"毛地"出让的地块，在房地产开发过程中，因拆迁等原因被搁置下来，有些已被认定为闲置土地；另一类是产业开发遗留型，由于受资金限制，一些开发区在建设过程中没有实施成片开发，而是采取零星引进项目的点状开发，由此导致一些村宅散落在开发区中。

规划控制型：在位于外环绿带、生态敏感区以及高压线廊道、铁路道旁等规划控制区域上的村落，土地虽早已被征收，但受资金制约，未能按照规划及时将房屋拆除；随着周边区域开发建设的完成，形成了城中村。

二、城中村改造的难点

近年来，上海市高度重视城中村改造工作，先后开展了一系列试点探索，取得了一定成效；同时在推进过程中，也遇到了一些问题。

一是村民参与改造的积极性不高。主要原因是在改造过程中，农民的长期收益和就业问题难以得到保障。对上海一些城中村的调查发现，目前城中村村民的收入来源有：出租自己多余的房屋获得的租金收入；依靠村集体企业经营获得的分红收入；村民在村办企业就业获得的工资收入。但是按照一般的旧区改造政策，村民除了在动迁时可以获得一次性的拆迁补偿以及两年就业缓冲期的生活补偿外，将失去长期稳定的分红和就业收入。另外，多数村民不愿意离开自己长期生活的区域，异地安置也会影响其动迁的积极性。

二是改造资金筹集难度大。城中村改造涉及征地补偿、拆迁、安置等多方面，需要大量的资金。目前城中村改造多是通过自上而下的方式，依靠政府力量通过储备公司运作的。由于储备公司的开发资金有限，再加上近年来随着房价的不断攀升，居民对拆迁补偿的期望值越来越高，进一步增加了改造的难度。

三、城中村改造中推进生态环境建设的对策建议

城中村改造中生态环境的建设不只是单纯物质形态改造的技术问题，往往还涉及经济、社会、政治等因素，事关村集体、村民、政府、开发商等多方面利益，是一项复杂的系统工程。建议在推进城中村改造过程中，从规划、建设和管理三方面入手，以生态环境改善为重点，创新理念、完善机制、强化管理、分类施策、重点突破，将城中村建设成为环境优美、生态宜居、经济繁荣、和谐稳定、与整座城市协调发展的新型城区。

四、坚持综合效益、整体规划和分步实施理念，以高起点设计城中村改造方案

坚持综合效益最大化理念，在城中村改造规划中着力实现经济、社会、生态效益三者的有机统一。在规划编制中，统筹考虑城中村改造后的土地利用性质与开发容积率，调动开发主体参与改造的积极性，努力实现改造中的资金平衡。在符合地区控制性详细规划的前提下，一方面，在严格履行相关程序和科学测算的基础上，适当提高建筑容积率，并提高绿化比例，改善城中村生态环境。事实上，广州、深圳城中村改造地块的容积率不少都突破了控规。广州不少城中村的容积率在 5～6 之间，深圳目前的第一高楼就是在城中村改造的基础上建造的。另一方面，在统筹考虑居住环境、环境容量、风貌保护等因素以及地区综合平衡的前提下，建议根据实际情况，适当提高城中村改造地块的经营性用地特别是商业用地的比例。

坚持整体规划理念，实现城中村规划与整个城市规划的有机结合。建议根据土地利用总体规划和城市总体规划，由城市有关部门组织编制城中村整治和改造专项规划。在编制过程中，一要统筹规划城市建成区与城中村的基础设施和公共服务设施，规划好城中村的供水、供电、供气、供热、通信、污水与垃圾处理等市政基础设施与建成区的连通；二要结合大型居住社区、中低价商品房规划，做好安置房源基地的规划；三要做好城中村与城市景观风貌的协调，重视维护城市传统风貌特色，保护历史文化街区、历史建筑以及不可移动文物。

坚持分步实施理念，将近期整治与长远发展有机结合。生态环境建设可根据资金情况和改造难度，分步分类加以实施。首先是进行环境整治，其次是局部改造，第三步是整体重建。环境整治基本不涉及房屋拆建，主要为补建城市基础设施，净化美化居住环境。局部改造，即保留一部分房屋，拆掉一部分旧房和不符合城市规划的房子，补建城市基础设施，扩建绿地，改善城中村面貌，使之与城市融合。整体重建，即在满足居住功能的基础上，增加绿化面积，建设生态卫生系统。

五、完善建设机制，加大资金扶持力度，保障城中村生态环境建设的有序推进

推动城中村改造需要村集体和村民的支持与积极参与，需要强有力的资金保障。因此，完善开发机制和资金筹集机制，是有序推进城中村生态环境建设必然要解决好的两个问题。

建立多主体开发机制，激发城中村改造的积极性。按照改造主体不同，城中村的改造模式可分为权利主体（村集体和村民）自行改造型、开发企业主导型和政府主导型（先储备后开发）。为了切实保障村民利益，更好地调动城中村相关开发主体的积极性，建议在推进城中村生态环境改造中采取以下两种运作模式。

"村集体主导 + 开发企业"模式，适用于按照规划方案，能够实现资金平衡的地块。即以村集体为主，由村集体联合自己选聘的开发企业一起运作，提出改造申请，组织编制改造的规划方案、补偿安置方案和实施计划，经村集体经济组织 80% 以上成员同意后，报政府批准后自行实施。由于该模式既充分考虑了村民改造积极性的调动，又保证了开发资金，加快了改造进度，在实践中取得了很好的效果。例如，广州猎德村利用这种模式，仅用不到 2 个月就完成了整个村 3100 多户村民的拆迁工作。该模式最大的特点是，村民由以往的被动改造变为主动改造，由被动拆迁变为主动拆迁，并且政府不投入资金。主要表现在：第一，由村集体组织编制规划。城中村的改造规划方案，是在政府的指导下，由村集体会同开发企业组织编制，充分考虑到资金的平衡和实施的可行性。第二，实施捆绑式开发。将城中村改造地块分为安置地块、融资地块（开发地块）和复建地块（包括公建用地和村办企业经营用地等）三类。其中，融资地块的出让收益用作其他地块的建设资金，以此实现资金的总体平衡。对于一些地块较小、难以明确划分功能区的地块，可实施立体开发、空间分割产权的办法，比如，底层建造商铺，产权归村集体所有，用于村集体经营；其余楼层建造商品住宅，产权归开发企业所有。通过实施捆绑开发，既保证了开发企业的收益，也保证了安置房及其他项目的建设。第三，村集体自行组织动迁安置及补偿。安置补偿方案由村集体制定和实施，政府一般不参与。第四，村民实行原地安置。

"政府主导 + 开发企业"模式，适用于改造地块面积较小或按规划难以实现资金平衡的地块（比如，规划为生态绿地的）。即政府先对城中村进行土地征收，征收后的动迁安置和补偿由政府的土地储备公司来操作，同时为了筹集足够的开发资金，可吸引开发企业参与动迁安置。例如，深圳市规定，在拆迁阶段通过招标的方式引入企业单位承担拆迁工作，拆迁费用和合理利润可以作为收（征）地（拆迁）补偿成本从土地出让收入中支付；对于参与拆迁的企业，在招拍挂过程中可以优先获得土地开发权。另外，对于单个地块难以实现资金平衡的，也可考虑在一定区域范围内实行城中村地块的联合储备，以便在较大的范围内实现资金的总体平衡。

完善生态补偿机制，为城中村改造提供有力的资金保障。对于外环绿带以及规划公共绿地内的城中村，建议建立专项资金或地区财政转移支付制度，完善生态补偿机制，支持该类地区的生态环境改造。一是逐步增加生态环境保护各类专项资金额度。适当提高主要生态公益林的补助标准，在资金使用和项目安排上要体现对城中村生态环境改造的支持。二是逐步建立政府引导、市场推进、社会参与的生态补偿和生态建设投融资机制。按照"谁投资、谁受益"的原则，鼓励社会资金参与生态建设、环境污染整治的投资。三是建立横向互动的生态补偿关系。搭建协商平台，完善支持政策，引导和鼓励开发地区、受益地区与生态保护地区通过自愿协商建立横向补偿关系，采取资金补助、对口协作、产业转移、人才培训、共建园区等方式实施横向生态补偿。

六、强化城中村环境执法监察和日常管理，为城中村居民营造良好的居住环境

加强生态环境教育宣传，提高生态环境保护意识。开展生态环保宣传、教育、劝导，以及环境义务清扫等活动，并在新村改造和建设中重点发展"生态示范居住小区""绿色居住小区"，使环境整治行动有目标，使居民生态环境保护意识提高。

建立综合执法机制，加大环境执法监察力度。规划、国土资源、工商、环保等有关部门要建立联合执法机制，加强属地化管理。重点采取以下措施：对已存在的污染严厉整治，清拆违章，整治已污染的河道、路面，取缔无证无牌店铺，统一安置餐饮、娱乐等服务业店铺；加强执法监察，严格限制违章搭建和大面积的翻建；建立属地化生态管理组织，有关部门适当下放相应的管理权限，可组建公共卫生工作小组，并建立专职环保工作者与志愿者相结合的环保队伍，负责生态环境的日常整治与监管。

对于城中村的外来人口，在加强执法的同时，也要给以适当人文关怀。针对城中村中住户大多数为外来人口，收入水平低，违章搭建现象严重等问题，在加强环境执法监察的同时应适当给予他们一定的人文关怀。例如，相关部门可以给予一定的政策倾斜，如落实外来人口的社会福利政策，逐步与城市社区接轨，让他们能真正地感受到城市让生活更美好，从而肩负起更多的社区责任，这样对城中村整体生态环境建设将大有裨益。

以土地利用方式转变促进城市绿色发展[*]

——上海的探索与实践

近年来，不少城市在发展过程中，往往出现以高消耗、高污染为特征的土地利用现象，由此带来一系列的经济社会问题，严重影响了城市的可持续发展。推进城市绿色发展，必须转变土地利用方式。在上海迈向国际大都市的过程中，以绿色发展为目标，大力推进土地利用方式转变，取得了一定成效。在此基础上，上海正在推进 2040 年城市总体规划编制和绿色发展路径探索。本文通过总结上海的经验做法，试图探索一条以土地利用方式转变推进城市绿色发展的新路子。

绿色代表生机与活力，绿色发展是相对于传统工业化模式对生态环境造成破坏的"黑色""棕色"而提出来的，是在绿色创新驱动下，以生产中低消耗、低排放，生活中合理消费，生态资本不断增加为主要特征的可持续发展[1][2]。国家"十三五"规划提出，绿色发展是建立在生态环境容量和资源承载力的约束条件下，低碳、节约、循环、均衡、可持续的新型发展模式。合理利用资源、保护环境、维系生态平衡是其内在的核心要素；实现经济社会、政治社会、人文社会和生态环境可持续的科学发展是其目标；通过绿色环境、绿色经济、绿色政治、绿色文化等实践活动的"生态化"，实现天人和谐、共生共荣的理想境界是其核心内容和发展途径[3]。

从内涵来讲，绿色发展更具包容性，既包括传统可持续发展中所关注的人口和经济增长与粮食和资源供给之间的矛盾，同时也强调气候变化对人类社会

---

* 原载于《环境保护》2017 年第 2 期。张天风、蒋琦珺也参与了该项研究。

〔1〕 郝栋. 绿色发展道路的哲学探析 [D]. 中共中央党校, 2012.

〔2〕 胡鞍钢, 周绍杰. 绿色发展: 功能界定、机制分析与发展战略 [J]. 中国人口资源与环境, 2014, (01): 14 - 20.

〔3〕 王玲玲, 张艳国. "绿色发展"内涵探微 [J]. 社会主义研究, 2012, (05): 143 - 146.

的整体性危机。主要有以下特征[1]。第一，绿色发展强调经济系统、社会系统与自然系统的共生性和发展目标的多元化，即三大系统的系统性、整体性和协调性，这与中国传统哲学思想中所主张的"天人合一"的自然观非常接近。第二，绿色发展的基础是绿色经济增长模式。第三，绿色发展强调全球治理。从长远的发展来看，绿色发展是对传统工业化模式的根本性变革，将为人类发展史开创物质文明与生态文明的和谐发展道路，体现了科学发展的主旨和内涵。

一、土地利用方式与城市绿色发展

土地资源是城市发展的重要载体。按照《全国土地利用总体规划纲要（2006—2020）》，我国将继续坚持保护耕地和节约集约用地的政策，坚决实行最严格的土地管理制度。我国土地虽然总量很大，但是地形复杂多样，农用地比重大，可供开发和利用的土地资源较少，土地资源尤其是城市建设用地越来越紧缺。

从城市发展的历史实践来看，城市化推动了城市规模的发展，促进生产力的提高和经济效益的增长以及城市功能体系的完善。但由于人们过于重视土地的经济属性，使城市规模呈现出机械式地扩张，不仅使城市内部的建设用地无法充分利用，进一步侵蚀耕地等生态用地，也使人地关系越发紧张，还会造成社会碳排放量快速增长、土地固碳功能减弱，出现气候变暖、人居环境恶化等社会问题。高消耗、高污染的粗放式土地利用方式已经不适应现代城市发展的需求，城市土地利用方式转变成为必然。对于都市发展而言，如何在有限的城市边界内通过优化土地利用结构、提高土地利用效率等手段转变土地利用方式，以维持合理的经济发展速度，实现人与自然的和谐统一，已经成为亟待解决的问题。

1990年新德里举行的土地利用研讨会上，首次正式提出"土地可持续利用"的概念，张凤荣等认为土地可持续利用可以理解为在生态（自然）方面具有适宜性，经济方面具有获利能力，环境方面能实现良性循环，社会方面应具有公平性和公正性的土地利用方式。虽然土地可持续利用无法完全解决人类发展所面临的问题，已有部分学者认为它形成了土地绿色利用思想的理论基础。进入21世纪以后，在传统城市土地集约利用研究的基础上，有学者从环境友好、循环经济、土地绿色利用和低碳经济等视角对城市土地低碳集约利用进行

〔1〕 蒋南平，向仁康.中国经济绿色发展的若干问题〔J〕.当代经济研究，2013，（02）：50-54.

研究。杜加强等[1]认为在土地使用过程中，应重视土地使用、土地覆盖变化的环境效益，使生态环境维护与土地使用开发建设并重，使土地利用不断趋向合理化、集约化、高效率，实现土地产出效益与自然环境的外部效益不断提升。肖白玉等[2][3]从土地利用理论演进入手，在土地集约利用思想和土地可持续利用思想的基础上提出土地绿色利用思想，认为土地绿色利用改变了土地集约利用和土地可持续利用以人为中心的观念，能够实现人与自然的和谐共生、协调发展。黎孔清等[4]从低碳理念出发，构建了低碳理念下城市土地集约利用的评价指标体系，认为可以通过改变城市土地使用方式来实现城市土地使用的集约化和低碳化发展。此外，也有学者从土地整治入手，探讨土地整治转型升级中的绿色发展理念，研究绿色农业、污染土壤整治等问题[5][6][7]。

总地来看，绿色发展理念下的城市土地利用，是以"集约""绿色""低碳""宜居"为基本特征，以"资源节约、环境友好和气候稳定的可持续发展"为发展目标，以实现土地利用的"高效益、高产出、低能耗、低污染、低碳排放"为基本要求[8][9][10]，同时要兼顾经济、社会、人口、资源、环境等多种发展要素，统筹个体和集体，局部和整体，当前和未来等多种福利关系，达成经济发展、社会进步和人类进步的终极目标。

二、上海土地利用中面临的生态环境问题及原因分析

近年来，上海加强生态环境保护，深入推进土地节约集约利用，取得了明

〔1〕 杜加强，王金生，张桐，腾彦国. 重庆市环境友好型土地利用评价研究［J］. 中国土地科学，2008，（12）：17 - 24.

〔2〕 肖白玉. 东莞市土地科学利用问题研究［D］. 暨南大学，2011.

〔3〕 彭俊华，邓宇鹏，李国彬，肖白玉. 绿色发展视角下的东莞土地利用研究［J］. 东莞理工学院学报，2011，（06）：6 - 11.

〔4〕 黎孔清，陈银蓉，陈家荣. 基于 ANP 的城市土地低碳集约利用评价模型研究——以南京市为例［J］. 经济地理，2013，（02）：156 - 161.

〔5〕 郧文聚，杨晓艳，程锋. 大都市特色的农村土地整治——上海模式［J］. 上海国土资源，2012，（03）：21 - 25.

〔6〕 罗明，高世昌，任君杰. 土地整治转型升级中的绿色发展理念——基于芬兰、德国低碳土地整治的调查研究［J］. 中国土地，2016，（08）：37 - 40.

〔7〕 赵连仁. 污染土壤整治与管理的研究［D］. 大连海事大学，2013.

〔8〕 潘玲玲. 绿色低碳理念下城市土地集约利用综合评价研究［D］. 南昌大学，2015.

〔9〕 李国敏，卢珂. 城市土地低碳利用模式的变革及路径［J］. 中国人口资源与环境，2010.（12）：62 - 66.

〔10〕 赵荣钦，刘英，郝仕龙，丁明磊. 低碳土地利用模式研究［J］. 水土保持研究，2010，（05）：190 - 194.

显成效。但是，在都市的快速发展中，土地资源瓶颈制约日益突出，同时还面临着一系列生态环境问题，制约了城市的可持续发展。

土壤污染和水体污染比较严重，工业废弃用地污染问题较突出。上海现存工业用地约占建设用地比重26%，造成严重的工业污染，是上海市土壤、地下水的最主要污染源。工业用地的重金属和有机物等污染源隔离不好，导致污染物渗透到土壤和地下水中，部分旧工业用地的污染尤其严重。受工业排放的污水等影响，上海市88%以上的水为污水类别中的Ⅴ类和劣于Ⅴ类，尤其中心城区河道水质处于严重污染状态。

建设用地规模不断扩大，对耕地保护和城市生态安全造成威胁。截至2014年年底，上海市建设用地总规模3124平方公里，而且近年来在规模上呈现向外"摊大饼"式的蔓延扩张态势。从上海市陆域面积来看，上海建设用地占比已达45%，远高于伦敦、巴黎、东京等国际大都市（20%～30%）的水平[1]，重要生态结构空间面临进一步蚕食的压力。建设用地总体上已接近规划所确定的"天花板"，距离土地利用总体规划确定的2040年建设用地总量3220平方公里的目标，只有不到96平方公里的增量空间，耕地保护的压力越来越大。

用地结构不合理，工业用地比重过高，生态用地偏少。从建设用地内部结构看，2014年年底上海工业及仓储用地850平方公里，约占建设用地比重27%，是国际代表性城市的3～10倍。而公共绿地占比7%，人均绿地面积7.6平方米，远不足全国平均水平的13.16平方米，与国家要求的15平方米目标相去甚远，仅为巴黎、伦敦、香港等城市人均绿地面积的1/3左右。过高比例的工业用地不仅挤压生态用地的发展空间，而且降低了生态屏障的生态安全保障作用。

郊区配套设施用地少，产城分离现象明显，客观上助推了城市碳排放和空气污染的增加。住宅用地布局与相关配套设施的布局不够匹配，导致一部分市民通勤时间较长，对公共交通造成压力，且增加小汽车的持有和使用量，加剧能源消耗和汽车尾气等污染物的排放。近年来，新增住房用地在远郊分布的比重接近50%，而新增商服用地和市政公用设施用地在远郊分布的比重仅占30%左右，使得郊区与中心城区在基础设施、公共交通、公共服务等方面的差距越来越大，居住在郊区尤其远郊的市民需耗费更多时间和精力用于上下班，生活

---

〔1〕　周振华，陶纪明，徐珺，盛维，浦亦稚．上海建设用地现状、情景及集约化研究［J］．科学发展，2012，（10）：3－13．

品质偏低，与绿色发展"低碳""宜居"的宗旨相悖[1][2]。

造成上述问题的原因很多，现在归纳为以下三个方面。

第一，受传统的"先污染、后治理"的发展理念影响。徐志伟等[3]的研究认为，工业污染物排放对于产出增长具有刺激作用，同时产出增长又会引起环境治理强度的增加，从而证明了中国工业存在"先污染、后治理"的发展模式。结合上海的实际情况，环境污染已经成为既定事实，现在进入了后工业化时代，将逐步挤出"高消耗、高污染"类型的工业，取而代之的是高端制造业、战略性新兴产业与都市型工业，进入生态环境综合治理阶段。

第二，土地利用规划不够合理，且缺乏刚性约束。环保规划、城市规划、土地利用规划等相关规划不协调，甚至相互"打架"的现象，一定程度上影响了土地资源的配置效率，而且由于各类规划的目标重点不一致，对土地开发利用缺乏有力的统筹机制，削弱了对土地资源开发利用的统筹作用。

第三，土地利用监管和生态环境保护不到位，影响了规划的实施。由于缺乏有效的土地执法监察网络系统，土地管理部门难以有效发现和掌握土地违法行为及其动向。资源性土地违法活动与资产性土地违法活动两者并存，且难以有效防范和制止[4]。再加上土地违法案件的调查取证、处罚和执罚过程艰难，使得土地利用监督和土地执法工作难以有效展开，无法确保土地利用规划准确实施[5]。

三、上海以转变土地利用方式促进绿色发展的探索与实践

近期，上海编制完成了《上海市城市总体规划（2016-2040）》（以下简称《总体规划》），已经通过上海市十届十三次全会审议，即将上报国务院审批。《总体规划》提出上海的发展目标是迈向卓越的全球城市，构建更可持续发展的韧性生态之城。与"绿色发展"的内涵相一致，《总体规划》总结了近年来上海进行绿色发展探索的经验和做法，致力于转变生产生活方式，推进绿色低碳发展，通过空间资源环境和基础设施等方面的动态改善，引领国际绿色、低碳、可持续发展的标杆。

---

〔1〕 唐棕华．职往分离空间结构与长距离通勤者的日常生活世界 [D]．中央民族大学，2012.

〔2〕 吴江洁．城市通勤时耗对个人幸福感与健康的影响研究 [D]．华东师范大学，2016.

〔3〕 徐志伟．工业经济发展、环境规制强度与污染减排效果——基于"先污染，后治理"发展模式的理论分析与实证检验 [J]．财经研究，2016，（03）：134-144.

〔4〕 汪艳．浅析土地执法中的困难与对策 [J]．管理观察，2013，（21）：97.

〔5〕 付万革．土地执法困难及其应对措施浅析 [J]．南方农业，2015，（36）：105-106.

（一）划定边界，锁定生态基底

划定永久基本农田。上海市自2014年年初组织开展了永久基本农田划定工作，目前已基本完成，共划定永久基本农田200万亩，涵盖市郊9个区县103个乡镇。划定永久基本农田遵循了三个原则：一是将优质耕地划入基本农田保护控制线；二是促进永久基本农田集中成片；三是严格锁定城市周边基本农田。

划定生态保护红线。上海市已于2015年9月《上海市生态保护红线划示规划方案》开展公众意见征询，征询方案明确，规划上海市生态保护红线总面积4364平方公里（其中陆域3033平方公里，占市域陆域面积44.5%），其中一级保护区总面积约1189平方公里（其中陆域面积96平方公里，约占全市市域面积的1.5%），为生态保护红线的核心区域，主要为国家相关规定确定的禁止建设区域。；二级保护区总面积3175平方公里（其中陆域面积2937平方公里，约占市域陆域面积的43%），为具有重要生态功能的空间，包括重要水、田、林区域以及市域生态环廊空间。

划定城市开发边界。遵循着遏制建设用地无序蔓延和保障引导功能发展并重的原则，以促进城市空间集约高效、紧凑布局为目的，上海市城市开发边界的范围涵盖建成区和规划期内拟拓展的建设用地，具体包括主城区、新城、新市镇镇区、集镇社区、工业园区（产业基地）和特定大型公共设施等规划城市集中建设区。城市开发边界内，强化引导城镇建设集中布局，集约紧凑式发展，提高土地综合利用效率。

（二）调整建设用地结构，保障绿色空间

锁定建设用地总量。将2040年规划建设用地总规模控制在3220平方公里以内，作为上海建设用地的"终极规模"予以锁定，在未来20年内实现规划建设用地"负增长"。落实规划管控，强化"底线"思维，严守耕地与生态用地红线。

减少工业用地。为解决工业用地过多的问题，上海市已出台《关于本市推进实施"198"区域减量化的指导意见》，明确以城乡建设用地增减挂钩政策为主要工具，实施工业用地减量化的7项具体措施。减量化土地用于复垦或生态绿地建设，减量化腾挪的建设用地指标用于保障城市开发边界内新增建设用地需求。在具体实施过程中，通过减量化专项扶持性资金制度，采用"引逼结合"的方法推进减量化工作，到目前已初步取得成效，实施减量化政策以来，累计完成工业用地减量复垦逾8平方公里。

增加城市绿化和生态用地。扩大生态用地规模，引导生态用地结构调整向添绿、提升生态服务价值方向转变，至 2040 年，确保生态用地（含绿化广场用地）占市域陆域面积比例在 60% 以上，森林覆盖率达到 25% 以上，河湖水面率不低于 10.5%，人均公共绿地面积力争达到 15 平方米。推进滨江沿海、产业用地和环境敏感型基础设施周边和生态网络空间内林地建设，加强农田林网、沿路及滨河林地建设，充分发挥林地生态调节保障功能。稳定粮食和蔬菜等城市主要农产品基本生产面积，合理保障设施农用地，促进都市现代农业发展。

（三）均衡建设用地布局，营造宜人宜居环境

构建多层次生态绿地体系。以外环绿带、近郊绿环锚固城市发展格局，通过大型公园、绿道建设完善城市外环绿带，优化中心城和各个主城片区空间，结合楔形绿地的建设，全面提升中心城环境品质。通过滨河、沿路林带以及集中片林建设，构建城市近郊绿环，有效遏制主城区的拓展和蔓延。以生态走廊为核心建设城市生态骨架，以黄浦江、吴淞江、金汇港、大治河等城市主要河道为轴线推进宽度 1000 米以上的放射状、通畅性生态走廊建设，通过林地、水系等生态要素的集聚及公园、绿道等休闲空间的补充，形成嘉宝、嘉青、青松、黄浦江、大治河、金奉、浦奉、金汇港、崇明 9 条生态走廊，分隔城镇圈，形成上海的生态骨架。以生态保育区为基础形成城市生态基底，围绕宝山、嘉定、青浦、黄浦江上游、金山、奉贤西、奉贤东、奉贤 – 临港、浦东、崇明等 10 片生态保育区，加强各类生态要素的融合发展，促进基本农田集中连片建设，形成水脉、农田、林网的复合生态空间。

构建绿色交通体系。强化中心城公共交通在机动车出行中的主导地位，在既有市域轨道交通和常规公交系统的基础上，构建多模式公共交通系统，形成市域线、市区线、局域线 3 个层次的轨道交通网络，提供因地制宜的公共交通服务。争取至 2040 年，全市公共交通占全方式出行比重达到 40%，全市平均通勤时间不大于 40 分钟。提升慢行交通功能与品质，依托城市道路建立步行、自行车专用通道为主的慢行网络，做到慢行设施总量只增不减，提高慢行网络的连续性和功能性；次干路、支路规划设计遵循慢行优先的路权分配原则，保障慢行交通的安全性，营造友好的慢行交通环境。增加公交和非机动车专用路权分配，优化主城区重点更新地区和新城的路网结构，加强利用公共通道空间，逐步调整优化路权分配，建立公交专用道和非机动车通道网络；提高慢行网络的连续性和功能性，完善安全通达的骑行网络和舒适便捷的步行活动区域。

打造 15 分钟社区生活圈。在《总体规划》中，上海提出要构建 15 分钟社区生活圈。即社区生活圈按照步行或慢行 15 分钟可达的空间范围，并结合行政边界划定，平均规模约 3～5 平方公里，服务常住人口 5 万～10 万人。生活圈

内以 500 米步行范围为基准，划分包含一个或多个街坊的空间组团，配置满足弱势群体日常基本保障性公共服务设施和公共活动场所。提升多元融合的社区综合服务，建立适应人口结构特征的社区公共服务设施配置标准，优化社区公共服务设施的空间布局。依托现代信息技术，为社区居民提供智慧医疗、健康、旅游、出行、气象等信息服务，方便社区居民生活。结合公交站点、公园等，构建功能综合、空间集聚的社区中心，提供便捷高效的"一站式"生活服务。塑造高品质的社区休闲空间：一是构建人性化的空间格局，控制道路宽度和沿街建筑高度，保持适宜的街道空间尺度，塑造丰富变化的街道景观；二是营造有归属感的交往空间，增加绿地、广场等公共空间，形成便利、安全的社区活动网络。

（四）加强土地整治，建立绿色可循环土地利用体系

推进土壤环境保护与污染治理。建立完善资源整合、信息共享的土壤环境质量监测监控体系。开展土壤环境状况调查和评估，明确污染地块名录，划定管控区域，开展土壤环境监测，加强土地征收、收回、收购及转让、改变用途等环节的监管，土地开发利用必须符合土壤环境质量要求。加强工业企业周围、交通干线沿线等区域农田土壤的跟踪监测、污染防控和用途调整，保障本地农产品安全。

强化绿色理念，实施生态型土地整治。首先，大力建设生态良田，提升土地生态功能与涵养。坚持耕地数量、质量、生态并重，遵循生态性、乡土性、美学性、人性化的原则。其次，全面实施绿色化整治，促进美丽乡村建设。积极推动土地整治"绿色化"，大力促进土地整治生态文明建设，以土地整理、开发、复垦和城乡建设用地增减挂钩为平台，综合运用工程、生物、技术等措施，优化土地利用结构与布局。最后，加快土地整治科技创新，将绿色发展理念落到实处。全面推进土地整治绿色规划设计、绿色施工技术和绿色材料，不断提升绿色在土地整治中的作用和贡献水平。

（五）强化土地复合利用和立体开发，提高土地利用综合效益

鼓励土地复合利用，提高空间综合利用效率。鼓励建设用地功能复合优化。上海已进入后工业化时代，制造业与服务业深度融合，对土地混合和建筑复合利用的需求强烈。在 2015 年 7 月，上海发布《上海市加快推进具有全球影响力科技创新中心建设的规划土地政策实施办法（试行）》，明确综合用地政策在全市各类园区推广应用，以适应产业形态多样化发展要求，有效提升土地资源综合效益。在此基础之上，引导大学校区、产业园区与周边居住、服务空间的产城融合发展，鼓励在社区范围内增加就业岗位，完善公共服务设施，促进生活、

就业、休闲融合发展。探索商业、办公、居住、公共设施与市政基础设施等用地的复合开发，推进轨道交通场站的综合开发利用。在保障土壤安全和环境品质的前提下，鼓励工业用地的功能置换和混合使用。

加强农用地复合利用引导。强化大都市农用地复合利用，充分发挥农用地的农业生产、生态景观、休闲观光、文化教育等综合功能。在结构上，通过轮作休耕和产业调整，促进农业由传统生产方式向生态型生产方式转变。在空间上，强化农用地资源空间共享、集约利用，通过发展种养结合、林下经济和立体种养等生产模式，促进不同类型农业生产的优势互补和协调发展。在功能上，强化农用地功能的共生融合，通过拓展农业的生态景观、休闲观光和文化教育等功能，促进农业与二、三产业融合发展。

充分利用地下空间资源，促进立体开发。分层、分类、分期开发利用地下空间资源，逐步构建以中心城、新城为核心，以轨道交通换乘枢纽、公共活动中心等区域为重点的地下空间布局，形成功能适宜、布局合理的竖向结构。在确保城市地质环境安全的前提下，着力推进城市地上、地下空间一体化开发利用，加大地下综合管廊"生命线"工程建设力度，提高地下空间相互连通性和存量利用水平。健全地下空间共同管理责任机制，逐步完善土地空间权属、建设用地有偿使用的管理制度，大幅度提升地下空间综合管理水平。

以黄浦区南外滩重点规划区域为例，该区域整合地下空间，构筑高度开放的公共系统，同时针对各地块特点，依土地综合利用的原则实施相适宜的详细规划，营造立体空间，打造"立体城市"。该区域地下空间规划为两到三层，按照"一轴、两翼、多节点"的空间结构布局实施。在纵向层次上，既有供行人步行的空间层，也有供车辆快速通过的空间层；在横向布局上，基于统一规划、整体开发的原则，各类基础与配套设施在几个地块间得到共享。

（六）扩大公众参与，宣传绿色发展理念

构建全过程参与机制。建立贯穿规划编制、实施、监督及城市治理全过程的公众参与机制，拓宽和创新公众参与的方式、渠道和途径。近年来，上海市规制和国土资源局结合土地整治开展了一系列活动，包括"土地整治＋运动""土地整治＋艺术""土地整治＋景观风貌"等，拓展了土地整治的内涵。2016年7月，上海市规制和国土资源局组织52户家庭187人参与亲子插秧、亲子露营等活动，将农耕文化与体验、观光、自然教育相结合，让市民享自然野趣，听虫鸟蛙鸣，调动市民参与土地整治的热情，唤醒公众保护耕地、呵护土地的意识，推广绿色健康安全的农业生产方式。

建立全方位宣传平台。加强绿色发展信息的宣传和普及，积极推动"城市空间艺术季""SEA – HI"论坛等活动，建立常态化规划宣传和交流互动机制，大力提高社会公众对绿色发展的理解和认识。以优秀的绿色发展案例为前沿阵地，开展线下宣传。以廊下郊野公园为例，开园一年以来，受到广大市民的热烈追捧，成为媒体聚焦的热点，同时也为廊下农民带来了看得见摸得着的利益，农产品附加值明显增加。在持续的热度之下，创新人才也在不断积聚，形成一批农旅服务项目和农创项目新业态，进入公众视野，进一步扩大了绿色发展理念的影响。

实现全龄段通识普及。通过开展绿色发展知识通识教育的形式，在上海全市幼儿园、中小学、大学、社区老年大学等全年龄段学习人群中普及绿色发展知识，提升对城市发展的了解度和认同感，提高市民参与城市绿色发展的热情。

四、总结

上海位于东亚大陆海岸线中点、长江入海口，襟江带海、腹地辽阔、河网密布、航运发达，享有东方明珠的美誉。随着世界经济增长重心逐步向亚太地区转移以及中国逐步成长为世界经济新的增长极，这座拥有全国最大港口和最多外资金融机构的城市，将在不久的将来崛起成为国际经济、金融、贸易和航运中心。然而，土地是经济发展和城市建设的基础，土地资源的可持续利用直接关系到经济的可持续发展，因此对城市土地进行集约化、绿色化、低碳化利用是缓解土地供需矛盾，提高土地利用质量的必然选择。

本文基于绿色发展理念下城市土地集约利用的内涵，从划定边界、调整建设用地结构、均衡用地布局、加强土地整治、强化复合利用和立体开发以及扩大公众参与六个方面，总结上海以转变土地利用方式促进都市绿色发展的探索与实践，以期为国内大都市建设提供借鉴和参考。

以多规合一推进大都市土地
资源的优化配置路径[*]
——以上海市的实践探索为例

多规合一是指将国民经济和社会发展规划、城乡建设规划、土地利用总体规划、生态环境保护规划等多个规划融合到一个区域上，实现一个区域一本规划、一张蓝图，解决现有各类部门规划自成体系、内容冲突、缺乏衔接等问题。随着我国土地资源日益紧缺，如何通过多规合一来优化配置土地资源，提高土地利用效率和效益，一直是理论界和实务界着力解决的问题。为此，笔者结合上海市的实践探索，就如何更好地利用多规合一推进土地资源的优化配置进行一些探讨。

一、大都市土地资源优化配置的内涵与特征

随着经济发展进入新常态，上海对产业转型升级的要求不断提高。传统的以经济效益为主的土地资源配置观已难以适应新形势的发展要求，需要树立新的土地资源配置观。所谓新的土地资源优化配置观，是指土地开发利用要坚持以人为本，做到"三个结合"，实现综合利用效益最大化。即土地资源配置一要实现经济与社会、环境效益三者的有机结合；二要实现近期效益与远期效益的结合；三要实现局部利益与整体利益的结合。因此，新的大都市土地资源优化配置观应具有以下 4 个特征：建设用地规模适度，土地利用结构协调，各类用地布局合理，土地开发强度适中。

二、从上海市的实践看土地资源配置中存在的问题及原因

近年来上海大力推进节约集约用地与耕地保护，取得了明显成效。但其土地资源配置也存在一些矛盾和问题。一是建设用地规模不断扩大，对耕地保护

---

* 原载于《中国土地》2017 年第 1 期。蒋琦珺也参与了该项研究。

254

和城市生态安全造成一定的威胁。截至 2014 年年底，上海市建设用地总规模 3124 平方公里，距离土地利用总体规划确定的 2040 年建设用地总量 3220 平方公里的目标，只有不到 96 平方公里的增量空间，耕地保护的压力越来越大。二是土地利用结构不合理，工业用地比重过高，生态用地偏少。到 2014 年年底，上海工业及仓储用地占建设用地总量的 27%，是国际同类城市的 3～10 倍。而公共绿地仅占 7%，人均绿地面积 7.6 平方米，仅为巴黎、伦敦、香港等城市人均绿地面积的 1/3 左右。三是各类用地布局有待优化，郊区生活配套设施用地偏少，产城融合有待提升。四是土地资源开发强度差异较大，中心城区过于拥挤，郊区城镇开发强度偏低。据统计，2012 年上海中心城区现状建筑量为 6.3 亿平方米；按现有规划汇总，中心城区建设用地面积 630 平方公里，平均开发强度为 1.0，已经超过日本东京都区 0.77 的开发强度。而郊区县在开发强度、路网密度等方面远远低于中心城区。

造成上述问题的原因很多，其中规划的不合理是重要因素之一。规划的不合理或不协调会直接影响土地资源配置效率。主要表现在：一是各类规划的目标重点不一致，直接削弱了对土地资源开发利用的统筹作用。二是各类规划的技术标准不一致，造成规划空间边界"打架"现象频出。各类规划编制时所依据的空间坐标、用地分类标准等各不相同，而且在空间上也没有进行有效的衔接，尤其是土地利用规划确定的基本农田与城市规划确定的开发建设边界相冲突，导致企业无所适从，甚至钻空子搞违法用地和违法经营。三是规划的多头管理问题突出，各管一段的工作模式使得各项规划难以形成合力，给实施带来一定难度。四是规划的动态更新与土地资源优化配置不适应。传统的规划管控及用途管制方式由于过于刚性，在新形势下，难以适应新产业、新业态的发展需要，不利于土地资源的优化配置和产业转型升级。

三、以多规合一推进大都市土地资源优化配置的实施路径

以规划理念的转变引领土地资源的优化配置。自 2008 年起，上海市在全国率先开展了"两规合一"的探索，并在新一轮城市总体规划践行"两规融合，多规合一"的理念，着力通过"四个转变"引领土地资源的优化配置：一是价值取向由经济导向的传统发展观转变为以人为本的科学发展观。二是发展模式由外延扩张型转变为内涵发展型。规划逐渐从增量规划向存量规划转型，构建富有弹性的土地资源空间利用策略和管理机制。三是思维方式由愿景式终极目标思维转变为底线型过程控制思维。从土地资源规模上，更注重从城市综合承载力、城市安全和城市功能定位出发，锁定未来城市空间发展和土地资源的底线。四是工作内涵由规定性技术文件转变为战略性空间政策。土地资源配置引

入战略性、长远性、政策性的多领域指标，充分发挥各类规划的控制和引导作用。同时，整合各类规划中涉及空间安排的要素以及相关政策，优化土地资源空间体系。

以规划方法的创新推进土地资源优化配置。一是锁定土地资源总量，推进城市睿智发展。多规合一的主要任务之一，就是探索整合相关规划的空间管制分区，探索完善经济社会、资源环境政策和空间管控措施。为了使规划目标能在空间上得以落实，"三线控制"（永久基本农田、生态保护红线、城市开发边界）既是土地资源管理的基本要素，也是上海作为高密度超大城市可持续发展的必由之路。上海共划定永久基本农田200万亩，涵盖市郊9个区县103个乡镇；规划生态保护红线总面积4364平方公里，其中一级保护区总面积约1189平方公里，为生态保护红线的核心区域；调减规划建设用地至3200平方公里，实现全市规划建设用地总量负增长。

二是调整土地利用结构，促进经济社会转型升级。加快转变经济发展方式和优化空间开发模式是多规合一工作的重要目标之一。为适应经济的转型升级，土地利用结构也要调整，具体来说，通过建设用地减量化、复合利用、立体开发、空间留白等利用方式，打造具有弹性和韧性的土地利用结构，为快速变化的社会经济发展提供充分的空间支撑。

实施建设用地减量化方面，将经营性用地和一般工业项目新增用地需求与建设用地减量化全面挂钩，倒逼区县加大减量化实施力度。同时，贯彻"统分结合、有保有压"原则，实行差别化供应措施，确保基础设施、保障性住房、社会民生建设用地等项目的用地落实。

鼓励土地复合利用、提高空间综合利用效益方面，上海市的探索是，规定盘活存量工业用地可转型为综合用地，在用地类型上实现两种或两种以上用途混合，允许工业仓储用途于商业、办公等功能混合，引导企业科技研发、总部管理、销售服务等功能集聚。

探索建立空间留白机制、弹性应对重大事件需求方面。为了应对未来经济发展和人口变化的不确定性，同时针对不可预期的重大事件和重大项目，以及应对重大技术变革对城市空间结构和土地利用的影响，上海的探索是规划了总规模约200平方公里战略留白土地空间，提高土地资源的包容性。

三是优化各类用地布局，打造宜居宜业城市。人是城市的主人，城市发展要服务于人的全面发展。所以，各项规划在编制过程中要坚持以人为本的理念，在土地资源配置中，要更关注人的需求，通过优化土地布局，实现产城融合、职住平衡。一方面，完善园区配套设施建设，打造产城融合的产业社区。上海目前允许产业用地配套科技创新服务设施的建筑面积可占项目总建筑面积的

15%。改变单一生产功能的"产业园区"为融合科技、商务、文化、生活等复合型创新要素的"产业社区",关注科技产业和商务服务的协同,工作场所和生活设施的融合,产业集群和共享平台的关联,强调以人为本,注重创新功能与城市功能融合发展。

另一方面,打造15分钟社区生活圈,实现公共服务体系全覆盖。近期,上海专门出台文件明确提出,15分钟社区生活圈是上海打造社区生活的基本单元,即在15分钟步行可达范围内,配备生活所需的基本服务功能与公共活动空间,形成安全、友好、舒适的社会基本生活平台。相关规划准则和导引将通过控制性详细规划编制、土地出让前评估等方式,明确具体地块的管控要求,并纳入土地出让合同进行管理。

以实施机制的创新推进土地资源优化配置。多规合一强调的是空间规划的衔接与协调,这往往涉及各类规划在规划体系、空间布局、数据底版、技术标准、信息平台和管理机制等方面的统一。上海城市总体规划(2016~2040)提出,要加强从时间维度对规划目标进行落实和推进,实现规划从蓝图式向过程式管理转变。从土地资源管理的角度来看,不能仅局限于单纯的土地要素和静态节点的管理,要从城市发展目标和土地利用周期入手,强化土地资源的全生命周期管理,提高土地利用的综合功能和绩效。

一要实施行动规划机制,从时间维度落实规划目标。时间维度的行动规划是实现"多规合一"实施的重要抓手。核心是打破静态规划体系,叠加时间维度,搭建近期规划和年度计划,与国民经济和社会发展5年规划、市政府年度重大工程安排和财政支出等相衔接的行动规划平台,重点面向实施,关注近期各部门规划和政策的协调和统筹。

二要强化开发主体对物业的持有,实施土地利用全生命周期管理。开发商是实施各项规划土地指标的主体,以往开发商拿地时不一定考虑自己经营,开发后短期行为较多,往往无法达成规划所期望的城市功能。上海目前要求,开发企业持有商业、办公物业。新增商业办公用地,要在土地出让条件中明确商业、办公物业的持有要求,一般地区商业物业的持有比例不低于80%、办公物业不低于40%,且持有年限不低于10年。从而引导或倒逼开发商变成城市的运营商、服务商,与城市共同成长、持续发展。同时加强项目在土地使用期限内全过程动态管理,结合土地出让合同管理,通过土地核验、定期评估、诚信管理等,实施土地利用的全生命周期管理。

伦敦：集约用地与环境宜居互促共赢[*]

伦敦是英国最大的城市，也是英国的政治、商业、金融、文化和旅游中心。一方面，由于受到行政区划及绿带政策的限制，伦敦的市域边界难以向外拓展，总市域面积共 1574 平方公里，分为内伦敦和外伦敦两部分，共 33 个自治市；另一方面，人口受到首都集聚效应的影响不断增加，自 1986 年以来，已从当时的 680 万上升到 2013 年的 840 万。

随着人口的增长，伦敦住房需求不断增加，同时，人们改善居住环境和条件的愿望也日渐强烈，但城市建设被控制在既定范围内，如何在有限的发展空间内解决住房问题，构建最佳的居住环境是伦敦市政府近期着力探索的课题。

一、调整建设用地布局提升城市居住环境

相关统计数据显示，1971 年伦敦市域面积为 1640.8 平方公里，其中，住宅用地 538 平方公里，占城市用地总量的 32.79%；2005 年伦敦市域面积下降到 1596.23 平方公里，住宅用地被分为住宅建筑和住宅庭院两部分，两者之和达到 519.61 平方公里，占城市用地总量的 32.55%。

对比 1971 年和 2005 年两年的数据发现以下几个特点：

一是伦敦城市建设用地规模总量基本维持不变，大致为 1600 平方公里。20世纪 40 ~ 70 年代是伦敦进行大规模新城建设的阶段，伦敦市政府对城市建设用地规模进行了较大调整。此后，城市规划不断成熟，城市空间组织也已成形，受到城市规划，尤其是绿化环带的限制，城市横向扩张的可能性近乎为零，城市建设用地规模总量基本保持不变。

二是住宅用地面积略有下降，1971 年至 2005 年的年均降幅为 0.1%。1971年，伦敦住宅用地面积为 538 平方公里，到 2005 年下降至 519.61 平方公里，住宅用地面积稳中有降。

由于严格控制了建设用地总规模，住房用地面积又略有下降，伦敦建设用

＊ 原载于《资源导刊》2016 年第 2 期。张琳薇也参与了该项研究。

地的内部结构不断调整优化，并通过调整住房用地的空间布局，进一步提升城市的居住环境品质。

（一）增加绿化用地面积，并提高住宅配套用地占比

1971～2005年，伦敦绿化面积增加了132.7平方公里，增幅达27.8%。2005年，城市绿化用地面积占总市域面积的比例高达38.23%，可见，伦敦市政府十分注重生态城市的营造，为改善居民居住条件，不断增加绿化用地的供给。

同时，伦敦的居住区内一般设有公共图书馆、洗衣房、邮局、酒吧、饭店、理发店及各种商店等文化、服务设施。公共汽车、地铁和客运列车可以将市民从居住区带到城市的每个角落，因此居住区内的居住配套用地占比较高，以2005年为例，纯住宅用地为138.96平方公里，与之配套的住宅庭院面积高达380.65平方公里，配套用地面积是纯住宅用地面积的近3倍，大大提高了居民居住的便利性和舒适性。

（二）住宅布局合理，轨道交通便捷

整个伦敦市域的住宅布局呈现明晰的同心圆形态，局部地区住宅沿轨道交通呈轴向开发，星状弥漫式分布。从整体上来看，第一环，伦敦市中心布满了办公大楼、商店和公共建筑，住宅较少；第二环，内伦敦以联排住宅为主，但在战争中遭到轰炸或战后被铲平的地区，修建起了密度较高的公营住房，但即使在建筑最密集的地区仍留有片片空地；第三环，外伦敦主要分布的是郊区建筑，住宅建设的密度显著低于内伦敦地区；第四环，绿带，整个城市发展被控制在绿带以内。

从局部地区看，随着轨道交通的发展，住宅从中心城区向郊区和新城沿着轨道线路逐步蔓延。由于伦敦缺少通衢大道，市内形成了以私人小汽车连接家庭和铁路车站、铁路干线沟通新城和伦敦市中心、公共汽车连接地铁和铁路车站的完善体系。伦敦人愿意使用公共交通工具上下班，每天早晨有超过3/4进入伦敦市区的人是乘火车而来的，这也造就了伦敦住宅在郊区沿轨道线路呈带状开发，在交通线路末梢呈星状布局的特点。

（三）新城的住宅呈分散组团式布局，尽可能实现职住平衡

伦敦的每个新城由一个中心城及若干个居住社区和工业区构成。其中，中心城设置在新城的几何中心；每个居住社区有自己的中心，设有社区服务设施，如小学、诊所、商店、社区活动中心和酒吧等，新城住宅的这种分散组团模式使得居住社区基本上能就地平衡居民的就业、居住和购物需求。工业区则基本上设置于新城的边缘地带。中心城、居住社区和工业区之间主要依靠公共交通连接。这种布局模式不仅实现了新城范围内的产城融合与职住平衡，而且有利

于土地的集约化使用。

（四）住房用地与绿化用地交错环绕，使社区更加宜居

伦敦市内在 17～19 世纪集中开发了众多联排住宅以及被联排住宅所围合的花园广场，这种居住区开发被称作联排住宅及广场开发，而这样的土地开发形式决定了伦敦住宅与绿化用地的紧密关系。因为英国的联排住宅一般没有各自专用的庭院，但众多家庭共同居住，逐渐形成了很多共有的气派优美的庭院。英国人向往田园、喜好田园风情，因此在建筑物密集的市区，可以瞭望绿色、享受绿色空间的花园广场深受他们的喜爱。联排住宅及广场开发的流行造就了绿化用地与居住区交错地分布于城市各处的布局形态，也可以说伦敦就是由这样的集合体构成的都市村庄，这使得伦敦的居住社区十分绿色宜人。

二、挖掘存量用地确保住房供给

在控制用地总量，优化用地结构与布局的情况下，伦敦市政府仍实现了住房供给的增加，如在 1971 年至 2005 年的 30 多年中，住宅用地规模稳中有降，住宅总套数增加了近 50 万套，这主要得益于伦敦市政府重视存量用地上住宅潜力的挖掘，确保了住房的有效供给。

（一）分阶段找准重点，实施存量开发策略

为增加住房的供给，伦敦市政府在住房规划的不同时期采取不同的用地策略。在规划早期阶段，将重点放在充分挖掘、利用已开发地区住房发展潜力上，高效利用存量住宅地块；在规划中期阶段，通过改变工业、商业地块的用地性质，促进土地的混合利用；在规划后期阶段，通过棕地的生态化改造，在棕地上优先开发住房。而且对于部分有实际需求的地区，住房用地的规模还可进一步扩大。据测算，伦敦的机遇性增长地区（规划中有项目启动而进入机遇增长期的地区）未来可以新增 30.3 万套的住房，而机遇性增长地区又是伦敦主要的棕地储备区域。因此，伦敦市政府要求各地方政府优先发展机遇性增长地区，充分利用其中的棕地和潜在棕地（可由多余工业用地转化而来），在交通节点做中低层的高密度住宅开发。

（二）设定关键性规划评估指标，确保存量开发任务落实到位

伦敦市政府通过设置关键绩效指标，对住房规划的执行情况进行考核评价。如从《大伦敦规划 2011》开始提出了 24 个关键绩效指标，其中有多个指标与住房规划的执行有关。比如，"最大化地使用已经开发土地的比例"就是其中的控制指标之一，以达到"保持新的住宅开发至少 96% 是先前开发的土地"的目标，该指标的设置可以鼓励规划实施者通过二次更新、旧住房改造、盘活空

置住宅等方式，充分挖掘新增住房的供应空间，确保存量开发任务落实到位。

（三）划定特定区域，新的住宅项目须在已开发土地上进行

目前，伦敦市政府划定了 20 个住宅区，每个区域都设定了引导性的住房供应量。地方政府可引进私人机构在这些区域内进行新建住房的开发，市政府则针对各区域的不同情况，给予拨款、选址和规划上的帮助，但要求这些项目一定要结合城市更新（提供交通、学校、图书馆、医院等基础设施），在已开发的土地上进行。

（四）加强需求预测，增加中小套型住房建设规模

《伦敦住宅发展战略 2014》明确提出了伦敦未来住房发展定位，即增加各种所有权类型的住房供给量，特别是增加可支付住房的供给。根据这一目标定位，预测了未来 20 年的新增住房需求量。其中，三居室以下的房屋达到了38 240 套/年，占每年新房需求总数的 78.29%，据此，中小套型被确定为政府住房建设、存量改造的主要方向，以确保住房的有效供给。

三、以多规合一推进土地资源优化配置的难点及对策思考

近年来，上海以多规合一推进土地资源的优化配置，取得了初步成效。同时，在推进过程中存在着一些难点。一是土地资源基础数据的建设与共享仍有待进一步加强；二是相关规划与土地的基础技术指标仍有待进一步衔接。尤其在相关规划编制的坐标体系、用地标准、相关规划指标等方面还缺乏有效衔接，一定程度上影响了规划的科学性和协调性。三是多部门联合的规划综合实施机制有待进一步深化。针对这些问题，建议采取如下措施：

在规划编制上，加强相关部门在基础数据开发共享、技术标准规范统一。其一，指标体系优化更新等方面协同，完善空间规划体系，建立各类规划与土地资源优化配置的衔接协调机制。其二，在规划实施上，加快探索由一个部门牵头、多部门配合的规划综合实施机制，结合土地出让和批后监管，对规划目标的实施采取定期考核、实时跟踪的动态评估机制，通过土地利用的全生命周期管理，确保规划目标落到实处。

大都市郊区市民和农民的混居问题探讨*

在大都市郊区，随着城市郊区化和农村城市化的推进，市区居民和郊区农民两股人流都涌向郊区，在郊区的城镇形成混居。由于这些混居住户在文化背景、收入水平、生活习惯等方面差异较大，常常造成居住空间分异，甚至在一个住区内，出现富人区和穷人区明显隔离的现象。这种居住空间分异现象在西方国家表现得比较明显，尤以美国最为突出。美国的居住空间分异，主要是由于种族差异、收入差异和社会地位差异等诸多因素综合作用形成的。与美国相比，上海郊区住区的居住隔离虽然还不太明显，但在近郊一些城镇，也已开始出现。目前主要表现为两类人群的隔离。一类是不同收入阶层的混居问题。另一类是市民与农民的混居问题。来自市区的市民和来自郊区的农民共同居住在一个城镇里，但是各自生活在自己的小区中，平常很少有所往来，逐渐形成了居住隔离状态。这一方面与两种人群的文化背景、工作环境和生活方式等差异较大有关，另一方面也与政府的规划和管理不力有关。例如，不少地方政府在城镇中专门辟一块土地建设农民居住区即农民中心村，与主要面向市民的商品房小区完全隔离，这种规划布局上的隔离，也促成了居住生活的隔离。这种现象在上海近郊的部分地区表现得比较明显。短期内，其负面影响还不十分明显，但从长远看，若不加以认真对待，势必会带来诸多社会问题。因此很值得防微杜渐，及早解决。本文主要分析后一类问题。

一、实现混居化的重要意义

从目前及未来的发展看，上海郊区的城镇将逐步形成四个层次的住房供应体系：以低收入住房困难户为目标的安居房、以中高收入阶层为目标的商品住房、市区居民的动迁安置房和农民住房。人群的复杂性，使混居化问题增多。如果能在居住空间分化格局尚未完全形成之时，就通过改进现有的住房政策和城市土地使用政策，鼓励不同收入阶层的混合居住，尽早实现社会和经济的平

---

* 原载于《住宅科技》2003 年第 1 期。

衡，则可避免造成更大损失，节省更多的社会成本和经济成本。具体来说，混居化的意义主要在于：首先，有利于推进城乡一体化的形成。城市居民向农村迁移，导致城市的工作场所和居住场所与农村共处，在人口混居化的同时，产业的城乡边界也趋于模糊，城市与乡村之间已不存在某种明显的界限，而是以经济密度为主线，在人口和其他经济资源的分布上形成了逐步变化的梯度，从而推动城乡一体化的形成。其次，有利于提高低收入阶层和农民的素质及生活质量。低收入阶层和农民可以得到更多更好的教育设施、安全性和更好的地区社会服务。最后，混居化还能避免因低收入阶层的聚集造成地价下跌的不利形势，有利于房地产业的健康发展。

二、混居化的实现途径

从国外的经验看，混居化的解决方案可归纳为两大类。一类是以硬件建设为主，即通过住房建设上的融合，达到混居的目的，这方面以美国为典型；另一类以软件建设为主，即通过实现不同类型住户心理上的融合，达到混居的目的，以日本为典型。上海应根据实际，学习借鉴国外的一些做法，从硬件建设和软件建设同时入手，进行针对性地预防和解决，不失为一种好办法。

（一）硬件整合

为改善低收入家庭集中所带来的社会和环境问题，自 20 世纪 70 年代起，美国一些地方政府便通过土地使用控制和免税政策，试图将低收入阶层的住宅整合到中高阶层邻里中去。同时美国住房和城市发展部（HUD）改变了以往集中建设公共住房的传统做法，转而以不同收入阶层混合居住作为其根本的发展策略。

HUD 在公共住宅项目开发中，为解决贫困的集中，主要采取两种操作方法。一是采取分散的方法，将要开发的公共住宅单元划分成小的组团，分散在现有的中高收入阶层邻里中。其中，每个公共住宅组团的住宅单元应尽可能地小，而且在建筑形式上，公共住宅应与周围的中产阶级住宅相协调。二是将公共住宅和商品住宅结合起来开发。在同一个邻里中，公共住宅和商品住宅的比例需视当地住房市场的状况来确定。一般来说，HUD 允许公共住宅的比例在20% ~60% 之间，混合居住的居民家庭收入水平的浮动范围是平均收入水平的50% ~200% 。该方法主要强调，通过市场力量，在开发的市场利益和非营利的社会目标之间取得平衡。按财政资助方的不同，可分为地方政府资助项目、公共住宅机构项目、独立个人或机构资助项目等多种类型。这种方法由于主要以市场运作为基础，将公共住宅项目和以市场盈利为目标的主流房产项目相结合，又不存在第一种方法的因地点较分散而带来的协调和管理问题，因而成为实现不同收入阶层混合居住目标的主要途径。

结合上海郊区的实际，为实现良好的混居融合，硬件方面建设应注意以下几方面：

（1）在城镇住宅开发中，农民住房与商品房在建筑式样上应尽量保持一致，不能有太大差别。目前一些农民中心村过于豪华，一方面给农民带来更大的经济负担，另一方面也使来自市区的居民心理上不平衡，从而很难拉近心理上的距离。

（2）建议逐步取消在集镇内或附近单独建中心村的做法。单独建农民中心村的好处是保持原来的邻里关系和便于管理，但是这种人为的地域分隔不利于农民素质的提高和整体发展，因此建议逐步取消。

（3）在一个城镇住区中，要适当控制低收入阶层住房的比例，建议一般不要超过70%。具体比例根据各地方的情况而定。这主要因为过多低收入阶层住房的建设，不利于土地效益的发挥，同时还给地方政府带来一定的财政负担。此外，还会带来一些社会问题。目前上海郊区一些中心村建设中适当增加了商品房的开发量，不失为一种好方法。

（4）为了确保低收入阶层住房建筑式样不落后，并由开发商开发，政府应从土地政策和税收等方面给以支持和优惠，以确保混居化的实现。

（5）建设一些以促进城乡交流、村民与市民共享为目的社区文化设施和公共娱乐设施。例如建设能适应市民和农民共同需要的娱乐设施，包括儿童公园和其他公园，农业体验场所如农园、农村留学配套设施、农业体验园地等，为农民和市民的融合提供良好的交流场地，有利于交流活动的开展。

（二）软件整合

单单硬件上的结合不能算是真正的混居，真正的混居还需要软件上的整合。在西方发达国家，如何将不同收入、不同生活方式、不同价值观念的居民在邻里层面整合起来，形成一种互助关系，一直是混合居住住宅项目中的核心问题。不同收入群体在邻里层面的整合，要比项目开发本身更难。不同的价值标准、不同的生活方式作用于同一邻里环境，当找不到契合点时，很容易发生冲突，更谈不上社区感的形成了。为此，结合上海郊区的情况，建议加强以下几方面的整合：

（1）适时组织市民参加农民的一些活动和进行都市农业体验。例如农协或生产者组织开设不定期（一年几次、一月几次）或定期（一周一次）的农产品展销会；农户与市民直接签订定期定量供应农产品的协议；还可组织直接采果售果观光活动等。同时，还要尽可能加强市民对都市农业的体验。如地方政府提供场所组织园艺讲座，开发市民农园、老人农园等。这样既能提高都市农业的发展，还能增加市民对农民的感情，很利于两者之间的交流与融合。

（2）在社区中营造一种学习的氛围，加强学习教育，提高农民素质，增多与市民交流的共同语言。规划建造公共文化设施，如图书馆、文化馆、体育场、公园等。提供学习教育与娱乐的场所。

（3）在居委会的协调和组织下，在混合居住邻里逐步形成一个强有力的主导价值观和行为模式，起着整体的规范和约束作用。通过利用强有力的管理方式和非强制手段来施加影响，规范和约束居民遵守明确的社区行为准则，在此基础上，培育共同的社会观念和行为模式，使行为规范由外在被动性逐渐转变为内在主动性，在个人权利和邻里共同行为规范之间逐渐形成平衡关系。

（4）尽可能开展一些各类住户都乐于参加的社区活动。对于由市民和农民组成的混居社区，可多组织开展一些市民和农民都乐于参加的社区文化活动。

（5）多开展一些互助活动。通过开展一些志愿者活动，增强不同住户之间的感情。

居住郊区化的发展及其对住宅建设的影响*

近年来，我国大城市居住郊区化的趋势日益明显，郊区尤其是近郊地带逐渐成为住宅开发和消费的热点区域，而在近郊购房者中，又多来自中心城区的郊迁人口。居住郊区化受城市空间发展、家庭生命周期、交通条件改善等多种因素影响，有着特定的规律，并与郊区的住宅建设息息相关。探讨郊区化人口的居住行为和特点，无论对提高住宅的开发效益还是对郊区住宅建设的有效管理都是很有必要的。由于我国城市居住郊区化发展的历史较短，其中的规律还不明显，相对而言，西方发达国家则要成熟得多。为此，本文将以西方发达国家的城市为例，探讨居住郊区化各要素发展的一般规律及其对住宅开发的影响，同时对上海的居住郊区化进行初步分析。

总体来看，与住宅开发明显相关的郊区化要素主要有四个：郊区化人口的迁移方向、郊区化人口的数量、郊区化人口的结构和郊区化人口迁移的进程。这四个要素分别影响着住宅开发的区位选择、规模确定、产品定位和时机选择。其中，各要素的发展规律及影响如下。

一、居住郊区化的空间伸展方向与距离及其影响

居住郊区化的伸展方向与交通线路直接相关。从国外的情况看，主要有沿交通线的线状伸展和沿交通站点的点状组团式分布两种形式。首先，居住郊区化的空间伸展方向多是沿着交通线路展开的，并随着交通方式的变化而变化。从郊区化最明显的美国来看，其住宅的空间分布形态，从轴向伸展的扇形开始，到多核心的发展状态。而且郊区化的距离越远，郊迁居民所依托的城镇（或社区）功能也愈加完善，聚集规模也越来越大。其次，大型的交通站点对住宅区的分布也有显著影响。例如，一些新机场虽然距市中心比较远，但可以通过高速地面交通系统与中央商务区、住宅区、工业园紧密联系，改善了距离远的不利因素。

＊ 原载于《中国房地产》2003 年第 2 期。

居住郊区化的伸展距离与各国的国情、交通方式以及郊区道路建设有直接关系。例如，美国土地充裕，交通以私人汽车为主，高速公路网发达，加之中心区问题较多，因此郊区化就比较充分、比较远。而日本的城郊交通以公共交通为主，土地贫乏，因此郊区化的程度远不及美国。

上海的居住郊区化方向和伸展距离主要受交通条件改变的影响，同时还与就业地点的变化密切相关。首先，居住郊区化基本上随着轨道交通线的发展而改变延伸方向和距离。地铁一号线建成后，沿线的西南地区很快成为居民购房的热点地区；二号线建成后，居住郊区化迅速沿轨道线向东延伸，沿线房价也迅速升温。随着明珠线的通车，地铁一号线延伸线和 M8 线的建设，北部地区又将成为居住郊区化迁移的新方向。其次，居住郊区化的发展方向还倾向于就业地点的变化方向。例如随着市区工业向郊区扩散，工业园区和开发区的周围往往形成新的居住区。因此，在楼盘选址时，应充分重视交通条件的改变和就业地点的变化等因素。

二、郊区化人口数量及其影响

从国外经验看，郊区化人口的数量往往与内城的居住环境、郊区的交通网络状况、居民的收入、郊区的就业机会等直接有关。内城的居住环境越差，郊区化人口就越多；交通网络越健全，快速干道和私人小汽车越多，郊区化人口也会增加；郊区的就业机会增多，也有利于增加郊区化的人口。

国外的居住郊区化主要是在主动、自愿的基础上形成的；在我国，郊区化的机制不仅有主动的，而且还有一定的被动因素。郊区化人口的数量除了与快速干道的发展水平和程度密切相关，还与政府的旧城改造计划和动迁量大小直接相关。“九五”期间，随着城市改造工程的实施，有相当一批居民迁往郊区；在“十五”期间，随着新一轮旧区改造的实施，还将带动大批居民向郊区迁移。因此，在确定郊区房地产开发规模时，应综合考虑快速干道的建设规模和动迁量等情况。

三、居住郊区化的发展阶段及其影响

郊区化是城市发展到一定阶段出现的必然现象，根据西方城市化的发展规律，范登博格等人（VandenBengetal，1982）把整个城市化过程分为城市化、城市郊区化、逆城市化、再城市化四个阶段。1984 年彼得·霍尔（PeterHall）提出了著名的城市演变模型。在这个模型中，他把城市演变分为 6 个阶段，依次是“流失中的集中”“绝对集中”“相对集中”“相对分散”“绝对分散”“流失中的分散”。

据专家研究，认为北京、上海、广州等城市已先后进入了郊区化时代，并处于"相对分散"阶段，具体的过程各个城市又有差别。随着交通条件的改善、家庭拥有轿车量的增加，以及郊区居住环境的改善，总地来看，郊区化的速度呈加快趋势，但又呈现出波动的特点。这与国外有些差异。国外的城市郊区化大多是伴随着中心城区的衰落和破败而出现的，在逆城市化时期，人口向郊区流动的速度较快，在方向上以向外流动占绝对优势。在我国，由于政府提前对中心城区进行改造，出现了中心城区和郊区共同繁荣的局面，对郊区化也产生了新的影响。例如，上海随着黄浦江两岸的开发和苏州河两岸的改造，将大大增加中心城区的居住吸引力，在一定时期内不但会出现中心城区部分居民不愿迁往郊区，而且原来迁往郊区的居民还将回迁的现象，也就是说在人口外迁的过程还伴随着相当的人口回流现象，由此可能导致短期内郊区化速度的放慢。这就要求开发商在选择开发时机时，把握好城市化的发展阶段，以有效提高楼盘的升值潜力。

四、郊区化的人口结构及其影响

郊区化人口的聚居结构往往与收入水平、种族差异、年龄周期（或家庭周期）、社会地位、居住偏好等有直接关系。美国行为地理学家 D·J. 沃姆斯利和 G·J. 刘易斯在对美国的城市迁居行为研究后，发现了家庭生命周期与迁居行为的关系规律。即在生育子女前，人们更愿意居住在市中心，随着生育子女、抚养子女直到子女脱离后逐渐向郊区迁移，退休后则迁到市区外围，而寡居后又回到市中心。

由于居住文化和经济条件等方面的差异，我国的购房规律与国外有着明显的不同。经对上海市统计局 2000 年做的"万户调查"资料分析，发现上海市区人口的迁居行为呈以下特征：25 岁之前，由于没有结婚或刚结婚，靠近市中心的倾向比较大，不愿意到外环线以外居住；25 ~ 35 岁之间可能已经结婚或生育，开始向外环线以外迁移，但还不愿意远离外环线；35 ~ 50 岁，一些人有了积蓄或更高的收入，便逐渐选择到外环以外，甚至到郊区的县城、乡镇或农村居住；50 ~ 60 岁，由于身体不够强壮，上班不宜过远等原因，更希望住在内外环线之间上班比较方便的地区；60 岁以上的人选择郊区的人大为增加。与国外明显不同的是，年龄在 40 ~ 55 之间和 60 岁的家庭不少有往市中心迁居的愿望，这可能有三个方面的原因。一方面中国人比较注重地域社区感情，另一方面我国的大城市中心还没有出现像西方大城市中心的衰落现象，再加上市中心生活设施方便，就吸引了一部分人。总之，在上海，真正愿意到郊区甚至远郊居住的主要有两种人：有钱的中青年和退休人员。分析郊区化人口的结构，有助于准确确定郊区的住宅产品结构和合理的市场定位。

新加坡的住宅规划设计及启示[*]

在住宅建设中，规划是龙头，设计是关键。坚持"以人为本"提高规划设计水平，创建舒适健康的人居环境，是提升住宅综合品质的重要保证，也是落实科学发展的具体体现。在这方面，新加坡的经验值得借鉴。

一、新加坡住宅规划设计的主要特色

作为"国际花园城市"和"世界最适宜居住城市"的新加坡，不仅把东西文化巧妙地融入当地的住宅规划设计中，形成了一种典型的新加坡住宅文化；而且把住宅的规划设计与整个城市规划有机结合起来，营造了独特的城市住宅风貌。

（1）房型设计方面，有两个明显特点：一是组屋的面积都不大，基本上属于紧凑型，以 3 房（70～90 平方米）、4 房（90～100 平方米）、5 房（100～120 平方米）为主（均为使用面积）。到了 20 世纪 90 年代，随着住房供应的增加，以及收入水平的提高，已不再兴建一房、二房及三房的组屋，只建四房以上的组屋，但建筑面积也基本上都在 160 平方米以内。二是内空组屋逐渐流行。内空组屋只包括围墙、窗口、大门、厨房和卫生间，提供内部间隔的灵活性。

（2）建筑外观和空间组合方面，有四个显著特点：一是底层架空。新加坡组屋的底层基本上都是架空的，架空底层有很多好处。不仅有利于通风、遮阳、避雨、防潮和形成良好的视觉效果，而且给社区居民一个不受日晒雨淋的交际空间，为老人、儿童等提供更广阔的活动空间，从长远看，还为未来底层开发留下空间。二是实施内嵌式装置的晾衣架、空调外机位等，住宅建筑外立面更加整齐美观。三是建筑形式由原来的"板"式为主改为现在的"点"式为主，提供了更佳的视野、更好的通风与隐私保障效果。四是在空间组合上强调变化和建筑美感。例如，组屋设计多样化，有弯曲、弧形等，高低错落，舒张有度，形成良好天际线；设计者把一些楼房的顶层辟为公共活动场所，供人登高观景和进行社交活动。

---

　　* 原载于《上海城市规划》2004 年第 4 期。

（3）住区环境景观规划方面，有四个鲜明特色：一是新加坡组屋都没有围墙，小区的绿地和外围的绿地、公园等连成一体，给人一种连绵不断，绿荫无边的感觉。二是注重立体绿化。例如，新加坡把高楼大厦变成"空中花园"的新型高空发展计划。对阳台上、屋顶上、车库上等进行立体式绿化，从而形成了更加美好的视觉效果和居住环境。三是尽可能利用原来的自然地形进行规划，保留绿地和大树。四是在建造景观时强调人性化和实用性。在绿化时非常强调居民的可达性，很少建有不实用的"水景"等。

（4）住区的配套设施规划方面，有三个明显特点：

一是提出邻里的概念，建立邻里社区服务中心。每个邻里有 500~700 户。组屋建设强调"以人为本"，突出"家庭"和"邻里"具有浓厚的东方色彩。在每个居住密集区设点建"邻里中心"，"邻里中心"把社区服务和商业功能集于一身，有各种文化、娱乐、商业网点和便民服务设施，为方圆 1 公里内的居民提供日常生活中想得到的所有服务。

二是小区内建有许多人性化的设施。例如，小区内以及楼与楼之间大都建有盖遮棚和连接走道（有盖走道，连接所有组屋）；在小区内还建有宴会场所（居民进行宴会的地方，可办红白事）和聚会场地；有许多凉亭/花棚（休息闲聊的地方）；电梯有盲人触摸按钮；信箱口采用密封式，避免一些人乱投广告；组屋附近大都设有巴士站，并设长廊相连，使居民出行时避免日晒雨淋之苦；小学校则和住区离得很近，为了儿童的安全，学校和住区间同样设有长廊作为专用通道，以避免学生遭遇机动车的碰撞；几乎所有的邻里都建有老年活动设施和儿童活动设施。

三是新镇社区开发规划时，预留一定的公共设施用地。这样，当居民入住并产生公共活动需求时，各项公共设施的负责部门可以应时而建各自的设施。既可避免公共设施因过多而造成浪费，也可有利于不断进行优化配置。

（5）在停车场的规划设计上，主要有两方面的特色。一是住宅区的停车以地上多层停车库为主，并且在停车库顶上及周围有大量的绿化，既降低了造价，又减少了对周围的污染和影响。新加坡组屋总的停车位率在 65% 左右。地下停车位较少，主要是地上多层停车库和地面停车场。二是不强调每个住区都有足够的停车位，而是从区域的角度综合考虑停车位率，实行停车场的组合使用，既弥补了一些住区停车位的不足，也提高了停车位的利用率。为解决停车场区域供求不平衡的问题，把一定区域内相邻住区的停车场归为一组，实行统一调配和管理，以利于资源共享，优势互补。

（6）在住区布局上，强调和新市镇、交通站点有机结合，综合开发。在新加坡，一个典型的新镇拥有 5~7 个邻区，每一个邻区由 6 个以上邻里组屋组成，每一个邻里由相近的4~8幢组屋组成。一个市镇的公共组屋可容纳1.44万户至4万户。每一个邻里中心都设有儿童游乐场和小型商店。每一个邻区中心都设有购物商场、银行、诊疗所等服务设施。每一个市镇的中心都建有百货公司、超级市场、图书馆、戏院和邮政局。新镇所有规划专业服务如规划、设计、工程和质量管理等均由建屋局提供。实际的工地施工是通过公开招标的方式让私人承包商承建，土地的监督工作由建屋局负责。由于新加坡新市镇的规划、土地运作和开发建设都由建屋发展局来统一组织，有效地保证了"以人为本"的规划理念的具体实施。

（7）在沿河住宅的开发规划方面，注重公共活动空间的预留和建筑风格的管理。一是设立开放的河岸带公共活动空间。在著名的新加坡河畔，在距滨水约100米的河岸带内，都是公共空间，无论是沿河的住宅区，还是酒店、商业点等均设立公共开放空间，不允许把河岸带圈为私人占有。在新加坡河边可以看到这样的景象：沿河两侧的绿化带和走道畅通无阻，即使遇到桥梁，也有专门的通行隧道。因此，沿河两侧成了当地居民休闲和晨练的重要区域，也是外地游客的主要旅游地。二是沿河的住宅建筑风格也很讲究。例如，一些沿河的住宅在建筑高度上，呈锯齿形，越远离河滨楼层越高，给人一种逐渐开阔的视觉享受。

二、上海住宅规划设计的现状及需要关注的问题

近年来，上海住宅的规划设计水平不断提高，尤其是通过"四高"优秀小区创建工作的开展，住宅设计风格日趋多样化，配套设施不断完善，环境景观日益优美。但是与国外先进水平，以及与市民不断增长的居住要求相比，仍有一定差距。主要表现在：

（1）住宅的外立面还有待改善和美化。目前上海住宅小区的外立面较以前有较大改善，但仍存在一些值得改进的地方。一是一些住宅预留的空调外机位置尺寸偏小，导致空调外机因放不下而随意悬挂，既不安全又不美观。二是一些住宅的空调外机位置不够隐蔽，也影响了视觉效果。三是晾衣架摆放在显眼的阳台等地方，严重破坏了外立面的整体效果。四是个别小区随意摆放太阳能热水器、非法安装电视卫星接收器等，也都影响了住宅外立面的整齐美观。

（2）小区的环境景观规划需要注意三方面的问题。一是中心城区一些新建住宅小区容积率偏高，绿化和公共活动空间不足。二是一些小区为造景而造景，与实用性结合不够。例如，一些小区片面追求"水景"，一定程度上忽视了实用性，而且还带来管理成本的上升以及容易造成环境污染；一些小区虽然建造了不少绿地，却忽视了居民的亲近性和可参与性，利用率较低。三是一些小区

在景观设计时，与周围环境不够协调。例如，严重破坏原来的地貌形态，在设计风格、建筑色彩以及小区景观等方面与周围环境不够协调，影响了住区的整体风貌。

（3）小区的配套设施规划也需要注意三方面的问题。一是在一些中低价住宅小区中，配套设施不足，尤其是缺乏老年活动设施和儿童活动设施等。二是部分小区机动车停车位不足，给住户带来很大不便。不断增加的私家车和较少的停车位之间矛盾逐渐突出。这在中心城区尤为明显。三是小区配套设施的重复建设和闲置现象较多。在一些楼盘密集区，相邻的各楼盘为了体现本小区内配套设施的完善，增加卖点便各自尽可能地在本小区内增设文体设施、会所等，而较少考虑小区外部的公建设施配置情况。这样，不仅容易导致配套设施的重复建设，而且容易造成各小区的自我封闭，影响跨小区居民之间的相互交流和社区互动。此外，还会使建设成本增加，房价升高，居民负担加重，等等。

（4）住区的空间布局规划需要注意两个方面的问题。一是居住郊区化所带来的城市形态呈"摊大饼"式向外蔓延的问题值得关注。随着上海郊区化的快速推进，一些楼盘的选址过分依赖于交通干线尤其是快速干道的建设，使居住用地呈"摊大饼"式向外蔓延，严重影响了城市景观。二是大规模的中低价住宅成片开发，可能导致居住空间分异问题的出现。尤其是在配套商品房的建设中，如果中低收入者过分集中居住，可能造成居住空间社会极化，形成相对集中的"贫民区"，带来一系列社会问题。

（5）在沿江、沿河地带住宅开发中，公共活动空间的私人"圈占"问题值得关注。在上海的沿江、沿河住宅开发中，一些开发商为借助水景提高房价，获取利润，要么把河滨地带圈在小区内，要么全部建成高层建筑，在建筑风格上缺乏变化，不仅单调乏味，而且由于过多建造高层建筑，长此下去，会把整个河道变成"大峡谷"。

三、优化上海住宅规划设计的若干建议

为了更好地体现"以人为本"落实科学发展观，进一步提升上海的住宅规划设计水平和综合品质，提高"四高"优秀小区的创建水平，针对上述问题，借鉴新加坡的经验，有以下思考和建议。

（一）在建筑设计方面

首先，在中心城区的一些新建小区中，以及在建的配套商品房中建议采取（或部分采取）"底层架空"的做法。中心城区的小区以高层为主，且小区规模往往比较小，公共活动空间较少，难以满足社区居民交流和休闲活动的需要，

随着老龄化的发展，这种矛盾将更加突出。如果采取（或部分采取）"底层架空"的做法，对于开阔视野、增强通风，扩大公共空间，促进社区交流，非常有利。从长远看，还为中心城区的进一步开发留下了空间。这也可看作贯彻市政府"双增双减"精神的具体体现。

其次，优化配套商品房的房型设计，突出其实用性。建议配套商品房在房型设计时以二房和三房为主，实行紧凑型房型；同时，为提高适用性，建议在一房和二房中部分采取内空式做法，给住房装修提供更大的调节余地。

最后，注重外立面整齐美观的设计，体现住宅的观赏性。为此，一是可预留足够的空调外机位置，避免空调外机的随意乱挂；二是借鉴新加坡经验，通过内嵌式的设计方式，把空调外机的位置和晾衣架等外接的东西放在嵌入部位，减少对外立面的影响。三是对于郊区新建多层住宅和联体别墅，为推广太阳能的应用，建议在屋顶上预留统一的太阳能设备的位置和管线通道，并要求物业公司严加管理，严禁随意摆放。

（二）在环境景观方面

首先，坚持"以人为本"，注意美观性和实用性的结合，体现景观设计的人性化。例如，在中低价住宅区中，减少水景等一些不实用的设施建设（新加坡的小区内很少专门建造"水景"的），而要充分利用自然环境和地貌形态在绿地和花园中建一些长凳和亭台廊榭等设施，方便居民的参与和使用，使居民真正能融入环境景观中。

其次，在景观设计时尽可能实现小区和周围环境的融合。一方面，通过围墙透绿等措施，在绿化和景观建造上尽可能实现小区内外部的衔接；另一方面在建筑风格和建筑色彩等方面也要尽量融入周围环境中，避免太突兀。

最后，在中心城区提倡立体绿化，提高住区的绿化率。例如，在创建"四高"优秀小区时，提倡在屋顶上、阳台、车库顶上进行立体绿化，使居住在高层上居民也能享受绿色景观资源。

（三）在公建配套设施方面

首先，在一些新镇住宅开发中实行"邻里"概念，通过"邻里中心"，集中规划公建配套设施和社区活动中心。例如，可在500米半径范围的住宅区内，借助轨道交通站点或大型车站等建造一个"邻里中心"。"邻里中心"可包括一座大楼和一座副楼。大楼有餐饮、商业、社区服务、文化设施等设施。在紧邻的附楼中，设菜市场、大酒店、小学、幼儿园和球场等设施。这样，既可以给居民提供了极大的便利，也节约了用地，优化了城市布局。另外，这种点状布局，也避免了交通干道两侧出现大批的"路边店"，既为未来消费者停车购物创造了好条件，也保障了城市交通的流畅和快捷，有效避免了城市"摊大饼"向外蔓延的问题。

其次，在小区规划时，注重文体、休闲、聚会等设施以及其他一些人性化设施的配置。例如，在小区庭院中可设立聚会场所，便于居民举行社交集会，举办婚礼、生日宴会以及开展文体活动等；在一些老年人比较集中的住宅楼中，电梯里增加扶手；信箱逐步实行密封式做法；增加一些有盖遮棚和有盖走道（这对于受海洋影响较大的亚热带季风气候的上海尤为需要）。

最后，部分小区可实行地上多层停车库，并采取邻近小区停车场的组合使用，提高车位率和利用效率。一方面，在建造地下停车场确有困难的情况下，可尝试建一些地上多层停车库；另一方面推进物业管理规模化鼓励一个物业公司同时管理邻近的几个住宅小区，在所管辖的范围，停车库实行组合使用，居住可在这几个小区中任意选择停车位。这样既有利于解决一些小区停车位难以增加的问题，也避免了一些车位相对富裕的小区的资源闲置和浪费。

（四）在郊区的住区空间布局方面

为了更好地体现"以人为本"集约用地，促进社区交流，营造良好的城市景观，建议实行组团式和点状布局，尽可能与新镇建设、轨道交通站点建设、商业网点、社区服务中心等公建设施统一规划、综合开发。目前可从两方面入手：一是结合上海"十一五"规划，组织开展"十一五"住宅布局规划和公建配套设施规划，作为住宅布局（选址）管理的重要依据；二是进一步密切规划和建设的合作，更好地保证规划的实施，当前尤其要加强房屋土地管理部门和城市规划部门在规划管理和建设管理上的合作。

（五）在沿河地带的住宅规划方面

加强对黄浦江、苏州河等沿河地带住宅的规划管理，提高设计水平，严禁公共空间被小区"圈占"。首先，对于尚未开发的地区，政府部门在规划管理中一定要严格把关，留足公共活动空间；其次，对沿江、沿河地带住宅开发，一定要加强建筑形态和色彩的管理。例如，呈锯齿形越远离河滨呈梯度增高的设计风格，部分地区可以借鉴。

新加坡旧房翻新的启示[*]

一、新加坡旧房翻新的主要特色

（一）综合使用多种翻新方式，整体改善城市住宅面貌

新加坡针对老化程度不同的住宅，提出了"主要翻新计划""中期翻新计划"和"选择性整体重建计划"等方案。

（1）主要翻新计划。为了保持组屋区的清新舒适，政府对屋龄超过 18 年的组屋进行"主要翻新"。翻新的内容，包括改善组屋外观、组屋内部与小区环境。例如，增建一间储藏室，也可当卧房或书房之用，更新浴厕水管及卫生设备，扩大客厅及阳台的面积，等等。主要翻新的多是三房式组屋，大部分费用由政府承担，居民只需付 10% 至 25%，视组屋房间的大小而定。翻新整个居住环境不必把居民强迫迁离熟悉的环境。

（2）中期翻新计划。即给屋龄不到 18 年的组屋区进行公共场所的翻修，包括儿童游戏场、草地、电梯大厅、走廊及其他公共设施。中期翻修不进行组屋内部的更新，费用由政府承担，居民不需分担。

（3）选择性整体重建计划。就是把居民安置到同区的组屋，然后把他们所住的组屋整座拆掉，建造新的组屋。

（4）其他改造方式。除了上述几种方式外，新加坡还有电梯翻新计划、改进老人居住环境计划、邻区商业中心重建计划、徙置与重新发展工业区、重建与改善现有学校计划、其他社区设施的改善和重建等。

（二）重视翻新的规划设计，造全新的居住环境

首先，在翻新前，对所选组屋区进行全新规划设计，往往突出一定的设计主题。其次，在翻修设计时，设计师充分征求居民的意见，增加一些居民急需的项目和人性化设施。例如，增加一些有盖走廊、老年活动设施、儿童设施、邻里凉棚以及集体活动设施等。避免建设一些实用性较差的项目，例

* 原载于《上海房地》2004 年第 10 期。

如，避免增设喷泉或在高层楼装置斜坡屋顶等。同时，也避免为同类型的组屋提供不同的扩建面积项目。最后，在翻修时，还注重绿地和公共活动空间的规划和建设。

（三）突出综合改造的思路，注重居住功能提升

如增加阳台、增加储藏间、增加电梯、实行远程抄表等，大大改善了居住条件和居住功能。

（四）通过运用预制技术等手段，缩短工期，提高建设质量

新加坡在住宅区翻新中大力推广预制混凝土和预制产品的应用。所有新增的小单元，都采用预制拼装，增加的单元，可以根据需要，配置不同的建筑立面墙。例如，从 2005 年起，新加坡在翻新组屋时，将以预制组件来翻新厕所。使用预制厕所将大量减少灰尘和噪音，为居民带来方便，同时，会将翻新工程所需的时间从 10 天减至 5 天。

（五）通过立法，有效保证旧房翻新的顺利实施

新加坡对旧房翻新进行了专门立法。规定在翻新前，必须邻里中至少 75% 的屋主投票支持，翻新工程才能进行。如有必要并获得强烈支持，工作委员会可考虑提出增加空间项目。要落实增加空间项目（扩建面积项目），首先须具备以下条件：（1）75% 或以上的居民投票赞成标准翻新配套；（2）75% 或以上的居民投标赞成增加空间项目。

（六）不同项目采取不同的筹资方式

首先，政府全资负责的翻新项目主要有：更换浴室及厕所的排污管；为方便出入铺建的斜道；增加电供负荷量/翻新电房；在屋顶装置栏杆等。其次，对于其他项目，政府给予适当补贴，但补贴的标准有差别，房子越大，补贴得越少。例如，在邻里、整座组屋及组屋内部的翻新中，政府对 1 房、2 房和 3 房式补贴 90%，4 房式补贴 85%，5 房式补贴 80%，公寓式补贴 75%。此外，附加的改进项目——为无走廊分隔式组屋而设的电梯翻新计划。翻新的费用，由政府、市政理事会和屋主分摊，其中屋主分摊的费用，可采取贷款的方式，10 年内分期付款。

（七）周期性不间断进行维修

新加坡政府规定，每 7 年对住宅进行一次修理及重新装饰；每 12 年重修一次屋顶等。因此，在新加坡基本上看不到破烂的住宅和建筑物，保持整个城市的建筑外观长期处于较新的状态。

二、上海旧区改造需要关注的问题

（一）旧区改造的方式尚需进一步探讨

自从开埠以来，上海的住宅建设已经过了 100 多年的发展，不同类型、不同成新的住宅并存，任何单一的改造方式都难以适应旧区改造的需要，因此，必须探讨多元化的改造方式。

（二）在综合"平改坡"过程中，妥善处理改造时居民的过渡安置等问题

特别是在扩大房间面积时，应考虑如何做好居民的过渡安置工作，如何提高改造质量和缩短工期等。

（三）在"旧小区综合整治"中，贯彻"双增双减"的要求

重点是在有限的空间内，如何进一步降低容积率，增加绿地和公共活动空间。

（四）确保改造工作的顺利进行

在综合"平改坡"中，因少数住户的阻挠而影响工程进度的现象屡有发生，如何彻底改变这种状况，值得探讨。

（五）在"旧小区综合整治"中，把政府的补贴用到最需要的地方

对于不同困难程度的住户，如果采取相同的补贴的政策，将会影响补贴效果。

三、推进新一轮旧区改造的若干建议

（一）"旧小区综合整治"也实施创"四高"工程

新加坡的旧房翻新做得比较出色，不仅编制了专门的规划，而且，从外部造型等方面也下大功夫进行改造。改造后的小区和新建住宅相差无几。上海近几年通过"四高"小区的创建，大大提升了新建住宅的水平；如果在旧区改造中也能创建"四高"，在提升功能和改善外观方面下功夫，相信一定能提升改造的整体水平。

（二）探讨多样化的改造方式

对于新式里弄以下的住宅，除了做好保留建筑的维护外，可采取"大部分拆除重建"的做法；对于 20 世纪五六十年代建造的工人新村，可采取"小部分拆除、大部分维修，扩建房屋面积，增加公建活动设施和绿地"的做法；对于 20 世

纪八九十年代建造的新式住宅，可采取"重点加强外立面整治，增配一些公建设施"的做法。

（三）建立周期性的整改制度

为长期保持较新的城市住宅面貌，建立周期性的整改制度，定期对住宅的屋顶、外立面进行整治和粉刷，很有必要。例如，可规定每8年一次对住宅进行修理及重新装饰；每12年重修一次屋顶等。

（四）扩建房屋面积时尽早采用预制技术

采用预制产品，可有效解决噪声干扰、提高质量、缩短工期、避免搬迁。建议上海能尽快引进相关技术，推广预制产品。

（五）尽可能增加公共空间和绿地

一方面，尽可能实行底层架空（或部分架空），增加公共空间；另一方面，在小区中可拆掉一些相对较差的房子，腾出空间建造绿地或公共活动设施。

（六）尽可能增加一些适应老年、儿童、集体活动的人性化设施

尽量少建一些喷泉等"中看不中用"的东西。

（七）加强立法，尽快解决改造中的一些阻力和其他限制问题

尽快制定并出台《"平改坡"综合改造实施办法》或《旧小区综合整治实施办法》，尤其对改造中居民的支持率进行界定（例如，规定只要获得小区内80%的住户支持，改造就可以无条件进行），以保证改造的顺利进行。

（八）根据增加的项目不同采取不同的筹资方式

例如，新增的公建设施和绿地的费用主要由政府承担，而扩建的房屋面积则主要由住户自己承担。政府对不同收入水平的家庭和房屋面积不同的家庭，给予不同的补贴（房屋面积越大，补贴越少），使政府的补贴真正用到最需要的地方。

关于加强上海住宅建设
空间组织与管理的思考*

随着城乡一体化的快速推进，上海城市边缘区正大规模地开展住宅建设并取得了巨大成就。与此同时，在楼盘的选址布局和公建配套设施的空间配置中出现或显现出了一些值得关注的问题，很有必要加强住宅建设的空间组织与管理。

一、几个值得关注的问题

（1）居住郊区化所带来的城市形态变化和社会问题值得关注。随着上海郊区化的快速推进，一些楼盘的选址过分依赖于交通干线尤其是快速干道的建设，使居住用地呈"摊大饼"式向外蔓延；还有一些地区的新建楼盘分布与工业区疏散方向不一致，使居住地和就业地进一步分离，加重交通负担，也增加了居民的交通成本和心理压力。

（2）郊区城镇体系规划能否顺利实施值得关注。上海近郊一些快速干道沿线的小城镇因其良好的交通和环境条件逐渐成为开发商投资的热点区域，这样就有可能使本已分布比较零散的居民点更加零散，不仅导致城镇体系规划的实施受到影响，也很难保证上海市政府所确定的郊区重点城镇即"一城九镇"得到优先发展。

（3）相邻行政区边界地区的住宅建设空间分割现象值得关注。在一些相邻行政区的边界地区，出现了住宅布局或建筑景观上的人为中断，以及配套设施的重复建设等现象，不仅影响了住区配套建设的总体优化和城市景观构造上的连续统一，而且聚集效益也难以充分发挥。

（4）住宅空间分异现象开始出现，尤其是富人区的出现值得关注。随着城市居民收入差距的拉大和境外购房者的增多，不同阶层人群在空间分布上出现了相对集中的现象，一些地区已出现了典型的富人区，而在另外一些地区则成

* 原载于《上海城市发展》2003 年第 3 期。

为中低收入者的聚居区。如果不及早加以控制，有可能造成进一步的空间社会极化，势必带来一系列社会问题。国外许多这方面的教训值得吸取。

（5）近郊楼盘分布密度的不均衡现象值得关注。由于居住环境等方面的差异，近郊楼盘的分布密度在各方位上呈现出明显的不均衡态势。部分地区房地产开发过密，势必加重该地区的资源环境和交通负担；而另一些地区人口偏少，又会影响到该地区的资源开发和经济发展。长此下去，对整个城市的空间协调发展以及住宅的可持续发展都将产生负面影响。

（6）楼盘密集区的配套设施统一优化配置问题值得关注。例如，在一些楼盘密集区，相邻的各楼盘为了体现本小区内配套设施的完善，增加卖点，便各自尽可能地在本小区内增设文体设施、会所等，而较少考虑小区外部的公建设施配置情况。不仅容易导致配套设施的重复建设，而且将造成各小区的自我封闭，不利于跨小区居民之间的相互交流和社区互动。此外，还会使建设成本增加，房价升高，居民负担加重，等等。

二、原因分析

（一）市场经济本身的自发性、盲目性等缺陷所致

市场机制对资源的优化配置和生产力的充分发展无疑具有重要作用，上海近些年住宅建设的迅猛发展就是很好的例证。同时，市场经济本身的自发性和盲目性缺点也会带来一些负面效应。受利益的驱动，开发商总是倾向于到利润最大的地区投资，而很少考虑社会效益和城市的整体发展。如果政府不加以调控，必将影响到城市总体规划布局的实施。

（二）目前上海城市管理中条块分割现象还比较严重，受地方保护主义等思想的影响，相邻行政区的利益分割很容易造成住宅建设的空间分割

这种在计划经济体制下形成的以行政区为单位的住宅建设组织方式，虽然有利于充分调动地方政府在住宅建设方面的积极性，但是，随着市场经济的发展和住宅建设的大规模快速推进，其弊端日益突出。特别是对于横跨两个行政区的大型聚居区的住宅建设，如果两个行政区在配套设施的规划和建设上，都从自身利益考虑，势必会造成基础设施的中断和住宅建筑风格的不协调等问题。

三、对策探讨

（1）借鉴国外经验，从推动城市综合发展和全面提高居住生活质量的高度考虑住宅建设，构建上海"大都市整体居住圈"的理念，加强对整个城市住宅

建设的空间统一调控。

①"大都市整体居住圈"理念的提出及内涵

根据上海的实际，我们认为上海可构建"大都市整体居住圈"的理念。"大都市整体居住圈"是指把整个都市区看作城乡居民共同居住生活的大圈层，在这个大圈层内打破城乡分割，把城乡作为一个整体组织住宅建设，按照城市功能的要求统一安排居住和生产，达到提高生活质量和发挥城市整体功能的双重效果。

②对"大都市整体居住圈"实施管理的主要内容

从全市范围内加强配套设施建设的统一布局和结构规划，实现配套设施建设的区域综合平衡，引导人口合理的空间流动。从全市范围内加强住宅小区的建设总量、空间分布密度及区域开发结构等引导和控制，尽可能避免小区布局失衡和住宅的空间分异等问题的出现。从城乡一体化发展的高度对住宅建设进行整体规划管理（尤其是城市边缘区），保证建筑景观的连续性、协调性和美观性。加强跨行政区的住宅建设管理（包括各行政区之间的纠纷、重复建设、盲目竞争等问题的处理等）。为与住宅建设相关的部门如规划、交通、文教卫以及经贸部门等提供区域需求信息，以便及时调整相关设施的区域布局和结构，为住宅配套建设提供更切实的保障。

（2）在"大都市整体居住圈"理念的指导下，将整个城市尤其是郊区进一步划分成若干个规模适当、居住内在联系强、适宜管理的子居住圈，并重点加强对"子居住圈"的管理，以此作为住宅建设空间组织与管理的依托。

①"子居住圈"的划分原则和方法。主要原则。要真正体现"以人为本"的原则。在一个居住圈内要形成一定比例的就业机会、配套设施、绿地和一定交通条件等。尽可能实现居住圈内的社会平衡和就业平衡。根据交通条件、就业以及资源环境的容纳量等确定各居住圈的楼盘和人口分布密度。居住圈的划分要有利于规范郊区化的过程和有利于推进城市化的进程；居住圈的划分要有利于市区工业的疏散和功能转换，有利于整个都市区的功能组织和发展；居住圈的划分要有利于地区开发。居住圈的划分要实现地域的全覆盖；居住圈的划分要尽量照顾行政区的完整性，便于组织管理；要考虑到土地增值潜力的变化，合理控制居住圈内的土地开发强度。居住圈内部的社会联系性应相对密切。每个居住圈要有一个依托中心。

划分方法。运用地理信息系统（GIS）的空间叠加功能对影响居住的主要因子包括交通因子、就业因子、配套因子、环境因子等，进行叠加分析，并加权求和确定各地段的最后分值。由于不同地段的住户对各环境因子的重视程度不同，在权重的确定方面应充分考虑其差异程度。例如，在近郊地区可突出交通因子，而远郊地区可突出就业因子。在此基础上，再考虑到有利于地区开发和社区管理等因素，最后综合确定各居住圈的范围。例如，对于外环线附近地带和外环线与郊区环线之间受市区影响较大的城市边缘区地带进行居住圈划分，可建立以外环线和主要射线的交点、交通枢纽以及新兴的中心镇（含"一城九镇"）为中心的居住圈。

②对"子居住圈"管理的主要内容。对各子居住圈的管理，包括：对子居住圈内的住宅和配套设施进行统一规划管理，尽可能实现该居住圈内居民在就业、居住、交通、游憩等方面的便利性和空间配置的最优化。合理引导住宅小区选址，实现住宅小区建设的地域空间结构优化。加强居住圈社区服务中心的建设，作为联结居住圈内居民感情的一个纽带。推动各阶层居民的混居化。对于跨行政区的子居住圈，通过配套设施和居住圈社区服务中心的建设，加强城乡居民的住宅融合，推进城乡一体化进程。在楼盘密集地区，加强对配套建设的统一规划和建设，解决相邻小区内公建设施的重复建设问题。

德国鲁尔区：以区域整治
推动土地二次开发*

    鲁尔区位于德国北莱茵－威斯特法伦州的西部，介于莱茵河及其支流鲁尔河、利伯河之间，面积 4593 平方公里。鲁尔区是德国和欧洲最大、最重要的工业区之一，以采煤工业起家，素有"德国工业引擎"之美称。从 19 世纪中叶开始，鲁尔区在一个世纪中煤炭产量始终占德国的 80% 以上，钢产量占德国的 70% 以上。该工业区的显著特征一直是以采煤、钢铁、化学、机械制造等重工业为核心。

    从 20 世纪 50 年代起，由于世界能源结构的改变和科技革命的冲击，鲁尔区逐步陷入了结构性危机之中，经济增长速度减缓，主导产业衰落，失业率上升，大量人口外流，环境污染日益加剧。20 世纪 60 年代以来，德国联邦政府制定了整治和改造的一系列规划和政策措施，例如成立鲁尔煤管区开发协会，负责制定整治、发展规划，并在资金、税收等方面采取相应的扶持政策等，以促进全区经济结构的转变。这项工作取得显著成效，为老工业区的改造提供了样板。

一、明确区域整治目标，制定区域整治规划

    鲁尔区发展初期，缺乏对土地利用、城镇布局、环境保护方面的全面规划，煤矸石成山，污水遍地，塌陷坑随处可见，居民点布局零乱分散，铁路线杂乱无章。随着煤炭、钢铁等重工业的发展，地区环境质量不断恶化，区域形象受到了严重的损害。如何从全区整体的角度来进行全面规划、统筹安排，以促进区域整体协调、可持续发展？这一问题为人们所关注。为此，1920 年成立的规划协调机构——鲁尔煤管区开发协会，主要就是协调市、县各项建设事业，经费由各市、县分摊。协会归州内政府领导。它不仅是德国独有的机构，在世界上也是独一无二的。协会的工作基础是"总体开发规划"，其主要任务有 8 项：

---

* 原载于《资源导刊》2015 年第 9 期。

283

保护森林绿地、处理地区垃圾、改善环境质量、建设职工业余所需要的各项文化娱乐设施、研究全区各市县的发展规划、接受各市县的委托咨询、进行规划示范、开展全区的测绘工作。此外，鲁尔区还设有若干专业委员会，负责全区性专项业务。

同时，针对衰落现状，1966 年鲁尔煤管区开发协会编制了鲁尔区域整治规划，1969 年又对它进行了修改和补充，并且予以正式公布。该规划提出"以煤钢为基础，发展新兴产业，改善经济结构，拓展交通运输，消除环境污染"的整治目标，同时制定了整治方案，包括"稳定第一地带"，指沿鲁尔河一带的煤钢集中区域；"控制第二地带"，指中部重新规划区；"发展第三地带"，指鲁尔河东、西部的新兴工业和第三产业区。

二、积极调整产业结构，重点发展新兴产业

鲁尔区产业调整的重点是实现从资源型为主的城市向服务型为主的城市转变。为此，该区先后进行了两次大的产业结构调整。第一次是从 20 世纪 60 年代开始，产业结构从煤炭、钢铁占绝对优势向煤炭、钢铁、化工、机械制造四个门类转化。第二次转型开始于 20 世纪 90 年代，目前仍在继续，形成以机械制造、专门化工、汽车配件、能源技术、旅游等 12 个门类为主的多样化的产业结构。1961 年，在北莱茵 – 威斯特法伦州的帮助下，鲁尔区在波鸿建造了该区第一所大学，创办研究机构，为产业结构的转型输送技术成果，建立以欧宝汽车为代表的新兴产业。

随着产业结构调整，鲁尔区服务行业的就业率，由 1964 年的 38%，提高到 1995 年的 61%。与之相反，煤钢企业的就业率，20 世纪 70 年代在 50% 以上，而今则下降到 10% 以下。

三、加强生态治理和修复，改善人居环境

由于历史原因，鲁尔区在采矿开发过程中，对城市的地形、地貌、植被和大气环境的破坏比较严重，地质环境破坏诱发的各类问题日渐突出，一些矿区的环境修复已成为该地区资源枯竭型城市经济转型的首要任务。为了加快治理环境污染，吸引高新技术企业和高知识、高技术人才，吸引来自全世界的旅游者，州政府投资设立了环境保护机构，并颁布环境保护法令统一规划，决心花大力气修复环境。

鲁尔区提出了"在公园中就业"的理念，在每一季度的区域形势分析、区域市场分析和区域经济分析中，都会有生态化指标和数据分析，所有的生产活动必须符合该区域的各项生态指标。鲁尔区强力推进空气污染治理、污染水体

修复和雨水利用、煤矸山改造等生态修复措施，并建立自然保护区，恢复植被和生态环境。另外，许多工业废旧地也被重新回收利用，经过整理，用来吸引创新性的中小企业，或规划成绿地和休憩疗养用地。

四、加强工业遗产开发和利用，大力发展旅游业

发展旅游业为主导的服务行业也成为鲁尔区转型的重点策略之一。鲁尔区把旅游资源的开发投向工业化时代留下来的大批厂房、车间和机械构架等工业纪念遗址。主要开发模式有工业博物馆模式、景观公园模式、商品集散地模式、工业遗产旅游之路模式。

多特蒙德的工业博物馆、波鸿的德国矿业博物馆，以及蒂森钢铁公司改造而成的以煤铁工业景观为背景的大型景观公园，吸引了不少游客。奥伯豪森则是在工厂的废弃地上修建了一个大型购物中心，这里有许多品牌商店，而且不乏物美价廉的商品，吸引了德国全国及周边国家例如荷兰等国游客前来购物。大商场附近还开辟了一个工业博物馆，户外保留了一个高117米、直径达67米的巨型储气罐，这个储气罐已经成为奥伯豪森的地标。鲁尔区还规划建设了30条环绕该地区的游览线路、19个工业遗产旅游景点、6个国家级的工业技术和社会史博物馆等。

另外，随着新企业的设立，鲁尔区采取措施拓展交通，完善交通运输网络，最大限度地发挥好水陆联运的优势，加速南北向交通线路的建设，为旅游业的发展提供了良好的交通基础设施。

第四部分

土地利用与城市治理

国外城市土地用途变更管理的经验做法[*]

土地用途管制是国际上加强城市土地利用管理的一项通行做法。然而，为了适应产业转型升级、市民生活方式转换，以及城市转型发展等，又需要经常改变土地用途。如何既加强土地用途管制，又适时合理地进行用途变更，是当前我国城市土地管理中面临的新问题。为此，本文总结了新加坡、日本、美国、韩国、加拿大、英国在土地用途变更方面的经验做法，以供参考借鉴。

一、对擅自变更土地用途的行为，实施严厉的处罚措施

土地用途管制在发达国家和地区是一项法律制度。对于擅自变更土地用途的行为，将实施严厉的处罚措施。一般的程序是，对擅自改变土地用途的用地者先提出行政劝告，责令其限期改正，恢复土地原状；对限期不改正的，再处以罚款、拘役判刑或收回土地，也有的是直接处以罚金或征收处罚性税收。

（1）韩国：先提出行政劝告，对劝告无效的，处以拘役判刑或罚款。《韩国国土利用管理法》中规定"中央行政机关长官或道知事对于不能完全履行规定的土地利用义务的土地所有者，可向其提出按照该用途地域的指定目的恰当地使用其土地的劝告"，"对违反规定进行用途变更者，处以一年以下的徒刑或者 100 万元以下的罚款"。

（2）我国台湾地区。限期整改，恢复原状；限期不改正的，处以拘役判刑或罚款。我国台湾地区"区域计划法"中明确规定，对乡镇市区公所查报的违反编定使用案件，县市政府必须限期令其变更使用或拆除其建筑物恢复原状，不依照限期变更土地使用或拆除建筑物恢复土地原状者，除依行政执行法办理外，处 6 个月以下有期徒刑、拘役或 3000 元以下的罚金。在我国台湾地区宜兰县，还对限期整改案件进行复查，对于在规定期限内未改正的，加重处罚力度。

新加坡：责令限期恢复原状，限期不改正的，直接收回土地。新加坡对于发现土地使用者擅自改变用途的情况，都责令其在规定时间内恢复土地的原定

＊ 原载于《国土资源》2015 年第 6 期。张琳薇也参与了该项研究。

用途。对于限期不恢复土地原定用途的，可直接收回土地。新加坡设立国家土地管理与监督署，负责对全国 34 个地区、30 个镇区土地进行定期巡查，以便及时发现违法用地的情况。

日本：直接处以罚金。日本《建筑标准法》规定，在居住用地、商业用地、工业用地等各类用地上不允许修建的建筑物类别，不得建设，若有违规定，处罚 10 万日元以下罚金。

美国：征收处罚性税收，限期不交纳的，直接收回土地。美国新罕布什尔州专门设有土地用途变更税，它是一种针对擅自改变当前土地利用的严厉惩罚性税收，按占用时点土地市场价值的 10% 征收。土地所有者必须在收到纳税通知单 30 日内及时交纳，否则该土地将直接过户到市政府名下。

二、在特定区域范围内或符合相关条件的，允许土地用途变更

为促进城市功能提升、产业升级以及土地利用效率提高，发达国家和地区政府允许特定区域范围内的土地进行用途变更。具体有三种做法：

一是为促进产业升级，允许工业区内的土地有一定比例的用途变更弹性。为了达到产业转型升级的要求，21 世纪初，我国台湾地区制定了"工业区用地变更规划办法"。其核心思想是增加土地使用的弹性和规划调整的适应性。允许工业区内的生产事业用地、相关产业用地、社区用地、公共设施用地相互之间的比例关系在一定幅度内进行调整。允许工业区内原生产事业用地变更为相关产业用地，作为批发零售、运输仓储、餐饮、通信、工商服务、社会与个人服务、金融、保险等产业使用，使工业区土地使用更具弹性。同时，用途变更的比例受到严格控制，不少地方都规定了土地用途变更的上限或下限。例如，我国台湾地区"工业区用地变更规划办法"规定，对工业区内的土地用途变更，生产事业用地所占面积，不得低于全区土地总面积扣除公共设施用地后的 50%；社区用地不得超过全区土地总面积的 10%；公共设施用地不得低于全区土地总面积的 30%；相关产业用地不得超过全区土地总面积扣除公共设施用地及社区用地面积后的 50%。新加坡也明确规定，整个工业区内的工厂生产面积必须达到 60% 以上，办公及其他辅助面积为 40% 以下，以确保工业发展。

二是在划定的特定范围内，允许自由变更土地用途。新加坡为促进产业转型升级，允许在"白色地带"和"商务地带"内，随时变更土地用途，更好地适应市场需要。"白色地带"计划规定，在政府划定的特定地块，允许包括商业、居住、旅馆业或其他无污染用途的项目在该地带内混合发展，发展商也可以改变混合的比例以适应市场的需要，在项目周期内改变用途时，无需缴纳额外费用。"商务地带"计划是"以影响为基础"的规划方式，允许商务落户于

不同用途的建筑物内，改变用途不需再重新申请，并且同一栋建筑物内也允许具有不同的用途，以增加土地用途变更的灵活性。

三是在一定条件下，允许将空置的工业（仓储）大厦改变为商业楼宇。香港规定，在保证工业大厦房屋安全的前提下，通过履行相关手续，允许将空置的仓库大厦转为住宅、办公等用途。

三、土地用途变更，需要履行相关手续

如果企业确需改变土地用途，必须满足一定条件，并且履行相关手续，具体做法主要有以下几种：

美国和英国：用途变更前，企业需提出申请，在获得规划部门许可并缴清相关费用后，方可变更。例如，美国纽约市规定，对于一定条件下的土地使用变更，须向规划部门提出申请，获得许可，并收取一定费用后，方能变更。英国土地开发制度也规定，土地用途变更必须获得土地开发许可。对土地、建筑物任何使用上的实质变更，都必须向地方规划机关申请土地开发许可，并缴纳部分对土地用途变更得到的规划利益。而地方规划机关对于开发申请案，可予以附带条件（即规划得益）的准许开发，或者不许开发。

我国台湾地区：用途变更前，须申请变更编定。在台湾地区，原有的编定用地在原使用分区范围内，由于其社会、经济及环境的变化，可申请变更编定。一旦获得批准，土地的用途也就会发生相应的变化。

日本：用途变更的程序与用途决定的程序相同。在日本，要进行土地用途变更须给出用途变更后的新规划，而且新规划的提出要建立在准确、科学的资料之上，再由各方专家反复科学地论证，并直接听取市民意见，最后再经过各种审批程序才能予以公布。这些程序与当初土地用途的决定过程无异。

四、土地用途变更，必须缴纳一定税费

在土地用途变更时，发达国家和地区规定，除需要履行相关手续外，还必须补交一定税费。大致有两类：一类是对于不同用途的土地实行差别化税率政策；另一类是针对土地用途变更行为，收取一定的用途变更税（费）。

大多数国家对不同用途的土地采用不同的税率。一般来说，农业用地低于城市用地；工业用地低于商业用地；住宅用地低于经营性用地；宗教、社会福利、教育、体育用地低于其他用途的土地。从城市中常见的不动产税情况看，主要有两种情形：一种是居住房地产通常要比工业和商业房地产的税率低。例如：我国台湾地区的地价税与房屋税对居住用途实行低税率。地价税税率对自用住宅实行优惠税率，一般用地基本地价税税率为10%，自用住宅用地地价

税优惠税率2%；房屋税税率按照居住、营业与其他用途分别设为1.38%、3%、2%。英国对居住性不动产税实行累退税制，依据不动产评估价值规定8个级次的应纳税额；经营性不动产税实行比例税率，同时因房屋使用用途不同而有所差别，如工业用房与商业用房适用不同税率。在加拿大不列颠哥伦比亚省，房地产被划分为住宅、公共设施、福利住房、重工业、轻工业、商业、林地、休闲及非营利组织九类，根据地方政府支出的规模分别确定相应的税率。其中，对公共设施、工业和商业制定的税率比较高，对住宅制定的税率比较低。

另一种是自住房地产通常要比出租房地产税率低。例如，在卡拉奇自住房地产的税率要比类似的租用房地产税率低25%。另外，在评估方式上也对自住房有优惠政策。例如，在安曼租用房地产是根据实际的租金进行评估的，而自住房地产是根据公式来评估，通常会低估价值。

此外，不同城市的土地，税率也不相同。美国不仅各州税率不一样，同一个州内大城市与中小城市税率也不一样，如纽约、芝加哥等地的税率比其他地区要高。丹麦则依据土地位置的不同，将税率定为1%～5.5%，首都哥本哈根的税率最高。

有的国家还采取针对土地用途变更行为，收取一定的变更用途税（费）的做法。主要包括4种税费：

城市规划税。日本的城市规划税对再次规划开发的城市区域内的土地保有者征收，自城市规划公布实施起每年征收。征税标准为：城市规划税额＝交税标准×0.3%；税额以每三年一次改订的固定资产税评价额为基础，由市区町村计算并通知；基准税率为0.3%，各市町村可根据自身情况自行设定税率。市町村政府每年3月发放纳税通知书，要求纳税人一次性交纳税款或分4次缴纳，固定资产税和城市规划税通常捆绑缴纳。

用途变更费。我国香港历史上针对土地用途变更征收用途变更费，征收标准通常为土地用途变更前后净利益额的20%。净利益额为土地用途变更前后的级差地租。一般来讲，新用途的地价以预期未来的市价为准，以土地拍卖市场价格为依据或者由专业机构评估价值。具体交纳金额由私人或企业与政府谈判，通常情况下征收净利益额的20%。

规划得益（费）。英国设有专门的规划得益，是指地方规划部门在授予规划许可的过程中，从规划申请人（通常是开发商）身上寻求的，在规划条款中规定义务以外的利益。规划得益的形式可以是实物、现金的支付，或是某种权益。实物的形式是指开发商负责自行建造一些基础设施项目；现金方式是指开发商直接支付资金，由地方规划部门组织基础设施建设；权益的方式如允许社区居民使用其宗地内设施的一些权利。开发商支付规划得益是其获得规划许可的必要条件。

土地开发收益税。丹麦征收一种专门的土地开发收益税，对由于规划用途变更而产生的增值征收约 50% 的税，这些收益在中央政府与市政府之间分配。

城市土地用途管制制度的演变特征与趋势[*]

土地用途管制制度出现于 19 世纪末的德国。目前它是世界上大多数国家和地区为了保证土地资源的合理利用，而广泛采用的土地管理制度[2]，主要分为城市土地用途管制和农用地用途管制两类。其中，城市土地用途管制以控制土地使用性质、密度、容积率，控制城市规模和空间发展布局为核心。从发达国家及地区的实践经验看，良好的土地用途管制对维持城市有序发展，激发城市再开发活力起到了良好的推动作用。但目前我国城市土地用途管制制度，特别是土地的用途变更管理仍面临相关法律法规不健全，局部地区规划管理过于刚性，土地用途变更通道不畅等问题，不仅不利于城市活力的提升，而且不利于城市的转型升级和可持续发展，客观上造成了大量擅自改变土地用途行为的发生。本文试图梳理国际城市土地用途管制制度的发展轨迹及趋势，为完善和健全我国城市土地用途管制制度和用途变更制度提供参考。

一、城市土地用途管制制度演变的阶段性特征

总结发达国家及地区城市土地用途管制制度的发展历程，大致可划分为零星管制、严格管制和局部弹性管制三个阶段。

（一）零星管制阶段（20 世纪初期以前）

19 世纪中叶前，欧美国家很少对私人的土地利用进行管制，土地所有权被认为是神圣不可侵犯的，土地所有权人拥有排除他人干涉土地的完全权利。政府对土地利用的管制仅限于土地所有权的行使不能给他人或邻居造成损害。19世纪中叶以后，随着产业革命的到来，世界各地的城市迅速形成并发展，城市人口快速增加，市内住宅出现不足，住宅大量兴建。但由于缺乏相应的计划和管理，许多城市开始出现住宅拥挤、环境脏乱、贫民窟蔓延等问题。即使在土

---

　　[*] 原载于《城市发展研究》2015 年第 6 期。
　　〔2〕 石璐. 土地用途变更管制制度研究——以城市土地用途变更管制为核心的思考 [D]. 西南财经大学硕士学位论文，2007.

地资源相对充裕的城郊，由于道路设施的不齐备和对"建筑自由"的尊重，住宅建筑显得毫无秩序[1]。在此背景下，出于对安全、卫生、道德的考虑，一些国家开始尝试规范私人的用地行为，特别是对住宅用地的使用进行规范，重点是对基本的道路线、建筑线进行管制或针对个别地块进行零星管制。

1. 针对基本的道路线和建筑线进行的管制

在 19 世纪中叶的德国，德国普鲁士革命的结果使得不动产所有权与动产所有权毫无区别，个人享有"建筑的自由"的权利被大幅放大，但是伴随产业革命带来的工业污染、住宅拥挤、环境脏乱等城市问题，德国国内开始意识到应该对土地的所有权加以限制，以保障市民良好的居住环境，因此产生了应制定土地利用"周详计划"的观念，并开始对基本的道路线和建筑线进行管制（所谓道路线是指各地区内道路的位置，建筑线是指各地区内建筑物的位置），这种管理制度成了德国地方政府都市计划的基本要求[2]。

英国、日本早期出于改善居住环境、公共卫生和道路布置的原因，均开始拟定最初的建筑管理法规或土地使用规划方案。比如 1858 年英国制定地方政府法案，授权地方政府制定建筑管理法规；1888 年，日本发布了《东京市区改正条例》，拟定了以建筑物为主的都市计划。

2. 针对个别地块进行的零星管制

美国早在殖民地时期就以保护毗邻地区土地所有者和使用者的权利为目的，要求一些殖民村的火药生产和贮藏必须远离住宅与商业区。马萨诸塞州湾的一个法令还禁止家禽在小岛上过度吃草以保护当地的草地和灌木，防止给公众造成损害[3]。

总的来说，这一时期的零星管制只针对某些妨碍公共利益或他人利益的特殊问题，或是简单地指定部分地区的道路线和建筑线，并没有覆盖整个城市范围。对公众来说比较容易接受，也容易通过协商达成共识。但在管制的性质上，由于多数没有相应的法律保障，在实施时有很大的局限性，只短暂地满足了当时城市部分地区发展的需要。

（二）严格管制阶段（20 世纪前期至 20 世纪中期）

19 世纪末 20 世纪初，大规模的工业污染使城市环境急剧恶化，工业生产的负外部性进一步凸显，出现大量与居住、商业活动相冲突的现象，影响了城市土地整体的最高最佳使用。但由于大多数发达国家和地区实行土地私有制，

---

〔1〕 杨惠. 土地用途管制法律制度研究 [M]. 北京：法律出版社，2010：148 – 172.
〔2〕 杨惠. 土地用途管制法律制度研究 [M]. 北京：法律出版社，2010：148 – 172.
〔3〕 魏莉华. 美国土地用途管制制度及其借鉴 [J]. 中国土地科学，1998（3）：42 – 46.

要求保护土地所有权人的私利，因此地方政府无法对土地利用做出过多干涉。在此背景下，出于对城市整体环境与公共利益的考虑，一些国家开始实施较为严格的土地使用管制，限制土地的开发，即试图通过政府管制来消除因土地混合利用带来的负外部性，纠正"市场失灵"。

在当时的生产、生活条件下，不少专家认为，严格的用途管制有利于维护城市公共安全、卫生和公共福利，促进各种土地使用的有效运作，促进居民生活环境的改善，增加城市生活的丰富性，促进资源的公平分配等效果。因此，1933 年，现代建筑国际会议（CIAM）拟订并通过了《雅典宪章》，该宪章提出，工业污染、城市拥挤以及由此产生的问题是缺乏分区规划造成的，而通过把城市分为居住、工作、休憩和交通四类功能区，并结合现有的交通和建筑技术可以解决城市面临的问题，实现城市的有序发展[1]，该宪章对全面推行严格分区管制制度具有重要意义。

该时期的管制方式包括简单实行土地使用分区管制制度，在规划的基础上实行分区管制制度和在规划的基础上实行开发许可制三类。

1. 简单实行土地使用分区管制制度

土地使用分区管制制度是指将管制范围内的土地，依使用目的与需要的不同，划定为各种不同的使用分区（如住宅区、商业区、工业区等），各分区再视需要，依使用强度的不同，划设若干细分的使用区，并限制有妨碍各分区用途的其他使用。其内容包括两部分：一是编绘土地使用分区图，指派各种经济活动在空间上的区位；二是制定管制规则，规范各种分区的建筑行为与活动行为[2]。1916 年，第一个土地分区管制条例在美国纽约通过，并以治安权为依据，规范建筑物的密度、高度、容积率与空地面积等，规范土地作为住宅、工业、商业或其他目的的使用。此后，分区管制条例在全美范围大量出现。1926 年，美国联邦最高法院在欧几里得案中作出判决，认为土地使用分区管制是一种维护公共卫生、公共安全、公共道德与公共福利的治安权，确定了分区管制的合宪性。1928 年，美国发布了《城市规划标准授权法案》，为各州和地方政府制定分区管制条例奠定了法律基础，但该法案未对规划与分区管制制度做明确的界定，使得美国许多城市只采用了分区管制制度，并没有制定相应的规划作为基础。美国这个时期的土地使用管制是僵化没有弹性的，排外性的分区管

〔1〕 王志章，赵贞，谭霞. 从田园城市到知识城市：国外城市发展理论管窥 [J]. 城市发展研究，2010 (8)：25 – 30.

〔2〕 于明城. 都市计划概要 [M]. 台北：詹氏书局，1989：92 – 96.

制便是典型代表〔1〕。

2. 在规划的基础上实行土地分区管制制度

德国擅长统一的规划管理，其对土地用途的管制通过在规划基础上实行分区管制实现。具体来说，这一时期德国的规划体系自上而下包括覆盖全国的"国土计划"、超越地方政府范围的"空间计划"，以及从基本道路线和建筑线发展起来的地方政府的"都市计划"。都市计划的核心是建设指导规划制度，主要对市镇内的土地建设和使用进行准备和引导，其又分为准备性建设指导规划（土地利用规划）和约束性建设指导规划（营建规划）两类。土地利用规划根据城市发展的需要，对整个市镇内的土地框架性地确定预计的土地用途，营建规划则确定了市镇部分土地将用于建设并且明确了适用范围内允许土地使用的种类和规模。所有对于土地用途的规定随着营建规划具体落实到市镇的土地上〔2〕，形成了土地使用的限制，土地利用行为得到严格管制。

日本参照德国，在该时期也采用在规划基础上实施分区管制的方法。1919年，日本公布了《都市计划法》，按照土地使用分区管制的理念，将城市划分为工业区、商业区和居住区，确定了最初的土地用途管制制度。

3. 在规划的基础上实行开发许可制

这一时期，英国的土地用途管制实现了从土地用途分区管制向开发许可制的转变。1909年，英国颁布了《住宅与城市规划法》，该法授权地方政府拟订土地利用规划方案，并对将要或可能要开发地区的土地实施分区管制，以确保土地的布局和利用能符合卫生、舒适和便利的要求。到了1947年，英国重新修订并公布了《城乡规划法》，建立起了英国现代城乡规划制度，确立了发展权国有制度和开发许可制，强调所有土地均需纳入计划管制，任何开发行为包括建筑、工程或有关土地和建筑实质使用的改变，均需事先获得地方规划部门的许可。由此，开发控制和规划控制成为英国城乡规划体系中的重要元素，英国政府利用这些方法对土地利用和新建建筑加以严格规制。

总的来说，严格的用途管制在一定程度上有效地隔离了不兼容的土地、减少了工业污染对居住环境、商业办公等活动的影响，通过牺牲小部分人的私利来增进社会整体的公共利益，大大改善了城市以往杂乱无序的面貌。

（三）局部弹性管制阶段（20世纪中后期）

传统严格的管制虽然有助于隔离不兼容的土地，消除负外部性，保障了公

〔1〕 边泰明. 土地使用规划与财产权 [M]. 台北: 詹氏书局, 2008: 123 – 140.

〔2〕 李泠烨. 土地使用的公共限制——以德国城市规划法为考察对象 [J]. 清华法学, 2011 (1): 149 – 162.

民的财产权，但也产生了很多弊病。具体来说，一是造成城市空间结构及活动的过于单调；二是妨害了市场竞争，造成社会不公平。对于城市的商业区与非商业区，其区位和数量应该由市场竞争而产生，但在分区管制划定各种使用分区的界线后，就人为地决定了土地用途而抹杀了市场竞争的可能性。此外，分区管制透过土地使用性质及使用密度的规定，造成了私人权益间的"暴损或暴利"的不公平现象。三是造成了社会的隔离。由于土地使用分区管制通过种种政策，限制低收入人群享受地方政府所提供的公共服务的机会，造成各种社会隔离问题。四是引发交通拥堵、环境污染等问题。严格的分区产生了许多不必要的交通出行，造成资源浪费、交通拥堵、环境污染等城市问题。因此，虽然传统严格管制的目标是美好的，但事实证明它并没有实现预期效果，也无法继续对城市发展做积极的诱导。

因此对传统土地分区管制的改良和创新逐渐兴起。1977年出台的《马丘比丘宪章》在《雅典宪章》的基础上也有了新发展。该宪章认为，城市职能是多样的，需要用整体性的思维来分析；城市规划是动态的，需要突破把规划作为静态终极蓝图的传统观念，应进行过程性规划[1]。一味地强调分区，会忽略城市的有机组成，忽略人与人之间的关系与互动交往，使城市失去生机和活力。《马丘比丘宪章》为世界各国陆续采用弹性化的用途管制制度提供了依据。

20世纪中后期，发达国家和地区开始出现各种弹性管制措施，比较典型的有英国的规划协议及精简规划分区、美国的弹性分区管制、日本的分区管制与开发许可制并重、新加坡和我国台湾地区的在特定区域内实行土地用途弹性变更制度等。

1. 实行规划协议及精简规划分区制

在土地用途弹性管制的多种手段中，开发许可制基础上的规划协议制在英国备受推崇。由于严格管制阶段建立起来的开发许可制要求所有的开发行为前均需申请规划许可，在许可过程中，规划是实质性的考量依据，规划部门会严格按照规划来授予或拒绝规划许可。除了取得规划许可外，开发土地还需要缴纳100%的"开发捐"。这些前提条件严重地妨碍了英国土地开发和城市发展的活力。因此，为增加规划许可的弹性，地方政府开始引入规划协议，即由土地开发者与地方政府协议确定土地开发许可的有关权益，这个协议可能是要求开发商开发土地时附带配建公共设施，可能是限制土地的开发或使用，也可能是要求开发商给地方政府一笔钱，具体必须在地方政府和土地所有权人同意的情况下执行，这种方式的引入给予地方规划部门很大的自由裁量权，也大大增加

〔1〕 邹德慈. 发展中的城市规划 [J]. 城市规划，2010（1）：24－28.

了用途管制的弹性。

此后，为了解决诸如"内城退化"、开发许可制的审议拖延、效率低下等问题，1986 年，英国政府颁布了《住宅及规划法》，确立精简规划分区制。精简规划分区是指在指定区域内直接予以规划许可的一种管制方式，主要有两种表现形式：一是针对特别的开发项目，在予以详细展列后直接予以开发许可，其他开发行为仍遵循正常程序；二是广泛地授予开发许可，只针对少数的、特别的项目采取开发管制[1]。精简规划分区移除了部分国家管制，使得经济活动有更大的自由度。

2. 实行弹性分区管制

20 世纪 50 年代以后，美国越来越重视规划的制定，比如 1954 年实施的《住宅法》规定，地方政府若想要获得联邦政府对都市更新、住宅或其他方案的补助，必须准备综合开发计划，美国因此进入综合规划时期，对土地使用的介入有强化的趋势。但分区管制制度在美国仍然流行，并逐步引入弹性分区管制的手段。这个时期，美国各地的管制工具在传统严格分区管制中增加了环境管理（划定敏感区、特别保护区等）。

20 世纪 60 年代后期，管制的目标除了实质和环境层面外更增加了社会和经济层面，管制工具更趋多样，如采用浮动式分区、契约式分区和土地开发权转移等[2]。具体来说，浮动式分区是指土地规划时，不事先划定全部的分区界限，而是只将有把握的地方先行划定，待时机成熟时，配合城市发展的需要再作变动性的划定。契约式分区是指分区管制在法律上有限制性，契约期满日就可以变更不合宜的土地用途和开发强度。开发权转移是指将受开发控制的土地的开发权通过开发权的买卖市场转移给他人或转移至其他土地的行为。70 年代起，美国地方政府开始逐步结合英国开发许可制的精神，将规划协议的方式引入土地用途管制。

80 年代末期，美国政府在土地用途管制方面由直接介入逐步转变成引导角色，市场则发挥主要作用，公私合营的管理模式成为这个时期的主要特点[3]。比如，在公私合营组织的操作下，弃置的港口和荒芜的工业区重新被作为住宅、办公、游憩用地使用。这个时期美国的土地用途管制制度呈现管制工具愈趋多样，规划重视协商程序，参与规划的角色更多元等趋势。

---

〔1〕　边泰明. 土地使用规划与财产权 [M]. 台北：詹氏书局，2008：123 - 140.

〔2〕　[美] 丹尼斯·丁·麦肯泽，不动产经济学 [M]. 北京：中国人民大学出版社，2009：226 - 230.

〔3〕　陈利根. 国外（地区）土地用途管制特点及对我国的启示 [J]. 现代经济探讨，2002（3）：67 - 70.

3. 同时实行土地使用分区管制与开发许可制

20 世纪 60 年代末，日本也参考英国开发许可制的精神，对土地用途管制实行分区管制与开发许可制并重的方法。一方面，在严格管制阶段的基础上，通过重新修订《都市计划法》，进一步完善全国性的规划体系，把城市土地划区分为市街化区域和市街化调整区，并进一步决定功能区和用途区，有计划有步骤地发展城市[1]。另一方面，在土地分区管制中引入开发许可制，要求市街化区域内在一定面积以上的土地开发行为均需申请开发许可；而市街化调整区域因抑制其市街化，原则上禁止开发，以此来确保都市土地利用的秩序及环境品质。

此外，日本设置了特定街区制，它类似于美国的开发权转移，在被指定的街区之间允许容积率的转移，以此推进城市再开发，也增加了分区管制的弹性。总的来说，日本的土地利用管制效仿德国，相较于英美，弹性管制的力度不大。

4. 在特定区域内实行土地用途弹性变更制度

新加坡和我国台湾地区的弹性管制措施在土地用途变更管理方面较上述国家和地区有了更大的突破，即在特定区域允许土地的混合利用或一定比例的用途变更弹性。

如新加坡为促进产业转型升级，允许在"白色地带"和"商务地带"内，随时变更土地用途，更好地适应市场需要。"白色地带"计划规定，在政府划定的特定地块，允许包括商业、居住、旅馆业或其他无污染用途的项目在该地带内混合发展，发展商也可以改变混合的比例以适应市场的需要，在项目周期内改变用途时，无需交纳额外费用。"商务地带"是指将园区内原工业、电信和市政设施用途的地带重新规划为新的商务地带，是"以影响为基础"的规划方式，允许商务落户于不同用途的建筑内，改变用途无须重新申请，并且同一栋建筑内也允许具有不同的用途，以增加土地用途变更的灵活性[2]。

21 世纪初，我国台湾地区公布了"工业区用地变更规划办法"，其核心思想是增加工业区内土地使用的弹性和规划调整的适应性。具体来说，为促进产业升级，允许工业区内的土地有一定比例的用途变更弹性。比如，工业区内原生产事业用地可以变更为相关产业用地，做批发零售、运输仓储、餐饮、通讯、工商服务、社会与个人服务、金融、保险，以及不动产业使用。但是，用途变更的比例受到严格控制，规定生产事业用地所占面积不得低于全区土地总面积

〔1〕［日］佐佐木松明，文世一. 城市经济学基础［M］. 北京：社会科学文献出版社，2012.

〔2〕卢为民. 工业园区转型升级中的土地利用政策创新［M］. 南京：东南大学出版社，2014：146 – 147.

扣除公共设施用地后的50%；社区用地不得超过全区土地总面积的10%；公共设施用地不得低于全区土地总面积的30%；相关产业用地不得超过全区土地总面积扣除前二款公共设施用地及社区用地面积后的50%。

以上措施在严格用途管制的基础上，增加了局部土地用途的弹性，有效地促进了产业的转型升级和城市的可持续发展。

二、土地用途管制制度的发展趋势

进入21世纪，随着人们生产、生活方式的改变，城市职能也顺势发生转变，城市空间发展由以生产性空间为主导向以生活性空间为主导的模式转变[1]，这些转变对城市土地用途管制制度提出了新的要求。在土地利用方面具体表现为，对综合的、多样的、多变的、界限相对模糊的土地需求愈加强烈，以满足人们对交往、休闲、游憩、生活便利、知识创新的需求。在此背景下，城市土地用途管制制度的发展呈现以下几个趋势：

（一）土地用途管制的基本要求仍要坚持

虽然城市发展对综合多样、界限相对模糊的土地需求日趋强烈，但不同用途土地之间的负外部性仍可能存在，负外部性可能会导致"市场失灵"的情况。因此，出于消除负外部性和对城市整体环境与公共利益的考虑，土地用途管制的基本制度仍要坚持，政府应通过直接干预或管制的方式来实现城市土地整体的最高最佳使用。发达国家和地区的经验也说明，以规划为基础，进行土地用途分区管制是行之有效的方法。同时，对于擅自变更土地用途的行为，要坚决实施严厉的处罚措施。

（二）规划编制上更加注重弹性，增加混合用地的供给

当今世界，城市向生态化、人文化、区域一体化的发展态势明显，要求城市规划坚持以人为本、坚持可持续发展，坚持一切从实际出发，"产城融合"的理念日益深入人心。产城融合强调功能上的融合，功能单一的产业园区已失去竞争力，今后产业发展不会再像以往那样让产业区、生活区明显割裂，社区的作用会越来越大，特别是复合型的产业社区，商业社区的概念会强化。因此，在规划编制上，要更加注重土地用途的弹性，科学制定城市规划和土地利用规划，使规划的编制不落后于土地利用性质改变或产业融合发展的需要。特别地，可参考新加坡的做法，在特定区域（如自贸区）增加综合用地这一类型土地的

---

〔1〕　陈振华. 从生产空间到生活空间——城市职能转变与空间规划策略思考［J］. 城市规划，2014（4）：28-33.

供给，允许土地的适当混合使用和一定比例的用途变更弹性。此外，基于对城市未来发展不确定性的考虑，也应重视弹性发展空间的预留，做好多情景应对。

（三）管理上要建立快速的规划变更机制

规划僵化，不综合考虑环境、经济和社会层面的影响，会阻碍产业转型升级，遏制城市发展的活力。因此，为满足产城融合的要求、城市更新发展的要求和提高土地利用效率的要求，应尽快建立快速的规划变更机制。比如，对于符合规划要求和政策导向，确有市场需求和社会需要，在坚持建筑结构基本不变、用地性质不变、土地权利人不变的前提下，可对于存量的、零星的、临时使用的土地用途变更行为，给予临时变更规划的通道，通过补办手续，补交土地价款等方式使土地得到合法使用，疏导那些因规划调整滞后造成的违法用地。

【注释】

①美国法律中的治安权，是指政府管制私人活动来促进社会总体健康、福利和安全的宪法、州法权利。

香港城市更新治理的发展演变及启示[*]

目前我国不少城市已进入存量发展和城市更新阶段，正在探索城市更新办法。传统的城市更新主要采用政府主导模式（主要以政府收储方式进行），新形势下，该模式遭遇了企业参与积极性不高、居民动迁难、资金筹措难等问题，需要在理念和模式上进行创新。中央城市工作会议指出，要完善城市治理体系，提高城市治理能力。为了更好地推进城市更新，必须强化治理理念的运用。

一、对城市更新治理内涵的认识

联合国全球治理委员会（CDD）对治理的概念界定是，"治理"是指"各种公共的或私人的个人和机构管理其共同事务的诸多方式的总和，是使相互冲突的或不同利益得以调和，并采取联合行动的持续过程"。

治理理念被广泛用于政治、社会和经济的各个层面。城市是经济社会活动的密集区和人口高度集聚的地方。城市治理就是将治理理念运用于城市公共事务管理的活动，其目标是推动城市的可持续发展。城市治理的主要特征有：（1）城市治理主体为多元主体。可为两个主体，也可以是地方当局、私营经济、合作经济、工会、非政府组织和社团组织等众多主体。（2）主体关系可以是伙伴式关系、管理者与被管理者、利益关系等。（3）城市治理对象是城市公共事务。（4）治理目标是促进经济增长、促进社会和谐等。

与一般城市治理有所不同，城市更新治理主要体现在：（1）在解决问题上，城市更新治理重在解决存量用地盘活、旧城衰落、环境污染、居住条件恶化、街区破败、历史遗留问题等。（2）在实现目标上，城市更新治理重在实现中心城活化、土地集约高效利用、改善居住与生态环境、优化城市功能、重塑城市形象、提升城市竞争力等目标。（3）在治理难度上，城市更新治理相对于一般的城市治理来说，利益协调任务更重，市民关心程度更高，资金要求也更大。

---

* 原载于《中国国土资源报》2017 年 1 月 11 日。唐扬辉也参与了该项研究。

二、香港城市更新治理的经验做法

（一）香港城市更新治理的发展历程

（1）1988 年以前，市场主导阶段。市场处于绝对主导地位，私人开发商是市区更新的最主要力量。这时的市区更新基本上是自发进行的，政府极少介入旧区重建和改造。

（2）1988～2000 年，政府主导阶段。1988 年，政府批准通过了《土地发展公司条例》，并成立了土地发展公司（LDC）专门从事城市更新，采用公私合营模式，与私人开发商合作重建。土地发展公司为公营机构，可以选定某一旧区为综合发展区，自动拥有该项目的开发权，并且在特定情况下可向政府申请动用《官地收回条例》进行强制性征购。

（3）2001～2010 年，合作开发过渡阶段。2001 年，香港颁布了《市区重建局条例》，成立了市区重建局（URA），取代土地发展公司。城市更新政策在管理架构、实施战略、财务机制、规划程序、土地征用、赔偿安置、社区利益保障等方面作出了改进。在市场机制前提下，政府角色得到强化。

（4）2011 年至今，新的城市更新治理阶段。2011 年，针对群众反映的拆除补偿方式单一、社会网络破坏以及其他社会诉求等问题，香港新修订了《市区重建策略》，构建了新型城市更新治理机制。

（二）香港城市更新治理的主要特点

在新的城市更新治理阶段，香港城市更新治理呈现出一些新特点。

1. 更加注重以人为本

一是在改造模式上，在原有的政府主导模式的基础上，新增加需求主导模式和促进者模式。需求主导模式是由业主提出城市更新申请，由市建局实施的模式。要先自行取得大多数业主共识后，才向市建局申请重建。市建局考虑楼宇状况、居民居住环境，以及项目能否在规划层面改善地区环境三个因素，才会决定是否接受申请。如果市建局接纳申请，则会按规定程序开展收购、规划与改造等重建活动。促进者模式是由业主自行改造的模式。市建局向业主提供顾问服务，以协助业主集合土地业权，开展由业主自发的重建项目。市建局将不涉及安排收购、补偿、安置或收地工作。

二是在决策机制上，更加保障权利人的决策权利，在项目申请与实施阶段，权利人的同意比例需达到一定标准。对于政府主导的地块，在征集地块范围内90% 的业主同意之后，市建局才能实施拆迁和收回土地行为。对于需求主导的地块，在申请阶段，在一个可重建地段之内，有 67% 不可分割业权的业主同意，以及重建地盘面积达到400平方米，才可以向市建局申请重建；在实施阶段，达到80%业主接受收购价，市建局才可开始协议收购活动。

三是在利益分配上，强化业主、租户、商户等各权利人的利益保障。重建局提出的收购价相等于"同等地段7年楼龄住房"的价格，业主可选择现金补偿或者"楼换楼"补偿。若业主选择"楼换楼"，则可通过补差价方式，去购买未来在原址兴建的新单位或在安置地区的重置单位。此外，还对受影响的业主、租户、商户等给予津贴，对住宅的拆迁安置补偿款包括：收购市值交吉价（被收购住宅完全市场价格）、自置住所津贴（自住部分给予的补贴）和补贴津贴（出租部分或全部空置给予的补贴）。

2. 更加注重政府角色转变，由执行者向执行者和促进者并重转变

香港城市更新有四种类型：重建发展、楼宇复修、文物保育与旧区活化。在每种类型中，政府角色定位有所不同。在重建发展的促进者模式、楼宇修复、旧区活化中，政府不再是实施主体，而是承担"促进者"角色，协助市场主体开展城市更新活动。

表7-1 各更新类型的政府角色

更新方式	更新模式	政府角色
重建发展	政府主导模式（政府提出与实施）	执行者
	需求主导模式（业主提出，政府实施）	执行者
	促进者模式（业主提出与实施）	促进者
楼宇复修		辅助与促进
文物保育		行政主导
旧区活化		辅助与促进

3. 更加注重政府服务

为了更好地体现公众参与，发挥政府"促进者"作用，政府在市区重建局内部设立了企业传讯部，还设立了市区更新地区咨询平台、市区更新信托基金、市区重建中介服务有限公司、市建一站通资源中心、市区更新探知馆等机构，提供政策、规划、利益协调、技术、资金等支持。

一是成立市区更新地区咨询平台，提供政策规划协调等服务，促进上下沟通。政府在市区的旧区成立"市区更新地区咨询平台"。咨询平台主席由熟悉市区更新工作的专业人士担任，成员由区议员或分区委员会成员、专业人士、地区人士、市建局和政府代表等组成，由规划署提供秘书处服务及专业规划支援。其中，自下而上的活动有：就市区更新计划广泛征询公众意见，包括市区更新及重

建的范围；需要保育的目标；以及进行更新的执行模式等；自上而下的活动有：进行及监督广泛的公众参与活动、规划研究、社会影响评估及其他相关研究。

二是成立市区更新信托基金，提供资金支持。"市区更新信托基金"由市建局成立，但运作独立于市建局，令城市更新有更高的独立性和认可度。信托基金委员由政府委任，负责监察和处理基金的运作。其资金来源为市建局出资5亿元，主要功能是提供经费资助社区服务队，向受市区重建局重建项目影响的居民提供协助；资助由市区更新咨询平台建议的社会影响评估及其他相关规划研究；以及资助来自社区的市区更新文物保育及地区活化项目。

三是成立市区重建中介服务有限公司，提供交易、信息等服务，支持业主自主开发。根据香港在 2011 年 2 月公布的《市区重建策略》，市区重建局（市建局）可向业主提供顾问服务，以"促进者"方式协助业主集合土地业权，开展由业主自发的重建项目。为此，市建局成立了全资附属公司——市区重建中介服务有限公司，以推行民众引导计划（"促进者"模式项目）。该公司为一家持有地产代理牌照的公司，有兴趣的业主提供中介服务，协助业主集合土地业权出售，该公司收取一定的服务费用。其服务包括：游说其他尚未参加的业主透过参与本计划，将其土地业权联合出售；及为业主委聘顾问公司，并为业主统筹及监督顾问公司的服务。

四是成立市建一站通资源中心，为楼宇修复提供技术支持。市建一站通资源中心是由重建局在旧区设立的楼宇资源中心，为业主提供市区更新方面的一站式服务，推动有需要维修的楼宇进行复修，并向业主提供技术和财务支援，以鼓励业主妥善保养和维修物业。该中心不仅提供市区更新的资讯及咨询服务，还免费提供会议室、调解室、地区办事处，以及多功能厅等实施供公众使用，并举办系列的市区更新培训和讲座。

五是成立市区更新探知馆，提供城市更新资讯。"市区更新探知馆"通过市区重建网上学院、游戏、视频等多种形式，为学生、社区团体和公众人士提供香港有关市区更新的资讯，包括市区老化的问题、香港市区更新的进程，以及市建局的使命和工作等。市区更新探知馆不仅为公众提供参观和学习的场地，并举办了一系列旧区考察、旧区活动、社区关怀等活动。

4. 更加注重社会影响评估

在城市更新中，社会因素的重要性日渐增加。以往的城市更新经常被人们认为破坏了市区结构、本土特色和社会网络。为此，香港城市更新治理尽量减少在市区更新过程中对社会网络的破坏，政府也会对每项重建项目进行两个阶段的社会影响评估。

第一阶段为公布重建项目前的非公开的社会影响评估，评估内容主要包括重建区域特点（人口、社会、经济、历史、文化等特点），目前环境状况（居住环境、人口拥挤程度、设施条件等）以及项目影响的初步评估（项目对小区的潜在影响及所需舒缓措施）。

第二阶段则为项目公布后针对受影响居民详细的社会影响评估，评估内容主要包括受项目影响的居民特点（人口、社会经济特点等），业主、租户、商户等各权利人的需求（安置需要、搬迁需要、住房意愿、教育需求等），各权利人的生活情况（就业状况、工作地点、社会网络等），特殊人士的需求（老人、弱能、单亲家庭等），以及项目影响的详细评估（项目对小区的潜在影响及所需舒缓措施）。

表7-2 第一、二阶段社会影响评估内容

第一阶段	第二阶段
建议项目范围的人口特点	受建议项目影响的居民人口特点
该区的社会经济特点	受影响居民的社会经济特点
该区的居住环境	受影响租户的安置需要
该区经济活动的特点，包括小商铺及街头摊档等	受影响商户的搬迁需要
	受影响业主和租户的住房意愿
该区的人口挤迫程度	受影响业主和租户的就业状况
该区设有的康乐、社区和福利设施	受影响业主和租户的工作地点
该区的历史背景	受影响业主和租户的社区网络
该区的文化和地方特色	受影响家庭子女的教育需要
就建议项目对社区的潜在影响所进行的初步评估	长者的特殊需要
	弱能人士的特殊需要
所需舒缓措施的初步评估	单亲家庭的特殊需要，尤其是有年幼子女的单亲家庭的特殊需要
	建议项目对社区的潜在影响所进行的详细评估
	所需舒缓措施的详细评估

（三）香港城市更新治理模式评析

香港城市更新符合现代治理的要求，主要体现在：

（1）体现了多元参与。政府有关的政策局及部门、相关区议会、房协、私营机构（业主、发展商）、个别业主、专业人士及非政府机构等主体均参与治理。

（2）体现了合作共治。在更新机构的成员构成、更新模式、更新治理过程等各方面，实现了各主体平等地进行协商合作。

（3）体现了利益平衡。通过实施业主"多数决"的决策机制、楼换楼、补贴等政策，充分保障各方利益。

（4）体现了以人为本。通过社会影响评估等方式，照顾受城市更新项目影响的业主、租户、商户、老人、单亲家庭、弱能群体等的各项需要，确立重建方案。以观塘重建项目为例，开展了五轮共 60 次的咨询会，又开展了公开展览、民意调查等公众参与活动。

（5）体现了集约用地。通过更新，不仅改善了区域人居环境，而且增加了商业、市政服务设施、绿色空间来提高城市中心的综合服务水平和宜居性，提高土地利用效率和效益。

三、香港对上海城市更新的启示

（一）上海与香港城市更新治理的对比分析

近年来，上海颁布实施了《上海市城市更新实施办法》（沪府发〔2015〕20号）（下称《城市更新办法》）、《上海市城市更新规划土地实施细则（试行）》（沪规土资详〔2015〕620号）（下称《实施细则》）等政策，对于盘活存量土地、提高土地集约利用、完善城市功能以及提升城市形象发挥了重要作用。

（1）构建多元化更新模式，鼓励多方参与城市共建共享。除政府收储进行改造外，鼓励权利人自行改造。城市更新项目可以由现有物业权利人实施；涉及多个物业权利主体的，可以通过协商明确权利义务后，建立原物业权利人参与的联合体，组织实施城市更新项目。

（2）创新土地、规划、财税政策，激发原土地权利人、市场主体以及区县参与城市更新的积极性。一是创新土地政策，调动权利人的积极性。例如，现有物业权利人或者联合体为主进行更新增加建筑量和改变使用性质的，可以采取存量补地价的方式。二是实行规划奖励机制，增加规划弹性，鼓励提供公共配套设施。例如，在符合区域发展导向和相关规划土地要求的前提下，允许用地性质的兼容与转换，鼓励公共性设施合理复合集约设置；按照城市更新区域评估的要求，为地区提供公共性设施或公共开放空间的，在原有地块建筑总量的基础上，可获得奖励，适当增加经营性建筑面积，鼓励节约集约用地。三是土地出让收入分配向区县倾斜，激励区县通过权利人自行改造进行城市更新。城市更新按照存量补地价方式补缴土地出让金的，市、区县政府取得的土地出让收入，在计提国家和本市有关专项资金后，剩余部分由各区县统筹安排，用于城市更新和基础设施建设等。

（3）注重公众参与，明确公众参与的阶段、内容与形式。在区域评估与计划编制时，明确要求组织公众参与。在区域评估时，征求市、区县相关管理部门、利益相关人和社会公众的意见，充分了解本地区的城市发展和民生诉求，结合城市发展和公共利益，合理确定城市更新的需求。在实施计划时，城市更新实施计划应当依法征求市、区县相关管理部门、利益相关人和社会公众的意见，鼓励市民和社会各界专业人士参与实施计划的编制工作。

（4）通过对更新项目主体社会责任的全生命周期管理，使开发商转型为城市运营商。由市、区县规划土地管理部门会同产业投资、社会服务、公共事业、建设管理等相关管理部门，综合产业功能、区域配套、公共服务等因素后，提出城市更新项目功能、改造方式、建设计划、运营管理、物业持有、持有年限和节能环保等要求，将其纳入土地出让合同进行管理。

表 7 - 3　上海与香港城市更新治理的对比

	上海	香港
更新原则	规划引领、有序推进，注重品质、公共优先，多方参与、共建共享	以人为先，地区为本，与民共议
实施模式	政府收储；权利人自行改造	政府主导模式（政府提出与实施）；需求主导模式（业主提出，政府实施）；促进者模式（业主提出与实施）
实施计划	编制主体：区县人民政府组织，更新单元内的各更新主体编制项目主体：可为现有物业权利人或原物业权利人参与的联合体	编制主体：市建局或业主实施主体：市建局（政府主导或需求者模式）或业主（促进者模式）
公众参与	在区域评估时，充分了解本地区的城市发展和民生诉求；在计划编制时，鼓励市民和社会各界专业人士参与实施计划的编制工作	在社会影响评估时，充分了解各类业主、租户、商户、特殊人群的需求；在项目申请与实施计划阶段，权利人的同意比例需达到一定标准
区域评估报告	编制主体：区县人民政府（区县规划和土地管理部门）评估内容：①地区评估，细化公共要素配置要求和内容；②划定更新单元范围	编制主体：市区更新地区咨询平台社会影响评估内容：第一阶段：区域特点、目前环境状况、项目影响的初步评估；第二阶段：居民特点、业主、租户、商户等权利人的需求、权利人的生活情况、特殊人士需求、项目影响的详细评估

续表

	上海	香港
利益分配机制	政府收储的，进行补偿安置	政府收购价相等于"同等地段7年楼龄住房"的价格，业主可选择现金补偿或者"楼换楼"补偿，并且对受影响的业主、租户、商户等给予津贴
设立机构	城市更新工作领导小组——负责领导工作； 城市更新工作领导小组办公室（设在市规划国土资源主管部门）——协调推进工作	市区重建局——专职负责城市更新 市区更新地区咨询平台——提供政策、规划、协调等服务，促进上下沟通； 市区更新信托基金——提供资金支持 市区重建中介服务有限公司——提供交易、信息等服务，支持业主自主开发； 市建一站通资源中心——为楼宇修复提供技术支持； 市区更新探知馆——提供城市更新资讯

对照城市治理的要求，以及香港做法，可以看出，上海出台的《上海市城市更新实施办法》尚存在一些需要改进的地方：

（1）有关规划和政策的内容偏多，市场主体操作的内容偏少。《城市更新办法》共20条，仅在两条中明确提到市场主体操作内容。例如，在第18条（土地政策）中提到"现有物业权利人或者联合体为主进行更新增加建筑量和改变使用性质的，可以采取存量补地价的方式"，"现有物业权利人或者物业权利人组成的联合体，应当按照新土地使用条件下土地使用权市场价格与原土地使用条件下剩余年期土地使用权市场价格的差额，补缴土地出让价款"。并在第12条（实施计划的编制）中提到"以现有物业权利人的改造意愿为基础"，形成城市更新实施计划。

（2）有关政府管的内容偏多，政府服务的内容偏少。例如，《城市更新办法》明确了各级政府、管理部门的指导、组织、协调、监督、管理等各项职责，但却未涉及任何政府机构为市场主体提供服务的相关内容。

（3）有关自上而下的内容偏多，自下而上的内容偏少。虽然《城市更新办法》提出了"多方参与"的原则，要求在区域评估与计划编制时组织公众参与，但公众参与的范围有限、发挥的作用较不明确。虽然在《实施细则》中规定：在区域评估阶段时，"区县规划和土地管理部门应及时汇总并处理公众意见，形成专题材料纳入区域评估报告"，在编制更新单元建设方案时，"开展公众意见征询，修改完善后形成更新单元建设方案"，但都未明确公众意见的采纳程度如何。《实施细则》也规定，"更新项目意向性方案""经现有物业权利人协商一致"，但也未明确物业权利人的同意比例到达怎样的标准可视为"协商一致"。

（二）完善上海城市更新的建议

重点是转变政府角色定位，由注重直接操作向强化服务转变。

（1）强化政府角色转变，由执行者向促进者转变。一方面，缩减储备范围，减少自上而下的更新项目。建议未来我国土地储备应定位为弥补市场的不足，政府对存量用地的收储范围可确定为：用于建造保障性住房、公益设施等非营利性项目的土地。另一方面，增加自下而上的更新项目的数量与比重，协助市场主体实施。鼓励市场主体通过转让或作价入股、联合开发等模式盘活存量土地。

（2）强化政府服务功能，结合现有机构搭建服务平台。可结合现有政府机构，搭建城市更新服务平台，服务平台一头连接政府，另一头连接企业，可在城市更新中发挥重要的"桥梁"作用。一是在土地交易中心，设立城市更新交易服务平台。在城市更新项目中后期，为供需两方提供信息发布、地块交易、项目策划、客户服务、项目推介等服务，支持原权利人自行改造。二是在编审中心，设立城市更新咨询服务平台。在城市更新项目前期，为原权利人、开发企业、公众等提供政策解读、咨询评估、公众参与活动等服务。三是在城市规划展示馆，提供城市更新资讯。通过展览、交流会、视频介绍、项目考察等多种形式，提供城市更新资讯，包括旧区问题、城市更新的目标、进程、运作方式等。

（3）完善城市更新政策，明确企业操作路径。《城市更新办法》或《实施细则》需进一步明确企业可参与的内容、方式与程序等内容。例如，在城市更新实施计划的编制阶段，企业可怎样申请成为"项目主体"，怎样参与项目意向性方案和更新单元建设方案编制；在实施阶段，企业可怎样申请成为"实施主体"等。

（4）强化公众参与和区域评估，保护市民利益。建立公众决策机制，借鉴香港与深圳做法，明确对于更新项目意向性方案等规划方案，物业权利人的同意比例。明确与细化区域评估的公众参与内容，增加对于区域内的社会网络、经济活动特点、历史背景、文化特色、租户和商户的需求、教育需求、老年人和弱势群体的需求等评估内容，并在不同阶段增加区域评估次数，广泛征集与采纳公众意见，减少城市更新对于城市空间、社会网络和地方特色的破坏。

世界大都市组织与管理的
新模式、新思维和新趋势[*]

一、世界大都市管理的空间组织新模式：一个强中心领导下的多中心制

工业革命以后，西方国家出现了日益突出的大都市问题：（1）大城市人口和地域迅速扩展，城市需要新的发展空间。大都市区内各个市镇和周围地区在行政区划上相互独立，新的自治市镇又在不断涌现，大都市区由越来越多互不隶属的城市组成，各市镇行政区划过小，城市发展空间严重受阻。（2）各地方政府由于规模较小，实力有限，关系到整个都市地区的一些公共事务，如交通、住宅建设、供水与排水等问题，各地方政府无力解决，这种状况客观上要求在大都市区域实行统一的规划、建设和管理。（3）城市之间各自为政，市镇之间存在许多矛盾，尤其是跨州或郡的大都市区内的市镇问题更为复杂。地方分散主义与大都市区发展协作需求之间的矛盾日益突出，统一规划的实行面临重重困难，严重影响了城市管理的效果和质量。（4）城郊矛盾日益突出。由于郊区城市人口剧增，郊区城市化不断推进，郊区的地位迅速提高，直接动摇了都市区中心城市长期占据的垄断地位，城郊矛盾不断激化。

为解决上述矛盾，近一个世纪以来，各国相继成立了形式多样的大都市政府。同时，对大都市区政府行政管理结构进行了多次调整和改革，逐渐形成了不同的空间组织与管理模式，其中又以"单中心"和"多中心"两种模式为主。（1）单中心模式。即大都市区具有统一的、高度集权的都市区政府。大都市政府是唯一的决策中心，享有高度权威性。它可以是若干小城市相互包容或相互平行的政府体系，但更多的是双层结构体系，即一个大都市地区政府组织和大量地方政府并存，相互间有较为明确的职能分工。这一模式的长处在于有利于都市化地区的统一规划，尤其是在大规模的基础设施建设中能充分实现规模经济效益，大大减少内部竞争和冲突，使资源流动更为畅通。但此模式不能

　　* 原载于《城市问题》2001 年第 6 期；刘君德、黄丽也参与了该项研究。

满足人们日益多样化的需求和偏好，易陷入等级化的官僚结构危机，导致行政机构膨胀，行政效率低下。东京、巴黎、莫斯科等属于此类。（2）多中心模式。即一个大都市区具有多个决策中心，没有统一的大都市政府组织。大都市地区内的各个地方政府地位平等，相互独立。其中有一个中心城市在规模上或重要性上占优势。为解决都市区各市镇之间的矛盾，在大都市区范围内建立了一些非政府性质的联合组织。这一模式的优点是灵活，有弹性，比较能满足居民的需求和偏好，也顺应了人们向往参与政府管理的民主化潮流，但很难实现都市地区内跨行政界线的大空间公共服务合作，容易导致各自为政，浪费各城市的资源和财力。这一模式往往因权威性不足而影响其功能发挥。纽约、旧金山、洛杉矶等为多中心模式的典型。

近年来，国外大都市行政管理体制改革中出现了一种新的趋势，即针对单中心和多中心这两种体制的弊端，以及后工业社会的到来所引发的各种都市问题和矛盾，努力寻求一种融合，寻求在一个强有力的中心领导下的多中心体制的新模式。如东京大都市地域组织结构曾经是典型的单中心模式。近年来，东京都各地方政府对于长期以来东京中心城区强大的发展势头导致的对周边市、町、村的排挤和侵犯不断提出抗议，对政体形式多中心化的改革要求日渐高涨。而伦敦、纽约这些管辖众多享有悠久自治传统的地方政府的大都市，也对自身多中心的政体格局提出了质疑。20世纪90年代以来，一个有力高效的大都市政府的成立成为众望所归。如在美国，纽约大都市政府辖区内有众多的行政区、学区和教区，长期以来已经造成了地方政府之间严重的政治分立、经社一体的管理矛盾和冲突，使地方政府在政策、财税和公用事业上的矛盾日显突出。为缓解这些矛盾，纽约市政府在区划调整、政府合作和兼并上进行了大胆实践，建立一个强大的大都市政府对美国这样一个权力分散的国家越来越成为人们的共识。一个强政府领导下的多中心制已成为世界大都市区行政组织发展的新趋势。

二、世界城市管理的新思维：“管治”理念

随着市场经济体制的建立，政治体制改革的推进，社会经济环境的变革，我国原有传统的单一性、纵向的控制性城市管理方式，已越来越难以适应经济、社会发展的需要，必须引进新的理论思维，在新的理论思维指导下，逐步建立适应社会主义市场经济体制和中国特色的以市民社会为主体的新的城市管理体制，即新的城市管理模式。

所谓新思维，是指越来越为各国所广泛认同的一种全新的理念，即“管治”理论。“管治”（governance）是一种在政府与市场之间进行权力和利益平

土地利用与城市高质量发展

衡再分配的制度性理念，是人们追求最佳管理（government）和控制（control）的一种理念。这种理念往往不是集中的管理和控制，而是多元、分散、网络型以及多样性的管理。

管治理论是 20 世纪 60 年代以后，西方资本主义国家进入以强调平等、多元等社会价值观为基础的后现代社会产生的，是西方国家在后工业社会重新探讨其民主政治传统与当代新时期要求的制度管理模式的一种新理论。"管治"一词的原义为"控制""指导""操纵"，与"管理"的含义相近。20 世纪 80 年代末，管治的概念出现于环境问题的讨论，1989 年世界银行在讨论非洲问题时提出了管治危机一词，随即引起了巨大反响，以后逐渐被引入到处理国际、国家、地区、城市、社会等各个层次的各种需要进行多种力量协调平衡的问题之中。20 世纪 80 年代以来，由于国家—市场—社会之间的关系发生了新的变化，出现了各种经济、社会的新情况、新问题，如生产方式的变革，跨国公司势力的迅速增长，国际贸易的扩大，信息与通信技术的进步，金属和财政市场的失控，国家和地区之间、部门之间、组织之间的互动日益频繁，人民对政治参与的要求持续增长以及各种非正式组织的成长等，而这些问题已不能依靠纯粹的"社会主义型"自上而下的国家计划或纯粹的"资本主义型"无序的市场模式而获得解决了。在这种情况下，寻求计划与市场结合，集权与分权结合，正式组织与非正式组织结合的"新社会治理观"，即"管治"的新理念便逐渐形成了。它在一定程度上反映了人们寻求减少政府消耗和经费的一种理想的政府管治模式。在当代世界社会经济发展越来越多元化、非正式组织力量不断壮大的情况下，管理理念不能不说是一种具有普遍意义的重要理论。

尽管人们对管治理念有各种不同的解释，但都基于一个基本的共识，即当今社会，政府并不需要垄断一切合法的权力，除政府之外，社会上的非政府组织也可以在社会经济管理中发挥积极的调节作用。因此，我们可以说，管治是通过多种集团的对话、协调、合作，达到最大限度地动员和利用资源的统治方法，是一种综合的社会治理方式，它补充了市场交换和政府自上而下调控两个方面的不足，达到了最大的管理效果。由此可见，21 世纪的城市管理引入"管治"这一新的理论思维是十分必要的。

在国外大都市政府普遍面临"政府失灵""市场失灵"的困境下，寻求政府与非政府组织相结合，行政手段与市场手段相结合的方式解决大都市问题已经成为各国大都市政府的共识。近年来，非政府组织的作用由论坛走向实践，由于其灵活、机动和平衡的良好管理功效逐渐被市民接受，成为大都市政府管理的新兴力量，起着越来越重要的作用。如纽约在其城市管理中尝试运用 ULURP 程式，发挥公众和以公众为基础的基层社区的作用，使大都市管理程序通过整合不同的社区和团体及公众的利益，协调大都市建设与管理的现实矛盾，取得了较好成效。

三、世界大都市管理的新趋势：制度创新与技术创新并行

（一）发挥非行政化力量的作用——"企业家政府"和"虚拟政府"

"企业家政府理论"是英美等国流行的"新公共经济管理"理论，它强调政府的市场化管理。该理论认为，只要公共部门采用了企业化的管理技术，更加注意顾客的导向，更多利用竞争性市场的方法，那么城市公共管理就会像企业那样有效。这种政企分开下的政企合作成为大都市管理的一种创新。美国在克林顿政府上台后，把企业家政府理论奉为治国良策，试图在行政管理中注入竞争机制、利益机制，树立顾客意识，实现政府行为的非官僚化。

"虚拟政府"是指地方政府通过委托、授权、承包、合同等形式，把政府的职能转移给社区、企业和私人，而政府成为只负责监督的一种组织形式。"虚拟政府"既节省了开支，又提高了效率。

（二）构建两层意义上的大都市政府

目前，国外大都市政府在两个主要层次——大都市政府和地方政府的职能划分上已经达成共识。尽管不同国家双重政府职能划分不完全一样，但它们的共同点是：都市政府职能是管理超出一个地方政府辖区的有关公共服务事务；而地方政府管理职能范围只包括规划、消防、治安、教育、城市卫生、道路交通、福利与文化娱乐等。这样使得大都市政府体系内职责划分相对明确，各级政府无上下隶属关系，避免了相互干扰，行政效率较高。由于单层"多中心"政府在公共服务事务的某些方面不可避免地会出现职能重叠或职能交叉的问题和矛盾，组建大都市政府和地方政府两级层次的政府成为多数国家的取向。

（三）革新大都市内外的城市关系，注意城郊一体化管理

在大都市内部，中心城市与周边地方政府之间的"极化与边缘"格局发生潜移默化的转变，中心城市与周边地区，大都市区内市与市、市与县、市与区、城与乡之间在环境、资源方面的合作和共享成为大都市可持续发展的重要前提。因此通过加强大都市内外城市之间的协作与管理，共享区域资源便被提上大都市管理的议事日程。

（四）重视大都市政府行政职能与层次关系的划分：建立双向治理关系政府

20世纪90年代以来，西方在处理大都市政府地位方面的问题时都十分小

心。是要一个权威的大都市政府，还是建立一个非政府化的只处理部分公共事务的职能部门？前者固然有效，但其由于增加了行政层次（在州和市之外）造成行政资源的浪费和职权的重叠所产生的副作用不可低估；后者似乎可以避开增加政府层次的问题，有利于节省政府行政开支，但在行动有效性方面却大打折扣。因而，在政府体制的改革和创新上，国外大都市管理有两方面的思路值得借鉴：既要充分考虑和强化大都市政府政策执行的有效性，又要积极探讨政策制定部门与执行部门的合作和独立关系。目前，国外大都市政府的政策取向多为以一个具有崭新双向治理关系的政府来代替传统的层级体制下呈等级关系的政府。由于各国政府的成本意识、服务供给、顾客导向及绩效评估形式不同，各国大都市政府的改革表现出各自不同的创新内容。但构建一个大都市区域政府，引入市场和非行政化机制，减少大都市政府的行政层次，在大都市内部寻求政府之间的合作和联合是各国大都市政府改革的共同点。

（五）推进城市管理信息化建设——"数字城市"的引入与应用

随着知识经济和网络经济时代的到来，"数字城市"已成为城市管理技术改革的重要方向。"数字城市"是随着"数字地球"概念的提出而产生的。"数字城市"是综合运用 GIS、遥感、遥测、网络、多媒体及虚拟仿真等技术对城市基础设施、功能机制进行信息自动采集、动态监测管理和辅助决策服务的技术系统。它具有城市地理、资源、生态环境、人口、经济、社会等复杂系统的数字化、网络化、虚拟仿真、优化决策支持和可视化表现等强大功能，为调控城市、预测城市、监管城市提供了革命性的手段。一些发达国家已在五年前就开始了"数字地球""数字社区"和"数字城市"的综合建设。ALGORE 于1998 年正式提出了"数字化舒适社区建设"的倡议，新加坡首先提出"智能城市"的设想，并在积极筹划和实施。美国与日本已基本建成一批"智能化生活小区（数字社区）"的示范工程，在美国约有 50 个城市正在建设"数字城市"。在我国，"数字城市"的建设也已起步。

上海城市管理体制改革中的问题及对策[*]

一、上海城市管理体制的历史演变

改革开放以来，我国的城市管理体制和运行机制发生了很大变化。上海作为一个特大型国际城市，在城市管理体制上进行了一系列探索和改革。总的来看，上海城市管理机构和管理模式经历了两次大的变革，即由"两级政府，一级管理"到"两级政府，两级管理"再到"两级政府，三级管理"。具体来说，可分为四个阶段。第一阶段，中华人民共和国成立后至1983年，基本上实行的是计划经济背景下高度集中的城建管理模式。主要特点：一是政企不分、分工不明，政府职能定位不清，直接管理生产，工作缺乏重点；二是管理权限集中在市一级，管理机构政出多门，各行其是；三是条块分割，层次混乱，管理内容的重复交叉与管理覆盖面的遗漏空白并存，纵向不到底，横向不到边；四是管理机构市级机构部门林立，干部队伍庞大，区县城建管理机构设置单一，力量薄弱，难以形成有效的城市管理网络。第二阶段，1984年至1986年，上海城建体制改革迈出极其重要的一步，提出了事权下放、分权明责的改革构想，开始实行管理中心下移。第三阶段，1987年至1995年，提出了以效率为核心，进一步完善了两级管理的构想。明确了市、区（县）分工，下放事权和业务审批权，划分市、区县两级政府不同管理层面，市级行政管理部门将主要精力用于宏观规划、规章制定、行业管理和市场规范，区（县）职能部门则着力于区域建设、管理和行政执法。第四个阶段，1996年至今，为落实"建管并重"的方针，提出市区构建"两级政府，二级管理"和郊县"二级政府，三级管理"的新体制，改革重心集中在管理重心下移，赋予街道办事处以更大的权力，加强社区建设和管理。

二、上海城市管理体制改革中存在的主要问题

（1）城市综合管理体制发育不良。管理主体重复和多元，多头管理、分散

　＊原载于《改革与战略》2000年第6期。刘君德也参与了该项研究。

管理情况严重，条块分割，部门职能交叉，相互扯皮推诿，统一管理和分级管理不能有机结合。例如对车站、码头、广场、小区等地段的多头管理现象非常严重，从而使脏、乱、差的状况长期得不到根本解决。这不仅削弱了管理权威，而且使城市整体功能难以得到有效发挥。

（2）在实行"两级政府，二级管理"，落实"权力下放，管理重心下移"中还存在诸多问题。第一，区划层次较多，行政成本加大，各层级责权功能不明，特别是区、街两级经济功能的强化，客观上弱化了社会功能。市区实行"两级政府，三级管理，四级网络"的管理体制，推动了城市的发展，调动了区、街两级政府积极性，加快了城市建设和改造的步伐。但与国外大都市相比，行政区划与管理层次较多，不利于行政管理的高效运转，不利于上情下达，下情上通。同时，市、区、街功能分工不明，责权不清，造成行政资源浪费。第二，随着城市社会管理重心的下移，区、街两级权力加大，街道已成为一级准政府实体，相应地增加了行政机关编制，客观上使行政成本加大，管理效益降低。第三，街道办事处在社区建设与管理中困难重重，其管理协调功能较弱。具体表现为：①社区服务部门的管理渠道多，由于放权缓慢，街道社区的综合管理不够到位，协调力量不足；②法制不健全，街道监察职能弱，法规还没有完全覆盖到每一个行业各个重要方面，如本市建筑市场仍没有一个地方性法规，管理建设工程勘察、设计、施工就缺少法规依据；③街道财力支撑不稳，事权财权不配套，筹集资金中又引发一系列问题。第四，规划管理权下放到区级，也带来一系列问题。和其他大城市相比，上海市的区县政府有相当大的行政自主权，一是绝大部分的土地开发、房屋建设的申请许可由区级规划机构批准；二是一般性的详细规划也由区级机构组织编制，报市规划局批准。市规划局对区县规划部门批准的"一书两证"不具体干预，特殊情况下经行政复议程序，行使否决。市对区的干预主要依靠法规、条例、总体规划、交通和市政设施规划。权力下放，刺激了基层政府对局部利益的追求，由此也带来一系列问题：①部分地区的发展脱离总体规划定位；②对土地开发强度、高层建筑分布缺乏有效控制；③区与区的交界处，土地开发出现新的矛盾。第五，财政管理体制不完善。权力下放，不仅造成了局部和整体之间的矛盾增加，而且由于财政管理体制还不完善，区县城市建设资金短缺且筹措愈加困难。

（3）街道的管理幅度与现行层次结构不相协调，同一级政区之间的规模相差也过大，尤其是作为城市管理重心的"社区"，其规模设计更不合理，给社区管理增加了难度。首先，街道规模的确定缺乏科学性，同级行政层次的管理幅度相差很大。同是街道办事处，多则管 14.3 万人，少则管 1.45 万人；同是居委会，多则管二三千户，少则只管几百户。其次，将街道等同于社区，一方面混淆了行政区与社区的原则区别，另一方面，社区的规模范围严重脱离实际。这不仅不利于在新时期推进基层的民主政治建设，而且也不利于充分调动社区居民的积极性，真正实行社区的"自我管理""自治管理"，是城市管理中的一大障碍。

三、城市管理体制改革必须理顺几种关系

体制创新的核心是建立精干高效的城市管理体制。面向 21 世纪，关键要理顺以下几方面的关系。

（1）理顺规划、建设、管理之间的关系，尤其是建设与管理的关系。城市建设与城市管理相互联系、相互渗透、不可分割。城市建设是硬件基础，其发展程度一般决定着城市管理的水平；然而城市管理又具有能动性，可以促进城市建设水平的提高。"重建设轻管理"会导致投资效益低下，建设项目无法发挥作用，城市功能难以完全体现；片面强调管理而忽视建设，城市管理又缺乏必要的基础条件。建设与管理的辩证关系要求在城市发展过程中不能偏废任何一方，但可以根据城市发展状况和阶段确定不同时期的工作重点。上海这些年城市建设超常规发展，城市容貌大为改观，相对而言，城市管理主要服从于城市建设的开展，并受制于城市建设的水平而起点较低。当上海的城市形态、结构、布局、装备水平发生根本性变化之后，城市管理的矛盾日益显现出来，"建设与管理并重"成为城市发展的主题。随着将来城市基础设施建设的进一步完善，"管理为主"应成为城市工作的重点。2000 年进行的上海政府机构改革中，把建设和管理合并成一个机构，即城市建设与管理委员会，在一定程度上推进了建管一体化，但其中也孕育着一定的问题，因为这种"建管合一"型，稍不注意就会产生"重建轻管"的后果。因此从长远看，这只能作为一种过渡形式，最终还要实行建管分开，建立专门的城市管理委员会，并使之实体化。

（2）理顺综合管理与专业管理的关系。综合管理与专业管理作为城市管理的两种方式都是必要的，在城市管理的不同领域、不同层面具有不同的管理效果和作用。但是受传统计划经济体制的影响，专业管理过多过强，综合管理严重不足。由于大都市内部事务日趋复杂，传统的按部门划分的条条管理方式已远远不能适应当今城市发展的需要，面向 21 世纪，必须打破部间的分割，加强综合管理。一是建立"城市综合管理局"，近期可挂靠在新成立的城市建设与管理委员会下，远期应单列出来，设立由政府主要领导挂帅、各有关部门参加的城市综合管理委员会作为城市管理的综合协调机构，享有独立的行政主体和执法主体地位，作为其派出机构，在区（街道）设立城市综合管理分局；二

是转变"分散执法"体制，实施"综合执法"。借鉴发达国家的经验，推行"一警多能、综合管理"的执法形式，将分散的若干支城市管理监察队伍统一起来，组成城市综合管理监察大队，其内部可根据职责不同设若干监察中队。城市综合监察大队与城市综合管理局合署办公，这样，既确保行政管理和执法机构的权威性，又精简了机构和人员，便于管理。

（3）进一步理顺市、区（县）与街道管理的关系。首先要理顺市与区（县）的关系，明确市级管理部门主要承担行业宏观管理的职责，如制订行业发展规划和计划，拟定产业发展政策，起草法规规章，规范行业技术标准，监督检查管理工作等，应将具体行政管理事项和相关的人、财、物进一步下放给区（县），由区（县）行业管理部门全面负责。市、区（县）行业管理部门之间应建立相应的制度，如区（县）行业管理部门独立行使管理职责制度，市级行业管理部门调控制度，市和区（县）间的管理信息及时沟通制度等。从而建立起市政府统一领导，区政府全面负责，街道办事处具体落实的城市综合管理机制。规划权上收，而管理权尤其是社会管理权下移。其次，应理顺区（县）与街道（乡镇）相关管理关系，街道作为一级准政府，其行使的管理职能应当予以充分重视，赋予其一定的监督管理权。区（县）行业主管部门要相应下放管理人员、管理经费和管理设备到街道，做到责权利一致。最后，要理顺区与区、街道与街道之间的关系。由于受"行政区经济"的影响，在同级行政区之间的交界地带往往成为城市管理的薄弱环节和难点，由此带来一系列问题。比较典型的如"曹家渡现象"。按照城市规划，本来曹家渡和徐家汇同作为上海的副中心，但由于曹家渡位于普陀、长宁和静安三区的交界处，是典型的"一地三府"地带，管理比较混乱，以至于其发展速度远远落后于只处于徐汇区内的徐家汇。因此，对于此类问题，建议成立跨界组织，实施跨界联合管理，或由同级协商解决，或由上级部门介入管理。

（4）理顺条与块的关系。在城市管理中，管理层次越低，越和城市地域空间关联，越应强调"块"的综合性，避免条块分割，扯皮推诿；管理层次越高，越应强调"条"的分清和协调。条块结合，以块为主，强化城区，立足社区，充分认识街道在城市架构中处于最基础和最重要的地位，不断强化街道的功能，使城市管理的一系列措施落到实处。另外，在市级"条"和区县"块"的结合上应明确分工，各司其职。区、县处于城市管理的前沿，直接、敏感、及时反映社区的管理动态，宜采用综合管理手段，而市级专业部门则应侧重于指导、检查和监督，避免政出多头、互相推诿、高耗低效的弊端。

四、面向 21 世纪上海城市管理体制的改革方向及实施对策

我们认为，面向 21 世纪上海城市管理体制的改革方向是建立城市管理的垂直结构模式，即建立强化两头，弱化中间，两实一虚，三级管理，四级网络的行政区——社区垂直结构体系。其中强化两头是指强化市和街区一级行政区，弱化中间即随着市与街区权力的强化，现有的区级政府权力大大弱化，其管理权限部分要上收给市，部分要下放给街区，最终改为一级虚设派出机构，主要是代表市政府对街区进行监督和协调作用。目标是对管理的权限作相应调整，有的要进一步放权（如社会管理），有的又要适当收权（如城市统一规划与建设），从而克服"小而全""大而全"，分散重复建设的管理模式。核心是管理重心下移，最为重要的是将街区一级实体化，变为一级政府。实际上目前街道办事处已是一级准行政区，设置一级街区政府条件已经成熟。在街区下则为居住社区（以居民委员会为主），它是真正意义的社区。这样，从行政区的纵向层次结构看，在市区形成市（实）——区片（虚）——街区（实）——社区，具有全新意义的两实一虚、四级管理网络的行政区——社区体系模式。当前关键是要实现由"两级政府，两级管理"向"两级政府，三级管理"的根本转变。在建立新的城市管理体制过程中，应主要从两方面入手：一方面通过自上而下的做法，在区划体制、规划体制、执法体制、财税体制等方面进行配套改革和权力分配重组；另一方面通过自下而上的做法，提高社区的自组织能力。

（1）区划体制方面。通过对不同行政区管理幅度和层次的调整，理顺关系，提高城市管理的效率和增强社区的自组织能力。分析上海区划体制中存在的问题，当前关键是要合理确定街道和社区的最佳规模。为此，我们借鉴历史和国外的经验，提出以下改革方案：①中心城区街区规模设计。人口密度在 4 万～6 万/平方公里的中心市区，规划新街的规模为面积 4 平方公里，人口为 20 万；人口密度在 2 万～3 万/平方公里的中心边缘城区，规划新街区的规模为面积 7 平方公里，人口 18 万。前一类，面积较小，人口集中，街区政府的服务半径约 1.1 公里；后一类面积较大，人口相对分散，街区政府的服务半径约 1.5 公里。每个街区辖 40 个左右的社区（居委）。②社区（居委会）规模设计。市中心城区现有居委会 1906 个，平均每个居委会有人口 3078 人，不足 1000 户。随着居委会干部和市民素质的提高，管理手段的现代化，特别是许多新建新村居住集中，规模较大，因而居委会的平均规模亦可适当扩大。从市中心城区来看，每个居委会可扩大到 4000 人，即 1000 多户，并原则上按街坊划分社区（居委会）。

（2）执法体制方面。近年来，上海已初步形成了以街道监察队为主体，以

城建管理为主要内容的综合执法体系，但街道只承担简易程序的执法，执法能力远远不足。为实现管理重心下移，必须赋予街道以较强的综合执法管理权力，实行综合执法模式。所谓综合执法模式，即把城管相关职能部门的行政执法权下移到区级、街道城管监察队伍，代表政府履行城市管理相关部门全部或部分执法权。首先要实行区级准综合执法体制，组建由公安、市容、绿化、工商、规划、税务、路政等执法队伍组成的城区管理联合执法大队，运用现行法规及执法队伍的合力，专门负责解决城区管理中的顽症及需要集中突出整治的违法违章现象。其次，要实现街道第三层面全方位的长效管理体制。街道监察队应从目前中小道路、里弄街坊等综合执法，扩大到对辖区所有道路、里弄街坊实行全方位的长效管理，并负责区级联合执法大队突击整治后的固守工作。第三，要全面实行单位门前"三包"（包环境、包绿化、包秩序）综合责任制。依靠社会力量参与城区综合管理；进一步明确社会单位作为"门前三包"的责任主体，承担相应的法律责任。

（3）财税体制。实现城市管理"重心"下移，必须将部分财权从市级下放给区、县，实行市区收入分税，"财随事走"，建立分税管理的财政新体制。这样也可避免街道为筹措管理资金而进行不合理的创收活动。

（4）规划体制。要加强整体规划管理，强化市级规划部门在城市形态规划中的主导地位，保证规划的整体性、连续性、超前性和严肃性。特别是涉及区与区交界地域的开发建设和管理，市里要加强统一规划协调，确保开发的整体性。为此，可考虑将规划权适度上收。

（5）社区自治能力的提高。要使城市管理重心"下沉"到社区，还必须增强社区的自组织能力，提高社区的自我管理能力。为此，第一，要大力加强社区精神文明建设，提高居民的自我管理意识；第二，大力扶持和发展各种以自我组织、自我管理、自我服务为基本特征的民间组织；第三，充分发挥社区党员的模范带头作用，建立在职党员参与社区活动的双向反馈机制；第四，建立新载体，如社区服务志愿者协会、社区业余党校、社区服务中心、社区求助中心、社区培训中心等；第五，建立由居委会、业主委员会和物业管理公司组成的"三位一体"管理模式，逐步变行政性社区为自然社区。

面向 21 世纪的上海城市管理制度创新*

改革开放以来，上海城市管理取得了重大进展。但由于传统管理模式和思维的惯性作用，城市管理中仍面临着不少问题：一是市容市貌。主要体现在违章占路、违章建筑、乱设摊点等。二是环境污染。河道水质、汽车尾气、噪声等污染较严重。三是小区环境。这是与居民生活环境最密切的问题，也是新的投诉热点。主要体现在：居民倒垃圾不方便、垃圾箱脏乱、垃圾清理不及时、绿化缺乏养护、缺乏停车场、道路维护不及时、购物不方便等。此外，还有道路设施不足，户外广告的安全问题，建筑施工管理问题，交通堵塞上下班不方便等。

上述问题产生的背景是复杂的，原因也是多重的，主要包括：观念落后，"重建设轻管理""重经济效益轻社会效益""重经验轻科学"的观念在有关管理部门中还依然存在。体制不顺，首先是城市综合管理体制发育不良，管理主体重复和多元，多头管理、分散管理情况严重。在实行"两级政府，三级管理"落实"权力下放，管理重心下移"中还存在很多问题。机制不活，且未形成长效管理机制。法制不健全，尤其在执法体制中问题更多。城市管理投入不足。因此，面向 21 世纪，为把上海建设成国际经济、金融的现代化大都市，必须按照现代化城市管理的理念要求，在观念、体制、机制等方面进行大胆有益的创新。

一、观念创新

第一，市政府应真正树立起"建管并重，以管为主"的城市发展理念。这是因为，经过近 20 年的大规模建设，上海已经从市政建设为主走向以功能开发为主的阶段，抓好城市的功能（运行）管理是整个城市管理的核心。第二，市政府要从"抓城市管理就是抓经济、抓生产力"这一高度上认识城市管理的重要性。第三，真正实现城市管理从计划经济体制下的"经济主导型"向市场经

---

* 原载于《城市问题》2001 年第 1 期。刘君德也参与了该项研究。

济体制下的"社会主导型"转变。第四，转变观念包括领导者、城市管理者、广大市民。第五，要注意加强对外来人口的文明教育，使他们自觉参与到城市管理中来。

二、体制创新

体制创新的核心是建立精干高效的城市管理体制。关键是要理顺条条之间的关系、条块之间的关系以及块块之间的关系。

（一）理顺条条之间的关系

首先，要理顺规划、建设、管理之间的关系，尤其是建设与管理的关系。城市建设与管理是城市正常运转的两个轮子，二者相互融合，相互渗透，不可分割。城市建设是硬件基础，其发展程度一般决定着城市管理的水平；然而城市管理又具有能动性，可以促进城市建设水平的提高。建设与管理的辩证关系要求在城市发展过程中不能偏废任何一方，但可以根据城市发展状况和阶段确定不同时期的工作重点。上海这些年城市建设超常规发展，市容市貌大为改观，相对而言，城市管理主要服从于城市建设的发展，并受制于城市建设的水平而起点较低。当上海的城市形态、结构、布局、装备水平发生根本性变化之后，城市管理的矛盾日益显现出来，"建设与管理并重"成为城市发展的主题。随着城市基础设施建设的进一步完善，"管理为主"应成为城市工作的重点。2000 年，上海市政府在机构改革中，把建设和管理合并成一个机构，即城市建设与管理委员会，在一定程度上推进了管理一体化，但其中也孕育着一定的问题，因为这种"建管合一"体制，稍不注意就会产生"重建轻管"的问题。从长远看，还要实行建管分开，建立专门的城市管理委员会，并使之实体化。

其次，要理顺综合管理与专业管理的关系。受传统计划经济体制的影响，上海市专业管理过多过强，综合管理严重不足。由于大都市内部事务日趋复杂，传统的按部门划分的条条管理方式已远远不能适应当今城市发展的需要，面向21 世纪，必须打破部门间的分割，加强综合管理。一是建立"城市综合管理局"，近期可挂靠在新成立的"城市建设与管理委员会"名下，远期应单列出来，设立由政府主要领导挂帅、各有关部门参加的城市综合管理委员会作为城市管理的综合协调机构，享有独立的行政主体和执法主体地位，作为其派出机构，在区、街道设立城市综合管理分局。二是转变"分散执法"体制，实施"综合执法"。借鉴发达国家的经验，推行"一警多能、综合管理"的执法形式，将分散的若干支城市管理监察队伍统一起来，组成城市综合管理监察大队，其内部可根据职责不同设若干监察中队。城市综合监察大队与城市综合管理局合署办公，这样，既确保行政管理和执法机构的权威性，又精简了机构和人员，便于管理。

（二）理顺块块之间的关系

首先，要进一步理顺衔接市和区（县）管理的关系。明确市级管理部门主要承担行业宏观管理的职责，如制订行业发展规划和计划，拟定产业发展政策等，应将具体行政管理事项和相关的人、财、物进一步下放给区（县），由区（县）行业管理部门全面负责。从而建立起市政府统一领导，区政府全面负责，街道办事处具体落实的城市综合管理机制。

其次，应理顺区（县）与街道（乡镇）相关管理关系，街道作为一级准政府，其行使的管理职能应当予以充分重视，赋予其一定的监督管理权。区（县）行业主管部门要相应下放管理人员、管理经费和管理设备到街道，做到责权利相一致。

（三）理顺条与块的关系

在城市管理中，管理层次越低，越和城市地域空间关联，越应强调"块"的综合性，避免条块分割、扯皮推诿；管理层次越高，越应强调"条"的清晰和协调。条块结合，以块为主，强化城区，立足社区，充分认识街道在城市架构中处于最基础和最重要的地位，不断强化街道的功能，使城市管理的一系列措施落到实处。另外，在市级"条"和区县"块"的结合上应明确分工，各司其职。区、县处于城市管理的前沿，直接、敏感、及时地反映社区的管理动态，以主要采用综合管理手段为宜，而市级专业部门则应侧重于指导、检查和监督，避免政出多门、互相推诿、高耗低效的弊病。

三、机制创新

机制创新的关键是改突击整治为长效管理，建立适合上海国际化大都市特点的长效管理机制。具体包括以下几方面。

（一）建立健全城市管理目标责任制

目标管理是在辩证思维指导下的一种有效的系统的管理方法。按照目标责任制实施管理，是实现现代化城市管理的一种基本组织形式。针对上海部分城管部门由于权限职责不明确而造成的管理秩序混乱局面，借鉴一些城市的经验，可实行目标管理。当前应尽快建立起一体化的综合创建达标机制和主体唯一的责任机制。首先，各级政府及不同的主管部门对城市和社区工作有不同的考核评比内容和创建项目，这些活动总的来说与加强和改善城市管理是不矛盾的，但政出多门、重复考核、多头评比的弊端也很明显。因此，应设计一体化的综合目标和考核标准，提高基层小区的建设和管理效率。其次，在街道或乡镇层面要特别强调实行管理主体唯一的责任制，只有主体唯一才能明确责任，避免推诿。街道或乡镇所行使的城市管理综合职能应当予以充分重视和明确，区县行业部门的基层单位要接受街道政府的指挥调度。对车站、码头、广场等管理的"敏感"地段，对市、区及非市属机构的权属、职能交错重叠地段，更要明确责任主体。

（二）实行公众参与机制

现代城市管理要求包括政府机构在内的各类组织和社会成员都发挥管理主体的作用，建立起以政府为主导，有营利性企业、非营利组织或非政府组织、社会公众等多元主体参加的城市管理主体模式。其根本目的是提高广大人民群众的生活水平和生活质量。动员人民群众积极参与，是搞好现代城市管理的重要方法。为此，一是要加强宣传教育，提高市民参与管理的认识和自觉性，树立起"人民城市人民管理，管好城市为人民"的意识。二是要大力开展社会主义精神文明建设，精心设计载体，如搞好"安全文明小区""文明家庭""五好家庭"的创建和评选工作及市民植树活动等，提高社会和市民参与城市管理的程度。三是要建立畅通的、多样化和制度化的渠道，包括推行政务公开和管理民主化，逐步引进公众听政制度，加强社会和市民对城市管理从决策、实施到监督的全过程的参与。四是加强咨询，借鉴国外经验，尝试建立由政府官员、专家学者、市民代表组成的城市管理咨询委员会。

（三）建立社会化、市场化的运作机制

社会化、市场化的运作机制是市场经济条件下现代化城市管理的必然选择。一方面可实行"门前三包"等社会化管理制度，另一方面广泛推行市场化管理和有偿服务，降低管理成本，提高管理效率和服务水平。为此，一要进一步深化城市投资体制，多渠道投资，在市政重大项目中，推行项目法人责任制。二要实行管养分开，在环卫、市政、园林等具体的养护部门实行作业市场化、专业化的道路。积极发展城市/社区公共环境的物业化管理经营。三要积极培育非政府组织，如各类行业协会、中介机构等，把许多行业管理职能，如监理、质量、招投标等交给非政府组织，充分发挥他们的桥梁作用。

（四）企业化的城市管理机制

一方面，政府应改变"全能型"管理的做法，把部分行业企业化，把相当一部分服务性行业从政府序列中剥离出来实行企业化管理，推行竞争性招标，最终达到政企分开，政社分开，政事分开。另一方面，向企业学习，市长和公务员要以企业家的精神管理政府，追求最大限度的生产效率和社会效益。

（五）完善对城区、街道政府的考核监督机制

随着城市管理重心的下移，区和街道将成为城市管理的主要承担者，在推进城市管理中必须建立起对城区、街道政府的考核监督机制。一方面要改革完善评价、考核城区、街道政府政绩的方法及其指标体系。对未来城市管理者的评价，必须逐步将重点转移到评价管理水平上来。除了必要的经济指标外，应以城市规划和建设的质量与水平，公共基础设施的完善程度，环境绿化、美化程度，科技文化、教育和社会公用事业的发达程度，以及市民文明素质和城市现代化管理水平作为重要指标，来评价、考核政府的政绩，引导和制约政府的行为。另一方面要健全以下四项监督机制：（1）健全行政管理监督制度。在政府机关、上下级机关之间，定期考评城市管理工作的落实情况，以此作为各级班子和各级领导政绩的一项主要内容。（2）健全司法监督制度。坚持对各级政府的行政部门和执法队伍的执法行为进行跟踪监督，规范执法行为，促使政府部门和执法队伍依法行政，依法办事。（3）健全群众监督制度。由政府及有关部门领导定期接受市民的公开投诉，在有关管理和执法部门设立投诉电话和投诉信箱，随时接受群众对城市管理工作的监督。（4）健全舆论监督制度。利用报纸、电视、电台等新闻媒介，对城市管理进行舆论监督，及时对突出的问题曝光，对工作不力的部门和单位提出批评。

（六）依法管理机制

"依法治市"，不仅是现代城市管理的基本手段，而且也是管理方法进步的标志。法制是克服城市管理执法随意性的重要手段，是保障市场经济发展的重要条件，是加强社会主义精神文明建设的重要体现。为此，一是要加强立法，逐步建立起完备的城市管理法律体系。二是要严格执法。三是加强高素质的城市管理监察队伍的建设，包括加强队伍的素质教育、实施城管综合执法功能、树立城管监察队伍的良好形象等。四是政府机构带头，依法行政。

（七）建立城市建设、管理投入新机制

逐步加大投入，确保城市管理工作的正常运行。一方面要实行城市建设投资主体的多元化，扩大城市建设资金的来源。通过变一部分基础设施的无偿投入为有偿投入，逐步把基础设施建设推向市场，节约政府的城建投资。另一方面，应确定一个较为合理的城市建设和管理的投入比例，逐步增加城市管理的投入比例。